新时代 文化视点

姚涵 ● 主编

上海社会科学院出版社
SHANGHAI ACADEMY OF SOCIAL SCIENCES PRESS

序　言

习近平总书记强调,全面建设社会主义现代化国家,必须坚持中国特色社会主义文化发展道路,增强文化自信,围绕举旗帜、聚民心、育新人、兴文化、展形象建设社会主义文化强国,发展面向现代化、面向世界、面向未来的,民族的科学的大众的社会主义文化,激发全民族文化创新创造活力,增强实现中华民族伟大复兴的精神力量。文化自信是一个国家、一个民族发展中最基本、最深沉、最持久的力量。向上向善的文化是一个国家、一个民族休戚与共、血脉相连的重要纽带。深入领会、准确把握并切实践行习近平总书记有关文化建设的重要论述,对繁荣发展社会主义文化、增强我国文化软实力,以及文化强国的实现都具有重要的理论意义与实践价值。

本书秉承以人民为中心的创作导向,坚守中华文化立场,致力提炼展示具有当代价值、世界意义的中华文明精神标识和文化精髓,辑录近年来《毛泽东邓小平理论研究》期刊以社会主义文化为研究核心的已刊论文,选篇围绕新时代弘扬中华优秀传统文化、发展社会主义先进文化、传承革命文化等诸多重要理论问题和实践问题展开,聚焦中华文化与文化自信的重要性、社会主义文艺政策与创作发展、社会主义核心价值观在文化发展中的作用、中国共产党新闻舆论工作理论思考、新时代教育的使命担当等重要方面。相关论文内容丰富,史料翔实,相关论据也较为权威,整体内容质量和相应的史料价值较高,兼具学术性与可读性。

国家之魂,文以化之,文以铸之。中国式现代化是物质文明和精神文明相协调的现代化,思想文化理论研究可为中国式现代化发展提供更为丰富的文化资源和精神动力。本书既有对新时代文化文艺发展的理论思考,又有对中国特色社会主义文化建设规律的探索,还有对具体的中国特色社会主义文化实践的深入分析。编著希望本书有助于读者了解新时代文化的发展脉络,理解文化在历史进程中的演变和创新,认识新时代文化的独特性和价值,从而为传承和发扬新时代中国特色社会主义文化有所助力。

编 者

目　录

论中国智慧 …………………………………………… 王　曾　1
新时代中国特色社会主义在人类文明发展史上的
　　开创意义 ……………………… 陈学明　马拥军　姜国敏　13
坚定文化自信的基础地位与主体要求 ………… 王永友　宁友金　31
新时代开掘中华优秀传统文化价值以增强文化自信的
　　若干思考 ………………………………… 朱晓虹　张应杭　45
弘扬传统文化目的是发展社会主义文化 ……………… 姜　益　60
从毛泽东到习近平：坚持"双百"方针、"二为"方向相统一
　　思想及其意义 ………………………………………… 朱继东　73
习近平关于文艺的讲话对马克思主义文艺观的继承与发展 …… 王洪斌　93
毛泽东晚年魏晋文化观的非凡文化意义 ……………… 黄力之　106
毛泽东诗词彰显中国共产党人的革命精神
　　——以习近平引用毛泽东诗词为例 ………………… 袁秉达　112
中华人民共和国成立初期新文化建设成就及其经验 ………… 欧阳雪梅　124
新时代我国文艺生态审视
　　——基于主旋律文学的视角 ………………………… 刘子杰　140
坚持网络文艺创作的社会主义价值取向
　　——新时代重视弘扬现实主义文学 ………………… 张永禄　156
革命文化认同的逻辑、挑战及其推进路径 ……… 孙冲亚　高福进　170
中国共产党群众语言的早期探索及时代价值 ………………… 吴荣生　186

唱响主旋律　凝聚中国魂
　　——论革命歌曲的先进文化传承 …………………… 申淑征　198
对马克思主义新闻观研究基本问题的几点思考 ………… 姚　涵　210
习近平总书记关于新闻舆论重要论述研究 ……………… 张仙智　232
试析中国共产党新闻舆论观的确立及特色 ……………… 孙　健　245
脱嵌与再嵌：新时代中国青年亚文化的包容性重构
　　——以社会主义核心价值观的引领为视角 ………… 杜仕菊　刘　林　257
社会主义核心价值观规范路径探析
　　——以发挥清明等传统节日文化价值功能为载体 … 周义顺　270
个体化趋势对社会主义价值观的冲击 …………………… 魏永强　282
神圣与尊严：国家荣誉制度推升正能量
　　——颁授"八一勋章"的核心要义 …………………… 彭怀祖　296
工匠精神是中国工人阶级先进性素质的时代体现 ……… 郭彦军　304
马克思主义视域下当代劳动与休闲的审视 ……………… 凌小萍　314
当代中国马克思主义史学的文化使命 …………………… 郭　超　329
马克思恩格斯工人教育思想及其当代启示 ……………… 徐英雪　黄朝峰　344
新时代教育的使命担当
　　——习近平总书记关于教育的重要论述探析 ……… 夏　霖　356
体美劳协同推进新时代育人的实现路径 ………………… 杨少雄　李静亚　369

论中国智慧

王 曾[*]

[摘要] 中国智慧是中国道路、中国理念、中国方案在价值层面的集中表达,是对马克思主义的原创性贡献,也是对人类社会的独创性贡献,具有浓郁的中国特色、中国风格、中国气派,集中体现于邓小平理论、"三个代表"重要思想、科学发展观、习近平新时代中国特色社会主义思想等重大理论创新成果。中国智慧在当今时代的充分体现,有其深层次的原因,而中国智慧的独特之处在于正确处理了理论和实践、道义和利益、个人和集体、民主和集中、本来和外来的关系。在涉及改革开放、文化发展、国际关系、全球治理等多个领域,中国智慧取得了举世瞩目的成就,在世界上产生了深远影响。

[关键词] 中国智慧;理论创新;改革开放

习近平总书记在领导党和国家事业发展、开展具有许多新的历史特点的伟大斗争中,多次阐述了中国智慧。这些重要论述涵盖面广,涉及改革开放、文化发展、国际关系、全球治理等领域,彰显出高度的理论自觉和文化自信。笔者结合学习领会习近平新时代中国特色社会主义思想,以及改革开放以来丰富的理论和实践创造,着重谈谈对中国智慧的认识和理解。

---

[*] 王曾,《毛泽东邓小平理论研究》期刊特聘研究员。

一、何谓中国智慧

根据《辞海》的解释,智慧是指"对事物能认识、辨析、判断处理和发明创造的能力"。[①] 顾名思义,"中国智慧"是指中国人对事物的认识、辨析、判断处理和发明创造。中国智慧反映了中华民族独特的思维方式、行为方式、精神世界,反映了中华文化独特的理念、气度、神韵。在当代中国,中国智慧是中国道路、中国理念、中国方案在价值层面的集中表达,是对马克思主义的原创性贡献,也是对人类社会的独创性贡献,具有浓郁的中国特色、中国风格、中国气派。

改革开放以来40多年,是中国特色社会主义实践表现最生动、效果最显著的时期,也是马克思主义在中国发展最顺利、创新最丰富的时期。我们党领导人民进行艰辛的理论探索,先后形成了邓小平理论、"三个代表"重要思想、科学发展观、习近平新时代中国特色社会主义思想等重大理论创新成果。这几大理论创新成果,既包括体系完备、论述周详的思想观点,又包括标识清晰、生动鲜活的概念范畴;既涉及治国理政、经邦济世的战略策略,又包含通俗易懂、灵活便捷的方式方法;集中体现了当今时代的中国智慧。

(一)中国智慧表现在一系列思想理论上取得重大创新,极大推动了马克思主义发展,丰富了中华民族思想宝库

中国智慧表现在一系列思想理论上取得重大创新。比如,社会主义初级阶段理论。马克思和恩格斯曾预测取代资本主义的未来社会将经历"过渡时期",共产主义"第一阶段""高级阶段"。后来,列宁把共产主义"第一阶段"称作社会主义社会。然而在具体实践中,无论是苏共还是我们党,在对社会主义发展阶段的认识上,都曾有过急于从社会主义向共产主义过渡的思想。改革开放以后,我们党在总结经验教训的基础上,不断深化对基本国情的认识,提出了社会主义初级阶段理论。这一重要理论,既强调我国已经进入社会主义社会,阐明了当前的社会性质,又强调我国仍然处在社会主义初级阶段,阐明

---

① 参见《辞海》,上海辞书出版社1980年版,第1402页。

了社会主义社会的发展程度。这一重要理论,明确了当代中国的基本国情和最大实际,指明了党和国家事业发展所处的时代坐标,是对马克思主义的重大贡献。

比如,社会主义市场经济理论。这一理论从根本上解除了把计划经济等同于社会主义、把市场经济等同于资本主义的思想束缚,打破了市场经济只能与私有制相联系的旧识,解决了公有制与市场经济有机结合的世界性难题,为社会主义市场经济实践提供了有力的理论支撑,是我们党对马克思主义和社会主义的历史性贡献。在这一理论指引下,改革开放以来,我们既在深刻而广泛的变革中坚持社会主义基本制度,又创造性地在社会主义条件下发展市场经济,使经济活动遵循价值规律的要求,极大解放和发展了社会生产力。

比如,"一国两制"理论。这一理论主张,在一个统一的国家内,国家主体实行社会主义制度,个别地区依法实行资本主义制度。这一理论,是中国为国际社会解决类似问题提供的一个新思路、新方案,是中华民族为世界和平与发展做出的新贡献,体现了中华文化开放包容的胸襟,彰显了"海纳百川、有容乃大"的中国气量。在这一理论指引下,我国顺利解决了历史遗留的香港、澳门问题,开启了以往人类政治实践中从未有过的实践,极大地促进了海峡两岸和港澳地区的发展。

比如,构建人类命运共同体思想。几百年来,国际关系一直由西方大国主导,西方的权力政治、丛林法则、力量均衡、霸权稳定等国际关系理论,以及所谓"文明冲突论""历史终结论""修昔底德陷阱""金德尔伯格陷阱"等论调,无不充斥"弱肉强食""赢者通吃"的强权逻辑。习近平总书记提出构建人类命运共同体的重要思想,主张建设持久和平、普遍安全、共同繁荣、开放包容、清洁美丽的世界。这一重要思想,既反映了当代国际关系现实,又将人类共同价值和中华优秀文化在新高度弘扬发展,是中国为实现人类美好未来提出的中国方案。

(二)中国智慧表现为一系列标识性概念的提出,不仅打造了易于为国内外所理解和接受的新概念、新范畴、新表述,而且极大增强了中华文化的世界影响力

中国智慧突出表现为一系列标识性概念的提出。比如,小康社会。"小

康"原本出自《诗经》:"民亦劳止,汔可小康。"《礼记》描绘的"小康"是一种仅次于"大同"的美好社会。改革开放之初,邓小平用"小康社会"来诠释中国式现代化,吹响了鼓舞人民群众奋力前进的号角。"小康社会"这一目标统领40余年,中国经历了从"总体小康"到"全面建设",再到"全面建成"的变化发展。而今这个概念已扬名中外,在某种程度上成为中国模式、中国道路的代名词。

比如,"中国梦"。这是近代以来中华民族的伟大梦想,基本内涵是国家富强、民族振兴、人民幸福。这个重要概念将中国的过去、现在、未来紧密联系起来,将国家、民族、人民紧密联系起来,进一步揭示了中华民族的历史命运和当代中国的发展走向,道出了海内外中华儿女的渴望,成为凝聚感召中华儿女的最大公约数,成为激励中华儿女团结奋进的精神旗帜。这个重要概念也很好地实现了政治话语向大众话语的转换,更容易得到海内外广泛理解和认同。

比如,和谐共生。近代以来,征服大自然、战胜大自然的观念在世界范围内广为流行,结果人类由对大自然的伤害而伤及自身的悲剧一再重演。尽管有识之士也一直呼吁发展应当是绿色、可持续的,但是由于资本的逐利性本质,人与自然的发展问题不可能从根本上得到解决。我们党在实践中深切认识到,人类可以利用自然、改造自然,但归根结底人是自然的一部分,必须坚持人与自然和谐共生,牢固树立"绿水青山就是金山银山"的发展理念,牢记良好生态环境是最普惠的民生福祉,像对待生命一样对待生态环境。和谐共生这一重要概念的提出,明确了发展与保护内在统一、相互促进、协调共生的关系,是对中国传统"天人合一"观念的创造性转化、创新性发展。

(三)中国智慧表现于一系列战略策略的创造性运用,不仅推动解决了看似不可能解决的问题,而且为认识问题打开了新视野、提供了新思路

中国智慧表现在一系列战略策略的创造性运用。比如,"一带一路"倡议。众所周知,经济全球化一直由西方国家主导,国际规则主要由他们制定,国际组织也主要由他们掌控。中国作为后起之秀,在全球化浪潮中既不能置身事外、单打独斗,又不能裹挟其中、自甘落后,永远当追随者、跟跑者,而必须依靠自身力量蹚出一条新路。习近平总书记提出"一带一路"倡议,以亚欧大陆为重点,不排除也不针对任何一方,该倡议提出十多年来,已经有100多个国家

和国际组织参与其中,中国与"一带一路"共建国家和地区,货物贸易额和对外直接投资金额均突破历史新高。这一倡议同"二战"后美国所实行的扶持一方、压制另一方的"马歇尔计划"有着本质区别,无论在参与国家的数量,还是规模、影响上,"马歇尔计划"都难以望其项背。这一倡议没有"把洗澡水和孩子一起倒掉",而是在现有国际秩序下另辟蹊径,极大增强了中国在世界上的凝聚力、向心力。

比如,底线思维。古人讲,"治大国若烹小鲜"(《道德经》第 60 章),大国"政贵有恒"(《尚书·毕命》)。对于我们这样一个有 14 亿多人口的大国、一个有 9 800 多万名党员的大党,决不能在根本性问题上出现颠覆性错误,一旦出现就无可挽回、无法弥补。习近平总书记强调:"要善于运用'底线思维'的方法,凡事从坏处准备,努力争取最好的结果,这样才能有备无患、遇事不慌,牢牢把握主动权。"[①]提高底线思维能力,就是要有居安思危、增强忧患意识,宁可把形势想得更复杂一点,把挑战看得更严峻一些,作好应对最坏局面的思想准备,努力争取最好结果。正是有了这种底线思维,我们顺利闯过了一道道关隘,成功抵御了一波波重大风险,既包括国内的经济、政治、意识形态、社会风险,以及来自自然界的风险,也包括国际经济、政治、军事风险等。

二、中国智慧为何在当今时代充分体现出来

众所周知,中华文明是世界四大古老文明之一,又是其中唯一未曾中断、延续至今的文明,为人类文明的发展做出了持续而独特的贡献。但鸦片战争以来,由于封建统治的腐朽没落和西方列强的野蛮入侵,中国跌入内忧外患的黑暗深渊。在中国共产党的领导下,久经磨难的中华民族迎来了从站起来、富起来到强起来的伟大飞跃。中国以坚定从容的步伐,前所未有地走近世界舞台中心,中国的发展理念、发展道路、发展模式影响力空前增强。在当今时代,中国智慧的外溢外露,绝不是偶然的,而是有其深层次的内在原因。

---

① 中共中央宣传部编:《习近平总书记系列重要讲话读本》,学习出版社、人民出版社 2016 年版,第 288 页。

（一）中华民族、中国人民的特质、禀赋，铸就有独特价值体系的中华文化，深刻影响着当代中国人的精神世界

中华民族曾经经历许多灾难。这种灾难，既包括社会的，也包括自然的。就社会而言，中国历史上和平年代绝少，战争连绵不休。《中国军事史》有关资料显示，从公元前26世纪传说中的神农时代，到1911年清朝灭亡，在大约4500年的漫长岁月中，我国有文字记载的战争共3791次，兵连祸结，百姓水深火热。就自然而言，中国自然灾害的频繁性、严重性和广泛性世所罕见。仅以黄河为例，从先秦到中华人民共和国成立前的2500多年内，黄河下游共决堤1500多次，大规模改道26次，给两岸群众带来了深重的灾难①。在极其严酷的社会和自然环境下，中华民族成长为历经磨难、不屈不挠的伟大民族，中国人民成长为勤劳勇敢、自强不息的伟大人民，中华文化形成了独具特色、博大精深的价值观念和文明体系，形成了自己的独特风格和特有的概念体系、表达方式。例如，"天人合一"的宇宙观、革故鼎新的发展观、自强不息的人生观、知行合一的知行观、社会和谐的理想观，等等。习近平总书记指出："这些思想文化体现着中华民族世世代代在生产生活中形成和传承的世界观、人生观、价值观、审美观等，其中最核心的内容已经成为中华民族最基本的文化基因。这些最基本的文化基因，是中华民族和中国人民在修齐治平、尊时守位、知常达变、开物成务、建功立业过程中逐渐形成的有别于其他民族的独特标识。"②正是有这样伟大的人民，有这样伟大的民族，有这样伟大的民族精神，才诞生了伟大的中国智慧。

（二）马克思主义让中国人民在精神上由被动转为主动，改变、主导了中华文化的发展方向，为世界提供了中国智慧的密钥

1840年以后，西方列强凭坚船利炮野蛮地轰开了中国的大门，中国逐渐沦为半殖民地半封建社会。在这种境遇下，许多人民族自信心不足，认为中西

---

① 参见《中国军事史·附卷·历代战争年表》（上），解放军出版社1985年版；《中国军事史·附卷·历代战争年表》（下），解放军出版社1986年版。
② 习近平：《在纪念孔子诞辰2565周年国际学术研讨会上的讲话》，http://news.xinhuanet.com/politics/2014-09/24/c_1112612018.htm。

文化差异实际上是古今之别,甚至出现了"全盘西化论"。一些人尽管尊崇中国文化,但更多的是回味过去、发幽古之思,对于中华民族的解放与复兴并没有找到很好的解决办法。马克思主义在中国的传播发展,使自近代以来在黑暗中彷徨无计的中国先进分子认清了人类社会发展的潮流和肩负的历史使命,中国人民从精神上由被动转为主动。马克思主义在与中国实际相结合的过程中很快实现了民族化、本土化,形成了中国化马克思主义,成为中华文化的精神支柱。经过近百年的发展,马克思主义已经成为中国文化这条滔滔长河中的主流,为传统文化注入新的生命,改变、主导了中华文化的发展方向。改革开放以来,尤其是党的十八大以来,中西力量对比发生巨大变化,大大强化了这种文化自信。习近平总书记多次强调:当今世界,要说哪个政党、哪个国家、哪个民族能够自信的话,那中国共产党、中华人民共和国、中华民族是最有理由自信的;今天,我们比历史上任何时期都更接近中华民族伟大复兴的目标,比历史上任何时期都更有信心、有能力实现这个目标。[①]

(三) 中国共产党在革命、建设、改革历史中涵育的先进理念、建构的独特制度体系,让中国智慧的作用进一步彰显

在领导革命、建设和改革的历史进程中,中国共产党形成的先进理念、制度体系,充分彰显了中国智慧在各个历史阶段的重要作用。表现在理念上:一是我们党是全心全意为人民服务的党。人民性是马克思主义最鲜明的品格。始终同人民在一起,为人民利益而奋斗,是马克思主义政党同其他政党的根本区别。在革命、建设和改革的不同历史时期,我们党始终把人民放在心中最高位置,始终为人民利益和幸福而努力奋斗,党的路线方针政策都充分体现了最广大人民的根本利益。二是我们党是高度重视理论创新的党。一直坚持用马克思主义观察时代、解读时代、引领时代,用鲜活丰富的中国实践推动马克思主义发展,用宽广视野吸收人类创造的一切优秀文明成果,坚持在改革中守正出新、不断超越自己,在开放中博采众长、不断完善自己,不断开辟中国马克思主义新境界。三是我们党不但善于领导人民进行伟大的社会革命,而且

---

① 《习近平在庆祝中国共产党成立95周年大会上的讲话》,《人民日报》2016年7月2日。

善于领导全党进行伟大的自我革命。历史上,我们党领导人民取得了新民主主义革命和社会主义革命的胜利。改革开放以来,又进行了新的社会革命,积极推动生产关系和上层建筑变革,以适应社会生产力的发展要求。勇于自我革命,从严管党治党,是我们党最鲜明的品格,也是我们党最大的优势。从延安时期毛泽东要求全党学习《甲申三百年祭》,到党的七届二中全会上提出"两个务必",从中华人民共和国成立前后多次进行整风、整党运动,到改革开放以来多次开展党内教育活动,从党的十八大以来的全面从严治党,到党的十九大提出新时代党的建设总要求……都是我们党在推动社会革命的同时不断推进自我革命的重大理论和实践成果。

表现在实践上:一是形成了一套系统完善的中国特色社会主义制度体系,即人民代表大会制度的根本政治制度,中国共产党领导的多党合作和政治协商制度、民族区域自治制度以及基层群众自治制度等基本政治制度,中国特色社会主义法律体系,公有制为主体、多种所有制经济共同发展的基本经济制度,以及建立在这些制度基础上的经济体制、政治体制、文化体制、社会体制等各项具体制度。这一制度体系在世界上不同制度模式的较量竞争中充分展现出自身优势,为我国社会发展进一步提供坚实的制度支撑,也为发展中国家的制度建设提供了有益参考,为人类制度文明的发展贡献了中国方案。二是我们党领导14亿多人探索出了一条与西方国家完全不同的社会主义现代化道路,打破了发展中国家对西方国家现代化的"路径依赖"。从现代化发展史上看,西方国家主导的现代化已经有200多年的发展历史,但实现工业化的国家不到30个、总人口不到10亿。广大发展中国家追随西方国家现代化之路,不但没有解决发展问题,有的甚至战乱不断。原社会主义阵营中不少国家选择了西化道路,结果大多数发展缓慢、举步维艰。与此形成鲜明对照的是,中国成功走出了一条独具特色的现代化之路,向广大发展中国家证明,"另外一个世界是可能的",其影响是世界性的。

三、中国智慧独特之处主要表现在哪些方面

中国智慧"特"就特在正确处理了理论和实践之间的关系。马克思有一句

名言:"哲学家们只是用不同的方式解释世界,问题在于改变世界。"①实践性是马克思主义区别于其他理论的显著特征。中华优秀传统文化的一个鲜明特点就是强调实践智慧必须转化为实际行动,做到"内化于心,外化于行",达到"知行合一"的境界。在当代中国,马克思主义的实践性与这种知行合一的理念有机结合起来,与社会主义可以集中力量办大事的体制优势有机结合起来,衍生出空谈误国实干兴邦、求真务实、"三严三实"、发扬钉钉子精神、"撸起袖子加油干"等切实管用的具体要求。这与西方体制下那种议而不决、决而不行的做法形成鲜明对比。

第一,中国智慧特就特在正确处理了道义和利益的关系。这种义利观将"义"置于重要位置,以道义和公平正义为思考和处理问题的出发点,强调利先于义、义利兼顾、义利共赢。表现在对外关系上,强调政治上互尊互信、平等协商,国家不分大小、强弱、贫富一律平等;经济上互利互惠、优势互补,携手合作、共谋发展;文化上互学互鉴、求同存异,尊重文化多样化,以文明互鉴超越文明冲突、文明共存超越文明优越。这一观念,是对中国传统文化中"义重于利""义利相兼""义者利之和"等观念的继承弘扬。这一观念,是对西方国际关系理论中"利益至上""没有永远的朋友,只有永远的利益"等理念的超越,也是对见利忘义、损人利己等霸权行为的反对和鞭挞。正是秉持这种观念,中国即使在"一穷二白"的艰苦条件下仍不忘对广大发展中国家施以援手,提供不附带任何政治条件的援助;即使在西强我弱、资强社弱的大格局下仍然坚持立场,秉持公道正义,坚决反对霸权主义、强权政治。

第二,中国智慧特就特在正确处理了个人和集体关系。浓厚的家国情怀、强烈的社会责任感是中华优秀传统文化的一个鲜明特征。孟子云:"天下之本在国,国之本在家,家之本在身。"(《孟子·离娄上》)儒家认为,国家和天下的命运与个人的命运、与个人的道德修养是紧密联系在一起的,主张"修身齐家治国平天下"。在当代中国,这种个人和集体相统一的观念又与马克思主义有机结合起来,形成我们党倡导的集体主义原则。这个原则将国家和集体利益放在首位而又充分尊重个人的合法利益;国家、集体利益高于个人利益,当三

---

① 《马克思恩格斯选文集(第 1 卷)》,人民出版社 2009 年版,第 502 页。

者利益发生矛盾时,倡导个人利益服从国家和集体利益;承认个人对利益的追求,国家依法保护个人的正当利益,反对小团体主义、本位主义和损公肥私、损人利己。这一基本原则同扼杀个性、否认个人利益的封建整体主义有本质不同,也同西方资本主义的个人主义根本对立。个人主义强调金钱至上、个人至上,私人利益与公众利益的矛盾不可调和,不可能有本质上的化解,只可能是紧张的共存;国家只是利益共同体,人与人之间形成一种契约关系,有利则合,无利则分,为利而斗。

第三,中国智慧特就特在正确处理了民主和集中的关系。民主集中制之所以能够成为我们党的根本组织原则和领导制度,是依据工人阶级的特性和社会主义国家人民根本利益的一致性而产生的,因此也是其他政党、其他社会制度所无法效仿的。在马克思主义看来,工人阶级政党的先进性作为其所代表阶级的集中表现,不仅在于工人阶级政党不谋私利,肩负解放全人类的历史使命,而且在于其内部成员之间完全平等,因而其"组织本身是完全民主的"。正是这种组织内部的完全民主性决定了工人阶级政党在组织原则上实行民主集中制的必然性。民主集中制包含民主基础上的集中和集中指导下的民主两方面,两者相互依存、不可分割。民主集中制既尊重多数、保护少数,反对把个人意志凌驾于集体之上,同官僚专制主义根本不同,又反对把民主和法治相割裂,同无政府主义和极端民主化划清原则界限。民主集中制原则既体现了人民的至上性,保证了人民主权的统一性,又有力地保证了法令畅通,提高了国家机关的运行效率,与西方国家权力相互掣肘、效率低下形成鲜明对比。

第四,中国智慧特就特在正确处理了本来和外来关系。中华文化是在连绵不断的民族融合中不断充实发展起来的,因而天然具有包容性,所谓"万物并育而不相害,道并行而不相悖"(《礼记·中庸》)。这种包容性,不但使自身力量不断增强,而且能融合外来文化以壮大自身。这在中华优秀传统文化、革命文化和社会主义先进文化中都有充分表现。中华优秀传统文化是一个以儒学为主导、儒释道三位一体的悠久而宏大、多样而融贯的文化体系,具有巨大的文化亲和性与融合力。革命文化与长期艰苦卓绝的革命斗争实践紧密相连,包含的井冈山精神、长征精神、延安精神、西柏坡精神等革命精神,既传承中华优秀传统文化的基因,又坚持马克思主义科学世界观和方法论,是中国共产党人崇高理想和精神追求的集中体现。社会主义先进文化是科学社会主义基本原则与中华民族精神、时代精神的有机结合，蕴含中华优秀传统文化因素，建基于马克思主义立场观点方法和革命文化的基本精神。总之，这三种文化在各自形成发展过程中都吸收借鉴了其他文化养分，在当代已经有机融合、浑然一体，共同构成中国特色社会主义文化。

四、中国智慧的巨大成就及其深远影响

毛泽东曾提出殷切期望："中国应当对于人类有较大的贡献。"[①]邓小平也强调："……国家总的力量就大了，可以为人类做更多的事情……我们就是有这么一个雄心壮志。"[②]可以告慰先辈的是，这个雄心壮志如今越来越清晰可见。中国智慧取得了举世瞩目的成就，在世界上产生了深远影响。

首先，中国智慧作用的彰显，使社会主义与资本主义两种意识形态的较量在 21 世纪首次发生了有利于社会主义的转变。马克思主义诞生后，社会主义成为唯一能与资本主义相抗衡的思想体系。俄国十月革命的胜利，打破了资本主义一统全球的坚冰，开辟了人类历史新纪元，使社会主义实现了从理论到实践的跨越，第二次世界大战后更实现了从一国到多国的发展。但历史发展总是艰辛曲折的。20 世纪末，随着东欧剧变、苏联解体，社会主义运动遭受重大挫折，世界上反马克思主义、反社会主义的论调甚嚣尘上、聒噪不休。在巨大的压力面前，中国共产党人没有退缩，而是把社会主义的大旗举起、挺住了。中国特色社会主义焕发出的强大生机活力，带动和引领当代世界社会主义走出低谷低潮，走向复苏复兴，初步改变了社会主义与资本主义力量对比严重失衡的局面，极大鼓舞了世界上马克思主义者的信心。由于中国特色社会主义的成功，当初世界社会主义万马齐喑的局面得到很大程度的扭转，社会主义在与资本主义竞争中的被动局面得到很大程度扭转，社会主义优越性得到很大程度体现。

---

① 《毛泽东文集(第 7 卷)》，人民出版社 1999 年版，第 157 页。
② 《邓小平文选(第 3 卷)》，人民出版社 1993 年版，第 233 页。

其次，中国智慧作用的影响，体现在中国由昔日积贫积弱、饱受欺凌的落后国度转变成为世界和平的建设者、全球发展的贡献者、国际秩序的维护者。中华人民共和国成立以来，在不到70年时间内，中国走完了西方几百年发展历程，我国经济实力、科技实力、国防实力、综合国力进入世界前列，国际地位实现了前所未有的提升。在发展的同时，中国始终没有忘记自身肩负的责任，始终把为人类做出更大的贡献作为自己的使命。长期以来，中国为广大发展中国家提供了大量人力、物力、智力和技术支持，为广大发展中国家建成了大批经济社会发展和民生改善项目，帮助他们改变命运。中国积极履行应尽的国际义务和责任，坚定维护联合国权威和地位，引导应对气候变化国际合作，积极推动共建"一带一路"，多次派出维和人员，用中国担当守卫世界和平，等等。

总之，中国智慧作用彰显的时代，是我国日益走近世界舞台中央、不断为人类做出更大贡献的时代，是中国人民同各国人民一道推动人类命运共同体建设、共同创造人类美好未来的时代！

新时代中国特色社会主义
在人类文明发展史上的开创意义

陈学明　马拥军　姜国敏[*]

[摘要] 中国选择了社会主义,开创了中国特色社会主义,走出了超越西方资本主义的现代化道路。中国特色社会主义进入新时代,要进行新的"伟大斗争"和"伟大社会革命",应对当今人类文明的重大挑战。中国的文明方案在新时代彰显了人类社会多样性,开辟了和平发展新路径,为发展中国家提供了示范,也为发达国家解决危机打开了思路。在习近平新时代中国特色社会主义思想指引下,中国将开创人类美好生活新的文明样式。

[关键词] 中国特色社会主义;新时代;文明;伟大斗争;伟大社会革命

党的十九大报告指出:"中国特色社会主义进入新时代,意味着近代以来久经磨难的中华民族迎来了从站起来、富起来到强起来的伟大飞跃,迎来了实现中华民族伟大复兴的光明前景;意味着科学社会主义在二十一世纪的中国焕发出强大生机活力,在世界上高高举起了中国特色社会主义伟大旗帜;意味着中国特色社会主义道路、理论、制度、文化不断发展,拓展了发展中国家走向现代化的途径,给世界上那些既希望加快发展又希望保持自身独立性的国家

---

[*] 陈学明,复旦大学马克思主义学院教授;马拥军,复旦大学马克思主义学院教授;姜国敏,上海财经大学马克思主义学院讲师。

和民族提供了全新选择,为解决人类问题贡献了中国智慧和中国方案。"①三个"意味着"表明,新时代中国特色社会主义不仅是中国的创新成就,同时与科学社会主义在21世纪的全球复兴、与人类现代化的道路选择联系在一起。中国特色社会主义在新时代要愈来愈生发出世界历史意义,回应人类当今的新问题新挑战,指向一种人类文明新阶段、新形态的探索与建构。

一、中国特色社会主义及其新时代在人类社会发展史上的定位

(一)马克思主义的历史阶段划分与共产主义社会的超越性质

历史的阶段划分和形态归纳,对马克思主义的历史科学叙事具有特别的意义。马克思主义创始人在"重新研究全部历史"②时,一个鲜明的分析范式和理论抓手就是运用唯物论的标准对历史进行分期,对历史特别是文明史历程加以总览式把握。例如,在《〈政治经济学批判〉序言》的经典表述中,马克思揭示出"物质生活的生产方式"对人们的全部生活起着根本制约作用,并以这种生产方式为尺度,阶段性划分了人类历史,"大体说来,亚细亚的、古希腊罗马的、封建的和现代资产阶级的生产方式可以看做经济的社会形态演进的几个时代"。③马克思和恩格斯都在多个地方对既往几个经济社会形态和未来共产主义社会依次进行了列举,后来的马克思主义理论家在此基础上归纳出最为著名的"五种社会形态"的划分。④

除了这一类型的历史分期法,马克思也从人与人在经济活动中的相互关系着眼,提出过"三大社会形态"的划分:人的依赖关系、以物的依赖性为基础

---

① 习近平:《决胜全面建成小康社会 夺取新时代中国特色社会主义伟大胜利——在中国共产党第十九次全国代表大会上的报告》,人民出版社2017年版,第10页。
② 《马克思恩格斯文集(第10卷)》,人民出版社2009年版,第587页。
③ 《马克思恩格斯文集(第2卷)》,人民出版社2009年版,第592页。
④ 赵家祥:《对质疑"五种社会形态理论"的质疑——与段忠桥教授商榷》,《北京大学学报(哲学社会科学版)》2006年第2期。

的人的独立性、建立在个人全面发展和他们共同的社会生产能力成为他们的社会财富这一基础上的自由个性。① 学者们曾经争论马克思主义的历史分期究竟是"五阶段论"还是"三阶段论",这种争论当然有学理价值,但是许多学者在阐发这两种阶段划分观点时,却往往忽视无论"五阶段论"还是"三阶段论",马克思都不是对各阶段平铺直叙、不是把各段差异平等视之的,他尤其注重指出那"第五"或"第三"的共产主义阶段同之前阶段相比,有着根本区别和超越,在这个意义上,可以说马克思主义也是一种"两阶段论"。

所谓"两阶段论",实质就是说这种社会发展阶段叙事,不是在纸面、概念上为了划分而划分,而是要通过历史阶段更替的理论叙事,科学地、带有超越性地论证出历史发展的下一阶段——共产主义。正如《共产党宣言》中所说的,"不管阶级对立具有什么样的形式,社会上一部分人对另一部分人的剥削都是过去各个世纪所共有的事实",而"共产主义革命就是同传统的所有制关系实行最彻底的决裂"。② 可以说,"两阶段"的前后决裂性,统摄着"五阶段"和"三阶段"的表述,马克思在《〈政治经济学批判〉序言》的"五阶段"式列举之末时说:"资产阶级的生产关系是社会生产过程的最后一个对抗形式,……人类社会的史前时期就以这种社会形态而告终。"③而在《资本论》中,马克思在"三阶段"式地谈论商品经济形式和未来自由人联合体形式时,也指出了通过"长期的、痛苦的历史发展",后者要揭掉前者"神秘的纱幕"。④

对这种根本区别和超越性质的强调,贯穿于马克思主义科学的历史理论创立和发展的全过程。早在《关于费尔巴哈的提纲》的新世界观萌芽阶段,马克思在区别理论形态上的新旧唯物主义时就相应揭示了二者在社会基础上的对立:"旧唯物主义的立脚点是市民社会,新唯物主义的立脚点则是人类社会或社会的人类。"⑤恩格斯在《反杜林论》(相应段落也被选编入《社会主义从空想到科学的发展》)中也指出:"一旦社会占有了生产资料,商品生产就将被消除,而产品对生产者的统治也将随之消除。社会生产内部的无政府状态将为

---

① 《马克思恩格斯全集(第46卷)》(上),人民出版社1979年版,第104页。
② 《马克思恩格斯文集(第2卷)》,人民出版社2009年版,第52页。
③ 同上书,第592页。
④ 《马克思恩格斯全集(第23卷)》,人民出版社1972年版,第95—97页。
⑤ 《马克思恩格斯文集(第1卷)》,人民出版社2009年版,第502页。

有计划的自觉的组织所代替。个体生存斗争停止了。于是,人在一定意义上才最终地脱离了动物界,从动物的生存条件进入真正人的生存条件。"①从马克思、恩格斯的这些表述当中,我们看到了前共产主义和共产主义之间区别的文明史意义,马克思主义认为后者才是真正人的自由历史。

(二) 中国现代化的赶超发展与中国社会主义的历史定位

近代以来,中国这一古老的东方文明国家遭受西方列强侵略,被强制纳入由西方所主导、根本上说是受资本原则所规定的世界历史进程。但是,列强侵略中国的目的,绝不是要把封建的中国变成资本主义的中国,而是要把中国变成它们的半殖民地和殖民地,变成资本主义的外围附庸。在中国人民救亡图存的进程中,马克思主义对于资本主义的批判,特别是列宁主义阐明和初步实践了的非资本主义路线图,为我们指明了前进的基本方向,我们要以非西方的社会形态走向独立、富强、文明。中国共产党领导的新民主主义革命、社会主义改造和建设,就是谋求建立一个与封建羁绊决裂而又超越资本主义发展水平的社会主义国家。

马克思、恩格斯分析了生产力和生产关系、经济基础和上层建筑的矛盾运动,从历史观的高度呈现了"经济的社会形态"的一般演进态势。他们重点关注西方资本主义国家的社会形态变革方略,这个社会"在一极是财富的积累,同时在另一极,即在把自己的产品作为资本来生产的阶级方面,是贫困、劳动折磨、受奴役、无知、粗野和道德堕落的积累"。② 正是资本主义社会"财富的普遍生产"必然伴随着"贫困的普遍生产"的内在矛盾性,造成自身经济运动的危机和必然灭亡趋势,也促生了现代社会主义运动,社会主义的主旨和根本目的是:消除资本主义对生产力和社会财富的束缚,消灭剥削和奴役,实现人的自由全面发展。

这种社会发展路线的科学性,本身是建立于现代化已经实现、生产力和财富积累高度发达基础之上的。从这个直接、狭义的尺度来看中国(乃至俄国),正如马克思所阐明的"两个决不会"的基本原理那样,或如邓小平更加直截了

---

① 《马克思恩格斯文集(第3卷)》,人民出版社2009年版,第564页。
② 《马克思恩格斯全集(第23卷)》,人民出版社1972年版,第708页。

当评价的——"虽说我们也在搞社会主义,但事实上不够格",①中国所建立起来的社会主义,其实是在落后、"不够格"的生产力发展水平前提下,在资金短缺、积累手段有限而工业化速度和体系化要求又很迫切的历史任务面前,由党和国家来全面主导资源配置,保证高积累和优先发展重工业,同时在较低水平上但较为公平地保证人民的基本生活和社会安定。②

因此,我们要看到,改革前后的体制转变,从"在中国的社会主义"到真正的"中国特色社会主义",本身一脉相承,遵循相通的历史条件和任务,具有共同的世界历史分期地位。计划经济体制的社会主义,一方面,遵循马克思主义对未来社会面貌的原则预测和苏联计划经济模式的先例,我们在相当大程度上压抑个人利益,并排斥商品和市场原则机制;另一方面,同中国现代化事业的具体情况相结合,仍然存在按劳分配的"资产阶级权利",存在商品、货币、价格、经济核算等市场机制的元素,我们"实行国有和集体两种公有制形式,主张发挥中央和地方两个积极性,调动一切积极因素,实际上形成了公有制实现形式的多层级性,造成了经济运行中一定程度的多主体性,在当时历史条件下对个人利益和社会整体生产效率的提高起到了积极作用,并且成为日后改革的必要探索和先声"。③

(三) 中国特色社会主义的开辟与新的伟大斗争的文明史意涵

中国特色社会主义孕育和发展历程中,就如马克思所预言的,"自然的发展阶段""既不能跳过也不能用法令取消",④"工业较发达的国家向工业较不发达的国家所显示的,只是后者未来的景象"。⑤ 因此,我们要"大胆吸收和借鉴人类社会创造的一切文明成果,吸收和借鉴当今世界各国包括资本主义发达国家的一切反映现代社会化生产规律的先进经营方式、管理方法"。⑥ 这其

---

① 《邓小平文选(第3卷)》,人民出版社1993年版,第225页。
② 武力:《中国计划经济的重新审视与评价》,《当代中国史研究》2003年第4期。
③ 陈学明、陈祥勤、姜国敏:《论中国道路蕴含的"马中西"三大资源及其交互贯通》,《上海师范大学学报(哲学社会科学版)》2015年第6期。
④ 《马克思恩格斯全集(第23卷)》,人民出版社1972年版,第11页。
⑤ 同上书,第8页。
⑥ 《邓小平文选(第3卷)》,人民出版社1993年版,第373页。

中,我们特别是将资本主义文明形态中发展成熟的市场景象,吸纳入社会主义的范畴,使之成为中国特色社会主义的基本社会建制,并相应展开社会生活各方面的改革和制度体制机制建设。正如邓小平所说,改革作为"中国的第二次革命",[1]"是社会主义制度的自我完善,在一定的范围内也发生了某种程度的革命性变革",标志着"我们已经开始找到了一条建设有中国特色的社会主义的路子"。[2]

中国道路始终坚持社会主义的基本导向和基本原则,如马克思所启示的那样,"缩短和减轻分娩的痛苦"。[3] 邓小平指出:"社会主义的原则,第一是发展生产力,第二是共同致富。"[4]这种社会主义本质的科学界定,自然成为中国特色社会主义的基本导向和基本原则,党的十三大将其具体提炼为"以经济建设为中心,坚持四项基本原则,坚持改革开放"[5]的社会主义初级阶段基本路线。按照邓小平的目标设计,对于社会主义初级阶段而言,"基本路线要管一百年,动摇不得",[6]直到21世纪中叶,达到中等发达国家水平,基本实现现代化。

现今,中国特色社会主义进入新时代,从历史发展的辩证法角度来看,新时代也就意味着初级阶段进入更高水平的时期,进入"后半段",同"前半段"相比已经有了改变。而且,"后半段"的目标,实际上已经超出了邓小平的原初设定。邓小平提出的21世纪中叶"达到中等发达国家水平,基本实现现代化"的目标,已经为2035年目标所涵盖,而到2050年"建成社会主义现代化强国"的目标,实际上就已经超过原来邓小平提出的"中等发达国家"标准,我们完全可以认为这是对"社会主义初级阶段"的更高要求。

这也说明,习近平新时代中国特色社会主义思想在指导我们为新时代事业而奋斗的过程中,将越发没有既成的"未来的景象"显示给我们、供我们作为赶超目标,我们在"照着讲""接着讲"之后,越发需要"自己讲"了。2013年,习

---

[1] 《邓小平文选(第3卷)》,人民出版社1993年版,第113页。
[2] 同上书,第142页。
[3] 《马克思恩格斯全集(第23卷)》,人民出版社1972年版,第11页。
[4] 《邓小平文选(第3卷)》,人民出版社1993年版,第172页。
[5] 中共中央文献研究室编:《十一届三中全会以来党的全国代表大会中央全会重要文件选编(上)》,中央文献出版社1997年版,第450页。
[6] 《邓小平文选(第3卷)》,人民出版社1993年版,第370—371页。

近平总书记在纪念毛泽东诞辰 120 周年座谈会上讲道:"今天,我们正在进行具有许多新的历史特点的伟大斗争。"①选择在这一时机给出这一提法,不能不引起我们的深思,正如毛泽东在 1962 年扩大的中央工作会议上所说,"从现在起,五十年内外到一百年内外,是世界上社会制度彻底变化的伟大时代,是一个翻天覆地的时代,是过去任何一个历史时代都不能比拟的。处在这样一个时代,我们必须准备进行同过去时代的斗争形式有着许多不同特点的伟大的斗争。为了这个事业,我们必须把马克思列宁主义的普遍真理同中国社会主义建设的具体实际,并且同今后世界革命的具体实际,尽可能好一些地结合起来,从实践中一步一步地认识斗争的客观规律"。②

毛泽东在论述马克思主义中国化的必要性时,正是将之同"伟大时代"、同准备进行新形式、新特点的"伟大的斗争"联系起来,习近平新时代中国特色社会主义思想这一马克思主义中国化最新成果在今天适时提出,也正是理论对现实历史运动、现实斗争的科学反映。习近平新时代中国特色社会主义思想以其战略眼光和理论勇气,准确定位了我们的富强程度,反映了我们在世界历史宏大进程中的既有成果和未来目标。在中国和世界发生着翻天覆地的伟大变化的新时代,习近平总书记在学习贯彻党的十九大精神研讨班开班式上发表重要讲话时指出:"新时代中国特色社会主义是我们党领导人民进行伟大社会革命的成果,也是我们党领导人民进行伟大社会革命的继续。"③我们从逻辑上完全可以说,就像伟大的中国革命、就像改革作为"中国的第二次革命"一样,新时代新思想将在中国和世界历史上开启"第三次革命"。

二、人类文明的当今挑战与中国特色
社会主义提供的新时代选择

在当今世界,人类文明发展面临重大挑战,呼唤着马克思主义,特别是

---

① 习近平:《在纪念毛泽东同志诞辰 120 周年座谈会上的讲话》,《人民日报》2013 年 12 月 27 日。
② 《建国以来毛泽东文稿(第 10 册)》,人民出版社 1998 年版,第 32 页。
③ 《习近平在学习贯彻党的十九大精神研讨班开班式上发表重要讲话强调 以时不我待只争朝夕的精神投入工作开创新时代中国特色社会主义事业新局面》,《人民日报》2018 年 1 月 6 日。

为当代中国马克思主义做出具有"伟大斗争"和"伟大社会革命"意义的回应,指出超越方向。这既是当代马克思主义、当代科学社会主义自身发展不可回避的时代命题,也是当代中国马克思主义彰显自身世界意义的重大机遇。历史上,列宁之所以发展了马克思主义,邓小平之所以发展了马克思列宁主义、毛泽东思想,一个基本要点就在于敏锐地抓住了他们所处时代的问题形态,在理论上作出创新反映,习近平新时代中国特色社会主义思想同样如此。

(一) 资本主义社会基本矛盾的变异和衍生

在马克思主义看来,共产主义社会在人的发展尺度上开启了新文明,这具有彻底积极的意义,是对"前共产主义"、对人类社会"前史"的扬弃。不过,共产主义也可以看作首先是最直接地从狭义的经济运动尺度上对资本主义经济形态的否定,对资本主义本身不可克服的经济矛盾、经济危机的根本解决,是"后-资本主义"。这种直接否定关系就如《共产党宣言》所指出的:"社会所拥有的生产力已经不能再促进资产阶级文明和资产阶级所有制关系的发展;相反,生产力已经强大到这种关系所不能适应的地步,它已经受到这种关系的阻碍;而它一着手克服这种障碍,就使整个资产阶级社会陷入混乱,就使资产阶级所有制的存在受到威胁。资产阶级的关系已经太狭窄了,再容纳不了它本身所造成的财富了"。[①]

这种对资本主义的否定,是为了拯救人类文明成果本身,避免"经济的社会形态"自身蕴含的经济性荒唐、经济性毁灭:"在商业危机期间,总是不仅有很大一部分制成的产品被毁灭掉,而且有很大一部分已经造成的生产力被毁灭掉。""社会突然发现自己回到了一时的野蛮状态;仿佛是一次饥荒、一场普遍的毁灭性战争,使社会失去了全部生活资料,仿佛是工业和商业全被毁灭了。这是什么缘故呢?因为社会上文明过度,生活资料太多,工业和商业太发达。"[②]从这个维度上来说,马克思主义科学地论证出共产主义,首先就是遵循"提出问题—解决问题"的直接现实性逻辑。

[①] 《马克思恩格斯文集(第2卷)》,人民出版社2009年版,第37页。
[②] 同上。

第二次世界大战以来,西方资本主义发生了较大的形态变化,社会矛盾、危机、对抗相应发生了变异和衍生。除原先经典形态的劳动和资本、无产和有产的清晰化、绝对化的两极分化,即使我们仅在经济领域中看问题,也可以看到资本主义市场体系已经发生金融化、虚拟化等变化,形态愈加繁杂,作用机制异常漫长曲折,贫富对立变得相对化、全球体系化。并且,资本的逻辑已经越出狭义的经济范围,侵蚀人的全部生活,造成人的生存状态全面"单向度"化,乃至侵蚀与人本质统一的自然界,使自然状况在资本主义生产生活方式重压之下急剧恶化。

在基本经济矛盾之上,当今世界每个人的身心之间、每个个体的境遇与社会体系结构之间也处于深刻矛盾之中。当今世界人们在资本社会的生存和交往条件下,在资本漫溢出狭义经济生产交往的范围而对全社会加以统治的条件下,"单向度"的生存状态日益普遍。在资本主义的商品形式占支配地位的条件下,商品成为整个社会的普遍范畴、社会生活的所有方面都成为交换领域,资本的原则和逻辑内嵌于商品生产和交换过程,经由这个中介,人的全部社会生活都被影响、再塑造。为维系经济体系本身的运动,为完成其全部建制的再生产,现代资本主义就要刺激消费,不断造就社会中消费主义的"虚假的需求",人不仅在直接生产领域从属于资本而沦为劳动机器,而且成为消费机器。

更进一步的就是人与自然之间的矛盾,特别是生态危机日益加剧。资本运动有两个基本原则——效用原则和增殖原则,它们决定了资本在本质上是反生态的,资本所主导和规定的人类生产生活过程,是同生态环境尖锐对立的。资本的效用原则要求在有用性的意义上看待和利用自然界,使自然界成为工具,从而丧失自身价值。而资本的增殖原则,则要求资本本身有无限增殖过程,它与效用原则连在一起,使自然界的工具化变得越来越严重。资本运动对自然界的利用是无止境的,这种利用过程和结果对自然界的破坏也是没有尽头的。

上述微观机制上的矛盾所引发的挑战暗流涌动,使当今人类世界宏观上和平与发展主题的具体内涵也发生了重要变化。就和平问题来说,无疑在邓小平关于世界大战"打不起来"的意义上,我们仍然处于"和平"之中。但第二次世界大战以来,由资本主义具体主导和维系这种"和平"的世界格局秩序已经开始逐步失灵、失范。对于发展问题,资本文明的现代性弊病也已集中凸显,发展中国家欲发展现代化而失策,乃至反现代化力量在局部蔓延。和平与发展问题的新表现集中反映着资本主义旧文明的衰落,甚至美国和西欧这样的资本主义文明核心地带,也陷入现代性与多元性的意识形态迷惘,西方主流文化曾经的自洽和自信遭遇前所未有的危机。

(二)中国特色社会主义提供的新时代选择

与当今世界其他地区(包括西方)的"乱象"相比,中国之"治"是异常显著和值得珍视的。作为后发国家,中国的现代化进程不可避免地要采用模仿西方和追赶西方的方式,采纳西方发端的现代化大工业生产力,采纳西方资本主义所奠定的市场经济的基本社会建制;同时,中国不可避免地要谋求同世界的互利交往,要融入由资本所定向、资本主义国家所主导的现行全球分工体系。从而,中国在现代化深入展开过程中,也会遇到相似的社会问题,不可避免地受到国际全局性问题影响。可以说,中国也在很大程度上再现了西方发达国家的"现代性困境",不过,同西方历史上的周期性危机和当今的新困境相比,中国的辉煌成就和昂首阔步迈入新时代的发展势头才是主流。然而,中国特色社会主义的现代化道路既然走到了新时代的重大关节点上,也就需要对既往经验进行基本总结评估,并对下一步的根本方向和步骤进行战略性规划,给出超越性的智慧和方案。

现代化不能停留在资本主义的层次上,也不能选择"后现代主义"而实际上是"前现代"、前资本主义的田园牧歌幻想,中国特色社会主义作为科学社会主义的延续和创新,要秉持"后-资本主义"的根本超越特性,并在新时代进一步发展。我们只要运用马克思主义的现代性批判理论视角来看问题,就能认识到现代性既有不可否认的负面效应,又有人的历史发展的积极意义。并且,现代性的负面效应并不应归结于现代性本身,而是要把现代性之下物对人的统治追溯到人对人的统治。马克思主义也不希望现代人放弃对现代性目标的追求,而是要人们对现代性加以"治疗",只要换一种社会制度,换一种社会组织方式,换一种价值观念,现代性理念以及作为这一理念具体实施的现代化运动就完全有可能避免目前出现的各种弊端。

三、新时代新思想彰显人类社会多样性、开辟和平发展新路径

(一) 中国文明超越资本主义文明对抗性范式

新时代中国特色社会主义坚持推动构建人类命运共同体,开辟了人类和平发展的新路,而习近平新时代中国特色社会主义思想对此做出了重要的理论阐明和行动指引。马克思主义经典理论尤其强调,一部人类文明发展史就是一部对抗斗争史。人类社会不同形态的演进,一方面标志着物质文明和精神文明的发展和进步,另一方面也意味着这种对抗以新的斗争形式出现——人类社会的进步是在已积累的劳动和直接的劳动之间的对抗、不同的等级和阶级之间的对抗基础之上得以实现的。① 无论我们具体采纳哪种文明形态的阶段划分,自人类走出蒙昧和野蛮状态,进入文明时代以来,资本主义文明固然是作为文明迄今为止的最高级形态,但其所蕴含的对抗斗争也超过以往任何一种文明形态。马克思科学地指明了,人类社会并不必然永远处于这种冲突、矛盾、危机的状态之中,人类的真正前途就在于共产主义,不过,马克思仍然为通往这前途设定了"最后的斗争":"他们的目的只有用暴力推翻全部现存的社会制度才能达到。"②

在当今世界,人类文明的进步是否就必然在狭义的斗争对抗中实现呢?我们认为,在中国特色社会主义道路开创之后,人们完全可以作出另外的回答,中国道路实际上开辟了人类和平发展的新路,特别是随着中国特色社会主义进入新时代,一条和平共赢的人类发展新路,更加现实、清晰地展现出来,并且随着习近平新时代中国特色社会主义思想的形成,这条道路在理论层面得到了提炼、总结,对人类文明发展具有更大意义。党的十九大在"人类命运共同体"的方略条目之下首先指出:"中国共产党是为中国人民谋幸福的政党,也

---

① 陈学明:《论中国道路对人类文明的历史性贡献》,《上海师范大学学报(哲学社会科学版)》2013 年第 3 期。
② 《马克思恩格斯文集(第 2 卷)》,人民出版社 2009 年版,第 66 页。

是为人类进步事业而奋斗的政党。中国共产党始终把为人类做出新的更大的贡献作为自己的使命。"①它使人类文明摒弃"独占""独霸""独尊"思维,树立"共有""共享""共赢"理念是可能的,它把不以扩张主义为出发点、也不以霸权主义为必然归宿的人类文明发展前景,生动地展现在人类面前。②

(二) 中国文明守护人类社会发展多样性

新时代中国特色社会主义的人类命运共同体方略首先彰显的是人类社会发展的多样性,在资本主义"独占""独霸""独尊"的声浪之下,保存了一方充满希望的净土。在"西方中心主义"话语体系中,西方文明形式是人类文明发展的唯一形式。西方世界在自身工业文明的先发优势下,在资本主义开拓市场的内在冲动趋势下,确实"吞噬"或者至少"笼罩"了人类世界的各个文明体、文明样式。但"西方中心主义"者就此毫无批判地把西方文明在特定发展条件和自身传统下形成、打上资本主义烙印的文化价值,说成人类文明的所谓"普世价值"。由于东欧剧变,人类社会探索新的文明形态的第一波伟大实验以失败而告终,这更使得"西方中心主义"喧嚣一时,例如,福山的"历史终结"论、撒切尔夫人的"别无选择"论等。与此相对,固然西方也有一些论者持谨慎、怀疑态度,例如,亨廷顿的《文明的冲突》就提出,"冷战"结束后,世界绝不是西方资本主义的一统天下,资本的"一"之下,人类文明仍然充满着冲突的"多"。但是,亨廷顿也只能在一种实证主义、非批判的思想层次上,把这种冲突笼统地归结为"非西方文明的各民族与西方之间以及它们相互之间的冲突",③这仍然是幼稚、肤浅的。真正具有历史深刻性的反驳是中国道路,只是当中国特色社会主义用鲜活的实践,展示出符合中国国情、具有鲜明特色的另一种现代化之路时,才冲破了资本主义笼罩世界、抹杀一切独立性的迷雾,揭示了人类社会发展的多样性。

---

① 习近平:《决胜全面建成小康社会 夺取新时代中国特色社会主义伟大胜利——在中国共产党第十九次全国代表大会上的报告》,人民出版社 2017 年版,第 57—58 页。
② 陈学明:《论中国道路对人类文明的历史性贡献》,《上海师范大学学报(哲学社会科学版)》2013 年第 3 期。
③ [美]塞缪尔·亨廷顿:《文明的冲突与世界秩序的重建》,周琪等译,新华出版社 1998 年版,第 125 页。

党的十九大报告全面论述了习近平新时代中国特色社会主义的基本内涵，进一步从"分庭"走向"抗礼"，我们在理论上系统建构意识形态的中国话语，解构上述"西方中心主义"话语体系。从这些理论上的归纳来看，无论是"五位一体"的总体布局，"四个全面"的战略布局，还是坚持党对一切工作的领导、坚持以人民为中心、坚持新发展理念，都显现出丰富的中国底蕴和社会主义风采。不同于西方资本主义的发展模式，这是一种具有鲜明中国特色、超越资本主义消极方面的社会发展方案。可以说，习近平新时代中国特色社会主义思想的提出，展现了一种新的人类文明形式的自觉。

（三）中国文明推动构建人类命运共同体

在当前世界格局孕育大变革的重要历史时期，中国作为一个迅速崛起的实体，还要以一个负责任的大国姿态，面对挑战与机遇、危机与良机，推进人类社会发展的多样化局面。中国道路是一条和平发展的现代化之路，我们欢迎各国搭乘中国经济发展快车、便车，不搞掠夺称霸，倡导合作共赢。"人类命运共同体"的构建，就是要落实到中国所参与和推动的"普惠、包容、分享、共赢"的世界各国生存与交往的实践当中。

第一，党的十九大报告提出要进一步扩大对外开放，以"一带一路"建设为重点，协调"引进来"和"走出去"的并重关系，遵循共商共建共享原则，加强创新能力开放合作，形成陆海内外联动、东西双向互济的开放格局。习近平总书记提出的"一带一路"倡议，以交通基础设施建设为重点，契合亚欧大陆实际需要，为低迷的世界经济注入新的活力，就是要让中国与世界各国良性互动、互利共赢，就是要让世界更好地分享中国发展的一大现实抓手。"一带一路"倡议的逐步落实，使世界各国经济更加紧密连接，创造新的经济增长点和就业岗位，推动各国基础设施建设和体制机制创新，增强各国经济社会发展的内生动力和文明素养。

第二，对原本是由西方资本主义按照自己的原则和面貌打造的、服务于资本主义全球化的既有手段，中国用自己的因素和力量加以吸收利用，使之成为自身"走出去"的有益形式。例如，中国在国际货币基金组织、世界银行等的投票权占比提高；在欧美贸易保护主义倾向抬头之际，中国坚持全球贸易自由化主张并推进自身的自贸区建设。中国也积极创制自己的中国形式，通过博鳌亚洲论坛、上海合作组织、金砖国家论坛、澜沧江—湄公河区域论坛等国际及区域组织，积极参与全球治理并开展具有自己主导力的治理实践。

除了现实手段，习近平新时代中国特色社会主义思想也注重从理念层次上，为构建人类命运共同体和全球治理体系，向世界提供崭新的价值指向。新时代中国特色社会主义基本方略所蕴含的价值取向是人民主体性和主张公平、正义、优先等，破解了西方二元对立的超然绝对主义和个人主义的困境，这从当今人类社会发展的西方主导客观现实的整体性出发，有针对性地倡导人类文明多元发展的价值取向，为构建公正合理的全球治理体系提供了价值基础，成为符合世界各国人民共同利益的崭新理念。

2017年2月，人类命运共同体理念被载入联合国人权理事会决议，成为一种具有国际共识的全球治理理念。面对全球性的危机，没有国家可以独善其身，没有国家能够独自应对人类面对的各种挑战，也没有国家能够退回到自我封闭的孤岛。人类命运共同体思想为世界各国提供了一种既实现发展又保持自身独立性的崭新方案，为国际社会提供了一种新的全球治理理念，有助于推动国际体系和秩序朝着更加公正合理的方向变革，有利于开辟人类更加美好的发展前景。

四、新时代新思想为发展中国家提供示范、为发达国家解决危机打开思路

党的十八大以来，我们扎实推进了中国特色社会主义理论、道路、制度、文化"四位一体"的发展，特别是对习近平新时代中国特色社会主义思想的系统阐述中，我们明确指出自己的道路为当今世界提供借鉴。可以说，中国特色社会主义进入新时代以来，中国人民一方面对自己的道路更加充满自信，另一方面更加清晰地看到了自己的道路对世界各国的示范意义。

（一）中国方案启示发展中国家文明道路

当今人类亟须解决的是人与人之间的不平等问题，突出表现为广大发展

中国家亟待摆脱贫穷落后、走上富裕道路。中国道路以自己的"特色"所创造出的成就，对广大发展中国家已经产生了强烈的示范效应。中国道路开创了在一个经济文化相对落后的农业大国实现现代化的新模式，这一道路的开创不仅决定了中国的命运，而且丰富了世界发展模式，为世界人民经由自己选择的历史道路走向现代化文明，提供了现实而又有力的示范。

党的十九大进一步确立中国特色社会主义进入新时代的重大历史方位，并由此确立习近平新时代中国特色社会主义思想的体系化表达和长期指导地位。新思想对新时代社会主要矛盾转化的把握以及对基本路线的牢牢坚持，体现了中国共产党为人民谋福利、满足人民对美好生活的新需求的指导思想，与此同时，它也对世界各国人民解决自身发展问题、矛盾提供了很好的借鉴，提供了操作性较强的范本。习近平新时代中国特色社会主义思想向世界郑重地证明：不仅在美好愿望的意义上与西方国家不同的"另一种选择"是可能的，不仅在生活智慧的意义上"捉到老鼠就是好猫""摸着石头过河"的方法论是可行的，而且这种可能性、可行性已经被归纳提升为科学的理论蓝图，为广大发展中国家独立自主发展经济和促进社会进步指出了一条明确道路。

(二) 中国方案启示发达国家文明出路

中国方案对发达国家面临的问题也具有启示意义。习近平新时代中国特色社会主义思想为我们指出中国要贯彻"创新、协调、绿色、开放、共享"的五大新发展理念，要实施经济、政治、文化、社会、生态文明"五位一体"的现代化建设治理体系和格局。这是一条以缩小贫富差距、实现共同富裕为价值取向的现代化之路，坚持以人民为中心的发展思想，始终着眼于改善民生和促进人的全面发展。这也是一条尊重规律的科学发展、可持续发展、包容性发展的现代化之路，实现了生产发展、生活富裕、生态良好的高度统一。

中国特色社会主义在处理人与人之间的矛盾问题时，是将"市场之手"与"国家之手"有机结合起来，加强和创新社会治理，提高保障和改善民生水平并让发展成果由人民共享，不断满足人民群众对美好生活的需要，这与贫富差距不断拉大、阶层固化以及阶层之间矛盾冲突尖锐化的道路截然不同。同时，中国特色社会主义民主政治的推进与发展，对某些国家克服不断出现的民粹与专制、无政府主义与国家主义的反复摇摆,有着重大的启示及矫正作用。中国特色社会主义在处理人与自然之间的矛盾问题时,提出了建设社会主义生态文明,把人与自然作为生命共同体,坚持生产发展、生活富裕、生态良好的文明发展道路,实现永续发展。这一以人为本、可持续发展的生态之路,为解决世界所面临的日趋严重的资源和环境问题提供了参考性理念。

(三)中国方案是科学社会主义新文明方案

归根结底,中国特色社会主义的道路、制度、理论和文化在现代历史中,探索出了一条走向现代化的途径,既不断推进中华民族复兴的伟大事业,给世界上那些在希望加快发展的同时,又保持自身独立性的国家和民族提供了全新选择,又给那些已然通过资本主义道路走向发达但积累了深层矛盾的国家提供了启示。这更加意味着科学社会主义在21世纪的中国焕发出强大的生机与活力。

我们的"完全有信心",理应包括以中国智慧的"抓住事物的根本"的彻底性,[①]以中国方案的"最进步最革命最合理"[②]的磅礴力量,团结群众,并将其转化为物质力量。习近平反复强调共产主义远大理想和革命理想高于天的高尚情怀,这个更好社会制度的理想,指引着我们沿着当代科学社会主义即中国特色社会主义的必由之路,逐步走向共产主义。今天,习近平新时代中国特色社会主义思想为世界各国人民提供借鉴,意味着中国为社会主义的发展、为人类文明的进步做出了重要贡献。

五、习近平新时代中国特色社会主义思想蕴含新的文明样式

中国特色社会主义道路具有世界历史意义,为人类文明应对当今的重大挑战、解决日益尖锐的矛盾做出了自己应有的贡献,为人类追求文明进步开辟

---

① 《马克思恩格斯文集(第1卷)》,人民出版社2009年版,第11页。
② 《毛泽东选集(第2卷)》,人民出版社1991年版,第686页。

了一条新路。如果把中国特色社会主义道路对人类文明的贡献仅仅归结为使中国成为世界第二大经济体,那么这种认识肯定是肤浅的。中国特色社会主义道路带来的不仅是国内生产总值(GDP)的高速增长,而且在中国古老大地上探索出了一种新的发展方式,在这种新的发展方式背后,中国人民正在创造一种新的存在方式,两者结合起来造就了人类美好生活全新的文明样态。①

每一个时代都有它的重大课题,解决了它们就把人类文明又向前推进一步,显然,中国特色社会主义就是在正视和解决矛盾的同时,开辟着自己的道路。② 中国道路在解决当今人类社会内部的矛盾、人类社会与自然界的矛盾过程中,已经积累了丰富的成果和经验,找到了前进的方向。改革开放以来,中国用不到40年的时间取得了巨大的经济成就,从站起来到富起来的历程已被世界公认。考察中国特色社会主义,绝不能仅从物质需要与经济发展的狭隘角度出发,而要把它当作一个全面完整的文明体来考察。

特别是在今天,习近平新时代中国特色社会主义思想已经以系统的理论形态为解决时代矛盾提供了遵循。从而,中国特色社会主义的新时代新思想也就蕴含着当今文明的长足进步,对人类文明的发展做出了历史性贡献。我们常说,马克思主义普遍真理和马克思主义中国化成果"一脉相承",或者如习近平总书记所说,共产党人"不忘初心",这种"脉"或者"心"就包含人类文明的"文脉"和"心智"。这绝不是抽象、空洞的文学比喻,而是有着实实在在的内容,其中就包括对人类社会的存在样态、运动规律、发展趋势的科学看法,以及为广大人民群众求解放、谋幸福的立场取向。习近平新时代中国特色社会主义思想正是整体构成了人类文明当中看待这些问题的有机组成部分,为开创新时代文明道路提供指导。当我们逐步接近走上马克思、列宁、毛泽东、邓小平所能直接预见到的历史任务轨道、开启新的"伟大斗争"和新的"伟大社会革命"时,我们越发渴望习近平新时代中国特色社会主义思想能指引人类不断朝着更高阶段迈进,追求更加美好生活。

作为文明新样式的新的"伟大斗争"和新的"伟大社会革命",生动体现在

---

① 陈学明、金瑶梅:《中国特色社会主义道路的世界意义》,《中国社会科学报》2012年2月8日。
② 陈学明:《论中国道路对人类文明的历史性贡献》,《上海师范大学学报(哲学社会科学版)》2013年第3期。

美好生活和美丽强国的目标上,乃至在"持续走向繁荣富强"的基础之上,昭示并部分实现着更加丰富的人的自由全面发展。当然,在社会主义初级阶段,和马克思主义经典理论对未来共产主义第一阶段社会形态进行设想的基本原则一样,还要受到现实条件制约,人的自由而全面发展的维度还只能是部分实现,尤其是还要留存资本因素和资本原则。与此同时,我们运用社会主义活的制度因素,运用共产党人和全体人民活的主体因素,驾驭和引导经济社会发展方向,服务于以劳动者为主体的人的根本利益,不断为实现共产主义远大理想积累条件。

放眼观察当今中国,不仅要看到这个拥有 14 亿多人口的大国是如何成为世界第二大经济体的,还要看到其如何力图将西方资本主义工业文明发展过程中司空见惯的那种破坏代价降到最低限度;不仅要看到中国如何努力把蛋糕做大,还要看到其千方百计使做大的蛋糕惠及所有人;不仅要看到中国如何注重经济发展,还要看到其如何注重民生的改善、维护社会的稳定、实现人的全面发展;不仅要看到中国如何强调经济建设,还要看到其如何强调政治、文化、社会和生态文明建设;不仅要看到中国在如何满足人的"市民社会"的物质需求,还要看到其如何通过社会主义来塑造"人类社会"或"社会化的人类"的一代新人。透过这些,就能深刻地领悟到当今中国究竟发生了什么,就可以理解中国特色社会主义道路的真正内涵。① 中国特色社会主义道路,特别是它的新时代、新思想的最新前进方向,代表了对一种真正的美好生活,对真正属于人的生存状态的追求,是对正处于危机之中的西方资本主义文明支配下的人类存在方式的革命。② 在这个意义上,不论如何高估其对人类文明、对世界历史的意义都不过分。

---

① 陈学明、金瑶梅:《中国特色社会主义道路的世界意义》,《中国社会科学报》2012 年 2 月 8 日。
② 同上。

坚定文化自信的基础地位与主体要求

王永友　宁友金*

[摘要]　文化自信为道路自信、理论自信和制度自信奠定科学、深厚、坚实的文化基础。坚持"文化自觉""文化自省""文化自强",是坚定文化自信的主体要求。坚定文化自信,必须站在战略高度做好顶层设计与宏观规划,着力推进"文化教育"战略,解决文化认知和认同问题,筑牢文化自信根基;着力推进"文化传扬"战略,解决文化传承创新问题,增强文化自信活力;着力推进"文化传播"战略,解决文化导向力量问题,保证文化自信方向;着力推进"文化服务"战略,解决文化普惠共享问题,巩固文化自信基础,形成坚定文化自信的战略合力,以增强道路自信、理论自信和制度自信。

[关键词]　文化自信;基础地位;主体要求;实现路径

习近平总书记在庆祝中国共产党成立95周年大会上的重要讲话中指出:"全党要坚定道路自信、理论自信、制度自信、文化自信。"第一次将文化自信提到与道路自信、理论自信、制度自信并列的高度,并进一步强调:"文化自信,是更基础、更广泛、更深厚的自信。"[①]四个自信具有深刻的内在逻辑关联,文化自信是道路自信、理论自信和制度自信的重要基石。只有充分认识坚定文化

---

* 王永友,西南大学马克思主义理论研究中心副主任,教授,博士生导师;宁友金,西南大学马克思主义学院硕士研究生。
① 习近平:《在庆祝中国共产党成立95周年大会上的讲话》,《人民日报》2016年7月2日。

自信对坚定道路自信、理论自信、制度自信的基础地位,准确把握坚定文化自信的主体要求,从战略高度思考和谋划坚定文化自信的路径选择,才能以坚定的文化自信进一步增强道路自信、理论自信和制度自信。

一、坚定文化自信的基础地位

提出坚定文化自信,某种程度上意味着我们缺乏文化自信或者不够自信。坚定文化自信,必须解决人们长期形成的"文化自卑""文化自迷"与"文化自贬"问题,为道路自信、理论自信和制度自信奠定科学、深厚、坚实的文化基础。

(一)解决面对西方现代文明的"文化自卑"问题,为道路自信奠定科学的文化基础

道路自信表现为对中国发展道路选择的充分肯定、发展道路探索的勇敢支持和坚定发展道路的热烈拥护。中国道路的选择、探索和坚定,是以中华文化为基础的,与中华文化有着密切联系。近代以来,为了寻找救国救民的真理,改变中国经济文化落后的面貌,无数仁人志士经过艰辛探索选择了社会主义道路,并在实践中不断探索和开辟了中国特色社会主义发展道路。沿着中国道路前进所取得的发展成就,不断使人们坚信只有中国特色社会主义才能发展中国的道理,不走改旗易帜的邪路,不走封闭僵化的老路。但是,面对西方现代科学技术迅猛发展、经济实力快速提升、社会生活文明进步、思想意识自由开放等现代西方文明,人们滋生了对中国经济发展的"自我否定"、科学文化的"自我怀疑"、社会文明的"自我蔑视",产生了"文化自卑"的心理,动摇了道路自信的文化基础。具体表现在:尽管改革开放以来我国经济发展取得举世瞩目的成绩,经济总量跃居全球第二,但还存在发展不平衡、不充分等问题,人均国内生产总值(GDP)与发达国家相比还有很大差距,物质文明发展的客观差距导致一些人对中国经济发展的"自我否定";尽管中华人民共和国成立以来教育科学文化事业快速发展,某些领域取得了突出成就,打破了发达国家的科学技术封锁,但仍然存在自主创新成果不足等现象,人们的科学文化优越

感没有得到大幅提升、科学文化满足感没有得到有效获取、科学文化获得感没有得到很好供给,导致人们对科学文化产生"自我怀疑";尽管改革开放以来社会文明程度大幅提高,人们的生活水平显著改善,社会环境更加和谐,生态文明大力推进,但与发达国家相比,社会文明水平还有待进一步提升,社会服务能力还有待进一步增强,社会矛盾冲突仍然存在,使得人们的幸福感还不高,导致人们对社会文明的"自我蔑视"。

为此,必须坚定文化自信,解决目前仍存在的"文化自卑"问题。习近平总书记深刻指出:"只有物质文明建设和精神文明建设都搞好,国家物质力量和精神力量都增强,全国各族人民物质生活和精神生活都改善,中国特色社会主义事业才能顺利向前推进。"① 只有坚定文化自信,全面推进经济政治文化社会与生态文明"五位一体"建设,才能切实改变我国发展相对落后、实力相对不强、创新相对不足的面貌,坚定中国特色社会主义道路自信。

(二) 解决面对当代价值多元的"文化自迷"问题,为理论自信奠定深厚的文化基础

理论自信实质上是对马克思主义中国化理论成果和实践创新的自信,源于对马克思主义的文化选择、文化融合和文化创新。中国特色社会主义是"根植于中国大地、反映中国人民意愿、适应中国和时代发展进步要求的科学社会主义"。② 也就是说,马克思主义中国化理论成果,既是马克思主义理论与中华文化深度融合的产物,也是中国人民科学判断与正确选择的结果,还是扎根于中国革命、建设与改革实践的理论创新,彰显了中华文化的包容性、中国人民的自主选择性、理论创新的自觉性。没有中华文化的包容性、人民群众的选择性、实践创新的自主性,马克思主义理论就很难根植中国大地和融入中国文化,形成具有中国特色的理论体系,理论自信就无法得到有效保证。坚定理论自信,必须传承和弘扬中华优秀传统文化,推进社会主义先进文化建设和社

---

① 习近平:《胸怀大局把握大势着眼大事 努力把宣传思想工作做得更好》,《人民日报》2013年8月21日。

② 习近平:《毫不动摇坚持和发展中国特色社会主义 在实践中不断有所发现有所创造有所前进》,《人民日报》2013年1月6日。

主义核心价值观建设，提高文化软实力，以文化自信夯实理论自信基础。但是，改革开放以来，西方价值观念的冲击、多元社会思潮的泛滥、封建残余思想的复燃，导致一些人对文化传承与弘扬的选择迷惑、对文化价值判断的标准迷失与文化功能的认知迷茫，产生了"文化自迷"的心理，使理论自信缺乏深厚的文化基础。具体表现在：由于西方价值观念的冲击，人们对中国传统文化及其蕴含的价值观念产生怀疑甚至排斥，进而表现出选择困惑，不知道应该选择什么以及应该如何选择，陷入传承与弘扬的自我迷茫状态；由于多元社会思潮的泛滥，人们长期坚守的传统价值体系逐步瓦解，是非观念越来越模糊、价值标准越来越失范，不知道应该以什么标准来判断，进而在价值多元浪潮中逐渐迷失自我；由于封建残余思想的复燃，人们对文化的价值导向功能、凝聚民心功能、教育引领功能、促进和谐功能等的认知感到迷茫，不知道究竟给人们带来的是正功能，还是负功能，究竟推动社会进步，还是阻碍社会发展，进而陷入文化自迷的困境。①

为此，必须坚定文化自信，解决面对当代价值多元的"文化自迷"问题。只有坚定文化自信，着力推进中华优秀传统文化、革命文化与社会主义先进文化的深度融合，着力引领多元社会思潮，着力加强社会主义核心价值观建设，才能切实改变人们文化选择迷惑、文化判断标准迷失和文化功能认知迷茫的现状，改变人们对社会主义现状的模糊认识乃至错误认识，坚定中国特色社会主义理论自信。

(三) 解决面对共产主义理想的"文化自贬"问题，为制度自信奠定坚实的文化基础

制度自信实质上是对共产主义和中国特色社会主义的心理认可、思想认同和行为坚守。毛泽东指出："共产主义是无产阶级的整个思想体系，同时又是一种新的社会制度。这种思想体系和社会制度，是区别于任何别的思想体系和任何别的社会制度的，是自有人类历史以来，最完全最进步最革命最合理的。"②共产主义作为人类社会发展史上最先进的社会制度，是建立在人类社

---

① 王永友、潘昱州：《文化自信视域下传统文化重构的"三重"困境》，《南京社会科学》2017年第7期。
② 《毛泽东选集(第2卷)》，人民出版社1991年版，第686页。

会发展的客观规律之上的、符合人类社会未来发展趋势的伟大事业。中国人民选择坚信共产主义，坚持和发展中国特色社会主义，是中华优秀传统文化、革命文化、社会主义先进文化涵育的结果。坚定制度自信，必须以坚定文化自信为基础。只有通过顶层战略设计、发展理念创新、核心价值观建设，提高文化软实力，增强文化自信，使文化自信成为制度自信的坚实基础，共产主义理想信念才能更牢固，中国特色社会主义制度才能焕发活力。"缺少文化支撑的制度，即使设计非常完美也只是一纸空文，难以实施。"[①]但是，20世纪90年代以来，东欧剧变、苏联解体、拉美、北非、西亚等多国和地区改旗易帜，极大地动摇了人们的共产主义理想和中国特色社会主义信念，导致人们对社会主义的前途感到担忧，认为社会主义国家的发展不如资本主义国家，否认社会主义的发展成果；导致人们对共产主义的理想产生动摇，认为共产主义理想信念是虚无缥缈、无法实现的空想；导致人们对资本主义的幻想重又燃起，认为资本主义是人类社会发展的最终归宿，号召放弃社会主义，发展资本主义。

为此，必须坚定文化自信，解决面对共产主义理想的"文化自贬"问题。只有扎实推进"五位一体"建设，统筹推进"四个全面"战略布局，贯彻落实"五大发展理念"，培育和践行社会主义核心价值观，实现中国梦，才能切实增强人们对中国特色社会主义的成就感和幸福感，切实增强人们对共产主义理想的坚定信念，坚定中国特色社会主义制度自信。

二、坚定文化自信的主体要求

从文化自信的主体来看，坚定文化自信，要求文化自信的主体必须坚持"文化自觉""文化自省"与"文化自强"。

（一）文化主体必须坚持"文化自觉"

"文化自觉"表现为文化认知上的自觉学习、文化责任上的自觉担当、文化

---

① 田旭明：《文化自信：道路自信、理论自信和制度自信的深沉根基》，《湘湘论坛》2017年第1期。

实践上的自觉行动，是整个国家和民族对自身文化的觉察、觉醒和觉悟，是人们从主观到客观对自身文化的反应。坚定文化自信，文化主体必须坚持"文化自觉"。只有将文化自信建立在文化自觉的基础上，克服文化认知上的盲目性、文化责任上的不担当、文化实践上的盲动性，才能更好地坚定文化自信。

一是民众主体在文化认知上必须做到自觉学习。中国文化在历史演进中，既承传精华性文化，成为中华民族薪火相传、发展壮大的精神滋养，推动社会变革和发展；又夹带许多糟粕性文化，成为中华文化大发展大繁荣的障碍，阻碍社会文明进步；还借鉴外来性文化，成为中华文化的有益补充，促进人类文明发展。中华文化在演进中精华与糟粕相互杂糅，增加了普通民众分辨与认知中华文化内容和评价中华文化价值的难度，甚至盲目地"把精华当糟粕、把糟粕当精华"，出现"传承糟粕、抛弃精华""崇尚糟粕、反对精华"的错误做法。同时，在本土文化与外来文化的深度融合中，有的知识分子认为儒学是"国学"，马克思主义是"党学"，"国学高于党学"，更有甚者将这种思想带入高校思想政治理论课，这种"以儒化国""以儒化党"的错误思想既冲击主流意识形态安全，也反映出对中国特色社会主义文化的不自信。为此，需要民众主体自觉学习，正确认识中华文化的内容和发展历程，全面了解、科学评价中华文化的优势和不足、价值和地位，克服文化认知上的盲目性，实现对文化思想的自觉。

二是单位主体在文化责任上必须做到自觉担当。文化的繁荣发展，不仅需要党和政府自觉担当，更需要各单位、各部门、各企业共同担当，自觉扛起文化发展大旗、传承和弘扬中华优秀传统文化、引领社会主义先进文化前进方向。当前，部分地方政府在文化发展上重经济发展轻文化监管、重开发轻保护、重经济效益轻社会效益；部分教育部门或单位重知识教育轻文化传承，推进中华优秀传统文化、革命文化、社会主义先进文化教育不力；部分企业注重生产效率、轻视文化价值观培育等现象，部分单位主体的文化责任感和使命感不强。为此，各企事业单位主体必须自觉担当起传播和发展马克思主义、传承和弘扬中华优秀传统文化与建设社会主义先进文化的责任，克服文化责任上的不担当，实现文化理论上的自觉。

三是社会主体在文化实践上必须做到自觉行动。中国特色社会主义文化的繁荣发展,需要文化创作者、生产者、传播者和经营者等社会主体在文化实践中做到自觉行动,生产创作、继承借鉴和传播符合我国社会发展需要的主流思想文化。当前,思想文化领域存在有的文艺创作者将封建腐朽文化融入文艺作品创作、有的文化经营者销售低俗、庸俗、媚俗的文化产品、有的知识分子宣扬历史虚无主义和传播西方社会思潮等现象,这些文化实践背离了文化发展为社会主义服务的方针。为此,需要社会主体深入挖掘传统优秀文化资源、学习借鉴世界先进文明成果。这种挖掘和借鉴,不是盲目地对中华文化的"全盘继承"或"全盘抛弃",而是要坚持"取精华、去糟粕"的继承弘扬原则;不是盲目地对外来文化"全盘吸收"或"全盘否定",而是要坚持"为我所用"的取舍判断标准,克服文化实践上的盲动性,实现对文化实践的自觉,推动中国特色社会主义文化大发展大繁荣。

(二) 文化主体必须坚持"文化自省"

"文化自省"表现为对文化历史、文化现状与文化发展的自我反思、审思和深思,是对整个国家和民族的文化传统、文化道路与文化价值的全面审视,人们时时、事事、处处都在进行文化反省。坚定文化自信,文化主体必须坚持"文化自省"。只有将文化自信建立在文化自省的基础上,做到时时反思文化历史、事事审思文化现状、处处深思文化发展,才能更好地坚定文化自信。

一是文化主体对文化历史必须做到时时反思。习近平指出:"一个抛弃了或者背叛了自己历史文化的民族,不仅不可能发展起来,而且很可能上演一场历史悲剧。"[①]传承和弘扬传统文化绝不是文化本源上数典忘祖、文化思维上因循守旧、文化态度上故步自封,必须时时反思文化历史,在总结经验、吸取教训基础上,立足新的实践创作符合社会需要、民众需求的文化作品,顺应时代发展潮流创造出符合社会发展方向的文化成果,在文化历史反思中剔除错误的、过时的文化要素,在传承弘扬中挖掘提炼正确的、符合时代发展要求和涵养中华民族的文化要素,做到对文化历史时时反思。

二是文化主体对文化现状必须做到事事审思。当代中国文化的繁荣发

---

① 习近平:《在哲学社会科学工作座谈会上的讲话》,《人民日报》2016年5月19日。

展,面临着"文化虚无""文化复古""文化保守"等错误文化态度和取向的冲击,面临着西方文化强势渗透的"文化殖民"挑战,面临着道德滑坡与信仰迷茫的现实危险。这些冲击、挑战和危险,动摇着文化自信的现实基础,影响着人民群众的文化观念、文化心理和文化实践。为此,夯实文化自信的基础,文化主体必须全面审视文化繁荣发展中的文化态度、文化立场、文化心理、文化环境和文化信仰等文化现状,做到对文化现状事事审思。

三是文化主体对文化发展必须做到处处深思。伴随着民族的兴衰,人们对待中华文化不时出现"文化自卑""文化自大""文化自贬"等心理和倾向,导致人们出现对民族文化品质的怀疑、民族文化价值的吹捧、民族文化功能的否定,这些文化态度相互交织,甚至产生否定传统、排斥外来和质疑未来的复杂情绪,影响文化的繁荣发展。为此,文化主体必须对文化发展做到持之以恒、久久为功,克服心浮气躁、故步自封和保守心理,既要对道路、理论和制度保持高度自信,又要对面临的各种困难、挫折和问题保持高度警觉,经常自警自省、反思经验教训,做到对文化发展处处深思。

(三)文化主体必须坚持"文化自强"

"文化自强"表现为文化动力上坚持靠自己、文化能力上坚持强自己、文化实力上坚持超自己,是人们对文化发展心态和发展思路的科学考量,是对整个国家和民族文化发展的根本要求。坚定文化自信,文化主体必须坚持"文化自强"。只有将文化自信建立在文化自强的基础上,增强文化动力、提高文化能力、提升文化实力,才能更好地坚定文化自信。

一是文化主体在文化动力上必须坚持依靠自己。文化的繁荣发展,需要大力推进自主创新,坚持文化发展为人民的立场,充分发挥人民群众的首创精神,紧紧依靠人民群众的社会实践,牢牢凝聚人民群众的文化智慧,提升人民群众的主体意识,激发人民群众的文化创作热情。做到文化动力上坚持靠自己,必须破除脱离现实生活的文艺创作、脱离群众实践的文化发展、脱离群众合理需要的文化供给、脱离实际的文化借鉴等弊端,坚持文化发展"为了人民、依靠人民"的根本要求,确保无论顺境逆境都有"自强"发展的心态、"自主"发展的心气,坚决摒弃依赖甚至照搬照抄别国经验的心理,始终坚持自力更生谋发展。

二是文化主体在文化能力上必须坚持做强自己。习近平总书记强调："传承中华文化,绝不是简单复古,也不是盲目排外,而是古为今用、洋为中用、辩证取舍、推陈出新,摒弃消极因素,继承积极思想。"[①]这就必须在文化能力上做强自己,提高对民族文化的传扬创新能力、对外来文化的批判借鉴能力。做到文化能力上坚持强自己,必须着力破解纵向文化传承中开掘能力、选择能力,横向文化借鉴上文化差异辨析能力、批判引领能力、借鉴整合能力不足等难题,妥善处理好文化繁荣发展中的破与立、守与新、引与弃的关系,确保无论何时何地都有"能做强"的底子、"不畏强"的底气,既有学习先进的开放心态,又有提升能力的宏伟气魄。

三是文化主体在文化实力上必须坚持超越自己。在文化激荡的当今世界,必须坚持从世界文化多元化的格局中考察自身文化定位,既不为拥有灿烂辉煌的民族文化而自傲自大、孤芳自赏,又不为文化软实力不强而妄自菲薄、自暴自弃。要不断提高文化软实力,做到文化实力上坚持超越自己,必须克服"文化自大""文化自卑""文化保守"等心理,着力建设科学的民族的大众的社会主义先进文化,着力向世界传播中国理念、中国价值和中国精神,增强中华文化的对内凝聚力和对外影响力,确保无论领先、落后都有"超越"的勇气、"赶超"的士气,坚决摒弃"自满""懈怠"情绪,不断提高文化软实力,实现国家富强、民族振兴、人民幸福。

三、坚定文化自信的路径选择

坚定文化自信,必须站在战略高度进行思考和谋划,做好顶层设计与宏观规划,着力推进"文化教育""文化传扬""文化传播"与"文化服务"战略,筑牢文化自信根基、增强文化自信活力、保证文化自信方向和巩固文化自信基础,形成坚定文化自信的战略合力。

---

① 习近平:《在文艺工作座谈会上的讲话》,《人民日报》2015年10月15日。

(一) 着力推进"文化教育"战略,筑牢文化自信根基

只有深入推进"文化教育"战略,解决国民对中华优秀传统文化、革命文化和社会主义先进文化的全面认知认同问题,才能真正筑牢文化自信的根基。没有对中国文化的认知认同,文化自信就会根基不牢。文化的认知认同表现为对中华优秀传统文化、党领导人民创造的革命文化和社会主义先进文化正确认知、全面了解基础上的实质认同,是对中国文化价值的自觉内化和主动践行。

一是实现对中华优秀传统文化的认知认同。当前,中华优秀传统文化"教育内容的系统性、整体性还明显不足,重知识讲授、轻精神内涵阐释的现象还比较普遍,课程和教材体系有待完善,教师队伍整体素质有待提升,全社会共同参与的教育合力有待加强"[1]等问题突出,导致中华优秀传统文化教育还处于各自为政、参差不齐状态。为此,必须加强中华优秀传统文化教育,促进人们对中华优秀传统文化的学习和了解,增进人们对中华优秀传统文化的思想认同和情感认同,实现对中华优秀传统文化价值的内在体认,在传统文化认知认同的基础上树立民族自尊心、自豪感和责任感,进而坚定文化自信。

二是实现对党领导人民创造的革命文化的认知认同。革命文化是党领导人民在革命、建设和改革开放各个历史时期形成的新文化形态,是中华民族最为独特的精神标识。为此,必须加强革命文化教育,对革命文化的内涵做出深刻阐释,对革命文化的精神进行科学解读,对革命文化的价值进行充分挖掘,推动建党时期的"五四"精神、红船精神,土地革命时期的井冈山精神、苏区精神、长征精神,抗战时期的延安精神、抗战精神,解放战争时期的西柏坡精神、红岩精神,社会主义建设时期的"两弹一星"精神、大庆精神,改革开放时期的抗洪精神、抗击"非典"精神、航天精神和抗震救灾精神等各个历史时期的革命文化进学校、进社区、进机关、进企业,推动革命文化入脑入心,着力加强人们对革命文化形成历史与形成过程的学习和了解,增进人们对中国革命、建设和改革进程中形成的一系列精神财富的理性思考,实现对革命文化的自觉认同

---

[1] 《完善中华优秀传统文化教育指导纲要》,《中国教育报》2014年4月2日。

和价值追求。

三是实现对社会主义先进文化的认知认同。社会主义先进文化是以马克思主义为指导的民族的、科学的、大众的文化,根植于中华优秀传统文化,立足于中国实际和中国实践,吸收了人类社会有益的文明成果。为此,必须加强社会主义先进文化教育,对全体社会成员进行中国特色社会主义道路、理论、制度教育与爱国主义教育和社会主义核心价值观教育,促进人们对中国特色社会主义共同理想的不懈追求,增强人们对社会主义核心价值观的自觉培育和主动践行,实现对社会主义先进文化的理性认同和实质认同。

(二)着力推进"文化传扬"战略,涵育文化自信源泉

只有深入推进"文化传扬"战略,解决文化传承和文化创新问题,才能有效激发文化自信的活力。解决不好文化的传承和发展,文化自信就会成为无源之水。文化的传承发展表现在传统文化的创造性转化和创新性发展、外来文化的批判吸收和学习借鉴上,关键是要解决好传统与现代、先进与落后、继承与创新、本土与外来的关系问题。

一是推动扬弃"消极因素"与继承"积极因素"协同并进。任何民族的文化都是传统与现代的融合,在文化传承过程中要让优秀传统"传下去"和"活起来",就必须剔除糟粕性文化。为此,处理好传统与现代的关系,既要扬弃传统文化中消极、保守和落后的文化因素,又要继承传统文化中积极、开放和先进的文化因素,协同推动文化的传承发展。

二是推动文化传承创新与包容开放协调发展。习近平总书记指出:"不忘历史才能开辟未来,善于继承才能善于创新。优秀传统文化是一个国家、一个民族传承和发展的根本,如果丢掉了,就割断了精神命脉。"他同时指出:"应该采取学习借鉴的态度,都应该积极吸纳其中的有益成分,使人类创造的一切文明中的优秀文化基因与当代文化相适应、与现代社会相协调,把跨越时空、超越国度、富有永恒魅力、具有当代价值的优秀文化精神弘扬起来。"[①]为此,文化发展既要传承民族优秀文化传统,又要学习世界先进文明成果,推动文化传

---

① 习近平:《在纪念孔子诞辰2565周年国际学术研讨会暨国际儒学联合会第五届会员大会开幕会上的讲话》,《人民日报》2014年9月25日。

承创新与包容开放协调发展,实现既"守"又"新"。

三是推动文化的主导性与多样性有机统一。任何民族的文化在发展过程中都离不开一种主导文化,背离主导文化的要求或者放弃主导性,文化的发展就会失去方向;同时文化的发展离不开文化的多样性,没有多元文化的有益补充或者文化缺少多样性,文化的发展就会缺乏活力。为此,当代中国文化的发展必须坚持以马克思主义为指导,在马克思主义这一主导文化下形成百花齐放、百家争鸣的多样社会文化,促进文化的传承创新和繁荣发展。

(三)着力推进"文化传播"战略,保证文化自信方向

只有深入推进"文化传播"战略,解决文化导向和正向力量问题,才能始终确保文化自信的正确方向。没有正向的文化力量,文化自信就会方向迷失。文化传播主要是文化的对内宣传、文化的对外传播与文化的国际交流,重点是提升马克思主义中国化理论的解释力、中国特色社会主义道路的影响力与中国理念、中国方案的竞争力。

一是提升理论解释力,做好文化的对内宣传。注重对人们关心的若干重大理论困惑和重大现实问题的科学解释,增强理论解释的科学性、通俗性和预见性,让人们听得懂、听得进、听得明白。抓住人民群众疑惑、困惑的症结,把理说透,说到群众思想上去,说进人民群众心坎里去,让群众真正信服,进而引导人们树立对马克思主义的信仰、对中国特色社会主义的共同理想信念、对中国共产党执政的信心与对政府工作的信任。只有具备更令人期待的发展前景,人民群众才会更自信。

二是提升道路影响力,做好文化的对外传播。既要在宏观上加大中国道路传播的顶层设计和制度安排的力度,向国际社会阐释清楚中国道路,回应国际社会对中国道路的质疑;又要在微观上加强主流媒体与社会媒体、网络媒体与新兴媒体的融合传播,扩大中国道路的国际认知面和影响力;还要在推动国际社会普遍认同中国发展道路的同时,不断强化对中国坚定不移走和平发展道路的思想认同,进而树立中华民族与中国人民良好的国际形象,增进国际社会对中国道路、中国理念的理解和认同。只有中国道路获得更多的国际认同,我们才会更自信。

三是提升理念竞争力，做好文化的国际交流。既要以"中国创造""中国创意""中国策划"打造中国品牌竞争力，又要不断提出和深化以"一带一路""构建人类命运共同体"为代表的中国理念，还要不断推出能够有效解决国际争端、世界难题的中国方案，不断凝聚国际共识，向世界发出中国声音、输出中国思想、传播中国理念，提升中国文化的国际话语权。只要有更多的国际话语权，我们就会更自信。

（四）着力推进"文化服务"战略，巩固文化自信基础

只有深入推进"文化服务"战略，解决文化的普惠和共享问题，才能不断巩固文化自信的群众基础。没有文化的普惠和共享，文化自信就会基础不稳。文化的普惠和共享体现在文化设施开放、产品供给、活动开展、日常生活等文化服务上，重点是要注重文化资源的保护与开发、文化产品的需求与供给、文化生活的丰富与完善，增强人民群众的获得感、满足感和幸福感。

一是挖掘文化资源，增强人民群众获得感。既要注重历史文化资源与红色文化资源的保护与开发，着力挖掘中华民族各个历史时期所创造、符合现代发展要求、满足人民群众需要的历史文化资源，如文物、遗址遗迹、历史文献、历史景观、观念习俗等历史文化资源，着力挖掘中国共产党领导人民群众革命时期创造的红色文化资源，包括革命文化纪念地、革命家故居和纪念馆、革命文物、革命精神等；又要加强当代文化资源与世界文化资源的挖掘与提升，着力挖掘改革开放与社会主义现代化建设进程中的典型人物和典型事件，着力挖掘满足当代中国民众需要、有益的国外文化资源，增强人民群众的文化获得感。

二是优化文化供给，增强人民群众满足感。既要抓准文化产品供给与民众文化需求之间的矛盾，生产创作更多满足民众多样化、多层次需求的高质量文化产品，促进文化产品供给的优质化；又要加大博物馆、展览馆、纪念馆、图书馆等设施的开发开放力度，更好地满足人民群众全方位、多领域的文化作品展品阅览、欣赏等需要；还要用政策法规的"硬约束"和使命责任的"软约束"去引导文化市场，提供更多正能量文化作品，增强人民群众的文化满足感。

三是丰富文化生活，增强人民群众幸福感。既要坚持以人民群众的实际

生活为创作来源，创作出广大人民群众喜闻乐见的文化产品和作品；又要大力推进国家公共文化服务的全面落地，特别是加大老少边穷地区、城市弱势群体的文化精准服务力度，不断增强文化生活服务的有效性，针对性地把握人民群众文化需求，切实增强人民群众的文化幸福感。

新时代开掘中华优秀传统文化价值以增强文化自信的若干思考

朱晓虹　张应杭[*]

[摘要] 中西传统文化对人与自然、与他人(社会)、与自身这样三重矛盾关系的解决有着截然不同的价值立场。中华传统文化给出的基本价值原则可概括为：天人合一、人我合一、欲理合一。进入新时代的中国,立足当今世界和改革开发的实践,以马克思的历史唯物主义理论为指导,积极开掘天人合一、人我合一、欲理合一这三大价值原则的现代性,对其进行创造性转化和创新性发展,可以为中国特色社会主义现代化新征程中如何坚定文化自信提供来自思想史的丰厚营养。在全球化的背景下,它还可以为全球问题的解决提供中国方案、中国路径和中国智慧。

[关键词] 新时代；中华优秀传统文化；价值开掘；文化自信

坚定文化自信,积极推动中国特色社会主义文化事业繁荣兴盛,是习近平新时代中国特色社会主义思想的重要理论命题,更是中国共产党人必须肩负起的重要历史使命。习近平总书记指出:"文化自信是一个国家、一个民族发展中更基本、更深沉、更持久的力量。"[①]因此,如何构筑起坚定的文化自信便

---

[*] 朱晓虹,浙江大学马克思主义学院马克思主义基本原理专业博士研究生,丽水学院马克思主义学院讲师；张应杭,浙江大学马克思主义学院教授。

[①] 习近平:《决胜全面建成小康社会　夺取新时代中国特色社会主义伟大胜利——在中国共产党第十九次全国代表大会上的报告》,人民出版社2017年版,第23页。

成为新时代一项重要的时代课题。它既需要执政的中国共产党引领人民大众进行积极的实践创新,也需要对 5 000 多年历史积淀的中华优秀传统文化、争取民族独立解放战争年代形成的革命文化和社会主义建设时期产生的社会主义先进文化进行整理、传承和弘扬光大。

基于这一现实语境,本文拟就文化自信与中华优秀传统文化价值开掘的关联性为主题,以马克思历史唯物主义理论为指导,借助中西文化的比较研究方法,力图梳理和概括出若干条凸显中华民族优秀文化特性的基本价值原则,从而为构筑文化自信提供若干来自思想史的智慧启迪。

一、天人之辩中天人合一原则及其现代性开掘

中西文化在天人关系的处理上,有着迥然相异的文化传统。如果要对中国古代诸子百家在天人之辩中的共同立场做一番梳理和概括,那么追求天人合一无疑是一个共识。中国哲学史家张岱年认为,在天人之辩上,中国古代主要有如下三种学说:其一是道家的"任自然"之说,比如老子"道法自然"(《老子》第二十五章)及庄子"不以人助天"(《庄子·大宗师》)的观点;其二是荀子的改造自然之说:"大天而思之,孰与物畜而制之?从天而颂之,孰与制天命而用之?"(《荀子·天论》);其三是儒家"辅相天地"之说:"天地交泰,后以裁成天地之道,辅相天地之宜,以左右民"(《易传》)。[1] 这里值得一提的是荀子的学说。荀子的确提出了"天人之分"和"人能胜乎天"(《荀子·天论》)的命题,但张岱年认为这种思想并未占主导地位。事实上,以儒家、道家为代表的古代思想家竭力推崇的是"天人合一"的立场。

道家非常睿智地把天人合一思想立足于如下一个基本事实,即自然界对于人类的先在性和人类对于自然的依存性。正如"道生一,一生二,二生三,三生万物"(《老子》第四十二章)所表达的观点,包括人的存在在内的万物无一不

---

[1] 张岱年:《中国哲学大纲》,中国社会科学出版社 1982 年版,第 181 页。

是天地自然的衍生物,因此人必须与天地自然和谐相处。为此,"人法地,地法天,天法道,道法自然"(《老子》第二十五章)。庄子进一步论证了老子的这一思想:"天地者,万物之父母也"(《庄子·达生》);"天地与我并生,而万物与我为一"(《庄子·齐物论》);"吾在天地之间,犹如小石小木之在大山也。……号物之数谓之万,人处一焉。"(《庄子·秋水》)由此,庄子认为一个悟道的人(圣人)必须敬畏天地自然,懂得对自然要有所不为:"圣人者,原天地之美而达万物之理,是故至人无为,大圣不作,观于天地之谓也。"(《庄子·知北游》)

可以肯定的是,道家的这一立场把自然界的存在至上化和绝对化,某种意义上在反对人对自然的利用和改造,有其偏颇之处。荀子就批评道家的失误在于"蔽于天而不知人"(《荀子·解蔽》)。但道家天人合一观却不失片面的深刻,在扬弃其偏颇之后完全可以进行现代性的转化。老子、庄子为代表的道家要求人类在与自然相处的过程中,谨守天人合一之道,主张人要敬畏自然,要顺从与尊重自然规律,并由此反对人对天地自然过分有为的思想显然非常合理。现今,道家这一思想对于化解人与自然的矛盾与对立,对于维护人与生态环境的动态平衡,对于反对极端人类中心主义的价值倾向,在世界观与方法论层面的智慧启迪不容忽视。道家这一立场也得到了当代诸多西方学者的认同。比如,英国学者李约瑟就非常赞赏老、庄"道法自然"思想内涵的现代性。在当时人们还过度陶醉和迷恋科学技术力量时,李约瑟呼吁西方社会关注古老的道家哲学,认为借助道家自然哲学的智慧可以降低,甚至避免人们对待自然问题上所犯的错误。

与道家相似,儒家也持天人合一的立场。但与道家的论证思路不同,在主张敬天道、畏天命的同时,儒家又强调平治天下以实现其主张的王道理想。由此,在天人之辩上如果说道家更推崇天道,相较而言儒家则更关注人道。但是,儒家关注的人道是建立在对天道敬畏基础之上的,这是儒家的天人合一观。比如,作为儒家主要经典的《易传》对天人关系就曾作过如下概括:"夫大人者,与天地合其德,与日月合其时,与四时合其序,与鬼神合其吉凶。先天而弗违,后天而奉天时。"这里明确提出了人应遵循不违天的天人合一原则。如果做点思想史的追溯,那么可以说孔子主张的由知天命进而敬畏天命的思想,便已初步奠定了儒家的天人合一观。孟子继承了这一思想,他还曾经与国君具体讨论过如何遵循天道仁民爱物,"不违农时,谷不可胜食也;数罟不入洿池,鱼鳖不可胜食也;斧斤以时入山林,材木不可胜用也。谷与鱼鳖不可胜食,材木不可胜用,是使民养生丧死无憾也。养生丧死无憾,王道之始也"(《孟子·梁惠王上》)。在"究天人之际"的先秦诸家思想中,儒家的这一立场显然更具现实合理性。

在人与自然的关系问题上,如果说中华传统文化比较重视人与自然的和谐统一,那么,西方文化从古希腊罗马开始则倾向于征服自然和改造自然。阿基米德的名言——"给我一个支点,我可以撬起整个地球",反映出了古希腊人对征服自然的无比自信。近代西方尤其是工业革命之后发展起来的自然观,在"人是目的""做自然的主人"等理念的引领下,一方面取得了极多物质文明成就,但另一方面,大气、水等环境污染严重、资源枯竭、能源危机等令人忧虑的问题层出不穷。这无疑是破坏天人合一的结果。也许正是基于这一严峻的现实背景,当代西方许多学者对中国以儒道为代表的敬畏天道,从而追求天人合一的传统思想表现出相当的关注和向往。

其实,马克思很早就论及工业文明所带来的自然环境问题。他曾这样批判资本主义工业化的大生产:"一方面聚集着社会的历史动力,另一方面又破坏着人和土地之间的物质变换,也就是使人以衣食形式消费掉的土地的组成部分不能回到土地,从而破坏土地持久肥力的永恒的自然条件。"[①]为此,马克思憧憬这样的社会:"联合起来的生产者,将合理地调节他们和自然之间的物质变换……靠消耗最小的力量,在最无愧于和最适合于他们的人类本性的条件下来进行这种物质变换。"[②]而且,马克思这一将人与自然的和谐视为他心目中理想社会之本质规定的思想是一以贯之的。马克思在早期文稿中甚至将共产主义理解为,"这种共产主义,作为完成了的自然主义=人道主义,而作为完成了的人道主义=自然主义,它是人和自然界之间、人和人之间矛盾的真正解决"。[③]与马克思的立场相类似,恩格斯在西方工业文明尚蓬勃发展阶段就曾告诫说:"我们不要过分陶醉于我们人类对自然界的胜利。对于每一次这样

[①] 《马克思恩格斯文集(第5卷)》,人民出版社2009年版,第579页。
[②] 《马克思恩格斯文集(第7卷)》,人民出版社2009年版,第928—929页。
[③] 《马克思恩格斯全集(第3卷)》,人民出版社2002年版,第297页。

的胜利,自然界都对我们进行报复。"①的确,从全球范围来看,很多看起来是天灾的灾难,恰是人祸引发的。

值得指出的是,以习近平同志为主要代表的中国共产党人在谋求中华民族伟大复兴的新征程上,不仅总体上明确地提出了"以马克思主义为指导,坚守中华文化立场"的文化建设方略,②而且正以一种空前的文化自信将古老的天人合一之道做创造性转化和创新性发展。比如,党的十九大报告不仅明确提出"坚持人与自然和谐共生"的基本方略,而且还专列一章全面阐述了"加快生态文明体制改革,建设美丽中国"的一系列内容。习近平总书记要求全党在决胜全面建成小康社会的过程中,"要创造更多物质财富和精神财富以满足人民日益增长的美好生活需要,也要提供更多优质生态产品以满足人民日益增长的优美生态环境需要"。③ 这就把生态文明建设也明确列入我们党的伟大事业蓝图中。这事实上也是中国共产党向世界做出的庄严承诺:我们不仅决不把解决贫穷、发展经济同生态环境保护对立起来,更不会以牺牲生态环境来换取经济的发展。作为世界上最大的发展中国家,我们还要为生态全球问题的解决发出中国声音、提供中国方案、做出中国贡献。

二、人我之辩中人我合一原则及其现代性开掘

如果天人之辩要解决的是人与自然矛盾的话,那人我之辩要解决的便是我与他者的矛盾。在人我之辩问题上,尽管中国古代也有诸如"人不为己,天诛地灭"之类的说法,但作为一种道统的传承,它始终推崇人我合一的立场,凸显关爱他者的利他主义文化传统。

儒家"人我合一"最集中的体现是仁道思想。孔子曾经明确将"仁道"理解

---

① 《马克思恩格斯选集(第3卷)》,人民出版社2012年版,第998页。
② 习近平:《决胜全面建成小康社会 夺取新时代中国特色社会主义伟大胜利——在中国共产党第十九次全国代表大会上的报告》,人民出版社2017年版,第41页。
③ 同上书,第50页。

为"爱人"。《论语》曾记载:"樊迟问仁。子曰:'爱人。'"(《论语·颜渊》)几位后继者孟子、荀子、董仲舒等直接继承了孔子这一仁道思想。儒家认为,"仁者爱人"的基本立足点是"视人若己"。在这一前提下,"我"就能生出恻隐之心,即能关怀、同情、尊重、体贴他人。由此,也就可以理解孔子对"仁"的如下定义:"夫仁者,己欲立而立人,己欲达而达人。"(《论语·雍也》)这正是仁道的基本要求。故孟子说:"恻隐之心,仁之端也。"(《孟子·公孙丑上》)正是基于这一理解,董仲舒认为"仁"和"义"要解决的无非是"人与我"的关系:"春秋之所治,人与我也。所以治人与我者,仁与义也。以仁安人,以义正我。故仁之为言人也,义之为言我也。"(《春秋繁露·必仁且智》)在董仲舒看来,仁是爱,但仅爱自我还不是仁,只有同时爱他人才是仁;义是正,但仅正他人还不是义,只有同时能正己才是义。后世儒家将"仁义"并称,正是缘于这个道理。

重要的还在于,正是基于人我之辩中的这一人我合一的仁道立场,儒家衍生出诸如孝亲、崇义、贵和等一系列伦理规范。

从人我关系而论,孝亲是对最亲近的他者(父母)的仁爱。故孔子认为:"孝悌也者,其为仁之本与。"(《论语·学而》)孟子也说:"孝子之至,莫大乎尊亲。"(《孟子·万章上》)东汉的许慎正是这样来解这个"孝"字的:"孝,善事父母者,从老省、从子,子承老也。"(《说文解字》)在这里,许慎从文字学的构造解释了"孝"的内涵:它是"老"字省去右下角和子女之"子"字组合而成的一个会意字,即父母年老了,做子女的要居下位而侍奉居上位的父母。儒家认为这是仁道的起点,即古人所谓"百善孝为先"。

崇义是一个人在利己与利他、利国之间发生冲突时,勇于战胜利己之心的一个价值抉择。可见,这是儒家人我之辩在义利观中的答案。儒家推崇人我合一的仁道立场必然要主张"见利思义"。(《论语·宪问》)为此,孔子提出过"君子喻于义,小人喻于利"(《论语·里仁》)的命题。荀子进一步阐述道:"义与利者,人之所以两有也,虽尧舜不能去民之欲利。然而能使其欲利不克其好义也……故义胜利为治世,利克义者为乱世。"(《荀子·大略》)也因此,荀子认为"不学问,无正义,以富利为隆,是俗人者也""惟利所在,无所不倾,若是则可谓小人矣"(《荀子·儒效》)。可见,儒家基于人我合一的立场出发,必然反对唯利是图的行为。这一崇义之道显然在义利冲突时给出了非常合理的价值排序和价值选择。

贵和同样是儒家人我合一立场的体现。这一伦理规范使得"我"和"他者"的关系出现分歧和矛盾时能够维护一种和谐的人际关系。这一思想同样源自孔子:"礼之用,和为贵。"(《论语·学而》)孟子直接继承了这一思想。他有一句被广为流传的名言:"天时不如地利,地利不如人和。"(《孟子·公孙丑下》)作为人我合一之道的具体体现,儒家历来非常推崇这一德性:"和也者,天下之达道也。"(《礼记·中庸》)董仲舒甚至断言:"德莫大于和。"(《春秋繁露·循天之道》)值得指出的是,儒家在人际交往中尊重他者,推崇"以和为贵"的同时并不逃避矛盾、回避分歧。故孔子又说:"君子和而不同。"(《论语·子路》)《中庸》的作者进而提倡:"君子和而不流。"(《礼记·中庸》)借用二程的话说就是:"世以随俗为和,非也,流徇而已矣。君子之和,和于义。"(《河南程氏粹言·论道篇》)可见,贵和之道意味着对"我"和"他者"人际关系中各种分歧、矛盾的承认,但更重要的是主张以一种对他者包容的智慧去求同存异,尽可能地消弭分歧、解决矛盾。

在人我之辩中,道家虽然与儒家的论证思路完全不同,但同样得出了人我合一的基本结论。但道家的"自然"其外延不完全指天地自然界,它同样涵盖了人类个体生命的自然。由此,道家从效法自然的自然哲学立场出发,必然地要肯定他者存在的自然。正是据此,道家认为人应该像天地承载万物那样,要包容自然界中包括诸多他者在内的一切自然生命的存在。这显然是道家特色的人我合一之道。

基于此立场,老子说:"圣人无常心,以百姓心为心。"(《老子》第四十九章)道家哲学充分肯定每一个他者生命的自然性,并由此而强调尊重和敬畏他人的自然存在。因此,在人我之辩中,老子甚至主张"善者吾善之,不善者吾亦善之"。(《老子》第四十九章)可见,与儒家的仁道主张殊途同归,道家也主张人我合一基本立场的谨守。重要的还在于,在道家看来,一个懂得尊重他人生命自然性的人,一定要摆脱自我中心主义的偏执,"不自见,故明;不自是,故彰;不自伐,故有功;不自矜,故长"。(《老子》第二十二章)正是道家哲学的这一主张与儒家的仁道以及墨家的兼爱观等,共同培植了中华优秀传统文化中利他主义思想的世代传承。

与中国古代儒道推崇人我合一从而主张利他主义的传统不同,西方文化则形成了悠久的利己主义传统。这个利己主义的立场被思想家们深深地植根于所谓的人的动物性(生物性)之中。从古希腊哲人断言"人是直立性行走的动物",到近代霍布斯说"人对人像狼",再到现代弗洛伊德极力推崇的人的生物学本能,可谓一脉相承。英国学者道金斯提出的"自私的基因"理论堪称这一西方传统的当代传承。该理论认为,基因这种"为自己的目的"既是不变的,也是无情的。由此,道金斯断言人性注定受"自私的基因"支配。①

其实以历史唯物主义立场来看,人我之辩中的利己主义立场恰恰违反了人的社会性。马克思主义当然承认人存在诸如"自私的基因"之类的自然性,但人通过有意识的劳动等"类活动"即使外部自然的性质越来越人化,也使自身自然的本性越来越人化。由此,马克思断言:"有意识的生命活动把人同动物的生命活动直接区别开来。正是由于这一点,人才是类存在物。"②重要的还在于,以马克思主义立场而论,即便人性中存在诸如"自私的基因",但也不能据此推断出人性自私或利己的结论。事实上,当我们说"人性"这个范畴时,从语义上就是指人之所以为人的特性。从生物学上断言人也是动物,断言人具有动物一样的诸如"自私的基因",这当然没有错。但仅做这样一个判断,并未把人和动物区分开来。人之所以不同于一般的动物,是因为通过有意识的劳动等途径而生成了理性、意志、情感等特性。这一些特性使其成为人化的动物,成为可以受文化、教育和社会环境影响的动物。马克思正是由此才把人的本质界说为后天的"一切社会关系的总和"。③ 可见,从生物学诸如基因的自私特性出发是无论如何也解读不了人性和人之本质的。

我们不可小觑西方文化中利己主义价值观的危害。就全球而论,无论是地区冲突不断,百姓流离失所,还是贫富悬殊正日趋扩大化;无论是一些国家的独裁者横征暴敛,欺压平民百姓,还是以牺牲平民生命为代价的恐怖主义日渐猖獗,不仅难以遏制而且还有蔓延的趋势……这一切都与人我之辩中利己主义价值观具有某种关联性。中国的情况也不容乐观。比如,一些地方官员

---

① 道金斯:《自私的基因》,卢允中等译,吉林人民出版社1998年版,第11页。
② 《马克思恩格斯全集(第3卷)》,人民出版社2002年版,第53页。
③ 《马克思恩格斯选集(第1卷)》,人民出版社2012年版,第135页。

为了自己的政绩强拆强迁引发民众抗议、一些司法人员执法过度而导致民众非正常死亡、一些无良商家坑蒙拐骗无所不为、电信诈骗花样层出不穷、医患矛盾不见缓和、冷漠的路人见死不救,都印证着现代人因推崇自私人性而导致的人性迷失。

因此,在人我之辩中我们必须以坚定的文化自信,回归人我合一的传统立场,在对利己主义进行批判的同时积极培植利他主义的价值观。事实上,自党的十八大以来,以习近平同志为核心的党中央立足当代中国现实,思考当今世界发展的现状,积极谋篇布局,在这方面做了大量工作。这些工作既有宏观层面上的,也包括微观层面的,比如中共中央宣传部、中央文明办、全国总工会、共青团中央、全国妇联共同主办的全国道德模范评选活动,让那些自觉牺牲小我利益,积极维护大我利益的道德人物感动和温暖我们的社会;又比如着力引导主流媒体开设诸如以"感动公众、感动中国"为主题的人物颁奖类节目,这既可以避免或纠正媒体过度娱乐化的偏颇,又可以让受众真切地感受到来自现实生活中的利他主义楷模的言行事迹。这可以说是传统的人我之辩在当今社会的正能量彰显,是古老的人我合一命题在新时代的展现。

不仅如此,我们还积极向全世界传递中华优秀传统文化的声音。当下,面对美国日益膨胀的国家利己主义行径,世界各国为之不安。正是在这一严峻的现实境遇下,中国以一个大国的担当精神提出了"和平、发展、合作、共赢"和"构建人类命运共同体"的倡导,①无疑让全世界听到了来自中国的"好声音"。重要的还在于,这一积极倡导"人我合一"的中国声音正在不断转化为中国力量。当今中国正以一个负责任大国的形象在诸如合作应对气候变化、打造"一带一路"国际合作平台、加大对不发达国家援助等方面采取积极行动,从而切实推动人类命运共同体的建设。这既是世界范围内如何解决人与我之间矛盾的中国声音、中国方案和中国力量,也是中华优秀传统文化"人我合一"价值原则具有现代性和世界性的明证。

---

① 《习近平谈治国理政(第2卷)》,外文出版社2017年版,第539页。

三、身心之辩中欲理合一原则及其现代性开掘

如果天人之辩要解决的是人与自然的矛盾、人我之辩要解决的是我与他者的矛盾,那身心之辩要解决的是自我生命中欲与理的矛盾。在身心之辩问题上,中华优秀传统文化历来主张欲理合一的立场,推崇身之欲与心之理的内在和谐之道。儒家在先秦的欲理之辩中不仅明确主张欲理合一的理性主义立场,而且还具体探讨了欲理如何合一的途径,认为要达到欲与理之间的合一状态,必须确立并谨守寡欲、制欲、不使可欲等理性原则。

儒家的寡欲说其实是欲与不欲之间的一种平衡,即"欲而不贪"(《论语·尧曰》)。孟子在提出"养心莫善于寡欲"的命题后,对寡欲的具体情形曾作过如下描述:"无为其所不为,无欲其所不欲,如此而已矣。"(《孟子·尽心上》)可见,与禁欲不同,寡欲是基于不同欲望之于自我有不同的价值而做出的一种取或舍的理性抉择。

儒家的制欲说是指凭借理性的认知,对生命之欲进行引导、规范和改造以达到欲与理合一的过程。在先秦的欲理之辩中,儒家一方面承认欲望的合理性,另一方面毫无例外地主张有效地制约欲望,即"克己复礼为仁"(《论语·颜回》)。"克己"就是制约私欲,引导私欲符合礼的规范,以达到仁道的境界。而且,在孔子看来,对欲望进行制约正是自由的前提,即"从心所欲不逾矩"(《论语·为政》)。荀子看来,人"生而有耳目之欲,有好声色焉,顺是故淫乱生而礼义文理亡焉"(《荀子·性恶》)。由此,"以道制欲,则乐而不乱;以欲忘道,则惑而不乐"(《荀子·乐论》)。事实上,先秦儒家这一制欲说也是后来宋明理学推崇并弘扬光大的基本立场。

儒家的不使可欲说是指有些欲望要有意识地不让它成为欲望。在先秦儒家看来,生命之欲中有些欲望是与生俱来的,还有些则需经后天的了解或学习才会成为欲望。除非这些欲望是人生理想实现所必需的,否则儒家明确主张应当持不使可欲的回避态度。比如,被后世儒家津津乐道的楚庄王不赴强台之宴,其昭示的就是不使可欲的道理。

从谨慎的立场出发,我们认为在先秦儒家那里无论是寡欲说、制欲说,还是不使可欲说,并没有禁欲主义的不合理性。只是到宋明理学时期,中华传统文化中的禁欲主义才开始形成。这一时期的理学家们片面发展了孔孟的寡欲、制欲、不使可欲思想,把理与欲截然对立起来。比如,周敦颐就认为,孟子讲寡欲还不够,还必须进而寡之又寡以至于无,即所谓"寡焉以至于无"(《养心亭说》)。朱熹则认为:"圣人千言万语只是教人存天理,灭人欲。"(《朱子语类》卷第十一)这一禁欲主义的偏颇无疑是我们今天回望传统时要坚决扬弃的。

与儒家的立场类似,道家也持欲理合一的理性主义立场。在老子看来,放纵欲望就是人们反自然地对待自身生命最常见的情形。由此,他告诫世人:"见素抱朴,少私寡欲。"(《老子》第十九章)

就身心关系而论,道家从效法自然的核心命题出发,其欲理合一的立场可做如下两方面概括:其一,道家认为过度的欲望伤害身体的自然承受性。比如,"五色令人目盲,五音令人耳聋,五味令人口爽,驰骋畋猎令人心发狂,难得之货令人行妨"(《老子》第十二章)。其二,道家认为过度的欲望拖累自我的情志和心性。比如,"名与身孰亲?身与货孰多?得与亡孰病?"(《老子》第四十四章)在老子看来,身心愉悦比名、利、货、贷的占有更值得世人珍惜。庄子继承和弘扬了老子的这一思想。庄子认为欲望多的人必然以欲"患心"(《庄子·田子方》)、不得"悬解"(《庄子·大宗师》)、"谬心"且"累德"(《庄子·庚桑楚》)。

因此,道家认为要在身心两方面均做到自然地对待自己的生命,就必须减少内心欲望,即"恬淡为上"(《老子》第三十一章)。故庄子说:"平易恬淡,则忧患不能入,邪气不能袭,故其德全神不亏。"(《庄子·刻意》)以老子、庄子为主要代表的道家之所以反对放纵欲望恰恰是因为纵欲是不自然的。这种无止境地追逐功、名、利、禄和声、色、犬、马的物欲人生不仅会败坏人的德性,而且本身也必然给生命带来身心两方面的伤害。故老子提出:"圣人去甚、去奢、去泰。"(《老子》第二十九章)可见,虽然与儒家的论证不同,但是道家同样得出了欲理合一的理性结论。

在身心之辩中对身之欲与心之理矛盾的解决,西方文化形成与中华文化迥然不同的立场。西方文化有着悠久的张扬欲望的传统。这一传统源自古希腊罗马。黑格尔曾经称古希腊人习惯把人生看作行乐的过程。考古学家发现，古罗马人的华服豪饮、居住和娱乐场所的金碧辉煌甚至让现代人叹为观止。为此，马克思、恩格斯曾经这样说过："在欧洲，宣传享乐的哲学同昔日尼学派一样古老。在古代，这种哲学的创始人是希腊人，在近代是法国人，而他们成为创始者的根据也是相同的。"①这里指称的享乐哲学的根据，正是古希腊哲人所谓的趋乐避苦的生物学本能。依据黑格尔的理解，后来中世纪经院哲学对欲望的严厉打压，从本质上可以视为是对古希腊罗马过度张扬欲望的一种必然否定。但这个否定过于用神性来打压人性，于是，近代文艺复兴对中世纪又进行了否定。在这个否定之否定（即新的肯定）的过程中，张扬欲望的古希腊罗马传统再一次被肯定，这一时期的文学、艺术、哲学纷纷对世俗的欲望给予了赞美与讴歌。而文艺复兴的这一传统深刻影响了尔后叔本华、尼采、基尔凯郭尔、柏格森、萨特等人的哲学思想。

到现代，随着科学主义兴起，一大批学者则从生物学、医学、心理学等视角对人的利己天性及欲望进行了诸多的科学论证。现代西方诸多哲学思潮中，从叔本华的生命意志说，尼采的酒神赞歌，到萨特的神圣的自由之欲理论，再到弗洛伊德的泛性欲主义，人身之诸多的感性欲望，甚至性本能之欲纷纷被奉为另一个"上帝"而大加崇拜。于是，经过文艺复兴以及科学主义的荡涤，天国里的"上帝死了"（尼采语），但新的"上帝"不仅被造出来而且还受到顶礼膜拜。这个新的"上帝"就是爱欲（性欲）、权力欲、财富欲、自我表现欲，等等。关于这一点，美国学者罗洛梅有着非常明确的立场。他认为："原始生命力是掌握整个人的一种自然功能，性欲与爱欲，愤怒与激昂，以及权能的渴望，便是主要的例证……这种原始生命力是每一个人肯定自身，确认自身，增强自身的一种策动力。"②

近代以来工业文明的发展，尤其是科学技术的进步为消费主义、享乐主义兴起提供了物质条件。每一个生命个体每时每刻都必须面对与其内在需要相

---

① 《马克思恩格斯全集（第3卷）》，人民出版社1958年版，第488页。
② ［美］罗洛梅：《爱与意志》，蔡伸章译，甘肃人民出版社1987年版，第165页。

对立的"异己的世界"。① 正因此,对名车豪宅的过度追逐导致的身心疲惫、性自由主义的放荡不羁带来了诸如艾滋病的蔓延、因财富梦的破灭而抑郁乃至跳楼,以及吸毒、酗酒、沉迷于网络游戏而无法自拔等问题,才会困扰着当今西方社会。这一切无不昭示着身心关系问题上西方文化过度张扬欲望这一传统正面临着空前而严峻的困境。

其实,以马克思主义理论视域来看,西方传统中自文艺复兴以来过于推崇身之欲的满足并不符合理性主义的立场。在《1844年经济学哲学手稿》中,马克思就明确指出:"吃,喝,生殖,等等,固然也是真正的人的机能。但是,如果加以抽象,使这些机能脱离了人的其他活动领域并成为最后的和唯一的终极目的,那它们就是动物的机能。"② 马克思说:"享乐哲学一直只是享有享乐特权的社会的知名人士的巧妙说法,……一旦享乐哲学开始妄图具有普遍意义并且宣布自己是整个社会的人生观,它就变成了空话。"③ 马克思的这一批判立场也成为现代诸多西方马克思主义学者(如马尔库塞)坚决捍卫的基本立场。

值得关注的是,与法兰克福学派等的思路不同,另一些西方学者则开始关注古老的中华传统文化,他们试图通过汲取中华优秀传统文化的智慧来摆脱这一因过度追求物欲而带来的身心困境,比如新儒家。其实,不仅是儒家的道统引起西方学界的关注,道家、佛家也同样如此。至于中国佛教如禅宗的修行理论在西方政界、实业界流行,中国禅的课程进入政府学院、管理学院更是屡见报道。这证明以儒、道、禅为主要代表的东方文化也在"东学西渐"。

令人忧虑的是,随着改革开放之后的西学东渐,以叔本华、尼采、萨特、弗洛伊德为主要代表的张扬欲望的学说在当今中国发生着不容忽视的影响。事实上,包括消费主义和享乐主义在内的这些问题也在当今中国社会出现并有日渐严重的趋势。改革开放以来,我们在发展经济充分关注人的物质欲望满足的过程中出现了诸多偏差,一些人的心灵家园荒芜了,其人生追求中出现了不健康的生活情趣和欲求,一些媒体往往也迎合这些低俗之趣。解决这些问

---

① [德]马尔库塞:《理性和革命——黑格尔和社会理论的兴起》,程志民译,重庆出版社1993年版,第31页。
② 《马克思恩格斯全集(第3卷)》,人民出版社2002年版,第51页。
③ 《马克思恩格斯全集(第3卷)》,人民出版社1958年版,第489页。

题固然要依靠系统的社会工程,但是从价值观上培植出中华优秀传统文化主张的欲理合一立场,重新在国民教育中确立以理制欲的身心观肯定是大有裨益的。也就是说,就身心关系中的欲理之辩而论,回归传统,坚定文化自信就意味着要重建传统的欲理合一观,并将其有效地培植为当代中国人的人生观、价值观、身心观。与此同时,我们还必须认真检讨和清算西方文化过度张扬欲望之传统对改革开放之后的中国带来的现实危害。我们必须清醒地意识到,人的物欲被过分张扬,世人因此特别迷恋物质人生、财富人生的流俗是本末倒置的。

众所周知,腐败问题是当今中国社会可持续发展必须清醒面对的挑战之一。习近平总书记谆谆告诫全党:"人民群众最痛恨腐败现象,腐败是我们党面临的最大威胁。只有以反腐败永远在路上的坚韧和执着,深化标本兼治,保证干部清正、政府清廉、政治清明,才能跳出历史周期率,确保党和国家长治久安。"[①]解决腐败问题肯定是一项系统的社会工程,以正确的生活价值观去进行理性指引和心灵润泽显然是首要的。如果我们能够有效地把传统文化诸如少私寡欲之类的尚俭之德培植成为执政者人格品性中自觉的德性,从而形成欲理合一、身心合一的健康生活观,遏制腐败就有了来自德性和心灵方面的保障机制。在当前惩治腐败的过程中如果说不敢腐、不能腐主要依赖于制度的完善,那么,不想腐则取决于价值观的自觉。由此,我们甚至有理由期待,诸如欲理合一、身心合一的修身之道如果能够有效地转化为党员干部自觉的人生价值观,那么内在的德性润泽与外在的制度钳制就能够相辅相成,从而极大地提升腐败惩治力度。

四、开掘中华优秀传统文化价值构筑文化自信

文化自信作为习近平新时代中国特色社会主义理论的重要命题,正积极

[①] 习近平:《决胜全面建成小康社会 夺取新时代中国特色社会主义伟大胜利——在中国共产党第十九次全国代表大会上的报告》,人民出版社2017年版,第66—67页。

引领着我们新时代中国特色社会主义文化发展的前进道路,正激发着全民族文化继承和创新的巨大活力。党的十九大报告堪称文化自信的新篇章,尤其是习近平在报告最后援引《礼记·礼运篇》"大道之行,天下为公"的名句,更让我们直观感受到古老中国文化的当代价值。它既契合了共产党人坚守的《共产党宣言》的基本立场,又体现和彰显了中国历代志士仁人崇高的天下观;它既是当代中国马克思主义的宣言书和行动纲领,又是解决全球问题的中国方案、中国路径和中国智慧。

正是基于这样的时代语境,我们认为从中华优秀传统文化的价值开掘角度对文化自信的问题作进一步思考、探究和概括是有意义的。就人与世界的基本关系而言,不外乎人与自然、人与他人(社会)、人与自身这样三重关系。当今世界就人与自然关系而论,不仅气候变暖、空气和水资源被污染等原有的环境问题没有解决,诸如核泄漏、光污染之类的新问题迭出;就人与他人(社会)的关系而论,利己主义(包括国家利己主义)的价值观畅行无阻,"我优先"的排他性原则被视为天经地义,这直接导致人与人、国与国、民族与民族之间冲突不断,新殖民主义沉渣泛起、恐怖主义肆虐、极权主义有抬头之势;就人与自身关系而论,物欲对理性以及整个精神世界的逼仄和挤压,追求豪车大宅,实现财富梦想,仿佛变成生活的根本目的,严重导致现代人身心关系的无比紧张。尤其令人忧虑的是,这些问题在当下中国也程度不同存在。

《尚书》云:"惟人万物之灵。"人与动物的区别就在于人不仅能以理性来洞察问题的存在,而且能以理性为问题的解决提供行动的价值原则。以儒道互补为表征的中华优秀传统文化对人与自然、与他人(社会)、与自身这样这三重矛盾关系解决所给出的三大价值命题,即"天人合一""人我合一""欲理合一"充分体现了"道贯古今"的智慧。这是文化自信语境下,以马克思主义为指导,回望和弘扬中华优秀传统文化时最应该寻找回来并予以弘扬光大的三大价值原则。这些价值原则在全球化的背景下既是解决全球问题的中国声音、中国智慧和中国贡献,同时,更是新时代中国共产党人作为中华优秀传统文化的忠实传承者和弘扬者,引领中国人民走中国特色社会主义现代化道路必须谨守的最基本的实践理性原则。

弘扬传统文化目的是
发展社会主义文化

姜 益*

[摘要] 弘扬传统文化,必须坚持以马克思主义为指导,正确认识民族传统文化的当代价值,传统文化既有精华也有糟粕,要秉持客观的态度,对二者加以区分;当下要大力弘扬博大精深的优秀传统文化,也必须防止封建文化侵染社会主义文化。中国共产党领导中国人民在伟大的革命斗争中孕育了光荣的革命传统文化,这既是对中华民族精神的传承和发扬,也促进了新时期时代精神的生成和塑造,丰富了社会主义文化内涵。

[关键词] 优秀传统文化;封建文化;革命传统文化

为建设社会主义文化强国,增强国家文化软实力,实现中华民族伟大复兴的中国梦,2017年1月,中共中央办公厅、国务院办公厅印发了《关于实施中华优秀传统文化传承发展工程的意见》。① 这表明党中央高度重视中华优秀传统文化的传承和发展,体现了中国共产党人对文化传承的历史责任和使命担当;传递出了中国共产党人不仅要发展经济、提高综合国力、提升外交影响力,发展与大国相适应的国防力量和强军科技,同时要在现时代赓续中华文化传统,始终代表先进文化的前进方向,不负时代赋予的使命。当下,中国共产

---

* 姜益,同济大学马克思主义学院讲师,博士。
① 《中办国办印发〈关于实施中华优秀传统文化传承发展工程的意见〉》,《光明日报》2017年1月26日。

党人肩负社会主义文化大发展大繁荣的历史重任,不忘初心,传承发展中华优秀传统文化。通过自觉的整体反思,中国共产党将中华文化精髓提炼出来,作为执政纲领的思想来源。习近平总书记指出,中国共产党人不是历史虚无主义者,也不是文化虚无主义者。中国共产党人始终是中华优秀传统文化的忠实继承者和弘扬者。[①]

一、坚持马克思主义为指导,正确认识传统文化的当代价值

每个民族的历史文化都有其时代烙印,受当时社会生产力和经济政治发展水平制约。建设中国特色社会主义,必须繁荣发展社会主义先进文化;我们处在经济全球化时代,必然面对如何正确处理外来文化与本土文化的关系问题。我们对国外的优秀文化奉行"拿来主义","轴心时代"诞生的苏格拉底、柏拉图、亚里士多德等先贤和中国的孔子、孟子同时出现,东西方文化先河自此开启。每个民族的形成和发展都伴生了自身特色的思想文化,是人类文明的共同遗产。如文艺复兴时代的文化艺术的世界影响力,法国启蒙运动对于人类社会思想发展的推动意义,而英国民主平等的制度建设,美国独立自由、开拓冒险及反殖民主义精神等"美国梦"的思想来源,都为现代社会的发展留下了不可磨灭的印记。传承和发展中华优秀传统文化,必须坚持马克思主义的辩证唯物主义和历史唯物主义观点,强调以下两方面内容。

(一)正确认识传统文化的当代价值

正确认识传统文化的当代价值,要立足当代中国与世界的纷繁现实,以马克思主义为指导,以社会主义先进文化为引领,坚持唯物辩证思想,坚持对传统文化"一分为二"的观点,坚持人民是文化创造的主体;秉持客观、科学的态度,既不复古、泥古,也不简单否定,进行创造性转化和创新性发展。对传统文

[①] 习近平:《在纪念孔子诞辰2565周年国际学术研讨会暨国际儒学联合会员大会开幕会上的讲话》,《人民日报》2014年9月25日。

化的研究离不开当时的历史环境。一个时代的文化归根到底是由这个时代的经济政治状况决定的。[①] 中华优秀传统文化为马克思主义中国化提供了丰厚滋养,有学者指出,中华智慧的闪光点正是中华文化与马克思主义思想的结合点:实事求是的唯物论,阴阳交合的辩证法,以和为贵的价值观,天人合一的宇宙观,知行合一的实践观,仁者爱人的互为主体观,生生不息的持续发展观,兼爱非攻的永久和平观,注重综合的系统整体观,协和万邦的天下观。[②]

民族文化将一个民族共有的精神与性格凝结在一起,是民族发展的天然纽带。建设中国特色社会主义,需要文化发挥凝聚、协调、稳定社会的作用。中华民族的文化不仅博大精深,而且经世致用。中华民族是富有文化创造力的伟大民族,在建设社会主义先进文化、推动中华文明伟大复兴的过程中,仍然需要激发全民族文化自觉和文化创造活力,坚持贴近实际、贴近生活、贴近群众,大力推进文化建设、文化创造和文化创新,推动文化事业不断发展,让人民共享文化成果。

纵观历史,中华民族所崇尚的自强不息的精神、厚德载物的博大襟怀、贵和尚中的和谐思想、崇德重义的价值信念、成贤成圣的人格追求等,在历史上曾造就无数英雄豪杰,至今仍然是鼓舞我们自尊自强、自立于世界民族之林的精神力量。我们应特别重视这些人文化育的内容,凭借其在民众中树立道德意识和道德自觉,树立参与社会事务和公共事务的公益精神和公民精神,强化社会责任感和历史使命感。有这样的素质和信念,人们就会自觉地丰富自己各方面的知识,开拓独立、自由的精神空间,感受和传递真善美,不断超越今日之我,为建设合理、美好、和谐的生存环境做出贡献。

(二)区分传统文化的精华与糟粕

21世纪中国文化向何处去?学习西方先进文化之外,更重要的是弘扬中华优秀传统文化,建设具有中国特色的社会主义先进文化,即走"古今中外,综合创新之路"。然而,历史本身并没有良莠、善恶、是非的明确分类,这就要求

[①] 许全兴:《加强对历史文化的马克思主义研究》,《解放日报》2017年6月1日。
[②] 王东、陈海峰:《建构21世纪的马克思主义哲学新形态研究综述》,《教学研究》2002年第9期。

我们在传承时要加以辨析,不能泛泛而谈、一概而论。因此,区分传统文化的精华与糟粕,是当代文化建设的题中应有之义。

传统文化既有精华也有糟粕。习近平总书记指出:"传统文化在其形成和发展过程中,不可避免地会受到当时人们的认识水平、时代条件、社会制度的局限性的制约和影响,因而也不可避免会存在过时或成为糟粕的东西。"①我们不能把传统文化不加分析一股脑儿全盘接受,要有扬弃地继承,有鉴别地吸纳。我们在重视传统文化对社会主义现代化积极、促进一面的同时,还必须看到其消极、阻碍的一面。因此,"进行文明相互学习借鉴,要坚持从本国本民族实际出发,坚持取长补短、择善而从,讲求兼收并蓄,但兼收并蓄不是囫囵吞枣、莫衷一是,而是要去粗取精,去伪存真"。②

传统文化是一枚硬币的两面,既有代表民族性格、民族精神、民族智慧精髓的先进内容,又有与自然经济、封建专制、封建迷信相关联的落后陈腐的部分。以现代眼光审视传统文化,其中有不少观念已不合理,甚至显现出某种落后性,如"不孝有三,无后为大"的生育观,"士不理财,文不经商"的经济观。当今市场经济大潮的冲击下,受利益至上观念影响,许多人道德观念发生了不同程度的错位,如先进与落后、勤俭与奢侈、诚实与虚伪、为公与为私、正义与邪恶观念的错位等。传统文化中的"小富即安、不思进取""妄自尊大、虚骄苟荣""孤陋寡闻、闭塞保守"等观念,与积极进取、改革创新的时代精神是不符合的。

传统文化有"取之不尽,用之不竭"的丰富宝藏,值得不断发掘其时代价值。中华优秀传统文化是中国文化软实力的重要组成部分,是中国综合国力和国际竞争力的有机组成部分,是树立文化自信最根本的源泉。如果我们将优秀传统文化的精髓与现代经济政治制度、现代科学技术体系、当今社会日常生活密切结合,为中国的可持续发展提供坚实的传统文化支撑,一定会促进社会和谐,美化中国的国家形象,增强中国的国际影响力。

---

① 习近平:《在纪念孔子诞辰2565周年国际学术研讨会暨国际儒学联合会员大会开幕会上的讲话》,《人民日报》2014年9月25日。
② 同上。

二、传承民族文化要着力于
弘扬中华优秀传统文化

中华优秀传统文化是中华民族的精神家园,是人类文明的生存智慧。2013年12月30日,习近平总书记在中央政治局就提高国家文化软实力研究进行第十二次集体学习时指出:对中国人民和中华民族的优秀文化和光荣历史,要加大正面宣传力度,通过学校教育、理论研究、历史研究、影视作品、文学作品等多种方式,加强爱国主义、集体主义、社会主义教育,引导我国人民树立和坚持正确的历史观、民族观、国家观、文化观,增强做中国人的骨气和底气。① 当下,强调传承民族文化,要着力于弘扬中华优秀传统文化。中华优秀传统文化包含丰富的内容和表现形式,需要认真加以挖掘。

一是中国传统文化强调天人合一,注重人与自然的和谐。我国农耕文明源远流长,农耕文明相比工业文明要落后很多,但中国人对天的敬重,对自然的友好态度,却值得称道。工业文明、科学技术是把双刃剑,由科技进步无序应用造成的环境破坏令人触目惊心。由此,当下更应注重人与自然的和谐共处,推动社会整体可持续发展。

中国古代哲学提出了"执两用中"的思想原则和方法论。"中国文化在本性上不信任一切极端化的诱惑。'中庸之道'是一种整体思维方式。它反对切割,而提倡整合;它希望清晰,却又容忍混沌;它要求结果,却也承认过程;它知道是非,却又肯定转化。"② 可以说,中国传统文化中"中庸之道"的合理性内容以及"天人合一"的和谐理念,为"和谐社会"目标奠定了较深厚的思想基础。

二是中华优秀传统文化强调个人修为,尤其注重个人品德及人格风范的塑造。中国人尊崇"自强不息,厚德载物"(《周易》)、"静以修身,俭以养德"(诸葛亮《诫子书》),中国文人讲究"朝闻道,夕死可矣"(《论语·里仁第四》)、"文

---

① 《习近平在中共中央政治局第十二次集体学习时强调建设社会主义文化强国　着力提高国家文化软实力》,《人民日报》2014年1月1日。
② 余秋雨:《何谓文化》,长江文艺出版社2012年版,第16页。

以载道"、"知行合一"。现代教育家陶行知说:"千教万教教人求真;千学万学学做真人。"(《陶行知教育名言》)面对日益严峻的道德滑坡现象,中共中央于2001年颁布了《公民道德建设实施纲要》,大力倡导"爱国守法、明礼诚信、团结友善、勤俭自强、敬业奉献"的基本道德规范,这是将中华优秀传统文化与现实相结合的切实举措。当下对于各类道德模范先进事迹的表彰与传播,弘扬了社会正气;微信、微博等平台上传播的很多文章都蕴含着传统文化的积极因素,如孝敬父母、尊师重教、积德行善、诚信为本等;对于一些社会热点问题,比如"扶不扶摔倒的老人"的讨论,将个人道德与社会整体进步之间关系的思考引向深入。

三是中华传统文化强调群体共生,注重家风家教与族群和睦。中国人在强调"修身"之外,特别重视"齐家"以及族群关系的建设。首先,中国人注重勤俭持家,崇尚节约,是我国的千年古训,传统美德。明代文人吕坤在《孝睦房训辞》中说:"传家二字,曰'耕'与'读';兴家二字,曰'勤'与'俭';安家二字,曰'忍'与'让';防家二字,曰'盗'与'贼';亡家二字,曰'淫'与'暴'。"(吕坤《孝睦房训辞》)其次,传统农耕社会人们交往范围不大,熟人社会下的农耕劳作及婚丧嫁娶等各项大事小情,少不了相互帮衬和扶助。安徽桐城清朝年间"六尺巷"的故事影响深远。清代高官张英的回复家书"让他三尺又何妨"的言行蕴含中华民族里仁为美、和谐相处的精神。[1]

家风建设非常重要,无论科技发展带来多么便捷的生活,乡亲和睦友爱、邻里守望相助的民风都要传承;关爱他人、扶贫济困、见义勇为在现代社会仍然闪耀着人性的光辉。中央大力反腐,因为腐败破坏了社会生态,严重污损了党的形象和政府公信力。综观诸多腐败案例,不少腐败是家族式腐败,良好的家风和家庭教育对那些握有重权的领导干部在抗腐蚀方面会构筑起一道坚实的防火墙。很多书香门第几代人都成就显著且风清气正,在谈及原因时不少人都讲到自小家教严格正统。

四是中国传统文化强调"兼济天下"的情怀。中国古代"太平盛世""天下大同"等理念与思想影响了一代又一代人。古代知识分子总有一种胸怀天下

---

[1] 李冰:《把爱国主义作为文艺创作的主旋律——学习习近平总书记在文艺座谈会上的重要讲话》,《求是》2014年第23期。

的意识和抱负。孟子倡言:"穷则独善其身,达则兼济天下。"(《孟子·尽心上》)陶渊明向往世外桃源,赋诗"采菊东篱下,悠然见南山"(陶渊明《饮酒·其五》)。洪秀全成立太平教,宣传太平道。康有为著《大同书》,宣传大同思想。顾炎武疾呼:"天下兴亡,匹夫有责。"(顾炎武《日知录》)孙中山思想体系的精髓,即为《礼记·礼运》中的"天下为公"。这些思想对当今世界和中国都有深远的现实意义。

传统文化深富家国情怀,"大一统"观念久入人心,和平理念一脉传承。中华民族历史上虽说不乏战争和内乱,出现过短暂的分裂动荡,但总体上是长时期稳定统一、安定有序的。危难时期总有英雄挺身而出,或力图唤醒人们的觉醒意识,或为黎民百姓的困顿而大声疾呼,或反抗外族的入侵而戍边拒敌,或反对奸佞当道虽惨遭迫害而不屈。屈原、杜甫、范仲淹、岳飞、文天祥、包拯、海瑞、袁崇焕、林则徐等一批批前仆后继的中国脊梁,他们深受爱国文化熏陶,浸润其中而芝兰自芳、松柏自刚。

随着时代不断发展,中国坚持建设和谐社会,同时提出在国际上建立"和谐世界",外交上奉行"和平共处五项原则"。2013年3月,习近平总书记首次提出"命运共同体"理念,国内外反响热烈。2017年1月,习近平总书记在联合国日内瓦总部发表题为《共同构建人类命运共同体》的演讲,"着眼人类命运的历史规律和世界文明的发展走向,系统阐述人类命运共同体理念,为人类实现更好发展绘制蓝图,为国际体系变革与完善指明方向"。①

三、弘扬中华优秀传统文化需防止封建文化侵染社会主义先进文化

中华人民共和国成立70多年,改革开放40多年,社会主义文化建设取得了长足发展,一大批以传统为素材的精品力作涌现出来,传统文化借助现代科技手段有了多元化的表现形式,让人感受传统文化的独特魅力,给人以美好的

---

① 《人类命运共同体理念成为广泛共识》,《人民日报》2017年2月14日。

精神熏陶和道德滋养，提升了人们的审美水平和文化素质。然而，文化领域内一些封建思想糟粕在新时期又以各种各样的形态表现出来，污染社会的文化环境。

（一）文化领域仍有农业社会封建文化残留

传统中国社会以农立国，儒家思想占主导地位，家族本位、血缘亲情、乡土观念主宰人们的思想。"几千年的小农经济和自然经济条件下，绝大多数中国民众的生存都表现为一种自在自发的自然状态。换言之，生活在具有自然特征的传统日常生活世界之中的传统中国人的生计都被这种自然的日常生活占据，服从于日常生活的经验式和人情化的文化模式。"[1]中华传统文化中庸、保守、依赖经验的生存态度在某种意义上已经成为中华民族的文化基因，渗透到传统农民日常生活的方方面面，至今威力不减。即使在马克思主义作为主流意识形态的今天，在市场经济体制下，个人、企业、社会组织，甚至政府部门的日常运作模式还是有很深的"中国传统特色"烙印。中华传统文化具有一种顽强的抵御变革和转型的力量，可以经久不变。即使在近现代中国走向现代化的历史进程中，中华传统文化转型的历史允诺也迟迟难以兑现。在历史转型的过程中，还时不时显现出农业社会封建文化的残留。

近年来，"娱乐至死"的心态深刻影响着文艺作者和观众，一些低俗、媚俗、庸俗的作品大行其道：历史上的"宫廷政变""权族内斗""太监干政"在电视荧屏上"风光无限"，那些以所谓家族、宅院为由头的作品中充斥着"三妻四妾""尔虞我诈"的展示，爱情戏连篇累牍，爱情观却很畸形，一些"情场猎艳""小三上位"的情节观众也已见怪不怪，各种选秀节目、山寨节目充斥电视荧屏和网络空间。这些节目质量参差不齐，有些节目更是毫无底线，这使得受众的价值观被误导，审美观被扭曲。比如，有些电视剧创作打着"重评历史"的幌子，对已经受历史检验有着客观评价的历史人物、历史事件随意"戏说臧否"，玩"穿越幻化"，消解经典，拒绝崇高。文艺工作者时刻不能忘记文艺是国民精神的灯火，是人民的精神家园。

---

[1] 衣俊卿：《文化哲学十五讲》，北京大学出版社2004年版，第241页，有改动。

（二）应厘清传统文化中陈腐落后的内容

余秋雨总结了中国文化的弊病：中国文化的第一个弱项，是疏于公共空间，这是中国文化的一个盲区。康德说，知识分子的崇高责任，就是"敢于在一切公共空间运用理性"。公共空间是最大的文化作品，同时是最大的文化课堂。广大市民的集体人格和审美习惯都在那里培养。

中国文化的第二个弱项，是疏于实证意识。史学家黄仁宇曾说，中国历史上最大的弊端是"缺少数字化管理"。

实证意识的缺乏，也就是科学意识的缺乏。这种倾向，使中国文化长期处于"只问忠奸、不问真假"的泥潭之中。现在让人痛心疾首的诚信失落，也与此有关。

中国文化的第三个弱项，是疏于法制观念。中国至今最流行的文学，仍然是武侠小说。武侠小说在艺术手法上颇多佳笔，但文化观念上都在颂扬"法外英雄"。在中国文化中，"好汉"总是在挑战法律，"江湖"总是要远离法律，"良民"总是在拦轿告状，"清官"总是在法外演仁。①

中华传统文化有不少陈腐落后的内容还未洗涤干净。如前文所述，不少传统观念在当代社会已显现出其落后性。比如，宗法血缘关系成为中国传统社会的支柱性道德关系，建立在小生产基础上的私有观念和一套伦理道德在维护男权、打压女性方面表现尤为突出。《孔雀东南飞》里焦仲卿妻命运悲惨；《木兰辞》的花木兰可以说生不逢时，在现代社会就可以光明正大从军报国，成为巾帼英雄；沈从文笔下的湘女萧萧作为童养媳挑战封建礼教选择自己喜欢的小伙，遭到沉潭或被卖的厄运。封建礼教宣扬"饿死事小，失节事大"，无数贞节牌坊让多少女性一生遭际坎坷。这些封建保守观念因根深蒂固而在生活中发生了不少不可理喻的事情。

传统文化的包袱太沉重，很多学人还走不出争斗文化、谋臣文化、厚黑哲学、大批判文化的阴影。有些人仍然法治观念淡漠，理想信念不坚定，道德思想不纯正。一些领域和地方道德滑坡，拜金主义、享乐主义、极端个人主义滋

---

① 余秋雨：《何谓文化》，长江文艺出版社2012年版，第17—20页。

长,是非善恶、美丑界限混淆,封建迷信和黄赌毒等丑恶现象沉渣泛起;经济活动中,假冒伪劣、欺行霸市、偷税漏税、不讲信用等成为社会公害;文化领域宣扬暴力、凶杀、色情等的文化垃圾屡禁不止;腐败现象在一些地方蔓延,部分人社会主义核心价值观淡薄,对中国特色社会主义前途和信念产生困惑和动摇。"信仰淡化、理想蜕化、生活腐化",这其中就有封建文化作祟。因此,必须用现代性思维滤去这些杂质,去粗取精,去伪存真,补齐短板,发展现代人文理念,才可以真正树立并提升文化自信。

(三) 社会主义文化的生命力在于创新而非复古

当下,打开电视、报纸、书刊,很少有某个创意思维引起我们的广泛关注。应警惕的是,这几年复古文化有一个重点,那就是违背文化"真善美"的原则,竭力宣扬中国文化中的阴谋、权术、诡计,并把它们统统称为"中国智慧""制胜良策"。相反,复古文化不去揭示中华大地上千家万户间守望相助、和衷共济的悠久生态,这实在是对中国文化的曲解。[①] 笃信风水的迷信思想时有作祟,一些政府官员、影视明星也为此推波助澜。有些人借伪中医、伪养生之道而骗钱,"大师"迭出。婚姻家庭领域内离婚率上升,家庭暴力屡有发生,虐待老人、争财产,"包二奶""养小三",这些封建社会的陈腐现象在当代社会还以相似或变相的形式顽固地存在。

两千多年封建专制统治思想对知识分子影响尤甚,思想禁锢下的知识分子整体难以形成超然独立的人格。读书人自古以来信奉"万般皆下品,唯有读书高""十年寒窗苦,一举成名天下知""书中自有颜如玉,书中自有黄金屋"。科举制度虽然早已废除,封建思想并未完全消除,随着社会的发展,这种传统思想还是潜滋暗长并和新的社会形态相结合,产生新的观念形态,对当代学人产生一定的影响。

党的十八届五中全会坚持以人民为中心的发展思想,鲜明地提出了"创新、协调、绿色、开放、共享"的新发展理念,将创新置于新发展理念之首,创新是引领发展的第一动力。它根源于马克思主义的辩证唯物论和中华民族"穷

---

① 余秋雨:《何谓文化》,长江文艺出版社 2012 年版,第 23—24 页。

则变,变则通,通则久""苟日新,日日新,又日新"的历史观。① 在强调传承的同时,一定要加强培养创新意识和创新理念,不断推进社会发展的整体创新,才能从真正意义上实现对传统文化的传承与发展。

四、发扬革命传统,传承中华民族精神

中国共产党在近代革命斗争历程中形成了光荣的革命传统,孕育了独特的优秀革命文化。中国共产党人在血与火的斗争中传承着"为国分忧,为民族争气"的爱国主义精神,爱国主义成为贯通历史和当代的文化追求。

(一) 革命文化继承和发扬了优秀的民族精神

烽火岁月,丹心碧血。红军二万五千里长征,经历千难万险,是中国共产党人创造的可歌可泣的革命传奇。艰苦卓绝的抗日战争,中华民族面临生死存亡的危险关头,只有用血肉筑长城,做最坚决的抵抗才能生存。中国共产党领导的八路军、新四军及人民武装力量,以最坚强的抗战决心、最顽强的战斗意志、最伟大的牺牲精神,创建抗日根据地、开展敌后游击战争,牵制了大部分的侵华日军。中国共产党的成立与发展一直伴随着中华民族的救亡图存,民族危亡的紧迫感深植于中国共产党的精神基因。这使得中国共产党的所思所为一直围绕整个民族的复兴。从救亡图存到如今追求富强,其核心无非围绕"人民"二字展开。中国共产党领导人民在整个革命历程中形成了井冈山精神、长征精神、延安精神、太行精神、东北抗联精神、西柏坡精神等。历次革命斗争中涌现出了一批又一批的革命英雄,瞿秋白、方志敏、刘伯坚、刘胡兰、赵一曼、杨靖宇、左权、江竹筠、黄继光、邱少云,八女投江的故事、狼牙山五壮士的英雄壮举、八路军夜袭阳明堡机场、上甘岭战役等英雄及其英勇无畏的事迹将永远激励后人。

革命文化在革命时期是中华民族的根与魂,光荣的革命传统诠释了牺牲

---

① 中共中央宣传部:《习近平总书记系列重要讲话读本》,学习出版社、人民出版社 2016 年版,第 127、133 页。

和奉献的时代内涵,为培育和践行社会主义核心价值观注入了丰厚的精神养分。实际上,革命先辈的理想信念、精神价值、人生观念不仅在革命斗争中养成,同时是中华民族历史长河中孕育的人文精神的时代延续。可以说,中国革命文化继承和发扬了中华民族的优秀民族精神。卫青、霍去病、马援、李广、袁崇焕、岳飞、戚继光、文天祥、林则徐等,是指引后世革命者砥砺前行的标杆;"诚意正心""修身、齐家、治国、平天下"是民族意蕴的化育;"为天地立心,为生民立命,为往圣继绝学,为万世开太平"(张载《张子语录》),是人生抱负的时代展现;民族危亡之际,山河破碎,生灵涂炭,多少英雄豪杰即使屠刀加身也不改初衷。中华民族的生存韧力、忍辱负重和绝不屈服在生死存亡之际表现得尤为突出。长征,承接的是中华民族"永不言败的精神";抗日战争,展现的是中华民族"不屈不挠的性格";解放战争,揭示的是人民群众的伟大力量。这些革命精神代代传承,在新时期形成了中国革命文化的当代国魂:铁人精神、雷锋精神、焦裕禄精神、抗洪抢险精神、抗击"非典"精神、抗震救灾精神、"两弹一星"精神、航天精神、青藏铁路精神、劳模精神、工匠精神。在革命精神和时代精神的感召下,邓稼先、雷锋、孔繁森、任长霞、丁晓兵、许振超、杨业功、马永顺等成为一代代社会主义建设的接力者。

(二) 将发扬革命文化落到实处

2017年适逢中国人民解放军建军90周年,人民军队要全面继承和发扬光荣的革命传统,确保军队历史使命的实现。共产党的军队为什么能打胜仗?最根本的原因是坚持党的领导,把马克思主义先进理论与中国革命实际相结合;作战队伍坚决地服从命令和指挥,同时赋予前线指挥员以临战指挥权;工农为基础的革命队伍指战员作战勇敢,不怕牺牲;人民军队紧紧依靠人民,真诚地爱护人民。今天,人民军队遵照习近平总书记练兵打仗、带兵打仗、演兵打仗的指示,坚决执行"听党指挥,能打胜仗,作风优良"的号令。革命年代,人民与军队之间形成的水乳交融的关系是永远有效的,"三大纪律""八项注意"永远有生命力。毛泽东在抗战期间说过:"人民是海,我们是海里之鱼。"[①]面

[①] 王树增:《抗日战争(第2卷)》,人民文学出版社2015年版,第148页。

对民族大义,中国共产党人以不屈的抗战意志和顽强的战斗精神成为苦难中国精神上的中流砥柱。抗战时期,我们能够凭小米加步枪打败日本侵略者;解放战争时期,我们能够依靠铁脚板南征北战,与人民群众对军队的无私支持是密不可分的。当年长征途中,部队筹粮,老乡跑了,队伍取走粮食,留下字条和银元。解放战争时期,在打锦州的行军途中,战士们口渴难耐,前面发现一片苹果园,面对挂熟的苹果,队伍从容地从旁经过而没摘吃一个苹果。攻进上海的解放军冒雨露宿街头也不扰乱上海市民的生活。毛泽东在《论持久战》中指出:兵民是胜利之本。① 今天我国专门成立军民融合委员会,就是要解决当代社会条件下军民关系的问题。面对社会上弥漫的安逸享乐之风,人民军队始终要保持高度警惕,时刻枕戈待旦。

除加强军队建设之外,如何将优秀的革命传统与现实教育相结合确实不易。一封家长写给老师的信《让刘胡兰远离孩子》曾引发热议。一段视频中一个小学生有些过度投入表演,朗读《刘胡兰》,引起众人哄堂大笑。如何才能找到用革命英雄主义教育当今青少年的有效形式和内容?这是值得长期关注与思考的问题。时代环境发生了很大的变化,经济全球化、文化多元化、社会信息化、城镇化工业化浪潮一波接一波,人们的三观发生转变,现实感增强,物质性优先,革命传统产生的历史条件已经发生转移。尤其是年轻人,在移动互联网的影响下,在西方功利思想的冲击下,追求快感、刺激、娱乐、简单化的思潮悄然出现。在这样的情势下,更不能丢弃优秀的革命传统,而应将革命文化的教育、传播落到实处,加强立法、道德教化、舆论监督等,使得优秀的革命传统文化充分发挥社会主义文化建设组成部分的重要作用。

---

① 《毛泽东选集(第 2 卷)》,人民出版社 1991 年版,第 509 页。

从毛泽东到习近平：坚持"双百"方针、"二为"方向相统一思想及其意义

朱继东[*]

[摘要] 从提出"百花齐放，推陈出新"到鼓励"百家争鸣"，进而明确提出了著名的"双百"方针——"百花齐放、百家争鸣"，毛泽东坚持"双百"方针和"为人民服务、为社会主义服务"的统一，使其成为社会主义科学文化建设、意识形态建设必须长期坚持的重要遵循，"双百"方针还成为治国理政的重要方针。改革开放后，邓小平进一步强调了坚持"二为"方向的重要性。进入新时代，习近平总书记旗帜鲜明地强调要坚持"双百"方针、"二为"方向相统一，坚持以人民为中心的创作导向。坚持"双百"方针、"二为"方向相统一，不仅推动着中华人民共和国科学文化建设大发展、大繁荣，而且为加强党的建设、巩固社会主义政权作出了重要贡献。认真总结坚持"双百"方针、"二为"方向相统一思想提出、发展过程及其经验，对建设社会主义文化强国和早日建成社会主义现代化强国具有重要意义。

[关键词] "双百"方针；"二为"方向；毛泽东；邓小平；习近平

中华人民共和国成立后，毛泽东从提出"百花齐放，推陈出新"到鼓励"百家争鸣"，并在此基础上明确提出了著名的"双百"方针——"百花齐放、百家争鸣"。此后，毛泽东一直身体力行，大力推行"双百"方针，并多次纠正党内外对

---

[*] 朱继东，中国社会科学院国家文化安全与意识形态建设研究中心副主任兼秘书长、马克思主义研究院毛泽东思想研究室主任、创新工程首席研究员。

"双百"方针的错误看法、做法,坚持"双百"方针和"二为"(为人民服务、为社会主义服务)方向的统一,使其成为科学文化建设、意识形态建设中必须长期坚持的重要遵循。"双百"方针还被应用于国家建设的众多方面,成为治国理政的重要方针。改革开放后,邓小平又进一步强调了坚持"二为"方向的重要性。进入新时代,习近平总书记旗帜鲜明地强调要坚持"双百"方针、"二为"方向相统一,坚持以人民为中心的创作导向,引导更多人科学理解和正确对待"双百"方针。坚持"双百"方针、"二为"方向相统一,不仅推动着科学文化建设大发展、大繁荣,而且为加强党的建设、巩固社会主义政权做出了重要贡献。

一、"双百"方针是社会主义科学文化建设必须长期坚持的重要遵循

中华人民共和国成立之初,社会主义科学文化事业蓬勃发展、欣欣向荣。但同时,由于有些人对中国共产党领导下的中华人民共和国缺乏正确认识,再加上受教条主义、官僚主义等影响,也出现了个别同志不能科学区分政治原则问题、思想认识问题、学术观点问题甚至科学技术问题的现象,对一些文化、艺术乃至学术问题动辄上升到政治高度,采取贴标签、扣帽子、打棍子等错误方式加以处理,造成了不良影响,也阻碍了科学文化建设进程。也许是早就有所预料,在科学研判时代特点的基础上,毛泽东不仅倡导和确立了"百花齐放、百家争鸣"的方针,而且将其作为科学文化建设、意识形态建设的重要遵循确立下来并长期坚持。

"双百"方针的提出有一个形成发展的过程。1951 年 3 月,由我们党在抗日战争时期创建的延安平剧研究院改组而来的中央文化部戏曲改进局京剧研究院,扩建成立中国戏曲研究院,毛泽东为中国戏曲研究院成立题词,"百花齐放,推陈出新"。[①] 1951 年 4 月 3 日,中国戏曲研究院在北京成立,该题词迅速

---

① 中共中央文献研究室编:《毛泽东年谱(1949—1976)(第 1 卷)》,中央文献出版社 2013 年版,第 322 页。

为全国人民所熟知。5月5日,根据"百花齐放,推陈出新"方针,《政务院关于戏曲改革工作的指示》明确提出:"中国戏曲种类极为丰富,应普遍地加以采用、改造与发展,鼓励各种戏曲形式的自由竞赛,促成戏曲艺术的'百花齐放'。"①正确的思想、方针是科学行动的先导,毛泽东题词和政务院的指示不仅让1950年底的全国戏曲工作会议上发生的京剧和地方戏以哪个为主的争论问题得到解决,更成为鼓舞、激励多种文化形式并存和发展的重要方针,激励了很多文艺工作者积极投身社会主义文化建设。

1953年8月5日,党中央批准设立中国历史问题研究、中国文字改革研究、中国语文教学研究三个委员会。毛泽东听了工作汇报后讲了四个字:"百家争鸣"。②这一重要方针为什么首先从历史问题上提出?是因为当时中国史学界围绕中国奴隶制和封建制的分期问题正在进行一场大争论,毛泽东本人也对这一问题非常关注。而"百家争鸣"的提出,则为如何解决这类问题提供了科学方针。1954年创刊的《历史研究》杂志,更是以此为办刊方针。

1956年2月19日,看到中共中央宣传部就中山大学党委反映有苏联学者在华参观时向中方陪同人员谈及《新民主主义论》中关于孙中山世界观的不同看法时,"讲了一些有损我党负责同志威信的话",而请示是否有必要向苏方通报,毛泽东坚决不同意这样做,并做出批示:"我认为这种自由谈论,不应当去禁止。这是对学术思想的不同意见,什么人都可以谈论,无所谓损害威信。因此,不要向尤金谈此事。如果国内对此类学术问题和任何领导人有不同意见,也不应加以禁止。如果企图禁止,那是完全错误的。"③随着社会主义事业不断发展,"百家争鸣"逐步成为整个科学文化工作、意识形态建设的重要指导方针。

在深刻总结古今中外历史经验和教训的基础上,毛泽东水到渠成地提出了"百花齐放、百家争鸣",并将其确立为党在科学文化领域的重要指导方针。

---

① 中共中央宣传部办公厅、中央档案馆编研部编:《中国共产宣传工作文献选编(1949—1956)》,学习出版社1996年版,第225页。
② 中共中央文献研究室编:《毛泽东传(1949—1976)》(上),中央文献出版社2003年版,第486页。
③ 中共中央文献研究室编:《毛泽东年谱(1949—1976)(第2卷)》,中央文献出版社2013年版,第533页。

1956年4月28日,他在中共中央政治局扩大会议上的总结讲话中明确指出:"艺术问题上的百花齐放,学术问题上的百家争鸣,我看应该成为我们的方针。"①这是毛泽东第一次把"百花齐放"与"百家争鸣"并列在一起,是科学文化建设史上具有重大意义的一次讲话。在此基础上,他进一步详细阐释了"双百"方针:"'百花齐放'是群众中间提出来的,不晓得是谁提出来的。人们要我题词,我就写了'百花齐放,推陈出新'。'百家争鸣',这是两千年以前就有的事,春秋战国时代,百家争鸣。讲学术,这种学术也可以讲,那种学术也可以讲,不要拿一种学术压倒一切。你讲的如果是真理,信的人势必就会越来越多。"②5月2日,他再次强调"一百种花都让它开放,不要只让几种花开放,还有几种花不让它开放,这就叫百花齐放。百家争鸣,是说春秋战国时代,有许多学派,诸子百家,大家自由争论。现在我们也需要这个"。③毛泽东进一步指出:"在中华人民共和国宪法范围之内,各种学术思想,正确的、错误的,让他们去说,不去干涉他们。"④党和国家最高领导人正式把"百花齐放、百家争鸣"作为繁荣文学艺术、发展科学文化的指导方针加以公开强调,标志着"双百"方针正式成为党在科学文化领域、意识形态领域的重要指导方针,成为社会主义文化建设、科学发展的重要思想理论指南。

"双百"方针很快在更大范围内得到认同,并成为党和国家的重要方针。5月9日,国务院第二办公室副主任钱俊瑞在全国先进生产者代表会议上的讲话,第一次把中共中央将在学术方面贯彻"百家争鸣"的方针透露了出来⑤。1956年5月26日,中共中央宣传部举行报告会,部长陆定一应中国科学院院长、中国文学艺术界联合会主席郭沫若之邀为上千名自然科学家、社会科学家、医学家、文学家和艺术家等专门做了一场党关于文艺工作和科学工作政策的报告,这篇长达1.5万字的报告,题目就是《百花齐放,百家争鸣》。报告对"双百"方针进行了比较全面系统的阐述。1956年6月13日,《人民日报》正式

---

① 《毛泽东文集(第7卷)》,人民出版社1999年版,第54页。
② 同上书,第54—55页。
③ 中共中央文献研究室编:《毛泽东年谱(1949—1976)(第2卷)》,中央文献出版社2013年版,第574页。
④ 同上书,第575页。
⑤ 1956年5月11日的《人民日报》以《学术方面应该执行百家争鸣的方针 钱俊瑞在全国先进生产者代表会议上讲话》为题,发表了这一讲话内容。

发表了这一报告。在 1956 年 9 月召开的党的八大上，刘少奇代表党中央所作的《在中国共产党第八次全国代表大会上的政治报告》和《中共八大关于政治报告的决议》都强调要坚持"双百"方针，标志着这个方针经过党的全国代表大会确认，成为保证科学和艺术的繁荣必须坚持的重要方针。

毛泽东对"双百"方针非常重视，并一次次提醒、告诫大家要坚持好、贯彻好此方针。1957 年 1 月 27 日，他在主持省、市、自治区党委书记会议最后一次会议的讲话中谈到"百花齐放、百家争鸣"问题时说："这个方针，我看还是对的，是合乎辩证法的。从对立统一的观点出发，我们提出了百花齐放、百家争鸣这个方针。真理是跟谬误相比较，并且同它作斗争发展起来的。禁止人们跟谬误、丑恶、敌对的东西见面，跟唯心主义、形而上学的东西见面，跟孔子、老子、蒋介石的东西见面，这样的政策是危险的政策。它将引导人们思想衰退，单打一，见不得世面，唱不得对台戏。"[①] 2 月 27 日，他《关于正确处理人民内部矛盾的问题》的重要讲话中进一步详细阐述了"双百"方针："百花齐放、百家争鸣的方针，是促进艺术发展和科学进步的方针，是促进我国的社会主义文化繁荣的方针。艺术上不同的形式和风格可以自由发展，科学上不同的学派可以自由争论。利用行政力量，强制推行一种风格，一种学派，禁止另一种风格，另一种学派，我们认为会有害于艺术和科学的发展。艺术和科学中的是非问题，应当通过艺术界科学界的自由讨论去解决，通过艺术和科学的实践去解决，而不应当采取简单的方法去解决"，并揭示了对科学、真理探索的曲折性。[②] 毛泽东进一步强调："对于科学上、艺术上的是非，应当保持慎重的态度，提倡自由讨论，不要轻率地作结论。我们认为，采取这种态度可以帮助科学和艺术得到比较顺利的发展。"[③]"只有采取讨论的方法，批评的方法，说理的方法，才能真正发展正确的意见，克服错误的意见，才能真正解决问题。"[④] 他不仅进一步强调了"双百"方针是一个必须长期坚持的重要方针，是认识真理、发展繁荣科学文化的必由之路，要求全党要增强坚持"双百"方针的自觉性、主动性，深刻

---

① 中共中央文献研究室编：《毛泽东年谱（1949—1976）（第 2 卷）》，中央文献出版社 2013 年版，第 69—70 页。
② 《毛泽东文集（第 7 卷）》，人民出版社 1999 年版，第 229 页。
③ 同上书，第 229—230 页。
④ 同上书，第 232 页。

认识到马克思主义者不应害怕批评,而且再次宣告了"双百"方针在理论、实践上的极端重要性。

  1957年3月8日,在党的全国宣传工作会议期间同文艺界代表的谈话中,毛泽东再次谈到"双百"方针,批评有的人因为怕放出不好的东西来而不认可、不执行"双百"方针,语重心长地告诫大家:"解决思想问题,不能用专制、武断、压制的办法。"①进一步解释了为什么要采取百花齐放、百家争鸣的政策,指出怕放的人"就是没有看到大多数知识分子是要走社会主义道路,希望国家富强、人民生活好、文化提高,要经过他们去教育中国几亿人民"②。进一步鼓励大家要不怕批评,要积极主动地贯彻好"双百"方针。正是在毛泽东的倡导和坚持下,越来越多人认识到了坚持"双百"方针的重要性、迫切性,我们党在探索中逐步走出了一条发展社会主义科学文化事业的正确道路。

  毛泽东再三做那些因为"双百"方针贯彻执行中出现问题而持怀疑、否定的人的工作,提醒其不要好心办坏事,告诫全党要长期坚持下去。1957年3月12日,他在中国共产党全国宣传工作会议上的讲话中强调:"百花齐放,百家争鸣,这是一个基本性的同时也是长期性的方针,不是一个暂时性的方针。"③"要人家服,只能说服,不能压服。压服的结果总是压而不服。以力服人是不行的。对付敌人可以这样,对付同志,对付朋友,绝不能用这个方法",④要求真正做到说服而不是压服。1957年3月19日,他进一步指出:"采取现在的方针,文学艺术、科学技术会繁荣发达,党会经常保持活力,人民事业会欣欣向荣,中国会变成一个大强国而又使人可亲。"⑤

  毛泽东一直坚持并多次提醒大家不要忘了"双百"方针。1973年11月21日,他作出批示:"印发政治局各同志。有些意见是好的,要容许批评。""要加强党对文艺工作的领导,设立统管全国文艺工作的机构,重申和切实执行'百花齐放、百家争鸣'的方针。"⑥直到1975年7月14日,他仍强调:"对于作家,

---

① 《毛泽东文集(第7卷)》,人民出版社1999年版,第252页。
② 同上书,第254页。
③ 同上书,第278页。
④ 同上书,第279页。
⑤ 同上书,第291页。
⑥ 《毛泽东文集(第8卷)》,人民出版社1999年版,第508—509页。

要惩前毖后、治病救人，如果不是暗藏的有严重反革命行为的反革命分子，就要帮助。"①可见他对违反"双百"方针的言行一直在批评、纠正。正是在毛泽东的坚持下，"双百"方针成为科学文化建设、意识形态建设的重要方针，对发展繁荣科学文化事业持续发挥了重要作用。

改革开放后，"双百"方针继续作为社会主义科学文化建设的重要方针，随着时代发展而被赋予富有时代特色的解读。1979年3月30日，邓小平在党的理论工作务虚会上的讲话中强调："无论如何，思想理论问题的研究和讨论，一定要坚决执行百花齐放、百家争鸣的方针，一定要坚决执行不抓辫子、不戴帽子、不打棍子的'三不主义'的方针，一定要坚决执行解放思想、破除迷信、一切从实际出发的方针。"②进入新时代，习近平总书记更多次强调必须长期坚持"双百"方针。2014年10月15日，习近平总书记主持召开文艺工作座谈会并发表讲话强调指出："要坚持百花齐放、百家争鸣的方针，发扬学术民主、艺术民主，营造积极健康、宽松和谐的氛围，提倡不同观点和学派充分讨论，提倡体裁、题材、形式、手段充分发展，推动观念、内容、风格、流派切磋互鉴。"③2016年5月17日，他在哲学社会科学工作座谈会上的讲话中进一步指出："百花齐放、百家争鸣，是繁荣发展我国哲学社会科学的重要方针。要提倡理论创新和知识创新，鼓励大胆探索，开展平等、健康、活泼和充分说理的学术争鸣，活跃学术空气。要坚持和发扬学术民主，尊重差异，包容多样，提倡不同学术观点、不同风格学派相互切磋、平等讨论。"④正是在习近平总书记再三强调和带头坚持下，"双百"方针的旗帜在新时代高高举起。

二、努力真正做到坚持"双百"方针、"二为"方向相统一

"双百"方针的贯彻执行并非一帆风顺，当一些发人深思的问题出现时，如

---

① 《毛泽东文集（第8卷）》，人民出版社1999年版，第443页。
② 《邓小平文选（第2卷）》，人民出版社1994年版，第183页。
③ 中共中央文献研究室编：《十八大以来重要文献选编（中）》，中央文献出版社2016年版，第125页。
④ 习近平：《在哲学社会科学工作座谈会上的讲话》，《人民日报》2016年5月19日。

何保证"双百"方针的正确前进方向就成为毛泽东深入思考的重要问题,他虽然没有明确提出"二为"方向这一概念,但坚持和真正实现了"双百"方针和"二为"方向的统一。改革开放后,随着资产阶级自由化思潮几度泛滥,科学文化领域乃至社会、政治等领域错误思潮蔓延,意识形态斗争复杂尖锐,特别是有些人以"双百"方针、"解放思想"之名把矛头直接指向中国共产党的领导和社会主义制度,邓小平继承毛泽东的"双百"方针,努力坚持和做到"双百"方针和"二为"方向的统一,为新时期"双百"方针明确了正确的前进方向和发展道路。特别是习近平总书记在新时代旗帜鲜明地强调要坚持"双百"方针、"二为"方向相统一,坚持以人民为中心的创作导向,引导更多人科学理解和正确对待"双百"方针,使得坚持"双百"方针、"二为"方向相统一成为越来越多人的思想自觉、行动自觉。

"双百"方针不仅合乎科学文化发展规律,而且符合社会主义中国的国情,是真正能够实现我国科学文化事业进步、繁荣的正确方针,因此深受广大科学文化界人士的欢迎,也得到广泛认同。但是,在"双百"方针贯彻执行过程中,有些人却把其理解成为不受任何约束、没有任何底线的自由,并暴露出一些问题,毛泽东也注意到了这些。1957年1月27日,他强调:"无论在党内,还是在思想界、文艺界,主要的和占统治地位的,必须力争是香花,是马克思主义。毒草,非马克思主义和反马克思主义的东西,只能处在被统治的地位。……从这样的观点看来,百花齐放,百家争鸣,就是有益无害的了。"①3月8日,他在党的全国宣传工作会议期间同文艺界代表的谈话中指出:"我们采取有领导的百花齐放、百家争鸣。"②3月12日,他进一步深入阐释、科学完善了"双百"方针:"我们提倡百家争鸣,在各个学术部门可以有许多派、许多家,可是就世界观来说,在现代,基本上只有两家,就是无产阶级一家,资产阶级一家,或者是无产阶级的世界观,或者是资产阶级的世界观。共产主义世界观就是无产阶级的世界观,它不是任何别的阶级的世界观。"③强调坚持"双百"方针必须坚持无产阶级世界观,必须是马克思主义占统治地位,这是我们应始终坚持、永不动

---

① 《毛泽东文集(第7卷)》,人民出版社1999年版,第197页。
② 同上书,第253页。
③ 同上书,第273页。

摇的重要原则。

人民立场是中国共产党的根本政治立场,全心全意为人民服务是中国共产党人的根本宗旨。为了更好地坚持、贯彻"双百"方针,虽然没有明确提出"二为"方向这一概念,但毛泽东等党中央领导同志实际上一再强调文化建设要坚持"二为",并坚持和真正做到了"双百"方针和"二为"方向的统一。"为了谁",是文化建设不容回避的根本性的大问题。早在革命战争年代,毛泽东就多次强调文化要为人民大众服务,并以此作为文化建设的出发点和落脚点。1940年1月9日,他在陕甘宁边区文化协会第一次代表大会上的演讲中强调:"这种新民主主义的文化是大众的,因而即是民主的。它应为全民族中百分之九十以上的工农劳苦民众服务,并逐渐成为他们的文化。"[1]1942年5月23日,在《在延安文艺座谈会上的讲话》的结论部分,他更是旗帜鲜明地指出:"为什么人的问题,是一个根本的问题,原则的问题",[2]并于1945年4月24日在党的七大的政治报告《论联合政府》中进一步强调:"新民主主义的文化,同样应该是'为一般平民所共有'的,即是说,民族的、科学的、大众的文化,决不应该是'少数人所得而私'的文化。"[3]就是强调文化要为工农兵服务、为人民大众服务,建设真正的无产阶级文化,这是中国共产党文化工作的重要出发点和立足点。1949年7月1日,新华社播发毛泽东修改审定的《中共中央在给将于7月1日开幕的中华全国文学艺术工作者代表大会的贺电》,他期望并相信全中国一切爱国的文艺工作者"必能进一步团结起来,进一步联系人民群众,广泛地发展为人民服务的文艺工作,使人民的文艺运动大大发展起来,借以配合人民的其他文化工作和人民的教育工作,借以配合人民的经济建设工作"。[4]1949年9月,具有临时宪法性质的《中国人民政治协商会议共同纲领》正式确立了"文化为人民服务"的指导方针。这不仅是对广大文艺工作者的要求,也为科学文化建设、意识形态建设指明了前进方向,确立了重要的原则和基调。

---

[1] 《毛泽东选集(第2卷)》,人民出版社1991年版,第708页。
[2] 《毛泽东选集(第3卷)》,人民出版社1991年版,第857页。
[3] 同上书,第1058页。
[4] 中共中央文献研究室编:《毛泽东年谱(1893—1949)》(下卷),中央文献出版社2013年版,第527页。

中华人民共和国成立后,毛泽东更是把"人民"两个大字写在了社会主义文化的旗帜上,在坚持文艺为人民服务的同时,他进一步要求文艺为社会主义服务,加强对知识分子的思想改造,进一步确立了科学文化建设要坚持为人民服务的前进方向,同时强调科学文化建设要为社会主义服务。在坚持、贯彻"双百"方针过程中,毛泽东等党中央领导同志重视开展批评和自我批评,鼓励大家敢于进行思想斗争,强调批评和斗争是"双百"方针的题中应有之义。1957年1月18日,毛泽东在省、市、自治区党委书记会议上的讲话中指出:"百花齐放、百家争鸣一来,不敢去改造知识分子了。我们敢于改造资本家,为什么对知识分子和民主人士不敢改造呢?"①1961年6月19日,周恩来强调指出:"毛主席指出文艺为工农兵服务,就是我们的政治标准。"②正是在这种精神指引下,党和国家引导以文艺工作者为代表的科学文化工作者积极主动地深入基层、深入工农兵中间去体验生活、进行创作,一大批作家、艺术家、科学家争做表率,再加上党领导人民开展的扫盲运动,使得整个文化建设面貌焕然一新,大量宣扬社会主义革命和建设事业中涌现出来的英雄模范、工农大众的感人事迹以及歌颂中国建设的成就、新社会的良好风尚的大批优秀作品纷纷涌现,不仅深受人民群众喜爱,而且为全社会实现移风易俗等做出了巨大贡献。这也让更多人深刻认识到,"双百"方针和"二为"方向相结合,是科学文化建设的正确前进方向和发展道路,真正解决了一系列根本性、方向性、全局性、原则性、战略性的重大问题。

改革开放初期,在推行"双百"方针、解放思想等旗号下,在科学文化领域乃至社会、政治等领域出现了有些人以坚持"双百"为由排斥、反对"二为"方向,甚至有人实际上把矛头直接指向中国共产党的领导和社会主义制度等现象,一些党员干部也参与其中,导致意识形态领域一度极其混乱,在党内外都产生了恶劣影响。为进一步加强党对文艺工作的领导,纠偏纠错当时出现的诸多问题,邓小平不仅继续坚持"双百"方针,而且推动提出了"二为"方向。坚持"双百"方针和"二为"方向相统一,对当时一度有些迷茫甚至错乱的文艺界

---

① 中共中央文献研究室编:《毛泽东年谱(1949—1976)(第3卷)》,中央文献出版社2013年版,第68页。
② 《周恩来选集》(下卷),人民出版社1984年版,第336页。

起到了指引方向、凝聚力量的作用。1979年10月30日,邓小平在中国文学艺术工作者第四次代表大会上的祝词中指出:"我们要继续坚持毛泽东同志提出的文艺为最广大的人民群众、首先为工农兵服务的方向,坚持百花齐放、推陈出新、洋为中用、古为今用的方针,在艺术创作上提倡不同形式和风格的自由发展,在艺术理论上提倡不同观点和学派的自由讨论。"①在强调要继续坚持文艺为人民服务的方向、坚持"双百"方针的同时,逐步形成了文艺为社会主义服务的思想,对新时期科学文化建设、意识形态建设起到了重要指引作用。1980年1月16日,邓小平在中央召集的干部会议上的讲话中强调了文艺的意识形态属性、政治属性,而且特别谈到了如何科学全面正确地理解"双百"方针:"如果说百花齐放、百家争鸣可以不顾安定团结,那就是对于这个方针的误解和滥用。我们实行的是社会主义民主,不是资本主义民主。所以,我们坚持安定团结,坚持四项基本原则,同坚持'双百'方针,是完全一致的。"②这澄清了当时不少人的模糊甚至错误认识,在告诫全党要沿着正确道路坚持、贯彻"双百"方针的同时,强化了文艺要为社会主义服务,决不能搞资本主义那一套。在邓小平的推动下,1980年7月26日,《人民日报》发表题为《文艺为人民服务,为社会主义服务》的社论,正式提出,文艺工作总的口号应是:"文艺为人民服务,为社会主义服务"。从此,"二为"作为社会主义科学文化建设、意识形态建设的正确前进方向被正式确定下来,并在全党、全军以至全国范围内得到广泛认同。

针对有人以要坚持"双百"方针为由,排斥、反对甚至对抗正常的批评和自我批评,邓小平旗帜鲜明地予以批驳。1981年7月17日,他指出:"坚持'双百'方针也离不开批评和自我批评。批评要采取民主的说理的态度,这是必要的,但是决不能把批评看成打棍子,这个问题一定要弄清楚,这关系到培养下一代人的问题。"③1983年10月12日,他在党的十二届二中全会上的讲话中对思想战线的精神污染问题提出批评:"一些人对党中央提出的文艺为人民服务,为社会主义服务的口号表示淡漠,对文艺的社会主义方向表示淡漠,对党和人民的革命历史和他们为社会主义现代化而奋斗的英雄业绩,缺少加以表

---

① 《邓小平文选(第2卷)》,人民出版社1994年版,第210页。
② 同上书,第256页。
③ 同上书,第392页。

现和歌颂的热忱,对社会主义事业中需要解决的问题,很少站在党的积极的革命的立场上提高群众的认识,激发他们的热情,坚定他们的信心。相反,他们却热心于写阴暗的、灰色的、以至胡编乱造、歪曲革命的历史和现实的东西。"①邓小平的鲜明态度一定程度上纠正了一些人的错误认识,也引导着更多人正确理解、贯彻"双百"方针。1986年9月28日,党的十二届六中全会通过的《中共中央关于社会主义精神文明建设指导方针的决议》不仅明确指出,"搞资产阶级自由化,即否定社会主义制度、主张资本主义制度,是根本违背人民利益和历史潮流,为广大人民所坚决反对的",②而且进一步强调必须坚决执行"双百"方针。③

在新时代,以习近平同志为核心的党中央高度重视意识形态工作,但依然有些人或势力大搞历史虚无主义、传播错误思潮,针对党的十八大之前科学文化等领域出现的有人以坚持"双百"为由淡化、排斥、反对"二为"方向,攻击坚持"二为"方向是"左"、极左等问题,习近平总书记坚决纠偏纠错、拨乱反正,旗帜鲜明地坚持"双百"方针和"二为"方向的统一,推动着科学文化建设发生历史性巨变。2014年10月15日,习近平总书记主持召开文艺工作座谈会并发表讲话,在强调要继续坚持"双百"方针的同时,进一步强调指出:"社会主义文艺,从本质上讲,就是人民的文艺。""文艺要反映好人民心声,就要坚持为人民服务、为社会主义服务这个根本方向。这是党对文艺战线提出的一项基本要求,也是决定我国文艺事业前途命运的关键。只有牢固树立马克思主义文艺观,真正做到了以人民为中心,文艺才能发挥最大正能量。以人民为中心,就是要把满足人民精神文化需求作为文艺和文艺工作的出发点和落脚点,把人民作为文艺表现的主体,把人民作为文艺审美的鉴赏家和评判者,把为人民服务作为文艺工作者的天职。"④这篇在中国文化建设史、中国共产党文化建设史上具有划时代意义的讲话,不仅强调要坚持"双百"方针,而且强调要坚持"二为"方向,并强调这是决定我国文艺事业前途命运的根本方向,最后在此基

---

① 《邓小平文选(第3卷)》,人民出版社1993年版,第42—43页。
② 中共中央宣传部办公厅、中央档案馆编研部编:《中国共产党宣传工作文献选编(1957—1992)》,学习出版社1996年版,第745页。
③ 同上书,第748页。
④ 中共中央文献研究室编:《十八大以来重要文献选编(中)》,中央文献出版社2016年版,第127页。

础上提出了文艺工作要真正做到以人民为中心,并阐明了怎样做到以人民为中心。2017年9月,习近平总书记就精神文明建设"五个一工程"作出重要指示,希望广大文艺工作者坚持以人民为中心的创作导向,坚持"二为"方向、"双百"方针,坚持创造性转化、创新性发展,精益求精、潜心磨砺,以传世之心打造传世之作,不断创作生产优秀作品,书写和记录人民的伟大实践、时代的进步要求,唱响主旋律、传递正能量,塑造中国形象、弘扬中国精神,坚定人民信心、振奋人民精神,为实现"两个一百年"奋斗目标、实现中华民族伟大复兴的中国梦提供强大精神力量。① 在中国文联十大、中国作协九大开幕式上的讲话中,习近平总书记先是肯定了"二为"方向、"双百"方针在革命、建设、改革各个历史时期发挥的重要作用,然后进一步强调:"广大文艺工作者要坚持以人民为中心的创作导向,坚持为人民服务、为社会主义服务,坚持百花齐放、百家争鸣,坚持创造性转化、创新性发展,高擎民族精神火炬,吹响时代前进号角……为我们的人民昭示更加美好的前景,为我们的民族描绘更加光明的未来。"② 党的十九大报告强调:"要坚持为人民服务、为社会主义服务,坚持百花齐放、百家争鸣,坚持创造性转化、创新性发展,不断铸就中华文化新辉煌。"③ "社会主义文艺是人民的文艺,必须坚持以人民为中心的创作导向,在深入生活、扎根人民中进行无愧于时代的文艺创造。"④2019年3月4日,习近平总书记在参加全国政协十三届二次会议文化艺术界、社会科学界委员联组会时又指出:"新时代的文化文艺工作者、哲学社会科学工作者明大德、立大德,就要有信仰、有情怀、有担当,树立高远的理想追求和深沉的家国情怀,把个人的艺术追求、学术理想同国家前途、民族命运紧紧结合在一起,同人民福祉紧紧结合在一起,努力做对国家、对民族、对人民有贡献的艺术家和学问家。"⑤一次次强调要坚持"双百"方针、"二为"方向相统一,坚持以人民为中心的创作导向,并且大多数时候是把三者联在一起,"二为"方向放在前面加以强调,就是告诫人们,不仅"双百"方针、"二为"方向是紧密结合、有机统一的,这三者也是紧密结

---

① 参见《坚持以人民为中心创作导向　坚定人民信心振奋人民精神》,《人民日报》2017年9月28日。
② 习近平:《在中国文联十大、中国作协九大开幕式上的讲话》,人民出版社2016年版,第1—5页。
③ 《中国共产党第十九次全国代表大会文件汇编》,人民出版社2017年版,第33页。
④ 同上书,第35页。
⑤ 习近平:《一个国家、一个民族不能没有灵魂》,《求是》2019年第8期。

合在一起的，必须把三者都坚持好、贯彻好，才能真正建设新时代的社会主义文化强国。

在坚持以经济建设为中心的大背景下，在全球化、市场化大潮冲击下，科学文化建设要坚持"双百"方针和"二为"方向相统一，就必须正确处理好经济效益、社会效益之间的关系。1986年9月28日，党的十二届六中全会通过的《中共中央关于社会主义精神文明建设指导方针的决议》明确指出："我国文化事业的社会主义性质，要求必须把社会效益作为最高标准。要努力提高精神产品质量以满足群众的广泛需要，并且进行文化管理体制的改革，改善经营管理，促进文化事业的蓬勃发展。"①但由于种种原因，这一要求没有真正得到贯彻落实。进入新时代，习近平总书记直面文化建设中存在的拜金主义、个人主义、迷信市场等众多问题，坚决纠偏纠错、拨乱反正。2013年11月12日，党的十八届三中全会通过的《关于全面深化改革若干重大问题的决定》在对推进文化体制机制创新时强调，要"坚持以人民为中心的工作导向，坚持把社会效益放在首位、社会效益和经济效益相统一，以激发全民族文化创造活力为中心环节，进一步深化文化体制改革"。② 2014年10月15日，习近平总书记主持召开文艺工作座谈会并发表重要讲话，指出："同社会效益相比，经济效益是第二位的，当两个效益、两种价值发生矛盾时，经济效益要服从社会效益，市场价值要服从社会价值。文艺不能当市场的奴隶，不要沾满了铜臭气。"③2015年9月，中共中央办公厅、国务院办公厅印发《关于推动国有文化企业把社会效益放在首位、实现社会效益和经济效益相统一的指导意见》，明确要求"建立健全两个效益相统一的评价考核机制。研究制定文化企业国有资产监督管理办法，充分考虑不同类型国有文化企业的功能作用，明确社会效益指标考核权重应占50%以上，并将社会效益考核细化量化到政治导向、文化创作生产和服务、受众反应、社会影响、内部制度和队伍建设等具体指标中，形成对社会效益的可量化、可核查要求；科学合理设置反映市场接受程度的经济考核指标，坚

---

① 中共中央宣传部办公厅、中央档案馆编研部编：《中国共产党宣传工作文献选编(1957—1992)》，学习出版社1996年版，第746页。
② 中共中央文献研究室编：《十八大以来重要文献选编(上)》，中央文献出版社2016年版，第533页。
③ 中共中央文献研究室编：《十八大以来重要文献选编(中)》，中央文献出版社2016年版，第132页。

决反对唯票房、唯收视率、唯发行量、唯点击率"。①党的十九大报告进一步指出:"要深化文化体制改革,完善文化管理体制,加快构建把社会效益放在首位、社会效益和经济效益相统一的体制机制。"②在以习近平同志为核心的党中央领导下,科学文化建设终于告别了党的十八大之前较长时期内存在的盲信市场甚至被市场绑架的迷途,沿着正确的"二为"方向开拓前进。历史和现实一再证明,什么时候很好地坚持"双百"方针和"二为"方向相统一,就是科学文化事业蓬勃发展的大好时期;什么时候将"双百"方针和"二为"方向割裂甚至对立起来,就是科学文化事业遭受挫折甚至出现严重问题的波折阶段。只有始终坚定不移地坚持"双百"方针和"二为"方向相统一,才能真正实现科学文化事业大发展、大繁荣。

三、坚持"双百"方针、"二为"方向相统一也是治国理政重要方针

1957年3月12日,毛泽东在中国共产党全国宣传工作会议上的讲话中强调:"百花齐放是一种发展艺术的方法,百家争鸣是一种发展科学的方法。百花齐放、百家争鸣这个方针不但是使科学和艺术发展的好方法,而且推而广之,也是我们进行一切工作的好方法。这个方法可以使我们少犯错误。"③事实上,毛泽东提出"双百"方针和坚持"双百"方针、"二为"方向相统一的思想,最初主要是为了指导科学文化建设,但他一开始就没有将其局限于科学文化领域,而是将其作为治国理政的一个重要方针加以推行。

《论十大关系》是毛泽东在伟大的社会主义改造基本完成,开启社会主义建设新征程的重要时间节点上发表的,是探索具有中国国情的社会主义建设道路的开篇巨作。值得注意的是,这一著作开篇便提出:"提出这十个问题,都

---

① 参见《授权发布:中共中央办公厅、国务院办公厅印发〈关于推动国有文化企业把社会效益放在首位、实现社会效益和经济效益相统一的指导意见〉》,http://www.xinhuanet.com//politics/2015-09/14/c_1116559409.htm。
② 《中国共产党第十九次全国代表大会文件汇编》,人民出版社2017年版,第35页。
③ 《毛泽东文集(第7卷)》,人民出版社1999年版,第279页。

是围绕着一个基本方针,就是要把国内外一切积极因素调动起来,为社会主义事业服务。"①在谈到党与非党的关系时,他明确指出:"我们有意识地留下民主党派,让他们有发表意见的机会,对他们采取又团结又斗争的方针。一切善意地向我们提意见的民主人士,我们都要团结。像卫立煌、翁文灏这样的有爱国心的国民党军政人员,我们应当继续调动他们的积极性。就是那些骂我们的,像龙云、梁漱溟、彭一湖之类,我们也要养起来,让他们骂,骂得无理,我们反驳,骂得有理,我们接受。这对党,对人民,对社会主义比较有利。"②虽然此时尚未明确提出"双百"方针,但已充分体现出"双百"方针的精神,并且这样做为推行"双百"方针做出了重要部署。4月28日,他在中共中央政治局扩大会议上的总结讲话中提出"双百"方针也显得水到渠成,这也表明"双百"方针的推行从一开始就没有局限于科学文化领域。

为了让"双百"方针在社会主义革命和建设中发挥更大作用,毛泽东做出了一系列重要部署。1957年3月6日,他指出,"百花齐放中,资产阶级思想的出现会多起来,但并非都是资产阶级思想,并非无一可取"③并强调,现在搞建设,知识分子就出来讲话,批评我们的官僚主义。他们的批评是好的。我们为什么不可以把尾巴夹起来呢?"百花齐放、百家争鸣",各有各的目的,其结果是我们的目的能够达到。④ 1957年3月12日,在指出"双百"方针也可以推而广之成为推动一切工作的好方法的同时,他进一步强调这个方法可以使我们少犯错误。⑤ 毛泽东在政治建设、文化建设等治国理政的多个领域强调坚持"双百"方针,就是提醒大家要深刻认识到坚持"双百"方针对社会主义革命和建设的重要意义。

在深刻认识、科学把握社会主义社会基本矛盾的性质、特点等基础上,毛泽东还在更广泛的范围内宣传"双百"方针,希望更多人能认清社会主义社会仍然存在矛盾的事实,通过认真坚持"双百"方针来正确处理矛盾,从而努力把国内外一切积极因素调动起来为社会主义事业服务。1957年3月17日晚,他

---

① 《毛泽东文集(第7卷)》,人民出版社1999年版,第23页。
② 同上书,第34—35页。
③ 《毛泽东年谱(1949—1976)(第3卷)》,中央文献出版社2013年版,第92页。
④ 同上书,第93页。
⑤ 《毛泽东文集(第7卷)》,人民出版社1999年版,第279页。

来到天津市人民剧场,在天津市党员干部会议上发表讲话指出,对于阶级斗争基本结束而显露出来的各种东西,各种不满意,许多错误的议论,我们应该采取什么方针?我们应该采取"百花齐放、百家争鸣"的方针,在讨论中、在辩论中去解决。只有这个方法,别的方法都不妥。而现在党内有一种情绪,就是继续过去那种简单的方法,你不听话,就"军法从事"。那是对付敌人的,那个办法不行了。凡是科学方面的问题,思想方面的问题,精神方面的问题,都不能用粗暴的方法。① 3月18日晚,他来到山东省政府大礼堂,在山东省级机关处以上党员干部会议上发表的讲话中不仅指出,百花齐放、百家争鸣,还有长期共存、互相监督,这些方针在我们党里头还有相当多的同志不甚了解,有一些同志不大赞成这样的方针。而且进一步针对某些人的错误认识明确提出,我们应当提倡大家公开民主的讨论、平等的讨论,互相争辩,这样的方法就是用说服的方法,不用压服的方法。如果我们采取放的方法,采取说服的方法,我们的国家就会兴盛起来。② 3月19日,他起草准备在南京、上海党员干部会议上讲话的提纲,共六个部分,其中第四部分的要求就是"百花齐放、百家争鸣,长期共存,互相监督"。③ 并在提纲中针对陈其通等4人1月7日发表在《人民日报》上的《我们对目前文艺工作的几点意见》一文进一步写道,"放还是收?说还是压?要善于说服,要学会以理服人(四人文章)"。④ 3月20日上午,他再次强调指出,中央的意见是应该坚持百花齐放、百家争鸣的方针,应该放,而不是收。高压政策不能解决问题,人民内部的问题不能采取高压政策,⑤ 并进一步强调马克思主义只能逐渐地说服人,不能强迫灌进去,灌是解决不了问题的。不但在纯粹科学艺术的问题上,而且在涉及政治性的是非问题上,只要不属于反革命一类,也让他们自由讲话。⑥ 毛泽东连续几天在多个地方强调坚持"双百"方针,并且是在更广范围、更多领域内坚持"双百"方

---

① 中共中央文献研究室编:《毛泽东年谱(1949—1976)(第3卷)》,中央文献出版社2013年版,第113页。
② 同上书,第116页。
③ 同上书,第118页。
④ 《毛泽东文集(第7卷)》,人民出版社1999年版,第290页。
⑤ 《毛泽东年谱(1949—1976)(第3卷)》,中央文献出版社2013年版,第120—121页。
⑥ 中共中央文献研究室编:《毛泽东年谱(1949—1976)(第3卷)》,中央文献出版社2013年版,第123页。

针，就是告诉大家，领导、治理中国有"收""放"两种不同的办法或方针，共产党就是要敢于放、主动放，鼓励、引导人们敢于讲话、积极为国家建言献策，即使讲错了也不要紧，要坚持并贯彻好"不能收，只能放"思想。正是在毛泽东的坚持下，中国共产党把"双百"方针作为治国理政的一个重要方针大力推行。

毛泽东一次次强调全党要在更广范围、更多领域内坚持"双百"方针，而且运用对立统一的观点要求广大党员干部要坚持"双百"方针和"二为"方向相统一，并在坚持中提高领导能力、争取更大进步。1957年2月27日，他在最高国务会议第十一次（扩大）会议上发表的关于正确处理人民内部矛盾的讲话指出："同错误思想作斗争，好比种牛痘，经过了牛痘疫苗的作用，人身上就增强免疫力。在温室里培养出来的东西，不会有强大的生命力。实行百花齐放、百家争鸣的方针，并不会削弱马克思主义在思想界的领导地位，相反地正是会加强它的这种地位。"①他进一步总结了辨别香花和毒草的六条标准，并进一步指出，其中"最重要的是社会主义道路和党的领导两条"②。这就告诫大家要认识到坚持"双百"方针可以很好地锻炼、提高自己，坚持"双百"方针和"二为"方向相统一，不仅不会危害马克思主义、社会主义，而且会加强马克思主义在思想界的领导地位。

要真正把"双百"方针在治国理政进程中坚持好，就必须让人说话，主动甚至创造条件欢迎监督、欢迎批评。1962年1月30日，毛泽东在扩大的中央工作会议上的讲话中谈到要团结全党和全体人民时，针对有些领导同志不让人讲话甚至惯于拿帽子压人等问题特别指出："要使全党、全民团结起来，就必须发扬民主，让人讲话。""只要不是违反纪律的，只要不是搞秘密集团活动的，我们都允许他讲话，而且讲错了也不要处罚。讲错了话可以批评，但是要用道理说服人家。说而不服怎么办？让他保留意见。"③"让人讲话，是采取主动好，还是被动好？当然是主动好。""让人讲话，天不会塌下来，自己也不会垮台。

---

① 《毛泽东文集（第7卷）》，人民出版社1999年版，第120—121页。
② 同上书，第234页。
③ 《毛泽东文集（第8卷）》，人民出版社1999年版，第307页。

不让人讲话呢？那就难免有一天要垮台。"①他不仅强调要让人讲话，而且要积极、主动创造条件让人说话，甚至要允许人讲错话、要允许人保留意见，并要求不抓辫子、不戴帽子、不打棍子，这是从另一个方面提倡、贯彻"双百"方针，既是对全党的一种期待，更是一种要求。

改革开放后，特别是在新时代，针对意识形态领域斗争复杂尖锐和知识分子群体思想多元多变等问题，习近平总书记既强调要在政治建设、文化建设、社会建设、经济建设等治国理政的多个领域贯彻实施"双百"方针，更特别坚持"双百"方针和"二为"方向相统一，为新时代推进国家治理体系和治理能力现代化提供了重要启示。其中，在统一战线事业中，他不仅强调要正确处理好一致性和多样性关系，而且要求找到最大公约数、画出最大同心圆。2015年5月18日，习近平总书记在中央统战工作会议上的讲话中指出："做好新形势下统战工作，必须正确处理一致性和多样性关系。统一战线是一致性和多样性的统一体，只有一致性、没有多样性，或者只有多样性、没有一致性，都不能建立和发展统一战线，正所谓'非一则不能成两，非两则不能致一'。"②2016年4月26日，他在知识分子、劳动模范、青年代表座谈会上的讲话中特别强调："对来自知识分子的意见和批评，只要出发点是好的，就要热忱欢迎，对的就要积极采纳。即使一些意见和批评有偏差，甚至不正确，也要多一些包容、多一些宽容，坚持不抓辫子、不扣帽子、不打棍子。"③党的十九大报告进一步强调："要高举爱国主义、社会主义旗帜，牢牢把握大团结大联合的主题，坚持一致性和多样性统一，找到最大公约数，画出最大同心圆。"④虽然没有直接讲"双百"方针、"二为"方向，但事实上却把坚持"双百"方针和"二为"方向相统一，很好地贯彻到统一战线事业中、融入政治建设中，并且作为治国理政的一个重要方针加以推行。随着"双百"方针和"二为"方向相统一思想在治国理政的多个领域生根发芽、开花结果，更多人明白了毛泽东提出并大力坚持推行"双百"方针的良苦用心，在清醒认识到我国仍处于并将长期处于社会主义初级阶段的基

---

① 《毛泽东文集（第8卷）》，人民出版社1999年版，第309—311页。
② 中共中央文献研究室编：《十八大以来重要文献选编（中）》，中央文献出版社2016年版，第561—562页。
③ 习近平：《在知识分子、劳动模范、青年代表座谈会上的讲话》，人民出版社2016年版，第7页。
④ 《中国共产党第十九次全国代表大会文件汇编》，人民出版社2017年版，第32页。

本国情没有变的前提下,我们应正确理解不同时期"双百"方针的深刻内涵,深刻认识到意识形态领域斗争的长期性、复杂性、艰巨性,深刻认识到"双百"方针必须是有条件、有立场、有原则、有方向的,进一步坚定将坚持"双百"方针和"二为"方向相统一的思想更好贯彻下去的信心和决心。

习近平关于文艺的讲话对马克思主义文艺观的继承与发展

王洪斌[*]

[摘要] 在新常态下,面对文艺发展中出现的新情况、新问题,习近平总书记关于文艺的讲话创造性地回答了如何在马克思主义文艺观指导下进一步繁荣社会主义文艺的一系列根本性问题。从社会主义文艺的人民性、党性、方法论、文艺生产与市场等方面考察,习近平总书记关于文艺的讲话与马克思主义文艺思想是一脉相承的,是从方法论、实践论上对马克思主义文艺观的继承、丰富与发展。

[关键词] 习近平;文艺;马克思主义文艺观;发展

2014年10月北京文艺座谈会和2016年11月中国文联十大、中国作协九大开幕式上,习近平总书记发表了关于文艺的重要讲话,面对我国文艺发展的新问题、新情况,创造性地回答了如何进一步发展、繁荣社会主义文艺的一系列根本性问题。习近平总书记关于文艺的讲话与马克思主义文艺思想是一脉相承的,从马克思主义文艺的人民性、文艺的党性、文艺方法论、文艺生产论与消费观四个方面构成了对马克思主义文艺观的继承与发展。

---

[*] 王洪斌,湖南科技大学艺术学院副教授,硕士生导师,历史学博士。

一、继承与发展马克思主义
文艺观的人民性

中国共产党人历来重视"文艺为了谁,文艺依靠谁"这一问题,强调处理好文艺与人民群众的关系。早在马克思、恩格斯那里,他们就注意到了文艺运动的阶级属性,并希望无产阶级革命与革命的文艺运动结合起来,利用革命文艺教育广大无产者。在此基础上,列宁直接提出"艺术是属于人民",它必须深深扎根于广大劳苦群众中间。① 应该说,"文艺为什么人"这一问题,在马克思主义经典思想家那里已基本得到解决,但马克思主义者并没有停止对文艺的人民性的探索。在马克思主义先辈论述的基础上,毛泽东主要解决了文艺"怎样为工农兵群众服务、怎样为社会主义社会服务"的问题。1942年5月,毛泽东发表《在延安文艺座谈会上的讲话》,提出"为什么人的问题,是一个根本的问题,原则的问题"。② 在谈论文艺工作的对象问题时,毛泽东鲜明指出:"文艺工作者的首要工作是了解人、熟悉人,我们的文艺工作者对于这些,以前是一种什么情形呢?我说以前是不熟,不懂,英雄无用武之地。什么是不熟?人不熟。文艺工作者同自己的描写对象和作品接受者不熟,或者简直生疏得很","什么是不懂?语言不懂,就是说,对于人民群众的丰富的生动的语言,缺乏充分的知识""如果连群众的语言都有许多不懂,还讲什么文艺创造呢?"③毛泽东从主张文艺与人民群众的结合发展到作家、艺术家与人民群众的结合,解决了文艺工作者与服务对象和描绘对象之间的距离问题,是毛泽东对马克思主义文艺观的独特贡献。毛泽东提出的"文艺创作与现实生活""革命文艺与无产阶级革命""内容与形式""提高与普及""古为今用、洋为中用""百花齐放、百家争鸣",都是围绕这一核心问题展开的。④ 可见,人民同文艺的关系问题是始终贯穿毛泽东文艺思想的中心内容,毛泽东把文艺事业看成人民革命事业

---

① 《回忆列宁(第5卷)》,侯焕闳译,人民文学版社1982年版,第8页。
② 《毛泽东选集(第3卷)》,人民出版社1991年版,第857页。
③ 同上书,第850—851页。
④ [美]梅·所罗门:《马克思主义与艺术》,杜章智等译,文化艺术出版社1989年版,第194页。

的重要组成部分,并认为人民生活是文艺取之不尽、用之不竭的唯一源泉。文艺工作者只有熟悉原始形态的文艺和人民丰富生动的语言,才能创造人民群众喜闻乐见的具有中国气派、民族风格的作品。毛泽东关于文艺与人民关系的系统论述,开拓了一个人民文艺的新时代。[①] 可以说,延安文艺座谈会为中国革命文艺、人民文艺的发展指明了方向,人民文艺成为时代坐标,取得了巨大成就,从本质上讲,社会主义文艺就是人民的文艺。

改革开放以来,马克思主义文艺观不断与中国现代化建设的伟大实践相结合,文艺的人民性继续得到倡导。1979年10月30日,在中国文学艺术工作者第四次代表大会上,邓小平明确指出"我们的文艺属于人民",这是对社会主义文艺本质的深刻揭示,也是社会主义文艺发展的坚实基础和必要前提;他又说"人民是文艺工作者的母亲",这是对艺术生命与人民血肉联系的深刻揭示。[②] 但随着解构主义、历史虚无主义、消费主义等各种思潮不断涌现,特别是随着互联网快速发展,信息传播更为便捷、广泛。于是,一些文艺家的创作往往脱离人民群众,不愿深入群众、深入生活,而用想象代替体验,用互联网获取创作资源取代从实际生活中获取第一手材料,从而成为书斋里的创作者,这种闭门造车的创作脱离了人民生活与实践,创作日益变得没有灵魂和真情实感,变得空洞虚无。[③]

针对当前文艺创作背离人民生活与实践的倾向,习近平总书记强调坚持以人民为中心的创作导向。在现阶段,为什么还要继续强调文艺的人民性以及如何凸显艺术的人民性?习近平总书记从三个方面进行了回答:第一,人民需要文艺。马斯洛曾将人的需求分为不同层次,马克思主义也认为人民首先必须解决吃穿住等基本的物质需要,然后才能从事艺术创作等活动。随着人民生活水平不断提高,人民对包括文艺作品在内的文化产品质量、品位、风格等的要求也更高了。文艺的各个领域都要跟上时代发展,把握人民需求,让人民精神文化生活不断迈上新台阶。第二,文艺需要人民。人民的需要是文

[①] 《李希凡文集(第4卷 现代文学评论集)》,东方出版中心2014年版,第35页。
[②] 王文章:《邓小平文艺思想研究论集》,文化艺术出版社2005年版,第438—439页。
[③] 王洪斌:《用社会主义核心价值体系引领文艺思潮与文艺创作》,《中共济南市委党校学报》2016年第6期。

艺存在的根本价值所在。第三,文艺要热爱人民。有没有感情,对谁有感情,决定文艺创作的命运。① 可见,在坚持以人民为中心的创作导向,在文艺如何服务人民等问题上,习近平总书记结合当代中国文艺创作面临的新问题,继承与发展了马克思主义文艺的人民性,为文艺发展重新找回最重要的源泉,为推动文艺从"高原"到"高峰"提供了动力和保证。

二、继承与发展马克思主义文艺的党性

马克思主义认为,文艺与政治都属于上层建筑领域,两者相互影响。那种认为政治可以任意左右文艺发展的观点实际上把文艺降低为政治的附庸,而把政治提高到与经济基础等同的地位,是历史唯心主义的观点。既承认政治对文艺的影响,又承认文艺最终是由经济基础决定的,经济基础主要通过政治中介影响文艺,而文艺也主要通过政治中介反作用于经济基础,这是历史唯物主义的观点。大量事实证明,进步的文艺总是为上升的经济关系通过进步的政治所决定,并且反过来给政治甚至经济以积极的影响;没落的文艺则是为没落的经济关系通过反动的政治所决定,并且反过来为其政治甚至经济服务。意大利文艺复兴时期文艺、法国大革命时期文艺、中国化的马克思主义文艺,都体现了进步的文艺与政治之间的相互作用。

可见,文艺虽然有其自身的发展规律,但文艺具有鲜明的政治属性和阶级属性,是一种特殊的意识形态,它属于一定的阶级,体现一定阶级的立场、思想情感和意志,并作为阶级斗争的工具为一定的阶级服务。文艺的阶级属性是文艺的根本性质,马克思主义文艺理论关于文艺阶级属性的学说是马克思主义的阶级、阶级斗争学说在文艺问题上的具体贯彻。文艺的阶级倾向性成为革命文艺的首要条件,马克思对表现无产阶级意识的西里西亚纺织工人革命歌曲给予了高度评价。同样,列宁说,艺术"必须为大众所了解和爱好,它必须

---

① 中共中央宣传部编:《习近平总书记在文艺工作座谈会上的重要讲话学习读本》,学习出版社 2015 年版,第 14—20 页。

使群众感情思想和意志一致起来,并使他们得到提高"[1]。在延安文艺座谈会上,毛泽东指出:"真正人民大众的东西,现在一定是无产阶级领导的""新文化中的新文学新艺术,自然也是这样。对于过去时代的文艺形式,我们也并不拒绝利用,但这些旧形式到了我们手里,给了改造,加进了新内容,也就变成革命的为人民服务的东西了。"[2]1979年,邓小平发表《在中国文学艺术工作者第四次代表大会上的祝词》,强调坚持和改善党对文艺的领导,"继续坚持毛泽东同志提出的文艺为最广大的人民群众,首先为工农兵服务的方向,坚持百花齐放、推陈出新、洋为中用、古为今用的方针"。[3]可以说,是否坚持党对文艺的领导,对待人民的态度如何,成为毛泽东、邓小平等马克思主义者判断文艺阶级倾向的试金石。

随着全球化时代到来,各种文艺思潮不断激荡,一部分文艺工作者认为党性是一个老生常谈的问题,淡化了文艺的党性立场,甚至出现了背离党性的倾向,主要表现为有背离文艺创作的根本宗旨是为人民服务的倾向,有淡化为社会主义服务的倾向,有用商业标准来取代文艺标准的倾向,有文艺创作跌入与国际接轨的陷阱的趋势,文艺创作脱离了具体的历史的环境与土壤,脱离了中国伟大的社会主义实践,有用国际路线取代思想界线,套用西方文艺理论来剪裁中国人审美观念的倾向。针对这些不良倾向,在新的历史时期,习近平总书记提出:"加强和改进党对文艺工作的领导,是社会主义文艺发展的根本保证。"[4]文艺创作要依靠人民、为了人民,表明了社会主义文艺的本质和党全心全意为人民服务的宗旨是高度统一和吻合的。中国共产党始终代表最广大人民的根本利益,是实现中华民族伟大复兴的领导者和根本保证,在促进和繁荣社会主义文艺的过程中,只有坚持党的领导不动摇,才能保证文艺的正确发展方向,坚持文艺的人民性。当然,加强党对文艺的领导,并不是简单直接干涉文艺创作,甚至否定文艺发展规律。习近平总书记指出:"要用符合文艺规律的方式领导文艺事业,充分发扬学术民主和艺术民主,保护好文艺工作者的积

---

[1] 《回忆列宁(第5卷)》,侯焕闳译,人民文学版社1982年版,第8页。
[2] 《毛泽东选集(第3卷)》,人民出版社1991年版,第855页。
[3] 《邓小平文选(第2卷)》,人民出版社1994年版,第210页。
[4] 中共中央宣传部编:《习近平总书记在文艺工作座谈会上的重要讲话学习读本》,学习出版社2015年版,第31页。

极性和创造性""要做到政治上充分信任、思想上主动引导、工作上创造条件、生活上关心照顾,创造有利于出人才、出精品的良好环境。"① 可见,习近平总书记继承与发展了党对文艺事业领导这一原则,同时在如何尊重文艺发展规律,如何进一步繁荣文艺、推动文艺人才培养等方面提出了切实的意见。

三、继承与发展马克思主义文艺方法论

马克思主义文艺方法论是我国文艺工作者进行文艺创作与文艺研究最基本、最具有普遍意义的科学方法论,其基本原则是将历史的、美学的观点相结合。历史的、美学的文艺方法论是构建马克思主义文艺方法论体系的理论框架。马克思主义文艺方法论不是一成不变的,也不是封闭的体系。随着文艺实践、文艺美学流派和方法论的发展,应允许方法论的多元化,吸取这些方法论的精华,多元方法论有助于深化文艺本质某些方面和层次的认识和理解,而这些多元方法论又可统摄于历史的、美学的方法论总原则之中,从而丰富、补充和拓展马克思主义文艺方法论体系,这样马克思主义文艺方法论才会有强大的生命力。自20世纪20年代,特别是延安文艺座谈会以来,我国文艺事业能取得巨大成就,一个重要原因就在于坚持用马克思主义文艺方法论和基本原则分析、指导文艺发展,历史的、美学的文艺方法论成为我国文艺方法论的主流和原则。要实现文化艺术的繁荣兴盛及中华民族伟大复兴中国梦,用文艺重塑人民的精神世界,阐释中国精神、凝聚中国力量,都离不开马克思主义文艺方法论的指导。

第一,坚持和发扬马克思唯物主义的文艺观。文学艺术的源泉从何而来?文艺理论界对此有诸多不同的观点,但马克思主义者始终坚持唯物主义观,认为文艺必须来源于生活,人类的社会生活是文艺的唯一源泉,这成为马克思主义者文艺思想的出发点。毛泽东在延安文艺座谈会上的讲话内容,就是从这个观点出发全面阐述了文艺与生活、文艺与人民、文艺与政治等关系。他说:

---

① 习近平:《在中国文联十大、中国作协九大开幕式上的讲话》,《党建》2016年第6期。

"中国的革命的文学家艺术家,有出息的文学家艺术家,必须到群众中去,必须长期地无条件地全心全意地到工农兵群众中去,到火热的斗争中去,到唯一的最广大最丰富的源泉中去,观察、体验、研究、分析一切人,一切阶级,一切群众,一切生动的生活形式和斗争形式,一切文学和艺术的原始材料,然后才有可能进入创作过程。"①毛泽东文艺本源论生动地阐明了文艺来源于社会生活,社会生活是文艺取之不尽、用之不竭的唯一源泉,从而正确处理了两者之间的关系。改革开放以来,我国文艺事业取得了巨大成就,文艺创作进入一个新的繁荣阶段,产生了大量的文艺精品。当然也不可否认,受多元价值观、多元文艺思潮激荡以及消费主义之风盛行的影响,文艺创作还存在模仿抄袭、扭曲经典、颠覆历史、丑化人民群众和英雄等现象,有些文艺家为文艺而文艺,文艺创作的形式高于内容,甚至创作动机媚俗、格调庸俗、内容低俗的"三俗"文艺还大量存在,种种现象都反映了文艺创作脱离了人民大众、脱离了现实生活。针对当前文艺创作乱象,习近平总书记强调,"我们的文学艺术,既要反映人民生产生活的伟大实践,也要反映人民喜怒哀乐的真情实感""走入生活、贴近人民,是文艺创作的基本态度"。②

第二,坚持和发扬马克思主义的反映论。马克思主义的反映论与本源论紧密相连,是一种能动的反映论,是唯物主义的理论基石。毛泽东思想不只是用马克思主义来解释世界,而且创造性地将马克思主义与中国革命实际相结合进而改造中国。在马克思主义看来,文艺以特有的方式掌握世界,文艺创作是人类认识世界、改造世界并创造自身的一种生产实践活动,对世界的掌握是能动的,不是被动的,不是像照镜子一样机械的反映。文艺作品所反映的社会生活,是作为实践者和认识者的主体对社会生活能动认识的审美表现。文艺对社会生活的认识离不开创作主体的能动作用,离不开文艺工作者主观意识的限制和影响,因此,文艺对世界的认识是一种能动的认识,是主体作用于客体并改造客体的文艺加工、提炼、创造的实践过程。毛泽东曾指出:"作为观念形态的文艺作品,都是一定的社会生活在人类头脑中的反映的产物。革命的

---

① 《毛泽东选集(第3卷)》,人民出版社1991年版,第860—861页。
② 习近平:《在中国文联十大、中国作协九大开幕式上的讲话》,《党建》2016年第6期。

文艺,则是人民生活在革命作家头脑中的反映的产物。"①为了正确反映生活,发挥文艺工作者的主观能动性,毛泽东找到了一条与人民相结合的路径,通过革命文艺家的创造性活动而形成观念形态上的人民大众的文艺。当前,有些文艺工作者在文艺创作过程中脱离了生活体验,导致文艺创作中还存在唯心主义和机械主义反映论的趋向。有的文艺作品存在机械化生产倾向,内容、形式上都缺乏创新,有的文艺作品存在唯心主义倾向,比如,历史剧中的穿越剧普遍存在历史底线缺失现象,误导公众的情况时有发生。唯物主义反映论认为文艺能全面地反映社会生活,也是一把斧头,能创造生活创造美。为此,习近平总书记发出号召:"广大文艺工作者要对生活素材进行判断,弘扬正能量。广大文艺工作者要提高阅读生活的能力,善于在幽微处发现美善""文艺创作的目的是引导人们找到思想的源泉、力量的源泉、快乐的源泉。"②可见,习近平总书记在唯物主义能动反映论中,坚持文艺创作要深入人民、深入生活,同时十分重视文艺创作主体的特殊作用。

第三,坚持和发扬马克思唯物主义文艺的社会功能。文艺有哪些社会功能,这些社会功能的性质与特征如何,对这些问题的回答与对文艺本质的认识密切相关。马克思主义的文艺本质论认为文艺是一种特殊的意识形态,属于上层建筑范畴,总体说来,文艺具有认识、教育和审美三大社会功能。优秀的文艺作品总是以生动、鲜活的形象来反映生活,引导、启迪人民感受和认识生活、认识社会。恩格斯称巴尔扎克在《人间喜剧》里"给我们提供了一部法国'社会',特别是巴黎上流社会的无比精彩的现实主义历史"③,列宁把托尔斯泰的小说称赞为"俄国革命的镜子"④,毛泽东认为:"《红楼梦》不仅要当作小说看,而且要当作历史看。他写的是很细致的、很精细的社会历史。"⑤纵观中国历史,历代文艺家、思想家都非常重视文艺的教育功能,如东汉王延寿认为文艺可以"恶以诫世,善以示后"(王延寿《鲁灵光殿赋》),唐人张彦远指出绘画

---

① 《毛泽东选集(第3卷)》,人民出版社1991年版,第860页。
② 习近平:《在中国文联十大、中国作协九大开幕式上的讲话》,《党建》2016年第6期。
③ 《马克思恩格斯文集(第10卷)》,人民出版社2009年版,第570页。
④ 《列宁全集(第17卷)》,人民出版社1988年版,第181页。
⑤ 参见《毛泽东是怎样把〈红楼梦〉当作历史读的》,http://dangshi.people.com.cn/n/2013/1122/c85037-23623529.html。

可以"成教化,助人伦"(张彦远《历代名画记》)。鲁迅"弃医从文",正是因为他秉持了改造国人的精神世界首推文艺这一理念。中国共产党非常重视文艺的教育功能,早在延安时期,毛泽东就提出了革命的、人民的文艺观,认为无产阶级文艺是革命文艺,必须为人民服务,为无产阶级革命服务,无产阶级的文学艺术是无产阶级整个革命事业的一部分。① 可见,毛泽东非常重视文艺的教育功能。当然,强调文艺的认识功能和教育功能,并不是否定文艺的审美性,文艺不同于科学的特殊作用即文艺以其审美功能的发挥来实现美感的传达,优秀的文艺作品能感染人、鼓舞人,传达对自然的热爱、对生命的崇敬、对真理的追求,这些都是由文艺的审美所决定的。近些年来,文艺创作的"三俗"、急功近利和浮躁导致文艺作品潜在地传播着享乐主义、拜金主义、利己主义等价值观念,部分文艺作品有背离真善美及正确的人生观、价值观和世界观的趋向,文艺主流价值诉求模糊,文艺的社会功能、道德教化功能弱化、边缘化,甚至有丧失的危险。比如,近年来,国产电视剧创作中"抗日神剧"泛滥,通过奇葩狗血的剧情制造娱乐噱头来提高收视率,表面是爱国主义教育片,实际上歪曲了真实的历史、消解了中华民族经历的苦难,也是对抗日先辈的不尊重。站在新的历史时期,习近平总书记更是将文艺的社会功能同实现"两个一百年"奋斗目标、实现中华民族伟大复兴的中国梦联系起来,他认为"实现中华民族的伟大复兴需要中华文化艺术的繁荣复兴"②"没有中华文化的繁荣兴盛,就没有中华民族的伟大复兴""文艺是时代前进的号角,最能代表一个时代的风貌,最能引领一个时代的风气"。③ 社会主义文艺工作者要用文艺振奋民族精神、中国精神,弘扬社会主义核心价值观,追求真善美,要用积极的文艺歌颂人民,讲好中国故事,传播中国形象,用精湛的艺术作品推动文化创新发展,用高尚的文艺引领社会风尚,为历史存正气,为世人弘美德,为自身留清名。

第四,坚持和发扬马克思唯物主义文艺辩证法。在马克思主义经典作家看来,万物的普遍联系和发展是世界的基本特征。与解决一般理论和社会实

---

① 《毛泽东选集(第3卷)》,人民出版社1991年版,第855—866页。
② 中共中央宣传部编:《习近平总书记在文艺工作座谈会上的重要讲话学习读本》,学习出版社2015年版,第2页。
③ 同上书,第5—6页。

践问题一样,马克思主义者在解决文艺美学问题时也运用对立统一规律,从而丰富和发展了唯物主义文艺辩证法。在我国马克思主义文艺思想发展过程中,马克思主义者总能根据具体的历史条件和文艺实践不断调整、丰富文艺思想,但不管怎么变化,都深刻体现了唯物辩证法的要求。马克思关于文艺对社会存在的反映与独立自主性的论述、文艺的真实性反映与倾向性的对立统一、文艺形象的一般性与典型性等论述都体现了其辩证地看待文艺现象与本质的做法。同样,毛泽东文艺思想中政治和文艺的统一、内容和形式的统一、文艺的继承借鉴与革新创造的关系、现实美与艺术美统一等论述,都体现出毛泽东对唯物辩证法的深刻理解。但在当代文艺创作和文艺思潮中,出现了用事物的一个方面替代另一个方面、一个倾向替代另外一个倾向的现象,存在文艺工作者过于看重文艺的经济效益而忽视了文艺的社会价值,过于追求文艺的形式美而忽视文艺内容的真善美,过于追求文艺与国际接轨而忽视了对中华优秀传统文化与民族精神的传承,过于追求文艺作品的数量而降低文艺作品的质量等现象。针对文艺发展中的顾此失彼、形而上学现象,习近平总书记进一步阐明了文艺创作的"高原"与"高峰"[①]、经济效益与社会效益[②]、继承与创新、文艺的民族性与世界性、[③]党性与人民性、现实主义创作手法与文艺创作多样性,创作内容的多样性与倾向性[④]等问题。习近平总书记坚持用马克思主义唯物辩证法看待文艺创作和文艺思想,从而丰富与拓展了马克思主义文艺思想,为社会主义文艺发展指明方向。

四、继承与发展马克思主义
文艺生产论与消费观

马克思在《1844 年经济学哲学手稿》中指出:"宗教、家庭、国家、法、道德、

[①] 中共中央宣传部编:《习近平总书记在文艺工作座谈会上的重要讲话学习读本》,学习出版社 2015 年版,第 10 页。
[②] 同上书,第 22 页。
[③] 同上书,第 29 页。
[④] 习近平:《在中国文联十大、中国作协九大开幕式上的讲话》,《党建》2016 年第 6 期。

科学、艺术,等等,都不过是生产的一些特殊方式,并且受生产规律的支配。"①马克思的艺术生产理论肯定了文艺不仅是社会意识形态,而且是一种生产形态。与生产论相联系,马克思还提出了文艺的接受论与消费观。事实上,中外文艺发展史一再证明,文艺是一种生产形态,一种特殊的精神生产形态,其产品即文艺作品能满足人的精神需要,能被人接受和消费。文艺和市场很早就结缘,并出现了依靠市场销售而生存的职业文艺家。如欧洲文艺复兴时期盛行的主要是以普通大众为主导的艺术意识,具有世俗和商品意识,其中尤其以荷兰艺术商业氛围最为浓厚。我国古代很早就有了鬻文、鬻画的传统。文艺作品之所以能给文艺工作者带来经济回报,实现文艺工作者的人生价值和社会价值,从根本上来说是因为文艺作品不仅是一种具有艺术价值的精神产品,而且具有一般商品的属性。马克思指出:"艺术对象创造出懂得艺术和具有审美能力的大众,——任何其他产品也都是这样。因此,生产不仅为主体生产对象,而且为对象生产主体"。②可见,马克思不仅承认艺术生产,而且认为文艺作品必须作为消费品在消费市场上满足消费者的需求。关于艺术商品化,列宁进一步认为,工业革命特别是大众媒体的发展促进了艺术商品化大规模发展,他说:"手艺,即按消费者的定货来制造产品,是脱离了宗法式农业的第一种工业形式。"③

毛泽东也非常重视文艺接受,他提出"文艺为什么人"实际上就是在探讨文艺创作主体与接受主体之间的关系问题。毛泽东认为接受主体有认识水平和层次上的差异,要根据接受者的需求进行创作,从而发展了马克思主义文艺消费观与接受论。在革命时代甚至在中华人民共和国成立之后很长一段时期,由于客观环境和时代条件的限制,文艺作品的社会价值与社会功能被一再强调,而其商品属性与经济价值却一直被忽视。改革开放以来,如何正确处理文艺与政治的关系、文艺生产与市场的关系问题,成为新时期文艺发展的新问题。邓小平指出:"文化也是一门行业,一个领域。我赞成要使一亿拿工资人口的一半都能够拿到八十元以上的工资,这样供求需要就不同了,这些人看

---

① 《马克思恩格斯文集(第1卷)》,人民出版社2009年版,第186页。
② 《马克思恩格斯文集(第8卷)》,人民出版社2009年版,第16页。
③ 《列宁全集(第3卷)》,人民出版社1984年版,第297—298页。

戏、看电影、要艺术品装潢他们的家,这样反对来会刺激其他行业的发展。"[1] 邓小平承认文艺作品的商品属性,同时反对文艺的商品化,他指出:"一切向钱看的歪风,在文艺界也传播开来了""把精神产品商品化的倾向,在精神生产的其他方面也有所表现。"[2]"在社会主义市场经济条件下,可见社会效益是艺术生产的最高准则。"[3]可见,邓小平在继承毛泽东关于文艺接受、文艺评判标准的基础上,明确指出了社会主义文艺作品首先要强调社会效益,其次不能忽略其商品属性。

艺术品进入消费市场,不仅有助于艺术家提高收入,而且有利于扩大受众群体。文艺家为实现获得更高经济利益的目标,推动他们不断提升文艺创作水准,强化自身创作与消费市场之间的联系。但文艺市场也有其局限性,主要表现在以下两方面:一是文艺作品的价值很难与市场价格一致。决定文艺作品价格的因素很多,往往更多地取决于市场因素尤其是商业炒作,而不完全是作品本身的美学品质、艺术水准。由此,在现代社会,商业炒作、作秀等非文艺规则严重影响了文艺创作者的创作。在利益最大化的驱使下,一些文艺创作者投"市场"所好,"批量生产""应急作品"随之出现,生产出许多雷同单调、粗制滥造、媚俗肤浅的作品,在高利润的驱动下甚至请人代笔的情况也时有发生,这些现象的存在对文艺和市场都造成了很大伤害。二是文艺评价标准的多元化和模糊化。文艺评价脱离了艺术评价的本质在于传递文化精神,市场成为文艺评价的最高标准,价格高、卖座好的文艺作品就是好作品,拜金主义把艺术的精神内涵掏空,使之等同于一般商品,消费主义将文艺活动变成纯粹的经济行为,文艺完全商品化,忽视文艺作品的精神和文化价值,这在无形中打击了高雅文艺,淡化了人的审美情趣和思维,降低了社会的审美能力和水准,助长了低劣作品的发展,潜藏在这种审美标准背后的是我们对中华民族文化艺术自信心的缺乏与当下中国审美文化的轻薄化趋向。[4] 针对当前文艺领域中存在的人格修养、文化精神缺失,文艺生产与文艺市场关系错位,文艺评

---

[1] 中国作家协会编:《邓小平论文学艺术》,作家出版社1998年版,第116页。
[2] 同上书,第121页。
[3] 同上书,第116页。
[4] 西沐:《中国艺术品市场前沿问题研究》,中国书店出版社2014年版,第15—16页。

判标准多元、紊乱等问题,习近平总书记认为:"一部好的作品,应该是经得起人民评价、专家评价、市场检验的作品,应该把社会效益放在首位,同时也是社会效益和经济效益相统一的作品。"①他进一步指出:"优秀的文艺作品,最好是既能在思想上、艺术上取得成功,又能在市场上受到欢迎,要坚守文艺的审美理想,保持文艺的独立价值,合理设置反映市场接受程度的发行量、收视率、点击率、票房收入等量化指标,既不能忽视否定这些指标,又不能把这些指标绝对化,被市场牵着鼻子走。"②这些论述丰富了文艺生产论与消费论,发展与完善了马克思主义文艺评判标准,明确了文艺的本质在于审美价值和文化精神的传承。

---

① 中共中央宣传部编:《习近平总书记在文艺工作座谈会上的重要讲话学习读本》,学习出版社 2015 年版,第 22 页。
② 同上书,第 23 页。

毛泽东晚年魏晋文化观的非凡文化意义

黄力之[*]

[摘要] 梳理改革开放前的文化史,毛泽东晚年文化思想与实践乃是其中的重要内容,具体如毛泽东晚年的魏晋文化观。其有三大观点:其一,反对文化独断,力主学术与艺术的自由发展;其二,力主独立思考,不为圣贤之言所束缚;其三,以"缘情"说补充"言志"说,提升文艺审美本性地位,丰富和发展马克思主义美学原理。毛泽东魏晋文化观不是"发思古之幽情",而是意味着毛泽东在进行古今对比。毛泽东对文化艺术的自由、繁荣发展非常向往,对那种违背文化艺术规律的做法非常反对。这在毛泽东晚年思想中显得弥足珍贵。

[关键词] 毛泽东;魏晋文化观;改革开放前的文化史

一、有必要了解改革开放前的文化史

2016年,习近平总书记在文艺工作座谈会上与文艺工作者进行了亲切互动,谈及红色经典的改编时,他说:"实际上,我们有很多好的故事,可以演得非常鲜活,也会有票房。像《奇袭白虎团》《红灯记》《沙家浜》等,不要用'三突出'的方法拍,而是用贴近现实的、更加戏剧性的方法拍,把元素搞得活泼一点,都

---

[*] 黄力之,中共上海市委党校马克思主义学院教授。

能拍得很精彩。"①

值得思考的问题是,为什么改革开放以来才迎来文艺创作新的春天?什么是"三突出"方法?为什么习近平总书记不主张用这一方法?今天的年轻人可能并不明了,所谓"三突出",是"文化大革命"期间占主导地位的一个文艺学历史概念,其内涵就是把人物形象按照政治规则来表现,塑造人物尽量回避人物的性格、情感。正是这一方法在当时的强势存在,妨碍了文艺创作的健康发展。

如今,适当了解改革开放前的文化史是必要的,毛泽东晚年的文化思想与实践乃是其中的重要内容,如毛泽东晚年的魏晋文化观。

二、毛泽东晚年魏晋文化观

1975年5—9月,毛泽东因患眼疾,请北京大学中文系教师芦荻为他读书。在读书间隙,毛泽东就文史问题与芦荻进行了一系列谈话,其中有相当一大部分涉及魏晋文化问题,可以视为毛泽东晚年魏晋文化观,主体部分如下:

> 汉武帝罢黜百家,独尊儒术。结果汉代只有僵化的经学,思想界死气沉沉。武帝以后,汉代有几个大军事家、大政治家、大思想家?到东汉末年,儒家独尊的统治局面被打破了,建安、三国,出了多少军事家、政治家啊!连苏轼自己在他的《念奴娇·赤壁怀古》中也说:"江山如画,一时多少豪杰!"
>
> 魏晋南北朝时代是个思想解放的时代,道家、佛家各家的思想,都得到了发展。嵇康的《与山巨源绝交书》、阮籍的《大人先生传》很有名。玄学的主流是进步的,是魏晋思想解放的一个标志。正因为思想解放,才出了那么多杰出的思想家、作家。
>
> 苏轼说那时期"文衰"了,这是不符合事实的。可以把那时的作品摆

---

① 习近平自述:《我的文学情缘》,http://culture.people.com.cn/n1/2016/1013/c1013-28777061.html。

出来看一看,把《昭明文选》《全上古三代秦汉三国六朝文》拿出来看一看,是"文衰"还是"文昌"。什么"道溺"！应叫"道盛"！

曹丕的《典论·论文》和陆机的《文赋》,标志着文学创作新的里程碑和文学理论发展中质的飞跃。《文赋》的"诗缘情而绮靡",更揭示了诗歌创作的根本问题,大大地发展了"诗言志"的简单口号。陆机能如此理解诗体,能提出"缘情"的命题和辞采华美的要求,这正是由魏晋以来文人诗歌创作的丰富实践所提供的时代认识,也是陆机个人辛勤创作的实践之心得与体会之结晶。①

三、毛泽东晚年魏晋文化观的思想史意义

在中国共产党领导人中,毛泽东是少有的学术大家、文史全才,他自幼饱读诗书,哪怕在金戈铁马的战争年代也手不释卷,对中国文化有着知行合一的深入了解,对中国传统书法与诗词应用自如,白话文写作水平也堪称一流,因此,毛泽东的魏晋文化观既可成为了解并阐释魏晋文化史的重要文献,也足以推进科学的文化艺术理论之构建,体现于以下方面:

(一) 反对文化独断,力主学术与艺术自由发展

毛泽东对汉武帝"罢黜百家,独尊儒术"的做法表示强烈质疑,认为此举导致汉代只有僵化的经学,思想界死气沉沉。

公元前124年,汉武帝为了巩固统治,走出"马上得之天下,以马上治之"的思路,接受董仲舒的建议——以儒家思想为社会价值观支撑之后,推行了若干措施:儒家以外其他诸子百家学说均被禁止,甚至解除相关人员的职务,设《诗》《书》《礼》《易》和《春秋》五经博士,吸收了几百名儒生进入官僚阶层,制订国家儒学教育计划。"罢黜"与"独尊"双管齐下,效果马上显现,班固称:"自武帝立《五经》博士,开弟子员,设科射策,劝以官禄,讫于元始,百有余年,传业者

---

① 芦荻:《我听毛主席谈魏晋南北朝》,《党的文献》2006年第4期。

浸盛,支叶蕃滋,一经说至百余万言,大师众至千余人,盖禄利之路然也。"①当读书人以读经为禄利之路时,经学的残存意义自然越来越衰弱,读书人的思想也越来越僵化,这是儒家思想统治的必然后果。时间跨越两千余年,梁启超于1902年尖锐批评道:"自汉武表章六艺,罢黜百家,凡非在六艺之科者绝勿进,尔后束缚驰骤,日甚一日。虎皮羊质,霸者假之以为护符;社鼠城狐,贱儒缘之以谋口腹;变本加厉,而全国之思想界销沉极矣。"②

稍后于梁启超,青年毛泽东亦在新文化运动中发出控诉:"中国什么'师严而后道尊''师说''道统''宗派',都是害了'独断态度'的大病。都是思想界的强权,不可不竭力打破。像我们反对孔子,有很多别的理由,单就这独霸中国,使我们思想界不能自由,郁郁做二千年偶像的奴隶,也是不能不反对的。"③

文化史的短期验证就是魏晋反传统文化的兴起,其历史条件是:汉末天下大乱,思想界儒家独尊的统治局面被打破了,怪异之人与怪异之作品便有了出头之日。毛泽东总结得非常准确,魏晋南北朝因思想解放才出了那么多杰出的思想家、作家。④倘嵇康不提出"越名教而任自然"(《与山巨源绝交书》)的主张,阮籍不将君子礼法视为"天下助残贼、乱危、死亡之术耳"(《大人先生传》),就写不出那般洒脱、放任的新鲜文字来。

无独有偶,1842年马克思在抨击普鲁士书报检查制度时也否认过一种说法:虽然有一整套精神上的关卡,德国精神仍然成就了一番大事业,马克思说:"德国的精神发展并不是由于书报检查制度,而是由于违背了这种制度。"⑤这就是说,在马克思主义的价值观体系中,个人的自由发展与学术、艺术的自由发展是题中应有之义。

(二)力主独立思考,不为圣贤之言所束缚

毛泽东谈魏晋文化,反复提及宋人苏轼的"文起八代之衰,而道济天下之溺"

---

① 《前汉书》卷八八。
② 易鑫鼎编:《梁启超选集》(下卷),中国文联出版社2006年版,第624页。
③ 中共中央文献研究室、中共湖南省委《毛泽东早期文稿》编辑组编:《毛泽东早期文稿(1912.6—1920.11)》,湖南出版社1990年版,第368页。
④ 芦荻:《我听毛主席谈魏晋南北朝》,《党的文献》2006年第4期。
⑤ 《马克思恩格斯全集(第1卷)》,人民出版社2002年版,第148页。

之说,认为所谓"八代之衰"与"道溺"不符合事实,应称为"文昌"与"道盛"。①

"文起八代之衰,而道济天下之溺",出自苏轼《潮州韩文公庙碑》。"八代"指的是东汉、魏、晋、宋、齐、梁、陈、隋,其时正是骈文由形成到鼎盛的时代,苏轼显然对骈文这种特别讲究字词,以艰深之词掩饰浅易之说的做派很不满意,因此抨击为"文衰"与"道溺",转而称颂韩愈是力挽狂澜之人物,给文坛带来新的生机。

严格地说,首先,就苏轼对骈文文风之批评而言,自然有较大的合理性,但也不能由此评判骈文全无审美价值;其次,此一批评并非人人认可,甚至也不代表苏轼本人的全部看法,他曾高度评价晋人陶渊明的诗,"吾于诗人,无所甚好,独好渊明之诗。渊明作诗不多,然其诗质而实绮,癯而实腴,自曹、刘、鲍、谢、李、杜诸人,皆莫及也"(《与子由六首·五》)。事实上,在各种文学史著作中,一般也不以苏轼之论而否定八代之全部文学,因此,在某种意义上,苏轼的批评也只是一家之言。

毛泽东对苏轼的批评之批评,其意义和价值在于独立思考精神的提倡,即他在1958年所说,"我们的同志不要被大学问家、权威、名人吓倒"。② 毛泽东的这种态度,亦是对中国传统文化中反传统精神的吸收,正如明人王阳明对圣人之道的态度,"然吾从而求之,圣人不得而见之矣。……彼于圣人之道异,然犹有自得也"(《王文成公全书》卷七)。在独立自主的判断中,如果"求之于心而非也,虽其言之出于孔子,不敢以为是也"(《王文成公全书》卷五)。

中国思想史不断证明,当人们普遍缺乏这种质疑精神时,思想上的保守僵化即为必然之结果。

(三) 以"缘情"说补充"言志"说,提升审美本性地位,丰富和发展马克思主义美学原理

魏晋被称为"文学的自觉时代",乃在于通过"文笔之辨"将文学从一般的文章写作中独立出来,当时的文人、理论家对文学的审美本性形成了自觉的理

---

① 芦荻:《我听毛主席谈魏晋南北朝》,《党的文献》2006年第4期。
② 《毛泽东传(1949—1976)》,中央文献出版社2003年版,第816页。

论认识。对当时的文学理论成果,毛泽东肯定了曹丕的《典论·论文》和陆机的《文赋》。颇有深意的是,历来被重视的《典论·论文》之重要观点乃是"盖文章,经国之大业,不朽之盛事",与现代的文艺意识形态功能论颇为接近,但毛泽东并未提及。

毛泽东认为《文赋》中的"诗缘情而绮靡"之说更揭示了诗歌创作的根本问题,标志着文学创作新的里程碑和文学理论发展中质的飞跃。为什么毛泽东如此看重"缘情"说,称其大大地发展了"诗言志"的简单口号呢?乃是因为,在文学史上,"诗言志"之"志"的含义长期侧重于思想、抱负、志向,虽然《毛诗序》已经在事实上达到"情志并提",但在客观上,"言志"说与"缘情"说依然显示出对文艺本性的不同理解:"言志"强调的是诗歌的政治教化作用,可能忽略了文学的审美特点;"缘情"则强调诗歌的抒情特点,重视对审美规律的探讨。显然,毛泽东认为,只强调诗歌的政治教化作用,便会把"诗言志"变成一个简单口号,忽视文艺的审美本性,并不符合马克思主义文艺理论的全部逻辑。

毛泽东诗词彰显中国共产党人的革命精神

——以习近平引用毛泽东诗词为例

袁秉达[*]

[摘要] 毛泽东一生留下的大批脍炙人口的革命诗词,是中国共产党和中国人民一笔宝贵的精神财富。毛泽东诗词是毛泽东思想的瑰宝,蕴含中国共产党创造的红色文化基因,是伟大中国精神的艺术再现。在实现民族复兴中国梦的历史进程中,习近平总书记多次巧妙引用毛泽东诗词,生动形象地展现了毛泽东一贯倡导的精气神。在新时代实现中国梦的新征程中,中国共产党以自我革命引领和推进伟大的社会革命,依然需要毛泽东诗化的革命精神的激励和理想信念的感召。

[关键词] 毛泽东诗词;中国梦;中国精神;中国道路

毛泽东是中国共产党、中国人民解放军和中华人民共和国的主要缔造者和领导人,是伟大的无产阶级革命家、战略家、思想家、军事家,也是杰出的诗人。在1910—1975年长达65年的时间里,毛泽东创作了一百多首诗词。郭沫若曾经高度评价毛泽东诗词:"经纶外,诗词余事,泰山北斗。"[①]毛泽东诗词不仅在国内家喻户晓、人见人爱,而且在世界各地广为传颂,译本众多。"中国

---

[*] 袁秉达,中共上海市委党校马克思主义学院教授,上海市习近平新时代中国特色社会主义思想研究中心特聘研究员。

① 朱向前:《经纶外诗词余事泰山北斗——毛泽东诗词的另一种解读》,《光明日报》2010年9月4日。

精神是毛泽东诗词的精髓,如一根红线贯穿其中。毛泽东诗词字里行间所洋溢的中国精神,扣人心弦、催人奋进。"①党的十八大以来,中国特色社会主义进入新时代,我国社会发展正处在一个新的历史方位。在坚持和发展中国特色社会主义的实践中,习近平总书记频繁引用毛泽东诗词,有其深刻背景和战略意蕴。习近平总书记引用毛泽东诗词,并不是纯艺术欣赏式吟诵,也不是在演讲中点缀式援引,而是穿越时空地妙用毛泽东诗词,深刻揭示了毛泽东诗词富有时代气息的中国精神和革命豪情。

一、从"雄关漫道"到"人间正道":
不忘初心使命

党的十八大以来,中国特色社会主义进入新时代,习近平总书记在治国理政的一系列重要讲话和文章中,多次引用毛泽东诗词,"贴切顺畅,生动形象,增强了讲话和文章的吸引力、说服力和感染力,增强了作品的历史厚重感、哲理性,升华了诗词的意境,给人以深刻的教育和启迪。"② 2012 年 11 月 29 日,习近平总书记在参观《复兴之路》大型展览时,以毛泽东的诗句"雄关漫道真如铁""人间正道是沧桑"概括中华民族实现中国梦的难忘昨天和辉煌今天,并以李白的诗句"长风破浪会有时"展望美好明天,这种贯古通今的气势和穿越时空的诗意给人们留下了深刻印象和无限想象。

(一)两次论"道"蕴含深刻寓意

习近平总书记在参观《复兴之路》大型展览时引用了毛泽东诗词,巧妙之处在于两次出现"道"。第一个"道",是"漫道":"雄关漫道真如铁"。此句出自毛泽东《忆秦娥·娄山关》,创作于 1935 年 2 月,这是我党召开遵义会议,实现了伟大转折的重要历史关头诞生的杰作,意义非凡。1935 年 1 月 15—17 日,中共中央政治局在贵州遵义召开了著名的遵义会议。这是红军在第五次反

---

① 汪建新:《毛泽东诗词彰显的中国精神》,《学习时报》2017 年 8 月 18 日。
② 廖有明:《习近平引用毛泽东诗词浅析》,《党史文苑》2016 年第 1 期。

"围剿"失败和长征初期严重受挫的情况下,为了纠正王明等"左"倾领导在军事指挥上的错误而召开的一次极其重要的扩大会议。这次会议实际上确立了以毛泽东为代表的马克思主义的正确路线在中共中央的领导地位,挽救了党、挽救了红军、挽救了中国革命,是中国共产党历史上一个生死攸关的转折点,标志着中国共产党从幼稚走向成熟。遵义会议后,红军再克娄山关、重占遵义城,取得了长征以来最大一次胜利。毛泽东兴之所至,留下佳作。那时万里长征,千回百折,顺利少于困难不知多少倍,毛泽东的心情是沉郁的。过了岷山,豁然开朗,柳暗花明又一村了。"雄关漫道真如铁"的对句是"而今迈步从头越",表明我们党实现伟大历史性转折之后,带领人民和红军在漫长而艰难的革命道路上迈开步"从头越"的雄心壮志。习近平总书记引用毛泽东第一句诗,意指在中国近代,中华民族遭受的苦难之重、付出的牺牲之大,在世界历史上都是罕见的。但是,中国人民从不屈服,不断奋起抗争,终于掌握了自己的命运,开始了建设自己国家的伟大进程,充分展示了以爱国主义为核心的伟大民族精神。

习近平总书记引用毛泽东诗词第二次出现的"道",是"正道":"人间正道是沧桑"。此句出自毛泽东七律《人民解放军占领南京》,成诗的背景具有独特的历史意义:1948年秋,全国解放战争进入第三年,辽沈、平津、淮海三大战役结束后,国民党反动统治摇摇欲坠,蒋介石一方面在长江设防,负隅顽抗,另一方面放出"和谈"烟雾,制造假象。当时形势的发展,给中国人民提出了一个非常严峻的现实问题:是将革命进行到底,还是使革命半途而废?我党为了深刻揭露国民党"和谈"阴谋,1949年1月1日于《人民日报》全文发表了毛泽东撰写的新年献词《将革命进行到底》。文章号召全党、全军、全国人民坚决彻底干净全部地消灭一切反动势力,推翻国民党的反动统治,建立人民民主专政的共和国,绝不能使革命半途而废。在新年献词发表后,全国人民和解放军倍受鼓舞,百万雄师过长江,同年4月23日人民解放军占领南京,当天深夜毛泽东在北京激情所致,欣然命笔创作此诗。毛泽东借古喻今,说明这种沧海变桑田的革命性变化,就是"人间正道",深刻揭示了中国社会发展的必然趋势和客观规律。习近平总书记引用毛泽东第二句诗,意指改革开放以来,我们总结历史经验,不断艰辛探索,终于找到了实现中华民族伟大复兴的正确道路,取得了举世瞩目的成就。这条道路就是中国特色社会主义。以"人间正道"妙释中国特色社会主义道路是实现中国梦的必由之路,体现中国道路是符合历史规律的必然选择。

在特定场合下,场境决定语境、语境决定意境。习近平总书记讲中国梦的站位和场景是"复兴之路"大型展览第五展厅的入口处,背后正好衬托出党的十一届三中全会实现新的伟大历史性转折的一组珍贵的会议照片。习近平总书记妙用毛泽东诗词,使诗人意境、表述语境与特定场境高度统一。其奥妙之处,就在于习近平总书记用毛泽东诗词的意境与改革开放是"复兴之路"的鲜明主题悄然吻合,与中国特色社会主义是"人间正道"的意蕴高度契合。两次出现的"道",都连着民族复兴中国梦的初心和使命:为中国人民谋幸福、为中华民族谋复兴,充分展示了以爱国主义为核心的伟大民族精神和以创新为核心的时代精神。2018年5月4日,习近平总书记在纪念马克思诞辰200周年大会的讲话中又一次使用了"人间正道":马克思主义是人民的理论,第一次创立了人民实现自身解放的思想体系,第一次站在人民的立场探求人类自由解放的道路,马克思主义"植根人民之中,指明了依靠人民推动历史前进的人间正道"。[①] 实质上,科学社会主义与中国特色社会主义都是人民幸福、人类解放的"人间正道"。

(二) 初心使命彰显精神境界

从"雄关漫道"到"人间正道",彰显了毛泽东的初心使命和精神品格。2013年12月26日,习近平总书记在中共中央举办的纪念毛泽东诞辰120周年座谈会上发表重要讲话,他以历史逻辑、实践逻辑与精神逻辑相互统一的叙述方式,一连9处引用毛泽东诗词,巧妙串联和生动展现了毛泽东倡导的中国精神。习近平总书记把最能折射出毛泽东精神世界的精妙绝句放到民族复兴奋斗历程中,用诗言诗语、夹叙夹议一路演绎毛泽东的初心和使命。

从1840年鸦片战争开始,中华民族就开始了屈辱的近现代史。真正勇敢而自觉地担当起民族复兴重任的,是中国共产党。毛泽东诗词正是充分展现

---

① 《习近平在纪念马克思诞辰200周年大会上的讲话》,人民出版社2018年版,第8页。

了中国共产党为中国人民谋幸福、为中华民族谋复兴的初心使命和雄心壮志。习近平总书记指出,毛泽东在青年时期就立下拯救民族于危难的远大志向。年轻的毛泽东"书生意气,挥斥方遒。指点江山,激扬文字",既有"问苍茫大地,谁主沉浮"的仰天长问,又有"到中流击水,浪遏飞舟"的浩然壮气。十月革命后,毛泽东经过反复比较和鉴别,毅然选择了马克思列宁主义,确立了为实现共产主义而奋斗的崇高理想。在此后的革命生涯中,不管是"倒海翻江卷巨澜",还是"雄关漫道真如铁",毛泽东始终矢志不移、执着追求。1921年中国共产党成立以后,我们党带领人民经过28年浴血奋战和顽强奋斗,夺取了新民主主义革命胜利,"为有牺牲多壮志,敢叫日月换新天",实现了几代中国人梦寐以求的民族独立和人民解放。现在,我们在毛泽东等老一辈革命家前期探索的基础上,"装点此关山,今朝更好看",已经走出中国特色社会主义光明大道。我们正继续前行努力实现民族复兴的奋斗目标,既要有"乱云飞渡仍从容"的战略定力,又要有"不到长城非好汉"的进取精神。①

从"雄关漫道"到"人间正道",再现了毛泽东探索中华民族复兴之路的艰难困苦和历史贡献。1920年,毛泽东认真学习陈望道翻译的《共产党宣言》等经典原著,从民主主义者转化为坚定的马克思主义者。1921年,毛泽东成为中国共产党的创始人之一。他把马克思主义作为自己的信仰,把一生奉献给中国革命事业,为探索中国道路,实现民族伟大复兴作出了杰出贡献。习近平总书记把毛泽东的这一伟大贡献归结为:"第一,毛泽东开辟了以农村包围城市、最后夺取全国胜利的革命道路;第二,毛泽东领导我们党和人民找到了新民主主义革命的正确道路;第三,毛泽东对适合中国情况的社会主义建设道路进行了艰苦探索;第四,为我们探索建设中国特色社会主义的道路积累了经验和提供了条件;第五,毛泽东在社会主义建设道路的探索中走过弯路"。② 我们党在纠正重大曲折和失误之后,实现新的伟大转折,开辟了中国特色社会主义道路,这是实现民族复兴中国梦的必由之路。

习近平总书记富有创意的集群式妙用毛泽东诗词,产生了一种强大的冲击力、震撼力和感染力,使人们在毛泽东诗化的语境中,领略了毛泽东奋斗一

---

① 习近平:《在纪念毛泽东同志诞辰120周年座谈会上的讲话》,《人民日报》2013年12月27日。
② 夏远生:《毛泽东对中华民族伟大复兴的理想追求》,《毛泽东研究》2014年第1期。

生始终流淌着一以贯之的伟大精神和人格魅力。在毛泽东倡导的中国精神激励下，我们勿忘昨天的苦难辉煌，无愧今天的使命担当，不负明天的伟大梦想，下定决心，排除万难，实现中华民族伟大复兴的中国梦。

（三）钢铁意志支撑自信自强

无论跨越"雄关漫道"，还是健步"人间正道"，都需要具备实现使命的钢铁般意志和坚韧不拔的决心。习近平总书记一再引用"雄关漫道真如铁"，意在凸显毛泽东的意志品格。值得关注的是，毛泽东在其他诗词中曾经多次出现"铁"字："金沙水拍云崖暖，大度桥横铁索寒""戎衣犹铁甲，须眉等银冰""人山纷赞阵容阔，铁马从容杀敌回""天连五岭银锄落，地动三河铁臂摇""博大胆识铁石坚，刀光剑影任翔旋""几枝玉叶化灰蝶，再度铁梅成赤心""似水柔情何足道，堂堂铁打是英雄"，等等。

诗言志，歌永言。但凡有钢铁般意志的人，都喜欢引铁入诗、以铁铭志，或者借语钢铁，隐喻革命者的精神和意志比铁硬，比钢强。党的十八大以来，习近平总书记在发表重要讲话时，频繁使用"铁"字："打铁还需自身硬""踏石留印、抓铁有痕""趁热打铁、乘势而上""铁骨铮铮、视死如归""铁面无私，秉公执法""让铁规生威、铁纪发力""铁人精神""铁肩担道义""钢铁长城""练就共产党人的钢筋铁骨，铸牢坚守信仰的铜墙铁壁"。[①] 另外，习近平总书记还提到党员干部要有铁一般信仰、铁一般信念、铁一般纪律、铁一般担当，用铁的纪律凝聚铁的意志、锤炼铁的作风、锻造铁的队伍，等等。其实，在实现民族复兴强国梦的新时代，习近平总书记妙用毛泽东诗词旨在倡导和弘扬毛泽东钢铁般的意志品格，使之诗化为众志成城、梦想成真的顽强精神。

二、从"自信人生"到"只争朝夕"：坚守奋斗精神

回首往事、展望未来，毛泽东诗词始终围绕中华民族实现伟大复兴的历史

[①] 《习近平在纪念陈云同志诞辰110周年座谈会上的讲话》，《人民日报》2015年6月13日。

主线展开。在实现民族复兴强起来的特定历史时期,习近平总书记妙用毛泽东诗词自然成为一种激励人民奋发进取的精神引领。毛泽东的"自信人生"和"只争朝夕"是我们实现强国梦的必备精神状态和奋斗姿态。

(一)高度自信精神

无论闹革命,还是搞建设;不论全面深化改革,还是推进中国特色社会主义事业,都要有高度自信和果敢勇毅的精神支撑。2013年1月1日,习近平总书记在全国政协新年茶话会上的讲话中激情洋溢地引用了毛泽东著名诗句:"东方欲晓,莫道君行早。踏遍青山人未老,风景这边独好。"(《清平乐·会昌》)。1933年10月,国民党动用100万人组成的军队对中央革命根据地发动了第五次大"围剿",形势十分严峻,党内机会主义路线给革命事业造成了严重损害。毛泽东的批注说:"一九三四年,形势危急,准备长征,心情又是郁闷的。"毛泽东在登临会昌城外山岭时被美好风景感染,赋词一首,尽扫郁闷心情。毛泽东诗词洋溢着革命的乐观主义精神和高度自信。习近平总书记妙用此诗,表明党的十八大以后中国特色社会主义进入新时代,全国展现了共同致力于实现中华民族伟大复兴的美好景象。反观世界,在经历了百年一遇的全球性金融危机后,各国经济普遍不景气。正是在这一特定背景下,"风景这边独好"生动印证了中华民族正处于比历史上任何时候更接近于实现中华民族伟大复兴中国梦的时期,我们也更有信心和能力去实现中国梦。

高度自信是毛泽东诗词的显著特征,也是我们党和人民的一笔宝贵精神财富和优良传统。2016年7月1日,习近平总书记在庆祝中国共产党成立95周年大会上讲话时妙用毛泽东诗句"自信人生二百年,会当水击三千里"。此对句出自毛泽东晚年记忆犹存的《七古·残句》。1917年夏,毛泽东在湖南第一师范学校读书时就常与蔡和森等人去长沙的湘江中游泳。风华正茂的毛泽东经常咏诗言志。当时有一篇诗,他只记得其中两句:"自信人生二百年,会当水击三千里",反映了青春年少的毛泽东意气风发,人生自信的壮志豪情。习近平总书记以诗铭志,意指坚持中国特色社会主义亟须这种高度自信精神。习近平总书记强调:"当今世界,要说哪个政党、哪个国家、哪个民族能够自信的话,那中国共产党、中华人民共和国、中华民族是最有理由自信的。"①习近平总书记坚信：有了毛泽东那样的自信和气势，我们就能毫无畏惧面对一切困难和挑战，就能坚定不移开辟新天地、创造新奇迹。

（二）伟大长征精神

以习近平同志为核心的党中央，带领全国人民开启了新时代"两步走"强国梦的新征程。习近平总书记多次把改革开放和实现中国梦比作新的长征，并在多种场合激情洋溢地妙用毛泽东豪情万丈的长征诗句，包括"不到长城非好汉"等。习近平总书记一向高度重视弘扬伟大的长征精神。2016 年 7 月和 9 月，习近平总书记先后参观了宁夏固原红军长征会师纪念馆和首都中国人民革命军事博物馆"英雄史诗不朽丰碑——纪念中国工农红军长征胜利 80 周年主题展览"，他深情地说，我们党领导的红军长征，谱写了豪情万丈的英雄史诗。伟大的长征精神是中国共产党人革命风范的生动反映，我们要不断结合新的实际传承好、弘扬好。推进中国特色社会主义事业的新长征要持续接力、长期进行，我们每代人都要走好自己的长征路。② 同年 10 月 21 日，习近平总书记在纪念红军长征胜利 80 周年大会上发表了重要讲话。

虽然习近平总书记在纪念红军长征胜利 80 周年大会上的讲话中没有引用毛泽东诗词，但是他的整篇讲话依然时时处处投射出毛泽东长征诗词的艺术意境，全面诠释了长征精神的深刻意蕴和时代价值。习近平总书记说，长征永远在路上，我们要不忘初心，走好新的长征路。今天实现"两个一百年"奋斗目标的新长征，在我们前面还有许多"雪山""草地"需要跨越，还有许多"娄山关""腊子口"需要征服。习近平总书记指出："人无精神则不立，国无精神则不强。""伟大长征精神，作为中国共产党人红色基因和精神族谱的重要组成部分，已经深深融入中华民族的血脉和灵魂，成为社会主义核心价值观的丰富滋养，成为鼓舞和激励中国人民不断攻坚克难、从胜利走向胜利的强大精神动力。"③在长征精神鼓舞下，我们更加紧密地团结起来，万众一心，不懈奋斗，共

---

① 《习近平在庆祝中国共产党成立 95 周年大会上的讲话》，《人民日报》2016 年 7 月 2 日。
② 习近平：《解放思想真抓实干奋力前进确保与全国同步建成全面小康社会》，《人民日报》2016 年 7 月 21 日。
③ 《习近平在纪念红军长征胜利 80 周年大会上的讲话》，《人民日报》2016 年 10 月 22 日。

同谱写实现中华民族伟大复兴中国梦的新篇章!①

(三) 只争朝夕精神

毛泽东是伟大革命的杰出斗士。早在长沙求学期间,青年毛泽东就在他的日记中写下了《四言诗·奋斗》:"与天奋斗,其乐无穷!与地奋斗,其乐无穷!与人奋斗,其乐无穷!"毛泽东的一生就是奋斗的一生。值得关注的是,习近平总书记在倡导实现中国梦的奋斗精神时,特别推崇毛泽东"只争朝夕"的名句,激励人民砥砺前行的拼搏精神。"只争朝夕"出自毛泽东1963年1月9日的《满江红·和郭沫若同志》,时年70岁的毛泽东,词中最有磅礴气势和冲击心灵的对句是:"多少事,从来急;天地转,光阴迫。一万年太久,只争朝夕。"从青年毛泽东的"自信人生",到古稀之年毛泽东的"只争朝夕",人们强烈感受到了伟人毕生拼搏、壮心不已的心境和志向。

物质与精神强大起来要只争朝夕。习近平总书记在同全国劳动模范代表座谈时指出:实现我们的发展目标,不仅要在物质上强大起来,而且要在精神上强大起来。全国各族人民都要向劳模学习,以劳模为榜样,"弘扬昂扬向上、只争朝夕、奋勇争先的良好精神状态",共同投身实现中华民族伟大复兴的宏伟事业。

实现兴军和强军目标要只争朝夕。习近平总书记强调,实现强军目标,必须以"只争朝夕"的精神推进国防和军队现代化。以"只争朝夕"的紧迫意识、责无旁贷的担当精神、搏击长天的凌云壮志,埋头苦干,加快空军现代化建设步伐。

科技创新和生产发展要只争朝夕。习近平总书记要求,以"只争朝夕"的紧迫感,切实把创新抓出成效。形成有利于出创新成果、有利于创新成果产业化的新机制。

在习近平总书记的讲话中,"只争朝夕"已成为我们奋发进取的座右铭,习近平总书记妙用毛泽东"只争朝夕"的诗句,表明我们今天把握大有作为的发展机遇期,特别需要以"只争朝夕,时不我待"的精神状态和奋斗姿态去实现民

---

① 《习近平在全国政协新年茶话会上的讲话》,《人民日报》2014年1月2日。

族复兴中国梦。

(四) 砥砺奋进精神

党的十八大以来,习近平总书记特别喜欢引用毛泽东关于"伟大斗争"的语录和奋斗诗篇,倡导"世上无难事,只要肯登攀",激励人们砥砺奋进。习近平总书记强调:实现伟大梦想,必须进行伟大斗争。社会是在矛盾运动中前进的,有矛盾就会有斗争。我们要倡导积极的斗争精神和奋斗姿态。他指出:"幸福都是奋斗出来的"。习近平总书记再度妙用毛泽东诗词"为有牺牲多壮志,敢教日月换新天",并引申说:"要奋斗就会有牺牲,我们要始终发扬大无畏精神和无私奉献精神。奋斗者是精神最为富足的人,也是最懂得幸福、最享受幸福的人。"① 习近平总书记过去曾经以"敢教日月换新天"概括和倡导焦裕禄精神的高贵品质,现在,他借助毛泽东诗词透彻分析奋斗人生与幸福人生的辩证关系和深刻哲理,催人奋进创造幸福美好生活。

三、从"同学少年"到"风华正茂": 永葆青春本色

中国共产党一大召开,13名党代表的平均年龄是28岁。党的创始人之一李大钊说过,青年要"为世界进文明,为人类造幸福,以青春之我,创建青春之家庭,青春之国家,青春之民族,青春之人类,青春之地球,青春之宇宙,资以乐其无涯之生"②。江山代有新人出,擎旗自有后来人。中国共产党历来注重培养青年一代接班人,永葆党的革命青春。毛泽东青春年少时期的诗篇,从头到尾、从里到外都洋溢着青春气息和拼搏精神,是激励青年人的最好教材。习近平总书记高度评价毛泽东在青年时期就立下拯救民族于危难的远大志向:"年轻的毛泽东同志1919年,在《〈湘江评论〉创刊宣言》中写道:'时机到了!世界的大潮卷得更急了!洞庭湖的闸门动了,且开了!浩浩荡荡的新思潮业

---

① 《习近平在2018年春节团拜会上的讲话》,《人民日报》2018年2月15日。
② 《习近平在庆祝中国共产党成立95周年大会上的讲话》,《人民日报》2016年7月2日。

已奔腾澎湃于湘江两岸了！顺他的生，逆他的死。'年轻的毛泽东同志，'书生意气，挥斥方遒。指点江山，激扬文字'，既有'问苍茫大地，谁主沉浮'的仰天长问，又有'到中流击水，浪遏飞舟'的浩然壮气。"①这一连串诗句，都出自毛泽东1925年作的《沁园春·长沙》，这是一首体现时代精神的精品之作，是自信人生意气风发的青春之歌，体现了中国共产党初创时期的青春本色。

2014年五四青年节，习近平总书记走访北京大学。当时北京大学正在举行"青春中国梦，赤忱五四情——北京大学纪念五四运动95周年青春诗会"。习近平总书记走到师生中间，同大家一起欣赏了师生们充满激情地朗诵的毛泽东词作《沁园春·长沙》。借助毛泽东的诗词意境和青春气息，习近平总书记与北京大学师生们握手交谈，称赞他们朗诵毛泽东诗词透着自信，表达了强烈的历史责任感和自豪感，希望他们紧跟时代，既创作出优美的文字诗篇，又创作出壮丽的人生诗篇。习近平总书记特别关照莘莘学子：大学阶段"恰同学少年，风华正茂"，有老师指点，有同学切磋，有浩瀚的书籍引路，可以心无旁骛求知问学。此时不努力，更待何时？要勤于学习、敏于求知，注重把所学知识内化于心，形成自己的见解，既要专攻博览，又要关心国家、关心人民、关心世界，学会担当社会责任。广大青年对五四运动的最好纪念，就是在党的领导下，勇做走在时代前列的奋进者、开拓者、奉献者，同全国各族人民一道，担负起历史重任，让五四精神放射出更加夺目的时代光芒。

青年兴则国家兴，青年强则国家强。实现民族复兴中国梦需要一代又代年轻人接续奋斗，从毛泽东到习近平都寄希望于年轻人。青年人好像早晨八九点钟的太阳，是祖国的未来、民族的希望，也是我们党的未来和希望。习近平总书记期盼广大青年"坚定理想信念，志存高远，脚踏实地，勇做时代的弄潮儿，在实现中国梦的生动实践中放飞青春梦想，在为人民利益的不懈奋斗中书写人生华章！"②

2021年，我们将迎来中国共产党成立100周年。习近平总书记指出："中

---

① 廖有明：《习近平引用毛泽东诗词浅析》，《党史文苑》2016年第1期。
② 习近平：《决胜全面建成小康社会夺取新时代中国特色社会主义伟大胜利——在中国共产党第十九次全国代表大会上的报告》，《人民日报》2017年10月18日。

国共产党立志于中华民族千秋伟业,百年恰是风华正茂"!① 历史与实践反复证明,中国共产党能够以伟大的自我革命引领伟大的社会革命。中国共产党一定能够永葆青春,永远立于不败之地。

  总之,毛泽东诗词艺术地再现了中国共产党实现民族复兴中国梦的雄心壮志、革命情怀和精神品格,不愧为中国共产党人精神境界的生动写照,不愧为实现中国梦的精神财富和强大动力。

---

① 《习近平在十九届中共中央政治局常委同中外记者见面时讲话》,《人民日报》2017年10月26日。

中华人民共和国成立初期新文化建设成就及其经验

欧阳雪梅[*]

[摘要] 中华人民共和国成立初期的文化建设，确立了文化为人民大众服务的主旨，保障了人民文化权益，形塑了文化建设的主体，培养了一批批时代新人，确立了"百花齐放、百家争鸣"的方针，以及"推陈出新""古为今用、洋为中用"的文化建设基本路径，繁荣发展了社会主义文化。中华人民共和国成立初期文化建设取得了诸多成就：保障了人民的文化权益、确立了马克思主义指导地位、创作了许多文艺经典、举全国之力实施大型文化工程、构建中国话语和塑造中国精神。形成的主要经验是：党对文化工作的领导是关键、发扬模范道德示范作用、建设人民的文化、"文贵创新"。进入新时代，我们要从既往的文化建设中继承有效措施手段，吸取经验教训，使全国各族人民同心同德、团结奋斗，共筑中华民族伟大复兴的宏图伟业。

[关键词] 中华人民共和国成立初期；文化建设；成就与经验

毛泽东在中国人民政治协商会议第一届全体会议上就豪迈地指出："我们的工作将写在人类的历史上，它将表明：占人类总数四分之一的中国人从此站立起来了。"[①]"随着经济建设的高潮的到来，不可避免地将要出现一个文化建设的高潮。中国人被人认为不文明的时代已经过去了，我们将以一个具有

---

[*] 欧阳雪梅，中国社会科学院当代中国研究所研究员。
① 《毛泽东文集(第5卷)》，人民出版社1996年版，第343页。

高度文化的民族出现于世界。"①这次会议通过的《中国人民政治协商会议共同纲领》(以下简称《共同纲领》)规定:"中华人民共和国的文化教育为新民主主义的,即民族的、科学的、大众的文化教育。人民政府的文化教育工作,应以提高人民文化水平、培养国家建设人才、肃清封建的、买办的、法西斯主义的思想、发展为人民服务的思想为主要任务。"②中华人民共和国成立后即据此展开新文化建设,确立了文化为人民大众服务的主旨,形塑了文化建设主体,提出了建立"现代化的文化和科学"③的发展目标和"百花齐放、百家争鸣"的方针,以及"推陈出新""古为今用、洋为中用"的文化建设基本路径,保障了人民文化权益,塑造了中国精神,构建了中国话语,建构了一个精神自立、文化自强、话语自觉的文化中国,为中国,尤其是中华民族"站起来"提供了重要支撑,积累了丰富经验。

一、新中国初期文化建设的探索

(一) 文化为人民大众服务

近代以来,中国战乱频仍、国弱民穷、公共文化设施短缺、文盲率高达为80%。④ 1949年,全国仅有55个公共图书馆、896个文化馆(站)、21个博物馆,艺术表演团体1 000个,场馆891个,⑤而且多集中在大型城市、口岸城市或省会城市。以内蒙古自治区首府呼和浩特为例,在1949年之前,这座30万人口的北方城市,居然无一家电影院。中华人民共和国成立后,提高广大人民群众文化水平这一艰巨的任务,摆在了新生的人民政权面前。政务院下设文化教育委员会,作为国家领导文化教育建设的机构,指导文化部、教育部、卫生

---

① 《毛泽东文集(第5卷)》,人民出版社1996年版,第345页。
② 中共中央文献研究室编:《建国以来重要文献选编(第1册)》,中央文献出版社2011年版,第9页。
③ 《毛泽东年谱(1949—1976)(第3卷)》,中央文献出版社2013年版,第24页。
④ 国家教育委员会成人教育司编:《扫除文盲文献汇编(1949—1996)》,西南师范大学出版社1997年版,第96页。
⑤ 国家统计局国民经济综合统计司:《新中国六十年统计资料汇编》,中国统计出版社2010年版,第78页。

部、科学院、新闻总署和出版总署的工作,并建立了从中央到地方的各级文化领导管理体制和文化生产体制,为新文化建设提供了制度保障。在1949年7月召开的全国文学艺术工作者第一次代表大会上,毛泽东要求全中国一切爱国的文艺工作者团结起来,"进一步联系人民群众,广泛地发展为人民服务的文艺工作,使人民的文艺运动大大发展起来"。① 大会确立了文艺为人民服务首先为工农兵服务的方向,其间选举产生中华文学艺术界联合会,文联下属的美术、舞蹈、曲艺、文学、音乐、戏剧、电影等专业性协会也相继成立,并在地方设立分会,加强了文艺队伍的组织和建设,开启了发展人民文艺的高潮。教育工作会议则确定了"教育必须为生产建设服务,为工农服务,学校向工农开门"的方针,②培养"富有创造力和全面发展的新社会的建设者"③。我国有计划、有步骤地发展人民文化、人民文艺、人民教育:广泛建设公共图书馆、群众艺术馆、文化馆(站)、剧场,以及广播、电影设施,活跃基层群众文化生活,发展新的文学、戏曲、电影、音乐、舞蹈、戏剧、美术、广播、报纸、杂志等社会文化事业,将教育的普及与提高相结合,大力发展与各级各类学校相衔接的现代国民教育体系,在各地开展识字扫盲运动和业余教育、各种专业培训,1958年实行全日制和半工半读两种教育制度,④实行文字改革,简化汉字,制订和推行《汉语拼音方案》,推广普通话,等等,这些举措实现了文化群众化、通俗化,让大多数人都有了读书看报、看戏观影的能力。职工享有配发书报费与电影票补贴等福利制度,这也培养了城市居民"文化消费"的习惯。

(二) 形塑文化建设的主体

中华人民共和国成立初期,培养新人与改造旧知识分子同样重要。《共同纲领》提倡"爱祖国、爱人民、爱劳动、爱科学、爱护公共财物"⑤的国民公德;在

---

① 中共中央文献研究室编:《毛泽东年谱(1893—1949)》(下卷),人民出版社、中央文献出版社1993年版,第525页。
② 中共中央党史研究室编:《中国共产党的九十年·社会主义革命和建设时期》,中共党史出版社、党建读物出版社2016年版,第404页。
③ 钱俊瑞:《当前教育建设的方针》,《人民教育》1950年第1期。
④ 《刘少奇选集》(下卷),人民出版社1985年版,第324页。
⑤ 中共中央文献研究室编:《建国以来重要文献选编(第1册)》,中央文献出版社2011年版,第9页。

教育方针上，毛泽东提出培养德、智、体全面发展，"有社会主义觉悟的有文化的劳动者"。① 1951年，中共中央要求健全各级党委宣传机构和加强党的宣传教育工作，迅速建立了覆盖全国、有效运作的宣传和组织网络，用马克思主义教育亿万人民群众。中央成立中共中央马克思、恩格斯、列宁、斯大林著作编译局，组织编译马克思、恩格斯、列宁、斯大林全集，出版了《毛泽东选集》。毛泽东亲自审定收录的文章，并为某些文章写了题解和注释。马克思主义中国化的成果得到宣传普及。同时，党和政府注重发展高等艺术院校、中等艺术学校，大力培养艺术人才；进行学校课程改革，重视用马克思主义理论教育引导广大青年学生，"废除政治上的反动课程，开设新民主主义的革命政治课程，借以肃清封建的、买办的、法西斯主义的思想，发展为人民服务的思想"。② 高校开设"辩证唯物论与历史唯物论""新民主主义论"和"政治经济学"等课程，后改为"马列主义基础""中国革命史"课程。

中国知识分子的基本队伍是爱国进步、具有建设新国家愿望的，但是，知识分子中相当一部分受旧的思想影响较深，对共产党、新社会、新事物还不了解，思想感情上与劳动群众有隔膜，因此，党和国家对知识分子采取团结、教育、改造的方针，③帮助他们逐步成长为工人阶级知识分子。改造的途径和方法是读书学习，批评和自我批评。

思想改造运动从教育界开始，1951年9月初，时任北京大学校长马寅初等12位知名教授发起北大教师的政治学习运动，随后推进到文艺界、学术界和整个知识界。郭沫若任主席的中国新史学研究会筹备会成立，研究会的宗旨首先是"学习并运用历史唯物主义的观点和方法，批判各种旧历史观"④，实行戏曲改革，改戏、改人、改制。国家明确规定以历史观点和爱国观点作为审查剧目的标准，旧有戏曲中一切有重要毒害的内容，及表演形式上一切野蛮、恐怖、残酷、猥亵、奴化的成分，必须革除。对好的剧目中一切健康、进步、美丽的因素加以肯定，继续发扬；对艺人加强培训教育工作，提高其政治、文化及业

---

① 《毛泽东文集（第7卷）》，人民出版社1999年版，第226页。
② 《关于实施高等学校课程改革的决定》，《人民教育》1950年第5期。
③ 欧阳雪梅：《中华人民共和国文化史（1949—2019）》，当代中国出版社2019年版，第52页。
④ 中国史学会秘书处编：《中国史学会五十年》，海燕出版社2004年版，第4页。

务水平。旧戏班社中的旧徒弟制、养女制等不合理制度,严重侵害人权与艺人福利,应加以改革,以剧团、剧场为基础,演出新剧目,改进管理①。这类措施改变了大多数从业者颠沛流离、衣食无着的状态。此外,相关措施还包括结合土地改革、贯彻婚姻法、批判封建文化,在抗美援朝运动中,肃清帝国主义在华文化影响,展开反帝爱国运动,对接受美国津贴的文化教育机关,分别由国家接办或中国私人团体自办②,批判奴化思想,提高民族自尊心和自信心,批判电影《武训传》的错误历史观,解决文艺工作者该怎样阐释历史以及评价历史人物的问题,批判《红楼梦》研究中的唯心主义观点及胡风文艺思想等,1954年中共中央批准成立中国科学院社会科学部,发展马克思主义指导下的哲学社会科学,等等。思想改造和学习运动帮助知识分子"掌握马克思主义基础知识,由民族的、爱国的立场前进到人民的立场"③。历史学界的陈垣、吕思勉、吴晗、罗尔纲、杨向奎、赵俪生和杨荣国等史学家纷纷撰文,畅谈与唯心史观划清界限,分享用马克思主义观点分析问题的收获。杨荣国说:"就我们历史工作者来说……经过这一系列的运动与学习,大家都有极大的进步,立场、观点和方法都初步地改变过来,初步的以工人阶级的立场、唯物的观点和辩证的方法来讲授和撰著历史了。"④文艺工作者满腔热情地深入工农兵、了解工农兵、表现工农兵,文艺创作掀起"写人民、为人民、服务于人民"的热潮。在扫盲等文化普及活动中,男女老少都来学识字,出现了夫教妻、子教父、能者为师、有文化的都来教、没文化的都来学的感人场面。随着社会主义建设的全面开展,马克思主义的研究宣传教育更加系统化科学化,如宣传工作要"用马克思列宁主义的分析方法,用人民的语言,很有说服力地去说明马克思列宁主义的普遍真理和中国具体情况的统一"⑤。

---

① 参见《政务院关于戏曲改革工作的指示》,《文化工作文件资料汇编(一)(1949—1959)》,文化部办公厅1982年内部出版,第177—178页。
② 中共中央宣传部办公厅、中央档案馆编研部编:《中国共产党宣传工作文献选编(1949—1956)》,学习出版社1996年版,第160页。
③ 中共中央党史研究室:《中国共产党的九十年·社会主义革命和建设时期》,中共党史出版社、党建读物出版社2016年版,第408页。
④ 杨荣国:《史学工作者的任务》,《历史教学》1954年第2期。
⑤ 中共中央文献研究室编:《建国以来重要文献选编(第8册)》,中央文献出版社2011年版,第199页。

(三) 提出文化建设方针,繁荣发展社会主义文化

党的八大明确提出,"我们国内的主要矛盾,已经是人民对经济文化迅速发展的需要同当前经济文化不能满足这种需要的状况之间的矛盾",①把繁荣发展社会主义文化确立为党和国家的主要任务。毛泽东提出了"在艺术方面的百花齐放的方针,学术方面的百家争鸣的方针",②他多次申明这个方针是一个基本、长期的方针,并强调"双百"方针是与坚持马克思主义指导地位相统一的,"无论在党内,还是在思想界、文艺界,主要的和占统治地位的,必须力争是香花,是马克思主义"。③"推陈出新""古为今用、洋为中用"是我国文化建设的基本路径。毛泽东提出,我们不仅"对中国的文化遗产,应当充分地利用,批判地利用"④,而且"一切民族、一切国家的长处都要学,政治、经济、科学、技术、文学、艺术的一切真正好的东西都要学。但是,必须有分析有批判地学,不能盲目地学,不能一切照抄,机械搬用"⑤。我们应该学习借鉴外国好的东西,"要用外国有用的东西来改进和发扬中国的东西,创造中国独特的新东西"。⑥文化部设置文物事业管理局,逐步建立了文物保护制度。1958年2月,党和政府在国务院科学规划委员会下设立古籍整理和出版规划小组,负责全国古籍的整理和出版工作,并制定了古籍整理出版的长期规划,分门别类地整理古籍。

中国与苏联及其他社会主义国家进行了广泛的文化交流,例如1951年4月,中国与波兰签订《中波文化合作协定》。与此同时,我国还与亚洲新兴民族独立国家建立和发展文化友好关系,与日本、西欧等国家逐渐开展民间文化交流。除有计划地翻译马克思、恩格斯、列宁、斯大林的著作外,还进口社会科学、科学技术类书刊,服务国家建设。从1949年10月到1955年12月,共计

---

① 中共中央文献研究室编:《建国以来重要文献选编(第9册)》,中央文献出版社2011年版,第293页。
② 中共中央文献研究室编:《毛泽东年谱(1949—1976)(第2卷)》,中央文献出版社2013年版,第574页。
③ 《毛泽东文集(第7卷)》,人民出版社1999年版,第197页。
④ 《毛泽东文集(第8卷)》,人民出版社1999年版,第225页。
⑤ 《毛泽东文集(第7卷)》,人民出版社1999年版,第41页。
⑥ 中共中央文献研究室编:《毛泽东年谱(1949—1976)(第2卷)》,中央文献出版社2013年版,第607页。

翻译出版各国书籍 12 155 种,18 853.8 万册。其中苏联的有 10 017 种,人民民主国家有 620 种,美国的 562 种。① 奥斯特洛夫斯基的《钢铁是怎样炼成的》译成中文后,一版一次就印行 50 万册,后来多次再版。《卓娅和舒拉的故事》《拖拉机站站长和总农艺师》的印数曾分别达到 134 万册和 124 万册。② 奥斯特洛夫斯基等作家创作的充满革命激情和乐观主义精神的作品,成为当时中国人的精神食粮之一,鼓舞了人们战胜困难的信心。此外,1971 年中国恢复在联合国合法席位后,与西方各国的文化交流逐渐扩大。

二、中华人民共和国成立初期文化建设取得的主要成就

(一) 保障了人民的文化权益

中华人民共和国成立初期,在当时财政极其困难的情况下,1953—1957 年五年文化事业费总投入为 4.97 亿元,1978 年当年增加到 4.44 亿元,③ 文化设施大为改观。到 1966 年,全国有公共图书馆 523 个、文化馆(站)4 846 个、博物馆 193 个,④ 基本上普及农村广播网。全国文盲率由 1949 年的 80%,下降到 1964 年(第二次全国人口普查)的 33.58% 和 1982 年(第三次全国人口普查)的 22.81%。1978 年全国适龄儿童小学净入学率达到 95.5%,小学毕业生入学率达到 87.7%,高校毕业生累计 139.2 万人,中等专、业学校毕业生累计 211.1 万人,⑤ 分别为中华人民共和国成立前七年的 4.7 倍和 2.4 倍,培养了大量的专业技术人才。

同时,党和政府将发展少数民族文化作为国家工作中的一项重大任务,在

---

① 丁西林:《十年来中外文化交流和友好往来》,《光明日报》1959 年 9 月 24 日。
② 《当代中国的出版事业》(上),当代中国出版社 1993 年版,第 416 页。
③ 《文化事业繁荣兴盛文化产业快速发展——新中国成立 70 周年经济社会发展成就系列报告之八》,http://www.gov.cn/xinwen/2019-07/25/content_5415076.htm。
④ 国家统计局国民经济综合统计司:《新中国六十年统计资料汇编》,中国统计出版社 2010 年版,第 78 页。
⑤ 同上书,第 7276 页。

一些地区建立民族学院,大力培养少数民族人才;创制和改革少数民族语言文字,繁荣发展少数民族文化。例如,在地广人稀的内蒙古牧区也出现了像"乌兰牧骑"这样的红色文化工作队。雪域高原上的西藏建立起了第一所民办小学、第一所夜校、第一个识字班、第一个电影放映队,①改变了自身文化主体:西藏和平解放以前,藏族文化是一种以拉萨为核心、以政教领袖为主体的精英文化,藏族僧侣阶层和贵族受到良好教育,把持着藏族社会的话语权。中华人民共和国成立后,农奴、农牧民、猎人、手工艺人、军人等普通藏民作为文学形象逐步走入文学殿堂,为藏族文化带来了清新的空气,藏族语言文字也得到保护和发展。

(二) 在哲学社会科学领域确立了马克思主义指导地位

中华人民共和国成立后,不仅许多知识分子逐步成为坚定的马克思主义者,而且马克思主义指导下的哲学社会科学体系建立了起来。哲学界自觉运用马克思主义哲学观点和方法研究社会主义建设中的实际问题,出版了《辩证唯物主义历史唯物主义》《辩证唯物主义纲要》等哲学教材,并在学科建设和教材建设中使马克思主义哲学得到普及,强调让哲学变成群众手中的武器,由此开展了马克思主义哲学启蒙教育运动,形成了"学哲学、用哲学"的文化氛围。

在唯物史观指导下,历史学界在批判封建旧史学与资产阶级史学的基础上,开创了马克思主义史学领域内百家争鸣的全新局面,提出并讨论了许多重大史学命题,如关于中国古代史分期、封建土地所有制形式、资本主义萌芽、农民战争和汉民族形成五个重大史学理论问题(称为"五朵金花")的研究、讨论和论争。此外,还有"亚细亚生产方式"、中国封建社会"长期延续"的原因、中国古代民族关系、中国近代史分期问题、爱国主义与民族英雄、历史人物评价问题及阶级观点与历史主义关系问题等重大史学理论问题,这些对中国历史进程中的重大问题进行探讨及研究的成果,成为人们深入认识中国历史的依据或参考,史学工作者从朝代史的束缚下解脱出来,史学界的学术水平整体提

---

① 胡星:《西藏民主改革 50 年社会生产力实现三次历史跨越》,http://www.gov.cn/jrzg/2009-03/19/content_1263172.htm。

高,对历史科学的发展产生了重大影响①。周谷城出版了《世界通史》,旗帜鲜明地提出:"欧洲通史并非世界通史之中心所在"。② 他通过对尼罗河流域文化区、西亚文化区、爱琴文化区、中国文化区、印度文化区、中美洲文化区等六大古文化区的阐述,努力凸显不同国家、不同民族和不同文明的特征以及彼此之间的关系,否定了"欧洲中心论"。吴于廑在 1964 年提出了"整体史观"思想,他说:"一部名副其实的世界史,无疑必须体现世界的观点。所谓世界观点,是针对地区或种族的观点而言的。它应当排除地区或种族观点的偏见,全面而如实地考察世界各地区、各国家、民族的历史。"西方史家从不把"落后的非欧洲"写进史书,如果写,"也是用以反衬欧洲的文明和进步"。③

"马克思在经济史研究中抽象出的生产力与生产关系、经济基础与上层建筑等一系列经济学理论,以及历史唯物主义和辩证唯物主义世界观和方法论,更加适合于经济史研究的理论指导,更加具有方法论意义,所以中华人民共和国成立初期的经济史学家,对此更易于接受,并心悦诚服地运用于经济史研究之中。"④唐长孺在《魏晋南北朝史论丛》跋语中指出,"在研究过程中,我深刻体会到企图解决历史上的根本问题,必须掌握马克思列宁主义的理论";⑤傅衣凌也表示,"通过学习马克思主义理论……认识有了很大的提高,研究的信心增强"。⑥ 在马克思主义理论和方法指导以及在倡导科学研究的氛围下,经济史研究成就硕果累累。如李剑农等重新编写的《先秦两汉经济史稿》《魏晋南北朝隋唐经济史稿》和《宋元明经济史稿》由生活·读书·新知三联书店出版,成为最早的中国经济史多卷本著作和各高校的参考教材,其权威性为学术界所公认。彭雨新着重阐述中国封建社会生产力的发展和生产关系的变化。在对封建社会生产关系变化的说明中,著者十分重视政治与经济相互作用的关系。"⑦运用马克思主义理论和方法研究的代表性成果还有傅衣凌《明清时

---

① 参见瞿林东:《传播·反思·新的前景——新中国 70 年史学的三大跨越》,《中国史研究动态》2019 年第 4 期;于沛:《批判与建构:新中国史学理论研究的回顾与思考》,《历史研究》2019 年第 4 期。
② 周谷城:《世界通史(第 1 册)》,商务印书馆 1950 年版,第 1 页。
③ 《吴于廑文选》,武汉大学出版社 2007 年版,第 3、8 页。
④ 陈锋:《与时代同行:中国经济史研究 70 年》,《光明日报》2019 年 11 月 18 日。
⑤ 唐长孺:《魏晋南北朝史论丛》,商务印书馆 2010 年版,第 448 页。
⑥ 傅衣凌:《傅衣凌治史五十年文编》,中华书局 2007 年版,第 47 页。
⑦ 李剑农:《中国古代经济史稿(第 1 卷)(先秦两汉部分)》,武汉大学出版社 1991 年版,第 1 页。

代商人及商业资本》(1956)、《明代江南市民经济试探》(1957)、《明清农村社会经济》(1961),梁方仲《明代粮长制度》(1957),王毓铨《我国古代货币的起源和发展》(1957)、《明代的军屯》(1965),杨端六《清代货币金融史稿》(1962),王亚南《中国地主经济封建制度论纲》(1954),唐长孺《魏晋南北朝史论丛》(1955)、《三至六世纪江南大土地所有制的发展》(1957)、《魏晋南北朝史论丛续编》(1959),贺昌群《汉唐间封建的国有土地制与均田制》(1958),谷霁光《府兵制度考释》(1962),韩国磐《隋唐的均田制度》(1957)、《北朝经济试探》(1958)、《南朝经济试探》(1963),胡寄窗《中国经济思想史》(上、中册,1962、1963)等,这些著作也填补了经济史研究的空白。①

(三) 创作了熠熠生辉的文艺经典

文艺工作者满腔热情地深入生活,创作了一大批表现人民群众改天换地创举的雅俗共赏的艺术精品。如 1959 年的小提琴协奏曲《梁山伯与祝英台》是西方交响音乐民族化的典范。1964 年 9 月的芭蕾舞剧《红色娘子军》更是"洋为中用"文艺创新的巅峰之作:借用西式舞蹈、音乐技法,其思想内容和风格则完全是中国民族化的。同时,文艺工作者还创作了一大批具有现实主义和浪漫主义的革命历史和革命战争题材的文艺作品。如《新儿女英雄传》《保卫延安》《林海雪原》《风云初记》《苦菜花》《青春之歌》《三家巷》《红旗谱》《红岩》《铁道游击队》《烈火金刚》《野火春风斗古城》等,受到读者热烈欢迎。如《青春之歌》1958 年出版时就连续 6 次印刷,共印刷了 39 万册;《林海雪原》1957 年出版,到 1961 年已累计发行 100 多万册。②《红岩》发行量超过千万册。音乐作品有《我的祖国》《让我们荡起双桨》《北京的金山上》《翻身农奴把歌唱》《长征组歌》等。在中国画领域,产生了《把学习成绩告诉志愿军叔叔》《婆媳上冬学》《转战陕北》《八女投江》《群英会上的赵桂兰》,以及林风眠的彩墨仕女和关良的简笔戏曲人物等优秀作品。③ 以《一支驳壳枪》《小兵张嘎》与

---

① 陈锋:《与时代同行:中国经济史研究 70 年》,《光明日报》2019 年 11 月 18 日。
② 贺绍俊:《当代文学的"洪钟大吕"》,《文艺报》2019 年 7 月 8 日。
③ 于洋:《笔墨延展与时代新象——新中国 70 年中国画发展历程回眸》,《中国文化报》2019 年 9 月 1 日。

《渔岛怒潮》等为代表的各种畅销连环画更是销量惊人,1949—1965年,全国共出版一万多种连环画,总印数约2.6亿册。①

民族传统戏曲艺术遗产的整理和革新取得了不俗成绩。截至1957年4月,全国在挖掘传统剧目方面,开列出名目的有51 867个,已有文字记录的14 632个,经过初步整理的4 223个,已上演的10 520个。② 戏曲工作者创作出一大批新编历史剧和用传统形式表现新时期的人物形象的新戏曲。如京剧《海瑞罢官》《穆桂英挂帅》《赵氏孤儿》《碧波仙子》《白毛女》《杨门女将》《谢瑶环》《九江口》,越剧《则天皇帝》《红楼梦》《文成公主》,粤剧《李文茂起义》《关汉卿》,沪剧《星星之火》《鸡毛飞上天》,豫剧《冬去春来》《破洪州》《卷席筒》,川剧《夫妻桥》《和亲记》,湖南花鼓戏《生死牌》《打铜锣》《补锅》,黔剧《秦娘美》《奢香夫人》,吕剧《姊妹易嫁》、评剧《金沙江畔》、彩调《刘三姐》、昆剧《墙头马上》等优秀剧目,其中许多佼佼者成为久演不衰的经典剧目。

(四) 举全国之力实施大型文化工程

1953年《新华字典》第一部出版(迄今11版)。1956年6月,标点本《资治通鉴》正式出版。1957年开始修订《辞海》,这是中华人民共和国历史上第一部大型的综合性辞典,以政治性、科学性、通俗性、知识性、稳定性、正面性等为修订原则。《辞源》修订版第一册1964年7月出版发行。同时,《汉语大字典》《中国古籍善本书目》"二十四史"(点校本)《清史稿》《中国大百科全书》《中华大典》《大中华文库》等陆续出版。此外,还出版了《全唐诗》《全宋词》等一批古代文学、历史、哲学方面的典籍和资料书,影印了《太平御览》《永乐大典》等古籍,既方便普及传统文化,也推动了文史学术发展,保护了少数民族文化艺术。

(五) 构建中国话语和塑造中国精神

近代以来,封建制度腐朽没落,中国这个昔日东方大国渐渐落后于西方

---

① 陈矩弘:《新中国出版史研究(1949—1965)》,上海交通大学出版社2012年版,第208页。
② 《当代中国戏曲》,当代中国出版社1994年版,第43页。

列强,西方国家向中国倾销鸦片,使国人"双管横陈,何人对拥无眠"①;在西方列强坚船利炮之下,中华民族不仅因落后而挨打,也因落后而失去了话语自信、文化自信。在西方话语中,中华民族被污名化。黑格尔曾武断地认为,包括中国文明在内的东方文明是人类历史的童年,属最幼稚、最低等级的文明②。中国人被冠以"东亚病夫",西方人对中国人的精神状态抱着负面评价的态度,认为中国人不仅体质低下,而且精神上奴性、胆怯、自私。

中华人民共和国成立,是中华民族走向伟大复兴的伟大历史开端,也是中国话语走向世界的伟大历史开端。以毛泽东同志为主要代表的中国共产党人重建话语,在天安门广场竖立"人民英雄纪念碑",他亲自起草碑文,把1840年鸦片战争以来牺牲的先烈,悉数纳入"人民英雄"之列,致敬"为了反对内外敌人,争取民族独立和人民自由幸福,在历次斗争中牺牲的人民英雄们!"这些为中华民族掌握自己命运、开创民族发展新路而英勇献身的人们,是民族英雄,是国家荣光,照亮了民族复兴的伟大征程。此外,为了尊崇劳动者,还定期表彰劳动模范,致敬功勋楷模。每逢重大节日,党和政府就把劳动模范与功勋楷模请上天安门城楼,与党和国家领袖一同观礼,这奠定了人民与国家的良好关系。

在抗美援朝战争中,无数作家、艺术家充满深情地歌颂国家的伟大和祖国儿女保家卫国的豪情壮志,塑造志愿军无畏、自信之师的形象,歌颂"最可爱的人",激发军队的革命英雄主义和中国人民的爱国主义精神,以此支援前线、支持军队。报告文学《为了六十一个阶级兄弟》表现了人民之间的友爱之情,《红旗插上了珠穆朗玛峰》塑造了中国人民的攀登精神,《让我们荡起双桨》表现了孩子们在阳光下快乐成长,《我为祖国献石油》展现了社会主义建设者们的豪迈,《远方的客人请你留下来》体现了56个民族相亲相爱,《祖国颂》充满了当家作主的豪情,《我们是共产主义接班人》表达了少年儿童的心愿,《英雄赞歌》凝聚着中华儿女的英雄情结,等等,③这一首首歌,不仅使中国艺术由宫殿艺

---

① 汪廷奎,茅林立:《林则徐读本》,海峡文艺出版社2015年版,第356页。
② 参见王绍光:《回望1840,今天为中国精神重新编码》,https://www.guancha.cn/WangShaoGuang/2019_09_01_516034.shtml。
③ 韩新安:《奋进的音符 多彩的乐章(逐梦70年)》,《人民日报》2019年10月9日。

术、小众艺术、文人艺术走向大众,更让世界感受到中国人"敢教日月换新天"的气概。

中华人民共和国成立后,中国人民迸发出极大的历史主动精神和创造精神,展现出极大的生机与活力。梁漱溟先生在1950年国庆时写下《国庆日的一篇老实话》,说"可喜的新气象到处可见,具体事例数说不完"。以前"大多数是混饭吃,混一天算一天,其他好歹不管""今天不然了。我走到各处都可以看见不少人站在各自岗位上正经干,很起劲地干,乃至彼此互相鼓励着干,有组织配合地干。大家心思聪明都用在正经地方。在工人就技艺日进,创造发明层出不穷。在农民则散漫了数千年,居然亦能组织得很好。这不是活起来,是什么?"①1955年9月至11月,萨特和波伏娃访问中国,10月1日他们登上天安门城楼参加了中华人民共和国成立6周年的庆典。1955年11月2日,《人民日报》刊发了萨特《我对新中国的观感》:"我特别想到这种值得钦佩的人人为我,我为人人的精神。这种精神并不是从天上掉下来落在中国的头上的,而正是你们在前进中产生的果实,也就是你们继续前进的必要方法。在缺少学校的情况下,每一个识字的中国人都可以去教另一个中国人。"全国人民在中国共产党的领导下,建设社会主义的热情高涨,涌现了一批如焦裕禄、王进喜、雷锋式的鞠躬尽瘁、死而后已的优秀党员干部,形成了大庆精神、大寨精神、"两弹一星"精神、红旗渠精神等。艰苦创业、奋发图强成为时代最强音,中华民族的精神面貌和社会风尚焕然一新。

在国际上,中华人民共和国通过发展自己更好地造福世界。毛泽东提出"中国应当对于人类有较大的贡献"②。和平共处五项原则、"三个世界"划分等,就是当年中国话语对国际话语体系的贡献。虽然自身经济条件并不宽裕,中国仍然义无反顾、真诚无私帮助支持"第三世界"的亚非拉朋友,以及与中国友好合作的世界各国朋友们。正是如此,中国走过泥沼,"站起来"了,以自信、聪明、智慧、坚韧的形象,替换了曾贴在自己身上的羸弱、贫瘠、畏惧和臣服等标签,屹立于世界的东方。

---

① 梁漱溟:《国庆日的一篇老实话》,《人民日报》1950年10月2日。
② 《毛泽东文集(第7卷)》,人民出版社1999年版,第157页。

三、中华人民共和国成立初期
文化建设的主要经验

这一时期的文化建设,是在中国共产党领导下,在马克思主义的指导下,主要依靠国家力量将文化事业置于行政体制当中运作,特别是在社会主义改造完成后,各项文化事业被纳入党和国家的统一领导之下,对社会主义文化的发展产生了深远影响,积累了经验与教训。

第一,党对文化工作的领导是关键。党把文化建设摆在全局工作的重要位置,结合时代要求、围绕党的中心任务提出文化纲领、文化发展目标、文化政策,把握文化发展的正确方向,建立健全领导体制和工作机制,加强文化治理。党发挥了政治领导、思想引领、制度安排、社会动员等重要作用,这是中华人民共和国社会主义文化不断开拓创新的根本保障。

第二,发扬模范道德示范作用。刚成立时,中华人民共和国"一穷二白",因此精神与道德的示范、激励尤为重要。在思想改造中,中国共产党强调人人都是自我改造的主体,领导干部首先要过"思想关",即树立辩证唯物主义和历史唯物主义的世界观和人生观。"活到老,学到老,改造到老",是中国共产党领导人的座右铭。因为"事物的发展是没有止境的""时代是不断前进的,思想改造就是要求我们的思想不落伍,跟得上时代,时时前进"[①]。中国共产党人一直怀着忧患意识和"赶考"情结,始终保持革命劲头,毛泽东、周恩来等领袖的克己、奉献精神在文化领域引领全社会形成敬仰英模、学习英模的崇高风尚。被张扬的英雄人物的爱国、奋斗、奉献精神,鼓舞、激励着中华儿女克服各种困难、万众一心、自强不息、一往无前,国家和民族的凝聚力、自豪感不断增强。

第三,建设人民的文化。中华人民共和国坚持文化为人民服务、为国家建设服务,把满足人民精神文化需求作为工作的出发点和落脚点,又把服务群众同教育引导群众结合起来,把满足需求同提高素养结合起来,以促进人的全面

---

① 《周恩来选集》(下),人民出版社1984年版,第423页。

发展为根本目的。文艺扎根人民、扎根生活。毛泽东把老舍反映新旧社会对比的话剧《龙须沟》请进了中南海怀仁堂。柳青为了深入农民生活,辞去了陕西省长安县(现为长安区)县委副书记的职务,定居在那儿的皇甫村,蹲点14年,集中精力创作经典史诗之作《创业史》。文艺创作者深入生活,面向基层、面向群众,不仅以真诚和热血创作了受群众欢迎的文艺作品,也哺育了一批文艺工作者和文艺大家。人民的文艺所表达的理想主义、英雄主义精神,对人民群众产生了一种感染、教育和召唤作用,在中华民族从帝国主义的欺凌中刚刚站立起来之际,无疑具有伟大的积极意义。①

第四,"文贵创新"。社会主义文化借鉴和利用了许多喜闻乐见的传统与现代样式。如革命战争题材的文学作品,把中国传统文学的传奇性方法,与新时代的革命英雄主义结合起来,作为一种美学追求来反映和揭示生活,塑造了鲜明、生动、丰满的艺术形象,以表达时代和人民心声作为正道,极大提高了革命历史和革命战争小说的艺术品位,使之具有了无法比拟的传奇色彩和浪漫主义特色,这些现实主义精神的作品后来被称为"红色经典",实际上为当代中国文学奠定了基调。② 画家则提倡"一手伸向生活,一手伸向传统",发掘、弘扬中国的民族文化,写实水墨人物画,在素描与笔墨或彩墨的融合方面积极探索,在题材上进一步贴近现实社会。③ 历史学家在继承中国古代史学求真致用的优秀传统以及近代新史学寻求现代性的现实关切的基础上,形成了唯物史观指导下的马克思主义史学理论格局。苏联文学、美术、舞蹈、音乐、戏剧创作的理论、形式和技术手段,电影创作的蒙太奇理论和技巧等输入中国,丰富了中国文化的样式和审美观念,促进了中国文化发展,也丰富了中国人民的精神文化生活。中华人民共和国在将马克思主义与中华传统文化、外国优秀文化进行整合的基础上,塑造出社会主义文化。

值得注意的是,改革开放后,人们批评这一时期文化与政治靠得太紧,文化多样性不够,但应看到中国当时文盲占绝大多数、文化发展仍是一盘散沙的

---

① 陈晓明:《中国当代文学的探索道路》,《文艺报》2019年9月27日。
② 贺绍俊:《当代文学的"洪钟大吕"》,《文艺报》2019年7月8日。
③ 于洋:《笔墨延展与时代新象——新中国70年中国画发展历程回眸》,《中国文化报》2019年9月1日。

历史背景,且当时中国社会形态更替,以维护民族主权和国家安全为最高目标,在东西方意识形态严峻对立的冷战形势下,文化及文化艺术工作者被赋予除旧布新,维护文化安全,传播社会主义新文化、宣传社会主义新观念、教育社会主义新人、服务于国家建设的目标与使命,是断不能鼓励其放任自流、浅吟低唱、自娱自乐的。当然,当时的文化建设是在对旧文化的批判中建构起来的,要划清无产阶级与资产阶级、社会主义与资本主义的界限,清除和批判文化领域内的唯心主义思想,而马克思主义是一个庞大、完整的科学体系,人们要在短时间内学懂它和正确地运用它不容易,因此也存在对马克思主义某一论点或断语的夸大和误读,导致教条主义和简单地对待马克思主义的倾向,这就使得具体的历史研究在运用理论时,往往忽视了特定的语境和研究对象的差异,这种理论的泛化导致了历史研究的教条化、理解上的简单化。党的十九届四中全会提出坚持马克思主义在意识形态领域指导地位的根本制度,坚持以社会主义核心价值观引领文化建设,对此,我们需要从既往的文化建设中继承相关有效措施手段,吸取经验教训,使全国各族人民同心同德、团结奋斗,共筑中华民族伟大复兴的宏图伟业。

新时代我国文艺生态审视

——基于主旋律文学的视角

刘子杰*

[摘要] 主旋律文学主要指被普遍认为反映国家主流意识形态(包括其弘扬的社会主流价值),同时得到国家意识形态部门扶植的小说、电影、电视剧、戏剧等文学作品。新时代需要主旋律文学体现主流意识形态的"人民性""社会主义"和"中国"特征。新时代主旋律文学面临的文艺生态困境主要有:"人民"的中心地位尚有待加强,社会主义因素受到资本主义因素的冲击和压制,中国主体的建构受到西方文化的影响。"以人民为中心"是新时代主旋律文学突破困境的根本途径,具体可从三方面着手:坚持意识形态主体、作家主体、人民主体三者的融合统一;借重中国叙事传统,建构中国人民能够接受的叙事模式;建构新时代中国特色社会主义文化逻辑。

[关键词] 新时代;文艺生态;主旋律文学;以人民为中心

主旋律文学主要指被普遍认为反映国家主流意识形态(包括其弘扬的社会主流价值),同时得到国家意识形态部门扶植的小说、电影、电视剧、戏剧等文学作品。从题材类型上看,主旋律文学主要涉及以下一些类型:革命历史与革命战争题材;伟人、英雄、先进人物题材;当代重大现实题材;古代历史题材;当代军事题材。这些题材与主流意识形态和主流价值观密切相关,因而受

---

* 刘子杰,上海大学社会科学部马克思主义学院、上海高校马克思主义理论智库——强国战略与话语权研究中心讲师,博士。

到意识形态部门重视、引导和支持。比如,国家广电总局设有专门的"重大革命和历史题材办公室",负责这类题材创作的审批、立项和审查工作,[①]国家意识形态部门已把当代现实主义题材的文学创作纳入主旋律文化战略的实践当中。[②] 国家政府部门以各级各类基金项目资助、各种评奖、对重点作品的宣传评论、对一些电视剧给予在电视台黄金时段播放的优先权等方式,对这些作品进行激励和支持。

主旋律文学牵涉意识形态、国家政策、生产机制等多个领域内的复杂权力争夺和缠绕,因而主旋律文学的研究价值超出了纯粹的文学研究领域,具备了解码当代文艺生态内部复杂权力结构的可能。笔者拟从主旋律文学的视角,分析新时代中国文艺生态面临的困境,并尝试提供突破困境的方案。

一、新时代需要什么样的主旋律文学

新时代国家主流意识形态面临的政治、经济、文化环境出现了新的变化,因而弘扬主流意识形态的主旋律文学也必须顺应这种变化,从新的着力点入手,为实现主流意识形态功能做出贡献。

(一)新时代需要主旋律文学体现"人民性"特征

马克思主义理论认为,任何一种社会形态都有一种占据主导地位的主流意识形态。"统治阶级的思想在每一时代都是占统治地位的思想。这就是说,一个阶级是社会上占统治地位的物质力量,同时也是社会上占统治地位的精神力量。"[③]我国是人民当家作主的社会主义国家,占统治地位的主流意识形态当然应该是人民的思想,人民主体性是我国的国家主流意识形态的根本特征。近年来,习近平总书记针对文艺工作始终强调"社会主义文艺要以人民为

[①] 刘复生,汪荣:《询唤与协商——"主旋律"文学的创作现状与发展走向》,社会科学文献出版社2017年版,第59页。
[②] 洪子诚:《中国当代文学史》,北京大学出版社2007年版,第354—355页。
[③] 《马克思恩格斯文集(第1卷)》,人民出版社2009年版,第550页。

中心""文艺要反映好人民心声",①党的十九大报告也明确指出:"社会主义文艺是人民的文艺,必须坚持以人民为中心的创作导向。"②"我国社会主要矛盾已经转化为人民日益增长的美好生活需要和不平衡不充分的发展之间的矛盾",③这一点反映在文化领域,就要求主旋律文学能够为人民的美好生活需要提供丰富的精神产品,因而时代的主旋律文学必须坚持"以人民为中心"这一根本创作原则,满足人民的需要,满足人民对美好生活的追求。

(二) 新时代需要主旋律文学体现"社会主义"特征

进入新时代,我国思想文化和意识形态领域的斗争更趋复杂。资本主义文化随着西方文化的涌入和国内市场经济改革而逐渐在中国文化生态中占据了一席之地,并力图通过各种手段愈来愈广泛地俘获社会主义国家的大众。这对我国主流意识形态的社会主义特征构成了极大的威胁和挑战。对于意识形态领域的斗争,动用国家权力打压、封杀别的意识形态不是最佳方法,不仅是因为这样做会被认为是非良性竞争,有可能使原本应该活跃的思想文化领域变得僵化而失去活力,更主要的是,资本主义文化并不是直接出面挑战社会主义意识形态,而是隐藏在知识分子精英文化和大众文化中,以精英和大众的面貌来挑战主流,这就使得情况极为复杂。若使用国家权力进行打压,极易打击知识分子和大众的积极性,使其对主流意识形态产生排斥,从而走向主流意识形态的对立面,更加接受资本主义文化提供的意识形态想象。这就恰好中了资本主义文化的圈套。更为可行的办法或许是,在意识形态领域争夺文化领导权,即不是通过国家权力打压和封杀对手,而是通过读者或观众发自内心的认同来争取大众自发性支持国家主流文化,从而抵制资本主义文化。优秀的文艺作品能够通过生动、形象的艺术手段打动人,从而使得作品承载的文化观念自然而然地深入人心,因而主旋律文学存在这样的可能性:在多元文化格局和意识形态斗争中达到"政治无意识"的最高境界,在这样的境界中使得

---

① 习近平:《文艺工作座谈会上的讲话》,《人民日报》2015年10月15日。
② 习近平:《决胜全面建成小康社会 夺取新时代中国特色社会主义伟大胜利——在中国共产党第十九次全国代表大会上的报告》,人民出版社2017年版,第43页。
③ 同上书,第11页。

"社会主义"深入人心。

(三) 新时代需要主旋律文学体现"中国"特征

习近平总书记指出:"中国精神是社会主义文艺的灵魂,"文艺作品要"弘扬中国精神、凝聚中国力量,鼓舞全国各族人民朝气蓬勃迈向未来"。[①] 文艺作品所呈现出的"中国精神"将直接影响中国人民对自己国家的想象性认同,也会影响世界如何看中国。如何认识、描述我们国家自身,如何对外展示我国的国家形象均是新时代国家主流意识形态所要解决的问题。主流意识形态的这一功能在很大程度上需依仗主旋律文学作品如何叙述、展示"中国"。这一点在历史题材和当代军事题材的作品中尤为明显。那些以古代历史、现代革命历史作为表现题材的主旋律小说及影视作品对历史的叙述可影响到全体国民对中国传统的共同想象,而这种共同的想象是建构民族国家的根本。近年来当代军事题材中越来越多的电影作品把中国军队的海外行动作为表现对象,比如"战狼"系列,《湄公河行动》《红海行动》等,这些作品直接叙述中国军事力量在海外的行为,从这个角度一方面构建了中国人民对"中国"的想象,另一方面,这些作品由于在海外播放和上映,也向世界展示了中国形象。这些作品所呈现出来的中国形象,将直接决定我国的主流意识形态在国内、国际被接受的程度和能否取得文化领导权。

二、新时代主旋律文学面临的文艺生态困境

(一)"人民"的中心地位有待加强

习近平在文艺工作者座谈会以及党的十九大报告都强调社会主义文艺要以人民为中心,文艺要反映人民群众日常生活中的喜怒哀乐,作为弘扬国家主流意识形态的主旋律文学应该努力使得人民处于文学的"中心"地位。然而到

---

① 中共中央宣传部编:《习近平总书记系列重要讲话读本(2016年版)》,学习出版社、人民出版社2016年版,第200页。

目前为止,在这方面,主旋律文学仍有提升的空间。以被视为"主旋律"文学重要激励机制之一的"'五个一工程'奖"为例,第十四届"'五个一工程'奖"(2014—2017年)共奖励了67部作品,其中有43部是广义的文学性作品(电影、电视剧、戏剧、小说),其中反映当下人民群众日常生活的作品共4部:电影《塔克拉玛干的鼓声》,电视剧《鸡毛飞上天》《马向阳下乡记》,长篇小说《花儿与歌声》,占比远低于近现代革命历史题材和伟人、英雄、先进人物题材。即使在这占比极少的几部写普通人日常生活的作品中,人民也很难说处于"中心"地位,这些作品大多采用一种自上而下的视角,"人民"成为一种被叙述的对象,而不是"人民"在发声。在这种叙事模式中,作品常常按照某种意图有选择地将特定的面向展露出来,而真实"人民"的丰富性却处于被遮蔽的底层,比如电视剧《马向阳下乡记》展示了农村村民的生活状态以及他们应对生活中的苦难所依仗的中国民间生存智慧,但作品中"土地流转"的主线却被"资本逻辑"打破了,"土地流转"中,民间伦理道德基本没有发挥作用,完全是依靠利益交换的资本逻辑解决其中的问题。"土地流转"和资本逻辑结合到一起将民间伦理、价值排挤到了边缘状态。

另一个值得关注的问题是,人民群众生活中一些受到关注的问题在主旋律作品中基本上是缺席的,主旋律作品似乎在有意回避这些问题。人民群众生活中最受关注的一些问题常常被理解为是负面问题,如果创作者把握得好,则能够更加透彻地弘扬主流意识形态,使得人民更加接受主流意识形态,但如果把握得不好,则有可能走向"主旋律"的反面,造成主流意识形态与人民之间的矛盾。遗憾的是,绝大多数作品为避免出现后一种可能性而放弃了追求前一种可能性的努力,选择了对这些问题的回避。比如,周梅森的长篇小说《人民的名义》(2017年同名电视剧热播),这部反腐题材的作品融入了人民的日常生活,除了反腐这条主线索,电视剧还有另一条线索:大风厂的重建,这是和当下人民生活密切相关的一个主题,然而遗憾的是,这一条线索不仅被极大地简化了,而且支离破碎,没有呈现出自身的完整逻辑。大风厂的重建这一线索如果完全展开,可能会触及许多复杂的难题,比如国企破产后工人的生活、心理状态、过激言论和行动等,或许是出于规避风险的考虑,《人民的名义》在这条线索上省略了很多内容。然而这些问题如果处理得好,不仅可以使作品更加丰富完整,更可以化解人民和主流意识形态之间的矛盾,增进两者间的理解和融合,从而更好地完成弘扬主旋律的任务。

(二) 社会主义因素受到资本主义因素的冲击和压制

首先,从作品的生产过程来看,主旋律文学作品出于争夺文化领导权的需要,早已开始了大众化的策略,而市场经济环境中的大众化又早已染上了商业化的色彩。于是,主旋律文学作品在和商业化的联系中出现了主旋律商业化和商业化主旋律两种形态。

主旋律商业化即主旋律文学走商业化道路,通过商业化路径实现弘扬主流意识形态的目的,许多主旋律小说被改编成影视作品、主旋律题材走商业化路线成为"主流大片"进入追求票房的院线和追求收视率的电视台播放。在这个主旋律文学大众化、商业化的过程中,主旋律文学也无可避免地遭受到了来自资本因素的挑战。仅有少数作品在商业化过程中实现了使主旋律在大众群体中深入人心与成功赚取商业利润的双重统一,大多数作品都因资本因素的控制而削弱了主旋律的力度。其中一个重要原因是资本逻辑对主旋律文学的冲击。民间资本投资拍一部电视剧必须保证能够卖给电视台或者网站才能盈利,而市场化条件下,电视台以收视率为第一原则,网站遴选网络剧以流量为最高标准,而电视台和网站对一部尚未播出的电视剧作品能否热播的判断依据主要是剧中明星的数量和投资额。主旋律文学无论是出于商业目的,还是出于尽可能多地获得文化领导权的意识形态目的,对收视率、票房网络流量的追求都无可避免。在大众娱乐文化已深入人心的当下,利用在大众群体中享有高人气的明星把大众吸引到革命历史故事中或许是一个可以尝试的办法。因而和市场化大潮中的影视剧制作一样,主旋律文学影视作品的投资大部分都被明星的片酬占据,真正能够用于拍摄、编剧、制作的资金被压缩得很少,有业内人士指出:"如果要投资 160 万元拍电视剧,两个明星就拿 115 万元,其他演员 20 多万元,真正投入拍摄的资金就只剩下 20 万元了,这样的资金投入比怎么可能产生优秀的电视剧!"[1]虽然主旋律文学也有过竭力摆脱这种投资结构的努力,被称为"主

---

[1] 王晓明主编:《电视剧与当代文化》,上海三联书店出版社 2014 年版,第 198 页。

旋律中的主旋律电影"的"建国三部曲"的第三部《建军大业》,延续了之前两部《建国大业》《建党伟业》一方面大量用明星来演绎革命历史,一方面大幅度压缩明星片酬的做法,这样虽然打破了资金被巨额明星片酬消耗殆尽而无法保障精致制作费用的困境,但这部片子仍然被"明星"牵绊,虽然避免了和之前的《建党伟业》那样几乎完全以明星镜头来解构整个电影叙事从而使得电影的叙事非常干瘪,却仍然因串场明星太多,整体"枝蔓太多,串场人物太杂,主要人物反而被淹没了"。[①] 这说明《建军大业》仍没能从根本上摆脱资本逻辑的制约。

　　商业化主旋律是指商业作品利用主旋律的资源,把之前已经具有很大影响力的主旋律文学作品按照商业目的进行改编,利用主旋律 IP 赚取票房、收视率或流量。这种情况下,资本因素的介入有可能把主旋律题材中的主旋律因素抽空,使得商业化改编后的主旋律文学产生和主旋律相反的效果:非但不能弘扬主流意识形态,反而强化了商业意识形态。比如 2014 年根据主旋律 IP 改编的电影《智取威虎山》就是如此。原来的红色经典故事情节中的"夹皮沟土改"这一重要的社会主义意识形态色彩的内容在电影中彻底被删除,座山雕的军火库在原著当中是国民党为了收编土匪以对抗我军的,而在电影中这一军火库变成了张作霖留下来的。如此改编的用意昭然若揭。在电影的结尾,英雄的后代突然说:其实杨子荣救太奶奶还可以有另外一种情节,然后他发挥想象力想出了一出杨子荣与座山雕的飞机大战。这一情节的出现起到两方面的效果:一是引入飞机大战这种经典的好莱坞电影模式,商业化压倒了红色故事;二是这个叙述暗喻其实杨子荣的英雄事迹是想象出来的,严肃英雄故事的崇高性随即被消解。在这样的改编下,主旋律因素受商业意识形态压制、驱逐。

　　其次,从作品的内容来看,在当下的文艺生态中没有形成"社会主义想象"的完整结构。这一点在反映当下生活的现实主义题材作品中尤为明显。许多文艺作品呈现出的生活场景和价值取向、意识形态都带有"资本主义"因素,而少有甚或没有提供能够把观众或读者带入"社会主义"情境中的内容。已经有

[①] 《〈建军大业〉上映以来争议不断,有人炮轰有人力挺,你怎么看》,http://www.sohu.com/a/160946428_119707。

都市商战题材的作品受到国家奖励并被一致认为是关注现实题材的主旋律文学作品,比如荣获"'五个一工程'奖""金鹰奖"等多项奖励的电视剧《鸡毛飞上天》。从总体上看,这部作品张扬了家庭和亲情的重要意义,弘扬了诚实守信、互利共赢的社会主义核心价值观。在社会主义核心价值观"诚信"和资本的"利"之间,作品极力弘扬前者、批判后者。在这部作品中,由于"主旋律"因素的存在,资本的因素被极大地遏制,但一些不经意的细节仍残存资本因素冲击社会主义因素的痕迹,对作品努力营造的社会主义想象的完整性造成了负面影响。

(三)中国主体的建构受到西方文化影响

进入新时代以来,随着中国国力和海外影响力的不断提升,中国介入国际事务日益增多,当代军事题材(海外军事行动)的主旋律作品中中国崛起的故事已经开始取代年代久远的古代历史故事,成为建构中国形象和中国主体的主旋律叙事图景,这些作品往往涉及中国与国外的联系,因而更具有叙述中国形象和建构中国主体的天然优势。然而,在有些作品中,被安置在"中国"这一位置上的并非国家主流意识形态所设想的那个"中国",而是从西方国家挪用过来的内容,这就使得这些作品所呈现的"中国"却具备了别国的特征,而丧失了"中国"的特征。

以近年来热映的《战狼》《战狼2》《湄公河行动》《红海行动》等一致被认为是主旋律题材的电影为例,这些影片不单是在电影制作手法等形式因素上借鉴好莱坞的方法,其中有些作品甚至在精神内核上也深受其影响,从而使得中国文化传统和以马克思主义理论为指导的社会主义精神价值都受到了冲击。《红海行动》中,队长对队员隐瞒了狙击手重伤致残的消息后,舰长对队长说不该隐瞒,并说了一句意味深长的话:"你是队长,不是家长。"中华传统文化的重要承载形态之一就是"家庭",立足中国读者的作品有很多利用了这一传统文化心理结构,在作品中布置了"泛家族模式",[①]从而对中国读者产生了吸引力,因而舰长的那句话显然是指承载中国传统文化的家庭和泛家族模式。而且,那句话使得《红海行动》中中国军队的意识形态特征被解除。中国共产党

---

① 王一川:《励志偶像与家族成人传统》,《天津社会科学》2008年第1期。

领导的军队的首长不仅是军事意义上的长官,更是要对士兵做思想工作的"家长",中国军队的主官一直有两个角色:军事首长和政委(或指导员),后者的角色更接近于"家长"。以此为线索解读《红海行动》会发现,整个影片中,中国军队的中国特征被清除了,难怪有评论者觉得该片中的中国军队更像是"套上了中国军装的美军"。[①]《战狼2》《红海行动》这些作品都是以真实的事件作为基础:利比亚撤侨、也门撤侨,但在叙述撤侨故事的时候,这些作品都把故事的重心从撤侨转移到了反恐,而反恐是美国对外的政治行为,这就使得中国的对外政策也变得非常接近美国的对外政策。《战狼2》在"反恐—撤侨"中还是体现出了一些中国元素,军队和人民之间的血肉联系,冷锋等中国军人为了营救人民不惜牺牲一切,营救对象甚至包括非洲的小男孩及其母亲,中华文化的兼容并蓄、以和为贵等元素展现得非常充分,而《红海行动》中这些中国元素却难觅踪迹,军队只是执行任务,丝毫没有和人民的血肉联系,队长杨锐面对女记者的救人请求时,只冷冷地说了一句:"我们的任务只是救你。"在豆瓣上,《红海行动》的评分却要高出《战狼2》许多。这样的评价结果某种意义上反映出主流意识形态的尴尬处境:更接近主流意识形态要求的作品在观众中的认同度低于符合西方价值观的作品。这会影响人们对自己国家的想象性认同,以及世界对中国的认识,[②]需要引起我们高度的重视和必要的警惕。

三、以人民为中心:新时代主旋律
文学突破困境的根本途径

党的十九大报告指出:"社会主义文艺是人民的文艺,必须坚持以人民为中心的创作导向。"[③]这不仅是对主旋律文学提出的要求,同时为主旋律文学突破上述困境指明了方向。上述文艺生态困境,从本质上讲,都是为资本谋利

---

① 李飞:《〈红海行动〉:中国军队为什么要去实现美国梦》,https://www.minshengwang.com/yiminsheng/776157.html。
② 王德威:《想象中国的方法》,上海三联书店出版社2003年版,第1页。
③ 习近平:《决胜全面建成小康社会 夺取新时代中国特色社会主义伟大胜利——在中国共产党第十九次全国代表大会上的报告》,人民出版社2017年版,第43页。

益的西方资本主义文化蔓延、以人民为中心的社会主义文化影响力尚不够强大所造成的,解决的根本办法就是构建以人民为中心的社会主义文化体系并在中国社会展开,而在主旋律文学中坚持以人民为中心的创作原则是核心途径。

(一) 坚持意识形态主题、作家创作意识、人民主体三者的融合统一

主旋律文学必须符合国家主流意识形态的要求,因而主旋律文学基本都是书写意识形态主题,但这绝不意味着主旋律文学就是简单、生硬地图解主流意识形态,而应当通过作家的艺术创作变成具体形象的文艺作品。作家如何创作加工以及采用什么样的艺术手法在改革开放后的文艺环境中是有充分自由度的,这就意味着作家群体在主旋律文学创作中是一个真实、能发挥作用的存在,而非简单的传声筒,作家应该有自己的创作意识。社会主义国家主流意识形态的根本目的是为人民服务,社会主义国家的文艺政策一直强调"为人民",因而人民在主旋律文学中处于主体地位。因而,意识形态主题、作家创作意识、人民主体三者应融合统一于主旋律作品。一定程度上可以说这三者融合得好,才是合格的主旋律文学作品。主旋律文学创作中的种种问题,很多都可以从中分析出原因。比如不少人认为主旋律文学只要和意识形态保持一致,甚至认为主旋律文学仅是一种意识形态的文学,于是放弃作家的创作意识和人民主体性,不在创作上下功夫,也不倾听人民的声音,"以一种投机取巧的方式来处理主旋律的创作,以为只要抓住了一个主旋律的题材,就能得到有关部门的承认"。[①] 在这样的认识下创作出来的作品就会成为图解意识形态的干瘪作品,毫无艺术性可言,人民群众也不会喜欢。这种类型的作品数量如果多了还会引起社会上对主旋律文学的误解,以为主旋律文学就是只图解意识形态主题而无艺术性和自由创作精神的作品,从而产生一种恶性循环:人民不愿意看主旋律作品,看重艺术性的作家拒绝进行主旋律创作,从而主旋律文学更少有精品……上述问题是只注重意识形态主题而忽略作家创作意识和人民主体造成的。如果只注重作家创作意识,而忽略意识形态主题,就会偏离主旋律文学的要求,变成纯文学创作,如果同时还忽略人民主体,那就甚至有可能

[①] 贺绍俊:《主旋律的变奏》,《长篇小说选刊》2017年第6期。

被资本文化逻辑所操控,看不清正确的方向。前文所说的主旋律文学面临的资本主义因素蔓延、中国主体被西方主体鸠占鹊巢等困境的根底,大体都在这里。

如何在主旋律文学创作达到意识形态主题、作家创作意识、人民主体三者的统一,不片面强调其中之一而偏废其他,在这方面有些主旋律作品提供了一些可供借鉴的经验。范小青在 2016 年出版的长篇小说《桂香街》是典型的主旋律题材,歌颂了先进人物的模范事迹。这部小说是主流意识形态力量介入其中来主导的,中共常州市委、市政府希望范小青写一部作品宣传居委会干部许巧珍的先进事迹。"常州市委宣传部和常州市文联给予了我大力的支持、帮助和鼓励"①,但范小青并没有放弃作家创作意识和人民主体性,简单图解这一意识形态的政治要求。首先,许巧珍的事迹在几十年前就打动了范小青,这就为作家自主意识的出场提供了可能。范小青在自己真实记忆的基础上,在小说中利用一种"寻找"的叙事模式来完成对先进事迹的叙述。正是这种"寻找"的叙事模式使得民间世界得以真实地呈现出来,而不是被作家叙述出来,这就避免了作家自主意识遮蔽人民主体性。由此,我们在《桂香街》中能够看到民间世界中的真实面向:问题牛肉、城管打人等看似和主旋律不一致,但仔细分析会发现这种表面上的不一致正增强了本质上的一致,居委会的作用在这种不一致中凸显出来,这种不一致越发使先进人物事迹增加了感人的力量,最终体现出的是主流意识形态的人民性立场,从而使得意识形态主题、作家创作意识、人民主体三者融合在一起。

在国家政策不对作家创作横加干涉的文艺创作环境中,意识形态主题和作家创作意识在作品中共存并非难事,但人民主体能否真正落实就需要注意避免作家创作意识遮蔽人民主体。因为人民在作品中是不能直接叙述自己的,只能通过作家来叙述,因而有些研究者认为人民在大多数作品中都未能成为主体,只是被一些作家站在道义的立场上表达了同情和关注而已。② 这样的看法固然有一定的道理,但不可过于绝对化,事实上还存在使作家意识不遮蔽人民主体,并帮助人民主体性在作品中确立的可能性和文学实践方法。除了《桂香街》中的"寻找"模式,还有在作品中直接引入民间文本的方法使得人

---

① 参见范小青:《桂香街》,江苏凤凰文艺出版社 2016 年版。
② 蔡翔:《何谓文学本身》,《当代作家评论》2002 年第 6 期。

民不被遮蔽而直接出场。比如,2015年出版的张新安的长篇小说《巨岩碎涛》、2017年出版的孟宪明的长篇小说《花儿与歌声》都在作品中直接引用了大量民谣。《花儿与歌声》出版后获得了第十四届"'五个一工程'奖",被一致认为是一部感人至深的弘扬真善美的主旋律作品。其中值得注意的一个原因是,这部小说用了很多方法使人民所置身的民间文化以原本真实的面貌呈现出来,全书用了数十首民间歌谣,很多时候直接用当地方言叙述人物对话,最大限度地保证了民间自己的出场,在这种原生态的民间环境中,真善美的主旋律和人民内心的真挚情感及作家的情怀三者融合在了一起。张新安的《巨岩碎涛》中也大量采用了民间歌谣,这些民间歌谣不仅让民间的声音直接发出来,而且和主旋律保持了一致,比如有的民谣是直接批评资本逻辑的:"钞票、钞票/是谁发明了钞票/你变黑成白、变丑为美……""有钱的王八大三分,没钱的博士门脚蹲;不信君看筵中酒,杯杯先敬有钱人……"①也有民间的朴实歌谣看似抱怨,其实更加强了对先进人物的歌颂(这正是主旋律内容之一):"有女莫嫁警察郎,一年四季守空房;十天半月回趟家,脱下一堆脏衣裳。"②

意识形态主题、作家创作意识、人民主体的统一还会遇到一个突出的障碍性因素,就是现实生活中的负面问题。习近平总书记曾指出:"生活中并非到处都是莺歌燕舞、花团锦簇,社会上还有许多不如人意之处,还存在一些丑恶现象。对这些现象不是不要反映,而是要解决好如何反映的问题。"③如何表现、要不要表现负面问题,对主旋律文学而言是值得探讨的。负面问题的表现一旦处理不好,很容易造成人民对社会主义文化的反感、疏离。许多主旋律文学作品没有用辩证的态度直面这一难题,而是选择简单化的处理方式:在作品中全面约束而不放开,对一些敏感性的内容一概回避。这和国家有关部门简单化的管理政策也有关联:对于涉及负面问题的作品一概封杀。这样看似在作品中很和谐,但有可能在人民群众心中留下负面印象,认为主旋律文学都是粉饰太平,甚至是虚假的。主旋律文学是为人民的文学,就应该在作品中充分表达人民的喜怒哀乐,表达人民对阻碍其争取幸福生活各种因素的批判,但

---

① 张新安:《巨岩碎涛》,作家出版社2015年版,第16页。
② 周英雄:《比较文学与小说诠释》,北京大学出版社1990年版,第17页。
③ 习近平:《文艺工作座谈会上的讲话》,《人民日报》2015年10月15日。

要警惕不要把这种批判的矛头指向社会主义意识形态,而应指向其真正应该指向之处,即压迫人民的资本逻辑。西方话语和资本主义文化极力把社会主义国家中资本对人民的压迫混淆、误导成执政者对普通民众的压迫,主旋律文学辨识清楚这一点才能在作品中争取人民的支持,一起对抗资本逻辑,若处理不当,反会被资本逻辑利用从而离间主流意识形态与人民的关系。习近平总书记指出,文艺作品要在反映问题的同时,"让人们看到美好、看到希望、看到梦想就在前方"。[①] 主旋律文学能够实现这一可能性的深层依据正在于社会主义意识形态是追求人民幸福生活、努力实现全体人民梦想的。

(二) 借重中国叙事传统,建构中国人民能够接受的叙事模式

主旋律文学肩负着弘扬主流意识形态和核心价值观的任务,所以不能像纯文学那样拒绝市场化环境,只在小圈子中传播,必须在市场化、商业化环境中争夺文化领导权。如前所述,在这个过程中主旋律文学面临着资本因素的侵扰。事实上,主旋律文学可以借助中国传统文化资源对此展开文化领导权的争夺。中国人民深受几千年中国文化传统的影响,已经形成了相对稳定的文化心理结构,这使得中国人民对某些特定的中国传统叙事方式有着天然的亲近感,至少从明清通俗小说开始,能够在大众中广为流传的文学作品大都采用了这些传统的叙事方式,比如泛家族叙事、耦合式叙事等。和西方现代文化重个人的个性和自由不同,中国传统文化重家庭、集体,注重人在家族和集体中的关系。因而,一直以来中国的通俗文学(比如,《三言》《二拍》等)大都采用泛家族的叙事模式,即不是描写一个孤独的个人,而是把主要人物放置在一个类似家族的集体环境中。[②] 再比如,中国文化强调对仗,强调二元对衬、阴阳互补,因而中国传统的通俗文学作品中也常使用两个人物互补或是两条线索交织的耦合式叙事方法,[③] 而《水浒》中宋江和李逵的性格正好是互补的,[④] 有评论家也指出《林海雪原》中杨子荣和栾超家也是互补性的人物结构,其实这

---

① 习近平:《文艺工作座谈会上的讲话》,《人民日报》2015 年 10 月 15 日。
② 周英雄:《比较文学与小说诠释》,北京大学出版社 1990 年版,第 108 页。
③ [美] 浦安迪:《中国叙事学》,陈珏整理,北京大学出版社 1996 年版,第 94—97 页。
④ 陈曦钟,侯忠义,鲁玉川辑校:《水浒传会评本》,北京大学出版社 1981 年版,第 21 页。

样的叙事模式既符合中国文化传统形成的心理结构,又有助于树立正面人物的英雄形象,本来杨子荣的形象过于"高大全",一般观众不容易接受,但小说设置了一个草莽气息浓重的栾超家,把杨子荣这个正面人物身上所不能有的一些"陋习"全部放到了栾超家身上,①这样一方面保持了杨子荣英雄形象的纯正,同时避免了和大众产生隔阂。这一叙事方法尤其值得主旋律文学在塑造英雄形象时借鉴使用。近10年来畅销或热播的文学作品都有意或无意地采用了这些中国传统的叙事方法。比如,在2017年热播的主旋律电视剧《人民的名义》,之所以创造了极高的收视率,主要原因并不是它的"尺度"有多大,而是更为深层的叙事方法契合了中国人的文化心理结构。

(三)用现实主义创作方法建构新时代中国特色社会主义文化逻辑

以人民为中心是社会主义的核心,作为一种文艺创作原则的"以人民为中心"还对应着作品中的新时代中国特色社会主义文化逻辑。从马克思关于经济基础与意识形态的关系、社会存在与社会意识、社会精神生产的论述可以看出,马克思所揭示的人类社会运动发展的规律包含着两套并行不悖的逻辑:经济逻辑和文化逻辑,两者各自独立展开又互相影响互相包含,即高度辩证统一。②

在中国学术界,"文化逻辑"一词出现在人们的视野中可追溯到美国马克思主义学者詹明信的文章《后现代主义,或晚期资本主义的文化逻辑》。该文指出,文学艺术中的现实主义、现代主义、后现代主义分别对应着不同历史阶段的文化逻辑,后现代主义是晚期资本主义的文化逻辑。后现代主义的碎片化叙事、削平深度、回归平面等创作倾向有利于资本瓦解人的主体性,从而使得人失去对资本质疑、批判和抵抗的可能,于是资本的地位更加稳固了。而新时代的中国特色社会主义强调"以人民为中心",是要实现人民的主体地位,必然要建构一套有利于人民的文化逻辑。具体到文学作品的创作而言,现实主义、现代主义、后现代主义都有可能而且都产生了优秀的作品,但就一般的普遍性来看,现代主义和后现代主义都强调抽象性、碎片化,从而使得现实生活

---

① 陈思和:《陈思和自选集》,广西师范大学出版社1997年版,第220页。
② 胡潇:《马克思视野中的文化逻辑与资本逻辑》,《教学与研究》2015年第9期。

不能完整地呈现在作品中,现实生活中的种种真相及其背后的深层权力关系无法在作品中得以展现,这就使得资本掌握了主导权,可以肆意切割现实生活,在这样的语境中,社会主义文化逻辑就是要重新建构出关于现实生活的宏大叙事,形成对现实生活的完整叙述,这样才有可能展开对资本的批判,人的主体性才有可能确立。因而现实主义应当是主旋律文学建构社会主义文化逻辑的主导性创作方法,只有在现实主义的宏大叙述中展示出当下生活的真实面貌和本质规律,新时代中国特色社会主义文化逻辑才有可能形成。

要建构现实主义的宏大叙事,主旋律文学作品首先要拓展主旋律文学的题材范围,不能仅限于革命历史、军事等题材,必须把人民群众的日常生活纳入主旋律文学的题材范围。一般认为,主旋律文学要反映国家主流意识形态,主要是一种"政治性"文学,当然要集中于和政治紧密相关的题材,那些老百姓的家长里短和政治离得很远的内容不属于主旋律关注的范围。不仅普通大众这样认为,主旋律文学的创作者中也存在这样的看法,因而这些年产生的主旋律文学作品的题材就受到了很大限制。然而社会主义国家的主流意识形态是马克思主义,是要实现人民的自由、解放,让人民群众过上幸福美好的生活是社会主义国家最大的政治,主旋律文学绝不应该在题材的选择上与人民群众的日常生活隔绝开来,那样不仅是画地为牢,束缚了自己的手脚,也不符合社会主义文化逻辑的规律。习近平总书记指出:"社会主义文艺,从本质上讲,就是人民的文艺。"[①]他还专门讲到了社会主义文艺离不开人民,社会主义文艺要"虚心向人民学习、向生活学习,从人民的伟大实践和丰富多彩的生活中汲取营养,始终把人民的冷暖、人民的幸福放在心中,把人民的喜怒哀乐倾注在自己的笔端"。[②] 人民群众的日常生活与传统的"主旋律"并不冲突,事实上已经有主旋律作品证明了人民群众的日常生活可以在主旋律的视角下得以展现。比如《人民的名义》中的国企工人的生活状态在"反腐"这一主旋律视角下也得以展现。《鸡毛飞上天》中几代企业家的创业故事在时代主题(改革开放、"一带一路"等主旋律)中得以展现,《桂香街》中人民群众的日常生活在歌颂先

---

① 习近平:《文艺工作座谈会上的讲话》,《人民日报》2015年10月15日。
② 中共中央宣传部编:《习近平总书记系列重要讲话读本(2016年版)》,学习出版社,人民出版社2016年版,第199页。

进入物的主旋律中展开。新时代中国特色社会主义的一些重大时代主题和人民群众的日常生活结合起来在作品中得以展现的同时，就有可能使社会主义核心价值观得到弘扬，有可能使"社会主义是努力为人民争取幸福生活"这一曾被资本逻辑所遮蔽的真相得以重新浮现出来，并获得广泛认同。事实上，主旋律文学关注人民生活既是体现社会主义文化的本质要求，又有利于主旋律文学获得人民的关注和认同，从而更好地弘扬主流意识形态和社会主义核心价值观。

在现实主义作品的写实叙事中，要注意用辩证思维避免犯简单化错误。从本质上讲，社会主义文化追求的是人的自由、解放，资本主义文化力图把人置于资本的控制之下，看起来似乎社会主义文艺是自由、不加限制的，而资本主义文艺则是充满限制和规约的，然而实际情况非常复杂。资本主义文化打着市场化的幌子，在放开和纵容中完成了资本对人的控制，在欲望宣泄的快感中使人不知不觉成了资本的俘虏，资本利用人的欲望放纵把人的理性思考、对美的追求、对恶的批判彻底封存，使人完全臣服于资本的统治。而社会主义文化建设过程中常表现出各种各样的约束和限制，其实社会主义文化是要通过遏制资本的因素和手段把人从资本的束缚和控制中解放出来。资本通过放纵控制人，社会主义文化通过约束解放人，这需要辩证地理解。体现社会主义文化精神的主旋律文学要特别注意这种辩证关系，否则极易事与愿违。既不能因追求解放而走上放纵的道路，那样正好着了资本主义文化的道，资本就可能趁机肆意妄为；也不能因约束过度而限制了个性和自由，那样就重蹈了极左时代的覆辙，文艺中蕴含的生机就会被扼杀。正确的方法无法在理论上预先规定，而只能在具体的创作实践中通过辩证思维和高超的话语策略来实现。

主旋律文学是由国家主流意识形态召唤出来的一种文学形态，它和纯文学、大众文艺共同支撑起了新时代文艺生态的基本格局。新时代社会主义国家主流意识形态强调的"以人民为中心"指出了新的方向。于是笔者依托社会主义国家主流意识形态的立场，从主旋律文学的视角对新时代文艺生态作了以上分析，期望这一社会主义的立场能够指引我们在文艺创作领域内找到战胜资本压迫的道路并最终通向人类全面解放的自由王国。

坚持网络文艺创作的社会主义价值取向

——新时代重视弘扬现实主义文学

张永禄*

[摘要] 强化网络文学的现实主义特征,是马克思主义文化理论的基本价值取向,也是社会主义文艺的光荣传统和人民文艺的基本经验。网络现实主义创作作为新时代网络文学的"这一个",在题材开拓、感情基调、主体生成和写作风格方面较好体现了社会主义网络文化的美学特征和精神气象。为推动社会主义网络文化进一步发展,需要加强网络现实主义创作的评论与研究;要更加开放理解网络现实主义创作,警惕回到把现实主义庸俗化和窄化的老路;更要处理好顶层设计、网站管理和网络创作的三重关系,在坚持网络文艺作品的社会主义价值取向的基础上保证国家意识形态、市场运营和作家个体在社会主义文化领域里和谐共振,奏响新时代网络文化的最强音。

[关键词] 社会主义文化;网络文化;现实主义

新时代以来,党和政府高度重视文艺工作,把繁荣社会主义文艺作为新时代文艺工作的目标和任务。网络文艺在当今各种文艺样式中占比越来越重,在网络文艺创作中坚持社会主义价值取向尤为重要。现实主义是社会主义文艺的宝贵传统和基本经验,是最适合表现社会主义价值取向的创作方法。如

---

* 张永禄,上海政法学院文艺美学研究中心教授。

何在当代网络文化领域中通过强化现实主义来坚持网络文艺创作的社会主义价值取向,是一个值得探讨的问题。

一、现实主义特征在网络文化领域逐步加强

以网络文学为核心的网络文化创造了中国当代文化的奇迹。经过短短20年时间,它快速完成了从外引到内生爆发,从单一形态到综合表现,从野蛮生长到主流引导,从非主流走向主流的伟大历程。它不仅被称为世界性文化产业奇迹,也受到了党和政府的高度重视。党和政府把加强网络现实题材的创作纳入国家顶层设计,促进了网络现实主义创作的大发展。党的十八大以来,在党和政府的引导下,网络文学的现实主义特征强化,现实主义题材的创作进入了大发展阶段,成为社会主义网络文化中最有代表性的形态与阵地[①]。以阅文集团举办的网络现实主义征文大赛为例,2016 年参赛作品有 6 000 多部,2017 年 8 300 多部,2018 年有 11 800 多部[②]。目前阅文集团网站的现实类网文 43 492 部[③],非常接近武侠类网文数量。这只是严格的现实主义创作,还不包括历史、言情、军事等宽泛意义上的现实主义创作,宽泛算起来,现实题材的小说占比已过半。同时,通过征文比赛等方式,还发掘和推出了一批较高质量的现实主义网络文学作品,比如《上海繁华》《中国铁路人》《规培医生》《戏法罗》《宝妈万岁》《写给鼹鼠先生的情书》《我的 1979》《复兴之路》《大国重工》《朝阳警事》《明月度关山》《二胎囧爸》《韩警官》《相声大师》《昼的紫夜的白》《向前一步》《他从暖风来》《远方的秘密》《高铁群侠传》《后手》《逆流纯真年代》《彩虹在转角》《鳏寡》《撑腰》《草原上的红飘带》等。有评论说,中国网络文学

---

① 一般说来,网络文学是网络文化的"这一个",网络文学的 IP 化,为影视、动画、游戏、动漫等网络文化提供了原创性内容。为论述方便起见,本文集中考察网络文学。
② 数据来自媒体报道,分别参见《首届网络原创文学现实主义题材征文大赛揭晓》,http://jiangsu.china.com.cn/html/2016/shnews_1207/8420583.html;《第二届网络原创文学现实主义题材征文大赛结果揭晓》,http://www.shanghai.gov.cn/nw2/nw2314/nw2315/nw31406/u21aw1284206.html;《第三届现实主义网络文学征文大赛收官 网络文学迎来多元题材繁荣》,http://www.sohu.com/a/297508077。
③ 该数据截至 2019 年 8 月 28 日,参见 https://www.qidian.com/。

的现实主义进入了"整体崛起"①阶段,还有的干脆称"中国网络文学进入现实主义题材的新时代"。② 姑且不论上述论断的准确性,但现实主义题材创作兴起并呈现出较好的发展态势,确实是近年来网络文学(文化)的重要特征,是网络文学从数量扩张走向质量提升,从技术强势走向艺术强化,从娱乐机制走向思想蕴涵的重要体现。客观上讲,现实主义特征在网络文化领域的加强,一方面是社会主义精神文明建设和文化建设的题中应有之意,是马克思主义文化理论的必然逻辑和基本价值取向的表现,也是社会主义文艺的光荣传统和人民文艺的基本经验。另一方面是网络文化内部生态平衡的客观诉求。网络文化阵营充斥着穿越、惊悚、奇幻、穿越等幻想性文化元素是不正常的,难免会让人担心网络文化进入"装神弄鬼的时代"。现实主义的加强能够有效制衡这些非正常元素。

二、新时代网络文化初具现实主义价值内核和精神气象

综观近年来网络文化题材作品,对比传统现实主义文化,新时代的社会主义网络文化初步具备了现实主义价值内核和精神气象,从新的美学特征出发,主要体现在以下四方面。

(一)题材开拓上具有鲜明时代感和现实气息

改革开放以来,中国社会发生了巨大变化,正经历着从"乡土中国"走向"现代中国"的伟大征程。与新生活同频共振,新时代网络文艺在题材开拓上具有鲜明的时代感和现实气息:一方面,这种变化使社会生活领域变得前所未有的宽广和丰富,传统的工业、农业、商业、学校、部队等领域版图显得过于

---

① 陈崎嵘:《网络文学现实题材创作"整体性崛起"》,http://www.xinhuanet.com/book/2019-02/25/c_1210067541.htm。
② 庄庸,王庭秀:《中国网络文学进入现实主义题材的新时代》,《中国出版传媒商报》2018年4月27日。

笼统而被更为细密的职业形态划分取代,如过去统称为法制题材的作品现在按行为主体分为犯罪小说、法官小说、律政小说、警察小说等,而警察小说还会进一步细化为特警叙事(《我是特警》等)、刑警叙事(《贼警》等)、消防警叙事(《已拨通119》等)、狱警叙事(《坚持的监狱警察》等)、交警叙事(《末日交警》等)和社区民警叙事(《朝阳警事》等)。另一方面,随着社会发展以及社会职业和阶层的不断分化,不同的职业和社会阶层形成了自己的审美趣味和审美需求,网络小说类型化成为不争的事实,可以毫不夸张地说"三百六十行,行行有小说"。各个领域和行业都出现了自己领域和行业的网络小说,代表了该领域的审美趣味和喜好,满足了各领域和行业人不断增长的文化审美需求,其写作和阅读实现了和当下生活的"同频共振",本身就是当下人民"美好生活"的表征。

在前所未有的现实题材的多样化与丰富性中,我们可以感受到国家审美意识对现实主义写作的引导。有评论家指出,"在十九大第一次将现实题材作为国家倡导的创作方向大势影响下,现实主义成为中国网络文学'主流化'的年度旗帜和风向标:以主旋律为基调,中国网络文学现实题材开始出现'重点主题、基层写实和重大题材'蓝海领域创作和生产引导机制体制"。[①] 宣传部、作协系统和文学网站等以作品扶持、征文比赛、创作培训、优先推荐等方式激励和引导网络作家在重点主题、重大题材和基层写实上下功夫。重点主题紧扣波澜壮阔的社会主义改革开放的发展史和奋斗史,抒写伟大的中国梦,开展"四个讴歌"(讴歌党、讴歌祖国、讴歌人民、讴歌英雄)等史诗般的现实主义抒写,如齐橙的《大国重工》、玄蓝狐的《大国重器》抒写令人振奋的工业强国之梦,wanglong的《复兴之路》写大刀阔斧的国企体制改革,《民企江湖》以讲述普通乡下青年成长为叱咤风云的民族企业家的故事折射出中国民办企业发展的艰辛与智慧。郭羽和刘波的《网络英雄传》展示郭天宇等为代表的一批大学生创业者,克服重重艰难困苦,凭借模式创新,抓住移动互联网时代的机遇,一举登上国际财经领域的巅峰,实现了新时代"中国梦"的励志叙事。阿耐的《大江东去》(后改编为电视剧《大江大河》)讲述先进的中国农民在1978到1992年间改革开放的大背景下,在变革浪潮中不断探索和突围的浮沉故事。笙箫

---

① 庄庸,王庭秀:《中国网络文学进入现实主义题材的新时代》,《中国出版传媒商报》2018年4月27日。

剑客的《农业之王》则写大学生返乡带领农民致富,建立现代农业帝国。《上海繁华》和《浩荡》通过小人物在上海和深圳特区等大城市的创业成长史,侧面折射出现代城市经济和文化发展印记。《诡局》《秋江梦忆》《宿北硝烟》等革命战争历史题材的小说则弥补了网络小说在这一方面题材的欠缺并展示自己的艺术风姿。就对接重大主题的现实主义而言,网络现实主义整体上要比传统现实主义作家更敏感和积极,涌现出了不少优秀的作品,艺术地展示了40多年来中国社会的发展奇迹,表现了中国人民的勤劳勇敢智慧,讴歌了新时代的中国英雄,歌颂了伟大的时代,伟大的党和人民。小说以特有的崇高感和审美气质,无形中提升了读者的制度自信、文化自信和道路自信,较好践行了文化产业的社会责任。

经典现实主义写作要求作家们深入生活和基层,把芸芸众生的笑与泪呈现出来,这是现实主义写作的神圣使命和责任,也是现实主义创作的艺术生命力的来源和活力所在。大部分现实主义题材创作的网络作家都来自基层,熟悉自己写作领域的人和事,不用像专业作家那样要下基层去体验生活。因而,网络现实主义创作题材笔触下移,侧重基层写实,表现当下日常生活情态,礼赞平凡人的不平凡,呈现出明显的"生活美学"取向。例如,《明月度关山》《大山里的青春》对青年山区支教的礼赞,《向癌抗命》《一个癫痫女孩的自述》指向残疾和病弱群体的不幸与自强不息,《老侯的滴滴生活》《职场司机的传奇人》书写出租司机群体的生存生态,《餐饮人生》《点心之路》跟踪厨师生活和中华厨艺的魅力,《白纸阳光》指向熟悉而陌生的社区工作新领域,《独身爱》关注独生子女的教育与生活成长,《职校生》把温暖的目光指向了三校生的校园生活,《一碗大肉面》描写了在学校和社会间游走的自考生的心酸与坚持,《还是奶奶家的饭香》写留守儿童的孤单与渴望,《平常家事》和《"90后"农民工》直击新一代农民工的工作、情感存在,《20归来仍是少年》把笔触指向曾经的"中专生"这一特殊群体,《冰上无双》《我们是冠军》则关注了体育竞技的人生风景。可以说,当代生活有多么广阔,网络现实主义的题材就有多么宽广。不仅时代大潮中城乡家庭的日常生活和情感、边缘底层的烦恼与自足生活都成为网络文学的重要内容,新时代的新现象和新矛盾等,更是现实主义网络作家们关注的重点,比如,《全职妈妈向前冲》《二胎之战》《别怕我真心》《恩将求抱》《糖婚》

等作品聚焦社会、现实和家庭矛盾,平中见奇,表达了人民对美好生活的期待和乐观,是网络现实主义的主流创作。《草根石布衣》《第十二秒》《长夜难明》《默读》《罪恶调查局》等都不同程度揭示了社会的现实问题与矛盾,丰富了现实主义创作的层次与视野。这种现实主义创作不回避改革与发展中的困难与矛盾,重视社会发展中各种力量纠缠的复杂性与发展的艰难性。和以往的现实主义不同,网络现实主义创作直面现实矛盾的复杂性不仅表现在新旧观念的冲突,更侧重于廉洁者与腐败分子、坚持民族独立与崇洋媚外、坚持开放与合作和封闭桎梏等的斗争。斗争的内容和矛盾的焦点有了新的变化和特点,具有鲜明的时代性。还用一种矛盾表达了社会发展过程中的不平衡和不充分,揭示了地区性、行业性和社会阶层分化带来的新问题,比如社会中的贫富悬殊和两极分化问题,农村中的留守儿童问题,空巢老人、高价房、沉重的医疗负担等等,如何在小说中反映、如何理性和合理对待这些新问题和新现象,也成为网络作家关注和表现的内容,成为网络现实主义创作的重要领域。现实社会也需要他们站在新的时代高度艺术地表现新矛盾。

(二)感情基调上充满理想主义色彩和乐观向上的情怀

"文运同国运相牵,文脉同国脉相连。"①改革开放 40 余年来,中国国家整体实力大幅提升,一跃成为世界第二大经济体,人均国民收入达到中等国家水平,人民生活蒸蒸日上,高等教育普及,城镇化水平迅速提升,等等。欣欣向荣的"国运"营造了整体上豪迈、向上、乐观、自信的时代气息,这也影响了网络现实主义作家的创作风格。整体上看,网络现实主义渲染苦难和不公的笔力在减弱,批判性在减少,小说多洋溢着乐观、向上、昂扬的情绪和氛围。网络文学重视对改革英雄、充满正能量人物的日常性和世俗性的刻画与表现,充满了轻松、诙谐和生活化的情调。小说也不回避这些时代之子柔软的内心和个性化喜好、习惯等特征的艺术呈现,使得人物的立体感更强,更具有鲜活的真实性和时代生活气息。例如,《复兴之路》中主人公面对重重的人事矛盾和亲情裹挟的阻力,游刃有余地把阻止改革的既得利益派架空,让想干事能干事的实力

---

① 习近平:《在中国文联十大、中国作协九大开幕式上的讲话》,《光明日报》2016 年 12 月 1 日。

派得以重任;《繁华上海》中的打工青年王一元赶上 21 世纪初上海大发展时期,通过自己的奋斗,创业成功;《大国重工》谱写出中国工业经由进口、消化、借鉴到自主创新的进行曲;《韩警官》是音乐系毕业生对社区民警工作从没兴趣到干得有声有色的爱岗敬业的"欢乐颂";同样写自然环境的艰苦,《西西阳沟纪事》展现了"三线"建设者的乐观主义情怀和以苦为乐的奉献精神,发出了青春无悔的誓言。

当然,网络现实主义作品也不回避生活的困难与矛盾,这也是现实主义写作的应有之义。历史上的批判现实主义重视揭示生活的苦难、不幸、不公、腐朽等,要把"人生的不幸撕破给人看",达到让读者心灵震颤的悲剧效果。但网络现实主义不单是要"揭示问题",还意在"解决问题"。在小说尾部,困难和矛盾都会解决,给读者阅读的快感,而不是刻骨铭心的"痛感",塑造了现实主义写作的"优美化崇高"的风格。比如,《明月度关山》中支教的山区靠明月和关山这对恋人的父母和朋友投资办生态企业,走向脱贫致富的康庄大道(国家对口扶贫政策和举措的隐喻);《大国重工》采用了穿越的方式,让当代青年穿越到 20 世纪 80 年代解决难题,用想象性方式解决沉重的技术困境,虽然有削弱现实矛盾之嫌(带有历史虚无主义倾向),但从更长的历史时代来看,这种乐观是建立在历史发展进步基础上的现实主义倾向性理念所需要的,有其合理性和必然性。

采用"优美化崇高"的风格来解决现实的问题、矛盾,是网络现实主义写作的一个基本特点,不能简单理解为理想主义和现实主义的结合,或革命的现实主义和革命的浪漫主义结合。对于这个特点,除了上文说的国运对文运的时代风气感染,还要从网络文化写作本体出发进行理解。

第一,网络文化的基本功能是娱乐,不是教化。读者们放下沉重和枯燥的工作,暂时回避了单调和烦恼的家庭事务,就是想通过网文来轻松一下,如果网络现实主义还是如此通过揭露和批判的方式写沉重的现实,这是在驱逐读者,违背网络文化作为文化产业的消费属性和娱乐功能,现实主义网络作家采用这样的写作策略是尊重读者诉求,也是符合网文特性的。

第二,从网络写作手段看,网络文学创造的一些金手指写作手法和升级模式,需要移植到网络现实主义写作中。很多现实主义网络作家以前多是从写玄幻、惊悚、悬疑、言情等小说开始,当这些新时代的作家们开始创作网络现实主义时,没有现成的经验可以模仿和借鉴,他们凭自己的创作个性和惯性,自觉不自觉地运用了升级模式、爽文机制和穿越等手法,既得到读者认可,也成就了现实主义阅读的"优美化崇高"的生活美学理想,成为网络现实主义表现的新手法和艺术特征。当然,把这些金手指的手法运用到现实主义创作中来,有一个度和如何转化的问题。网络现实主义作家卓牧闲说过,在创作《韩警官》时,他按照付出就有回报的朴素伦理,让韩警官每做一件好事、获得居民美誉时,就在职位上有提升,直到他位居副局长。这种"打怪升级"模式可能在现实主义小说中相对脱离现实常识,给人"不真实"感觉,于是他在《朝阳警事》中就刻意回避了这个问题,让主人公一直在普通干警的位置上"呆着",突破了明显的"升级"模式。

(三) 主体生成上作者和读者共同创造现实主义作品

这是另一种形式上的创意写作生成模式。经典现实主义理论告诉我们,现实主义创作的难度之一就是作家要深入生活,掌握大量真实的素材,对材料进行"生化反映",然后对生活进行整体把握和处理。网络现实主义作家普遍比传统现实主义作家年轻,人生经历和阅历相对不足,如何克服生活经验的欠缺,在短时间内获取大量有效的素材呢?这恐怕要得益于网络文学的创作机制,即作家一边在线创作,一边和读者在线互动。一般说来,每一部作品推出时,作家建有 1—2 个互动群,以开展在线的及时沟通。在文学类型化时代,这些读者大多是分层的,也是作品反映题材的职业、行业和领域的工作者和爱好者,有相当的专业知识、技能和素养,这些内行读者不仅更容易与作品产生共鸣,还能以业内人身份提供有效的专业性建议。因此,作家很重视和这类为数众多的读者的交流互动,不仅仅是获得他们的鼓励和认可,寻找写作的精神和情感动力,更重要的是一起创作,及时得到他们的创作建议,讨论进一步的情节设计、故事走向、人物性格的刻画和创作素材。很多内行读者热心把自己的行业经历、故事贴出来,无偿提供给作家,作家及时把读者提供的素材吸收进作品,一方面作家获得了鲜活的材料,克服了素材需求量大的困难,另一方面读者也因自己的经历和故事能进入作品感到高兴。

从创作原理上讲,这是创意写作工坊制的实战性实践模式:素材共享,集体讨论,智慧融合,寻找最佳方案,一人执笔形成作品。我们试想一下,如果每个网络现实主义作家每次创作都有2个与读者互动的微信群,那就有几百位读者参与创作,至少几百位读者可以提供素材,这该是一个多么大的素材库。对于网络现实主义作家来说,互动不就是更为便捷、高效的采访和积累素材吗?由于网络对于时空限制的突破和信息共享的特性,其获得和"生化"素材的鲜活性、现实性更强。网络作家自然需要深入生活、需要查阅资料等积累素材,这是前期要准备的工作,但一旦写作打开,吸引到读者群,由于大量读者的同步参与,创作出一部大家都满意的作品成为其共同的短期目标,他们积极为作家提供或查找素材、材料,于是材料的来源和数量问题大体可以解决。

在网络现实主义创作中,创作领域越来越宽广,创作也越来越专业化。这个专业不是写作技巧的专业化训练,而是涉及的领域和对象的专业化,呈现行业内垂直细分,催生了技术流写作出现等现象,有评论家敏感地指出,"从狭隘的职场晋升到专业知识,从个人化的技能提升到整体化的工匠技艺为核心要素……'技术流小说'成为网络小说类型文热点"。进而,当下网络文学的类型化创作"形塑特定类型、阶层、群体、社群、世代、性别和地域等的自我意识、族群认同和价值取向,并制定其文化生活准则的新需求,正在倒逼传统类型文,探索和实践更加现实向的内生动力"。[①]

(四)写作风格上追求网文的娱乐性和现实主义的思想性结合

小说的第一本质是娱乐性,这可以从鲁迅关于中国小说起源阐释中寻到依据,也可以在英国小说的兴起中获得佐证。但在小说发展的过程中,一些理论家给小说赋予了崇高的地位,对其思想性和艺术性提出了较高要求,不同程度忽略了娱乐性。把网络小说归属于大众文学或者文化工业,很好地保证了小说的娱乐本性,这是网络文学获得市场一个很重要的原因。现实主义题材作品是社会主义文化的重要组成部分,是社会主义精神文明建设的重要路径和方式,承载了社会主义的意识形态诉求和社会主义核心价值观。

认为小说的娱乐性和意识形态诉求是矛盾的,这是极其错误的观念。现

---

① 庄庸,王庭秀:《中国网络文学进入现实主义题材的新时代》,《中国出版传媒商报》2018年4月27日。

实主义小说难道没有娱乐性吗？例如，批判现实主义大师狄更斯创作的《艰难时世》《大卫·科比菲尔》《匹克威克外传》《雾都孤儿》等，就很具有娱乐性和故事性。《雾都孤儿》呈现了主人公奥列佛从济贫院到棺材铺再到强盗集团的人生轨迹，故事描写完整生动，情节曲折而集中，有很强的趣味性和可读性。主人公从流浪、奋斗到圆满的结局的情节结构方式成了狄更斯大部分小说的叙述模式，情节的曲折、紧张、生动也成了其小说的基本风格。读者往往被狄更斯小说对社会问题揭露的真实性和深刻性所折服，但不经意间忘记了其小说的娱乐性。再如，中国古典现实主义小说有一个优秀传统，就是重视对于喜剧滑稽性人物的引进和刻画，比如《水浒传》的李逵，《红楼梦》里的刘姥姥等，都是个中代表。这些滑稽搞笑有趣的人物为现实主义小说增添了生动的情节，奉献了欢快的场景，给读者阅读带来快乐的欢笑。

网络现实主义创作相比玄幻、惊悚、盗墓等幻想类作品，更重视对40余年来中国社会发展的"总体性"把握与呈现，揭示了社会发展的规律和逻辑，歌颂了伟大的时代英雄，阐释了人民的情感结构，鼓励我们直面困难，走向"美好生活"，体现了现实主义的思想性与时代性相统一的诉求特质。同时，由于网络文学本身的娱乐性特质和爽感机制，作家们把穿越的传奇性，"打怪升级"的叙事模式，重视故事情节的曲折多变，人物言语的生活流和现场感融进现实主义写作中，努力做到网络文学和现实主义的相互融合，相互借鉴，这是网络现实主义的重要艺术特征，也是对于现实主义创作的某种推进。作家们以自己的创作实绩证明了网络小说的娱乐性与现实主义题材的主流性是不矛盾的，完全可以也应该融合起来，这既是对现实主义文学创作规律的复归，也打破了现实主义和网络文学不相容的观念偏见，为网络文学的内涵发展做了一次有益的尝试。其实大众的喜好和真正的现实主义创作是一致的。世界上很多人都喜欢美国的好莱坞电影，电影的娱乐性比网络文学更加明显，作为美国文化工业的好莱坞和迪士尼等，也是美国意识形态的表征和全球输出手段。网络现实主义作家们要坚持网络现实主义创作是社会效益和经济效益双丰收的文化之旅。对他们来说，要勇敢越过文坛上对于现实主义创作认识和观念上的误区，探索网络现实主义创作的自我规律，提升现实主义作品的精品意识，拓展网络出海的辐射力和影响力。

三、推进网络现实主义文学创作
发展社会主义网络文化

整体上看,网络现实主义题材创作处于起步阶段,数量与日俱增,质量参差不齐,精品占比较少,艺术上有很大的空间,网络现实主义的特色化尚在生成中。我们需要按照艺术创作规律和文化创意产业的属性,推进网络现实主义文学创作,促进网络现实主义文化大厦的建构。它既是网络文化的,也是现实主义的,是二者有机结合成新的现实主义形态或网络文化形态。

(一) 用理论指导创作,加强网络现实主义创作评论与研究

网络现实主义创作的兴起和国家文化部门对网络文学的倡导与引导息息相关,但网络现实主义文化创作的进一步发展则急切需要网络文学理论与批评的指导。经过 20 余年的发展,网络文学已经取得巨大进步,从野蛮生长状态到成为世界文化奇迹,这离不开理论和批评家的呼吁,虽然整个批评和创作相比尚有很大差距。当一种文化现象处于新生和起步阶段时,理论家应处于中立观察状态。但是一旦这种新文学现象获得认可并显示出强大生命力时,就要理论家大力参与来促进该种艺术的发展。网络现实主义是今天网络文学研究和批评面临的一个重要的理论和实践问题,其难度和重要性超过科幻、玄幻等非现实类文学创作,主要体现在以下三方面:一是网络文学的理论滞后,批评缺位,这基本成为网络文学界的共识,欧阳友权在《中国网络文学二十年》中已总结了这个问题,由于很多学者都是传统文艺学出身,不愿意俯身阅读网文,只好用传统文论话语和研究模式研究网络文学,带来的结果只能是"学术话语老套,研究方法陈旧"。[①] 我们要警惕传统现实主义理论给网络现实题材创作画地为牢的研究倾向,也要反对把网络现实主义理解为"网络+现实主义"的两结合思维模式。对于这些研究者和批评家来说,一方面,要放低姿态,以"学者粉"身份,"从上网开始,从阅读出发",走进网文世界;另一方面,网络

---

① 欧阳友权:《中国网络文学二十年》,江苏凤凰文艺出版社 2018 年版,第 355 页。

文学是新媒体文化,是文化创意产业文化,需要跨学科的新人文学科的知识和理论结构,要重新开始学习,完善和更新理论结构,以掌握新的批评武器和理论武器。二是网络文学创作进入网文新时代,对创作和研究提出了很多高难度要求。"以 ABCQ(人工智能、大数据、云计算、量子技术)为代表的新一轮科技和产业革命,正在进一步改变网络文学商业、产业甚至整个行业的形态、业态和生态系统,为其带来解决发展瓶颈、寻找新增长极、制造新造星模式、创富神话和估值空间的无穷变数",①网络现实主义要应对这种新趋势,理论要超前给出答案和应对,否则,网络现实主义创作很难说是现实主义的。三是"90后""00后"正日渐成为网络现实主义文学的读者,时代发展和个人成长需要他们日渐从亚文化(燃文化、爽文化、萌文化、丧文化)主体向强国文化(有的批评家认为是中国青年强国世代国家奋斗文化)主体转换,这个转变如何从网络现实主义创作中得到体现。主体性转换是现代性的谜中之谜式的难题,是发展网络现实主义重要且迫切的课题。

(二)更加开放理解网络现实主义创作,警惕回到把现实主义庸俗化和窄化的老路

党中央从顶层设计出发提倡网络的现实题材创作,不再提网络现实主义概念,这是一种开明智慧的表达。从现实主义到现实题材,表明了我们要开放地理解"现实性":紧跟时代、关注现实、着眼社会生活、关心广大人民群众日常生活和情感状态是所有网络作家创作的着眼点和出发点。但是,对于现实的处理方式是作家的自由。作家既可以严格按照现实主义创作原则和方法,塑造典型环境中的典型人物,突出真实性,达到现实的真实与艺术的真实相统一,这是传统现实主义的基本理论要求,目前大多数作家采取该创作原则和方法;也可以直接从现实生活取材,或采用纪实手法书写,或采用变形手法处理现实题材,达到艺术诉求,并用穿越办法把不同时代的现实联结起来等;还可以在网络历史小说虚构想象的历史框架中,书写英雄们开疆拓土、建功立业,描绘了大国气度以及英雄创造历史的豪情、壮志,体现出另一种现实主义精神

---

① 庄庸,王庭秀:《中国网络文学进入现实主义题材的新时代》,《中国出版传媒商报》2018 年 4 月 27 日。

与时代气质的审美。还有作家用现实精神和情怀向网络幻想类、情感类渗透，凸显现实主义精神对文学的渗透和强化，提出网络文学的有益的甜蜜性，促进网文整体精神品格的提升。

这种开放理解现实书写、现实题材的做法吸取了传统现实主义创作的教训，破除了现实主义创作独尊的思想和做法，以开放的眼光看待现实、理解真实，不再苛求作家用严格的，甚至机械的反映论真实观看待和要求现实，而是用审美反映论看待现实，尊重作家创作的主体性和对现实处理的能动性精神，发挥作家的创造性，最大可能体现现实题材创作带来的审美愉悦和精神动能。开放地理解网络现实主义题材的创作，并不是说现实主义没有边界，而是要警惕传统现实主义把现实主义狭隘化、庸俗化。借此，通过开放现实主义来强调网络现实主义和传统现实主义区别，强化形成网络现实主义特征，以推进现实主义前行。

（三）处理好顶层设计、网站管理和网络创作的三重关系

网络现实题材创作的整体性崛起是国家、市场和网络作家共同努力的结果。国家、市场和作家在网络文化时代是复杂的关系体，三者属性不同，目标有别，途径和作用各异，既相互依存，也存在矛盾，需要理顺关系，盘活机制使之整合与协调起来，这是进一步发展网络文化现实主义的待解难题。

传统写作主要是靠体制内力量和管理模式调节，由作协机构、文学期刊和专业性文学评奖来推进。网络写作主要靠市场（企业）调节。相比而言，政府的作用在弱化，职责和功能也在转变，主要是管好方向，保证主旋律和意识形态主导性地位。网络文学作为社会主义文化重要组成部分，是社会主义精神文明的主要组成成分，对网络文艺的管制是意识形态治理的重要内容和抓手。党的十九大报告明确提出要加强互联网内容建设，"加强现实题材创作，不断推出讴歌党、讴歌祖国、讴歌人民、讴歌英雄的精品力作"。[①] 这是党和国家首次将"现实主义题材"作为顶层设计提倡的互联网内容建设、文化产业和内容创作生产的方向与重点。从国家层面讲，从顶层设计自上而下开展网络文化

---

① 习近平：《决胜全面建成小康社会　夺取新时代中国特色社会主义伟大胜利——在中国共产党第十九次全国代表大会上的报告》，人民出版社 2017 年版，第 43 页。

的现实主义,有利于全国有效的大规模引导和提倡。这种引导和鼓励是柔性的,采用自愿和鼓励方式进行,不是硬性规定,强制性推进,有政策的柔性和宽容度,规避过往"领导出思想＋群众出生活＋作家出技巧"的粗暴行为。

　　文学管理网站作为网络文学的市场主体,在追求经济效益的时候,一方面要积极响应党和政府的号召,把国家的意志"转化"为网文创作与管理相容的机制和举措,利用自己在读者中的威信和技术上的便捷性,开辟网络题材板块,用经济手段刺激作家们转向和重视现实题材创作,另一方面不放弃其他题材和类型,让各种文类并行不悖,做到百花齐放,自由竞争,以优化文学生态,让每一种网络都得到应有的发展,这是做加法而不是做减法,追求经济效益和社会效率的统一,事实上,一些优秀的网络现实主义题材知识产权衍生产品开发得非常好,比如《大江大河》《都挺好》《只为遇见你》《洁身自爱》《如果可以这样爱》等改编成电视剧就深受欢迎。

　　越来越多年轻的网络写手意识到现实主义题材创作的重要性和光明前景,看到现实题材创作可以更多得到政府支持(作品扶持或专业培训指导)和文学网站的力推,加之部分现实题材创作成功的垂范作用,自愿自觉转到现实题材的创作中来,寻找新的机会。同时,我们看到越来越多的网络写手是现实题材和幻想题材等同时操作的,不把现实题材创作作为硬性任务,也不觉得现实题材高于其他类型题材。写手们根据个人爱好和需要自由选择,接受文化市场的挑选和评价而自我定位或调整,是保证了网络写作的自由,是对网络写手们的尊重,这有利于维护网文创作的生态平衡,在坚持网络文艺作品的社会主义价值取向基础上保证了国家意识形态、市场经营管理和作家个体在文化领域里和谐共振,奏响社会主义网络文化时代的最强音。

革命文化认同的逻辑、挑战及其推进路径

孙冲亚　高福进[*]

[摘要] 革命文化是马克思主义文化的特殊历史形态,是新民主主义文化谱系中的重要内容,是中国特色社会主义文化谱系中的重要组成部分,对于推进当代中国特色社会主义伟大实践有着重要作用。增进革命文化认同能够为坚定文化自信提供精神支撑,为保护文化安全筑起"防火墙",是推进执政党自我革命的底气所在。当前,革命文化面临社会主要矛盾转化的"内源性"挑战和历史虚无主义的"解构性"危险。在推进国家治理体系和治理能力现代化的历史方位下,要不断增进革命文化认同,坚持以人民为中心的发展观、自觉抵制历史虚无主义侵蚀、掌握和提升主流意识形态话语权,为实现中华民族伟大复兴、人民幸福团结凝聚共同的思想基础。

[关键词] 革命文化认同;社会主要矛盾;意识形态;话语权

2019年10月,党的十九届四中全会决议指出,我国在制度和治理体系上具有多方面显著优势。其中,通过"弘扬中华优秀传统文化、革命文化、社会主义先进文化,促进全体人民在思想上精神上紧紧团结在一起",[①]就是突出优

---

[*] 孙亚冲,上海交通大学马克思主义学院博士研究生;高福进,上海交通大学马克思主义学院教授,博士生导师。

[①]《中共中央关于坚持和完善中国特色社会主义制度推进国家治理体系和治理能力现代化若干重大问题的决定》,人民出版社2019年版,第3—4页。

势之一。革命文化是共产党人的精神旗帜,也是其不断带领人民夺取胜利的精神家园,为新时代筑牢共同理想信念、价值理念、道德观念提供了精神支撑。作为特定历史环境下的产物,革命文化在我国社会主义革命、建设、改革时期都发挥了重要作用。中国特色社会主义进入新时代,革命文化并没有随革命场景的退场而失去意义,反而由于植根当代中国特色社会主义伟大实践而开辟出了更广阔的发展空间。在新时代,革命文化把谋求中华民族伟大复兴,实现人民幸福作为价值关怀和理想追求,由此为凝聚全国人民共同奋斗,增进价值认同提供了深厚的精神滋养。

一、增进革命文化认同的逻辑理路及价值意蕴

作为中国共产党人价值理想、精神追求和政治使命的集中体现,革命文化反映出马克思主义政党的红色基因、思想脉络,体现了马克思主义科学性、革命性、人民性等特质。革命文化产生于新民主主义革命时期,不仅具有与时俱进的理论品格,而且始终坚持服务党的中心任务的价值导向。坚持和发展革命文化,把握和凝练革命文化的精神实质,有利于增进人们对于革命文化的认同,进而凝聚全国人民团结奋斗的思想共识。

(一) 革命文化的生成逻辑、实质特征及其价值指向

革命文化是在特殊历史语境下形成的,具有鲜明的时代气息和革命特征。近代以来,中华民族深受国内外反动势力的压迫,面临亡国灭种的危险。为了争取民族独立,实现人民解放,谋求人民幸福,中国共产党自成立之初起,就带领人民进行了艰苦卓绝的革命斗争。在这一过程中,革命文化作为马克思主义文化范畴中的一种特殊形态开始孕育、萌生。1940年1月,毛泽东在《新民主主义论》中首次提出"革命文化"这一概念:"革命文化,对于人民大众,是革命的有力武器。革命文化,在革命前,是革命的思想准备;在革命中,是革命总战线中的一条必要和重要的战线。"[①]在阐述革命文化的重要作用时,毛泽东

---

① 《毛泽东选集(第2卷)》,人民出版社1991年版,第708页。

还引出了新民主主义文化的概念,由此丰富和发展了革命文化的实质内涵。

在新民主主义革命语境中,革命文化是新民主主义文化谱系的重要内容。无论是在实质内容还是在服务目的上,二者都具有同构性。毛泽东指出:"民族的科学的大众的文化,就是人民大众反帝反封建的文化,就是新民主主义的文化,就是中华民族的新文化。"①因此,作为新民主主义文化的重要组成部分,革命文化同样具有民族性、科学性和大众性等特质。

所谓"民族性",是指"它是我们这个民族的,带有我们民族的特性",也是"反对帝国主义压迫,主张中华民族的尊严和独立"的。② 这就是说,革命文化是反对帝国主义的文化,以实现中华民族的独立为崇高目标,因此能够激发人民群众的民族情感,增强人民群众反帝斗争的自觉意识。

"科学性"指这种具有革命特性的新文化能够破除封建思想、权威迷信,即"主张实事求是,主张客观真理,主张理论和实践的一致"。③ 具体而言,就是在革命活动中,革命文化一方面要求必须坚持唯物主义,尊重"自然科学",从而反对"唯心论或宗教教义",另一方面,要求必须对传统文化进行科学鉴别,剔除一切封建统治阶级的腐朽事物,保留其中"多少带有民主性和革命性的东西"。④

"大众性"也即"民主性",这一特征说明了它的广泛性。具体说来,革命文化必须为全民族中绝大多数的工农劳苦民众服务,并逐渐发展成为他们自己的文化。此外,依据新民主主义文化的内在逻辑来看,革命文化还具有包容性、开放性特征,反对盲目排斥一切外来文化的错误思想,要求必须辩证地对待其他文化,以期达到"大量吸收外国的进步文化,作为自己文化食粮的原料"⑤的目的。

革命文化是在长期的革命实践中形成的,对于革命活动起着重要的精神支撑和价值导向作用。毛泽东曾指出:"'没有革命的理论,就不会有革命的运

---

① 《毛泽东选集(第2卷)》,人民出版社1991年版,第708—709页。
② 同上书,第706页。
③ 同上书,第707页。
④ 同上书,第708页。
⑤ 同上书,第706页。

动'，可见革命的文化运动对于革命的实践运动具有何等的重要性。"①从中国革命历史的长镜头看，革命文化自发展出民族性、科学性、大众性等特质，就开始内化为中华民族精神的核心。1942年5月，毛泽东在延安文艺座谈会上再次阐述了革命文化的重要作用，他说："我们要战胜敌人，首先要依靠手里拿枪的军队。但是仅仅有这种军队是不够的，我们还要有文化的军队，这是团结自己、战胜敌人必不可少的一支军队。"②这说明，取得革命胜利不是只靠武器装备精良，关键还要依靠运用武器的战士的文化素养。基于此，我们党历来重视革命队伍的文化教育，通过创办"抗大""夜校"、党校、行政干部学校等，逐步开展和加强革命群众的文化教育事业。为了使文艺工作更好地服务革命任务，毛泽东还要求大规模地开展"革命的文学艺术运动"，从而使"文艺很好地成为整个革命机器地一个组成部分，作为团结人民、教育人民、打击敌人、消灭敌人的有力武器，帮助人民同心同德地和敌人作斗争"。③ 事实表明，革命文艺作为革命文化的重要内容，在造就革命队伍、开展文化革命方面具有重要意义。

（二）新时代方位下增进革命文化认同的价值意涵

随着革命形势的急剧变化，革命文化逐渐发展出具有时代特征和地域特色的不同形态，并且集中体现为党的革命精神，例如，伟大建党精神、红船精神、井冈山精神、长征精神、延安精神、西柏坡精神，等等。这些意涵丰富的革命精神，在生动地刻画出中国共产党人追求崇高理想的群体画像的同时，还熔铸成近代以来中华民族精神最鲜明的性格特征。作为共产党人精神家园的重要载体，革命文化具有科学性、人民性、革命性的理论品格和实践指向，不仅在战争年代激励着无数革命先辈英勇奋斗，而且对推进当代中国特色社会主义伟大实践同样有着重要作用。

第一，增进革命文化认同为坚定文化自信提供精神支撑。增强文化自信并非空谈，而是有着深刻的历史逻辑、理论逻辑和实践逻辑。党的十八大以来，以习近平同志为核心的党中央多次强调要坚定文化自信，指出文化自信是

---

① 《毛泽东选集（第2卷）》，人民出版社1991年版，第708页。
② 《毛泽东选集（第3卷）》，人民出版社1991年版，第874页。
③ 同上书，第848页。

一个民族更深沉、更基础和更广泛的自信。在习近平总书记看来,我们党在革命时期创造的革命文化是文化自信的重要来源。这是因为,革命文化是马克思主义文化的特殊形态,内蕴实事求是的基本原则,因而能够在理论和实践上坚定文化自信。1941 年 5 月,毛泽东在《改造我们的学习》中就提出了共产党员应坚持实事求是原则的要求,他说:"'实事'就是客观存在着的一切事物,'是'就是客观事物的内部联系,即规律性,'求'就是我们去研究。""这种态度,就是党性的表现,就是理论和实际统一的马克思列宁主义的作风。"①毛泽东指出,开展革命工作不能全凭一腔热情,必须"把革命气概和实际精神结合起来"。在他看来,实事求是是共产党人党性原则的重要体现,只有坚持实事求是,才能正确分析社会矛盾、革命形势以及敌我力量变化,进而为革命胜利提供保证。事实上,革命文化内蕴的实事求是精神早已积淀为共产党人的红色基因,在社会主义新时代仍将继续发挥重要作用。历史和现实表明,坚持实事求是基本原则,能够促使人们正确认识我国的基本国情,特别是当下社会主要矛盾已经发生转化的事实,能够促使人们在正确判断我国所处历史方位的基础上,从容自信地应对世情国情党情变化带来的新问题新情况,进而坚定实现民族复兴、人民幸福的信心。

第二,增进革命文化认同为保护文化安全筑起"防火墙"。文化安全是国家安全体系的重要组成部分,也是维持一个文明生存、发展的重要屏障。"居安思危,思则有备,备则无患。"(《左传·襄公十一年》)我们党历来重视文化安全,提出并制定了一系列旨在维护和巩固文化安全的措施。2014 年 4 月,习近平总书记在中央国家安全委员会上首次提出总体国家安全观,要求走出一条中国特色国家安全道路,构建包括文化安全在内的国家安全体系。② 在党的十九大报告中,习近平总书记首先肯定了党的十八大以来我国在文化安全上取得的重大进展,同时指出"意识形态领域斗争依然复杂,国家安全面临新情况"③的问题。在党的十九届四中全会上,党中央再次强调必须进一步加强

---

① 《毛泽东选集(第 3 卷)》,人民出版社 1991 年版,第 801 页。
② 《习近平谈治国理政》,外文出版社 2014 年版,第 200 页。
③ 习近平:《决胜全面建成小康社会 夺取新时代中国特色社会主义伟大胜利——在中国共产党第十九次全国代表大会上的报告》,人民出版社 2017 年版,第 9 页。

文化安全领域工作。巩固文化安全最关键最要紧的一步,就是唤起人民群众的爱国意识,变被动防御为主动练好"内功"。爱国主义是革命文化的重要意涵,汇聚着中华民族深沉的爱国主义情怀。近代以来,无论是孙中山在辛亥革命时期提出的"恢复中华",爱国青年在五四运动时期发出的"外争主权"的呼声,还是抗日战争期间我们党倡议的"建立爱国主义统一战线",都体现了沉甸甸的爱国主义精神。正是受到这一伟大精神的激励,无数同胞前仆后继地投身于革命洪流,为民族独立、人民解放事业献出了宝贵生命。实践表明,这些伟大的爱国实践塑造出的革命文化,将会继续激励人们站在维护国家安全的基点上,自觉"沿着革命前辈的足迹继续前行,把红色江山世世代代传下去","使红色基因渗进血液、浸入心扉"。[①]

第三,增进革命文化认同是推进执政党自我革命的底气所在。中国共产党历来重视自身革命,在长期的革命实践中形成了自我革命的优良传统。习近平总书记指出,我们党不仅有自我革命的意识,而且有敢于自我革命、刀刃向内的勇气。例如,在遵义会议上,我们党通过自我革命解决了当时最迫切的组织问题和军事问题;延安整风时期,针对根据地存在的学风、党风和文风问题,全党自上而下地开展了较为彻底的整风运动,最终确立了实事求是的思想路线;中华人民共和国成立前夕,面对党内滋生的"骄傲情绪,以功臣自居的情绪,停顿起来不求进步的情绪,贪图享乐不愿再过艰苦生活的情绪",[②]毛泽东要求同志们坚持"两个务必",拿起"批评和自我批评这个马克思列宁主义的武器",抵御资产阶级糖衣炮弹的攻击。自我革命是共产党在正确认识自身发展规律的基础上,进行自我批判、自我超越的深刻改造,体现了马克思主义政党自我净化、自我完善、自我革新、自我提高的革命魄力和政治担当。当前,我们国家面临越来越复杂的风险、挑战和危险,对党的执政地位和执政能力形成了严峻考验。对此,以习近平同志为核心的党中央始终重视党的自身建设,不仅告诫全党要"登高望远、居安思危,勇于变革、勇于创新,永不僵化、永不停滞",[③]而

---

① 习近平:《在安徽考察调研时的讲话》,《人民日报》2016年4月28日。
② 《毛泽东选集(第4卷)》,人民出版社1991年版,第1438页。
③ 习近平:《决胜全面建成小康社会 夺取新时代中国特色社会主义伟大胜利——在中国共产党第十九次全国代表大会上的报告》,人民出版社2017年版,第2页。

且发出了"把党的伟大自我革命进行到底"①"坚定不移推进党的伟大自我革命"②的宣言。在新的历史环境下,继承和弘扬自我革命精神,体现了我们党的忧患意识、危机意识,也彰显了我们党自觉担负实现民族复兴、人民幸福的使命感、责任感。

二、社会转型背景下革命文化认同面临双重挑战

文化认同作为一种群体心理现象,一般遵循从初步感知、同情,到价值认同及实践认同的递进发展规律。然而,现实世界是由多种因素构成并且总是表现出多变的状况和趋势。这就决定了文化认同在实践中并不总是沿线性轨迹发展,而是极易受所处时空环境的影响。当前,我国社会正处于深层变动、加速转型的关键节点,由于我国社会主要矛盾发生转化、历史虚无主义泛起等,革命文化认同面临双重挑战。

(一)"内源性"挑战:社会主要矛盾转化对革命文化认同影响深远

作为上层建筑中的重要组成部分,革命文化是由经济基础也即经济发展水平、经济结构决定的。基于马克思主义文化观,文化在本质上属于人类社会生活及其方式观点、观念和概念的表达,"随着人们的生活条件、人们的社会关系、人们的社会存在的改变而改变"。③ 作为一种历史存在,革命文化产生于特殊的社会环境,其生成、发展及构成都取决于这一时期的社会实践。中华人民共和国成立 70 余年来,特别是改革开放 40 余年来,我们党带领全国人民自力更生、艰苦奋斗,终于使我国摆脱了落后局面,使中华民族迎来了从站起来到富起来再到强起来的飞跃。

在这一过程中,革命文化因其具有的时代性等特质,在坚定走社会主义道

---

① 习近平:《习近平谈治国理政(第3卷)》,外文出版社 2020 年版,第 516 页。
② 习近平:《在庆祝改革开放 40 周年大会上的讲话》,人民出版社 2018 年版,第 35 页。
③ 《马克思恩格斯选集(第1卷)》,人民出版社 2012 年版,第 419—420 页。

路、凝聚群众力量等方面发挥了重要作用。然而,不同于经济发展追求高效率、快节奏,文化由于其意识形态属性总是表现出一定的迟滞性。特别是在市场在资源配置中起决定性作用的境况下,文化与经济之间的这种"错位"会越来越大。更进一步说,市场经济虽然能够优化资源配置,提高社会生产能力,但它并不具有"先验的道德合法性",而是"存在着诸如资本崇拜、个人主义、利己主义等深刻道德缺陷"。① 这种缺陷可能导致生产领域、分配领域出现"非正义"现象,消解基于伦理道德之上的社会共识,进而削弱包括革命文化在内的社会认同。"中国特色社会主义进入新时代,我国社会主要矛盾已经转化为人民日益增长的美好生活需要和不平衡不充分的发展之间的矛盾。"② 社会主要矛盾发生历史性转化,对革命文化及其认同产生了深远影响。

一方面,从美好生活需要的结构来看,革命文化在人们全部精神需要的价值序位中呈下降趋势。引起这一现象的诱因是多方面的,其主要根源在于我国生产方式的变革引起人们行为方式发生变化。"既然认为每一种生产方式都有自身的独特空间,那么,从一种生产方式转到另一种生产方式,必然伴随着空间的生产。"③ 在这个新开辟的社会生产空间中,随着生产水平的跃迁,人们的各种需要在内容、层次和实现方式上都发生了显著变化。正如党的十九大报告指出的,在新时代,人民群众的美好生活需要发生了巨大变化,不仅对物质文化生活提出了更高要求,而且在民主、法治、公平、正义、安全、环境等方面的需要也在日益增长。归结于一点,这些变化反映出人们对物质需要和精神需要的更高追求,特别是希望在精神需要上实现跃迁。然而,由于受历史语境变迁等因素,尤其是受社会上"娱乐化"精神消费倾向影响,革命文化常常无法满足人们精神需要的多样性。这些因素交织叠加,势必会削减革命文化的精神引领和价值导向等功能,甚至导致革命文化被"边缘化"。

另一方面,不平衡不充分的发展将会消解革命文化认同的社会基础。革命文化内蕴着共产主义的基本特征,要求在社会生产、交换、分配等领域实现

---

① 樊浩:《中国社会大众伦理道德发展的文化共识——基于改革开放 40 年持续调查的数据》,《中国社会科学》2019 年第 8 期。
② 习近平:《决胜全面建成小康社会 夺取新时代中国特色社会主义伟大胜利——在中国共产党第十九次全国代表大会上的报告》,人民出版社 2017 年版,第 11 页。
③ 包亚明:《现代性与空间的生产》,上海教育出版社 2003 年版。

公平。马克思认为,在共产主义社会,"迫使个人奴隶般地服从分工的情形已经消失",劳动"本身成了生活的第一需要",实现"个人的全面发展","集体财富的一切源泉都充分涌流",①等等。也就是说,在共产主义社会,社会生产力和生产关系将会相互协调适应,每个人将会实现自由而全面的发展。然而,从价值判断到事实判断存在着很长距离,需要处理好生产力和生产关系之间的矛盾。党的十九大报告指出,虽然当前我国已经走出了生产力发展不充分的阶段,但还面临"不平衡不充分"这一更深层次的问题。基于马克思的正义观分析,不平衡不充分的发展将会导致生产、交换、分配领域出现"非正义"现象。所谓生产正义,马克思指出:"只要与生产方式相适应,相一致,就是正义的;只要与生产方式相矛盾,就是非正义的。"②事实表明,由生产"非正义"导致的社会非正义问题,将会引发人们对社会制度公平公正性的怀疑,以及由此引发的心理落差、身份歧视和隐性排斥等现象,将会削弱人们对社会、民族的认同。而且,在面对来自社会内部认同的"离心力"时,革命文化将会首当其冲。

(二)"解构性"危险:历史虚无主义冲蚀革命文化认同的思想基础

革命文化自孕育、形成后,就一直面临历史虚无主义的挑战。早在五四运动时期,历史虚无主义便在"问题与主义"之争中产生,主张否定传统文化遗产,实行"全盘西化"。改革开放以来,随着党和国家工作中心的转移,历史虚无主义趁我国社会正处于转型的关键时期再次抬头。马克思曾对这种唯心的历史观进行过批判,他指出:"迄今为止的一切历史观不是完全忽视了历史的这一现实基础,就是把它仅仅看成与历史进程没有任何联系的附带因素。"③唯心史观否认人类历史是由生产力及其产生的社会关系所决定的事实,在此基础上,历史虚无主义是一种否认人民历史主体地位,放弃阶级分析和阶级斗争的虚假历史观,其历史唯心论实质,从根本上否认了马克思主义关于"两个必然""两个绝不会"的科学论断。

历史虚无主义具有不同形态,在文化领域表现为文化虚无主义,使"人的

---

① 《马克思恩格斯文集(第3卷)》,人民出版社2009年版,第435—436页。
② 《马克思恩格斯文集(第7卷)》,人民出版社2009年版,第379页。
③ 《马克思恩格斯选集(第1卷)》,人民出版社2012年版,第173页。

精神价值追求本能化、生理化,否定崇高、正义、奉献等先进的价值观念,使个体本能或生理的需求超越社会的历史的规定"。① 从现代认同的视野来看,历史虚无主义是人类文明危机的一种具象。它对一切社会传统文化均产生了严重影响,冲蚀着作为主流意识形态重要内容的革命文化认同。革命文化是具有共产主义特征的文化,其在发展过程中逐渐内化了历史唯物主义、集体主义等基本原则、价值伦理,然而历史虚无主义却是以历史唯心主义、个人主义为实质的错误思潮,它"否定民族历史与文化自卑、丑化社会发展道路选择与片面解读历史以致混淆视听,否定历史规律、阴谋论盛行、抹杀民族英雄的历史地位与盲目崇洋媚外等"。② 历史和现实表明,历史虚无主义的危害极深,从思想层面解构了人们对于本民族历史和文化的认同。其表现主要体现在以下三方面。

第一,在历史观上,历史虚无主义借助所谓"学术研究"之名,随意解构、架空和评价历史,用看似学术化的表述对中华文明历史、中国革命历史、改革开放历史进行"重新评价"。历史虚无主义者通过刻意营造"中立客观"的假象,去迷惑那些不懂历史真相的群体。按照他们的观点审视历史,最终会得出"西方中心主义"的错误结论,即一部人类史就是西方文明生成、发展和传播的历史,其他一切文明都只不过是西方文明的分支。第二,在研究方法上,历史虚无主义者采取以偏概全的逻辑研究方法,抓住一点、不及其余,设置"理论陷阱"。他们不关心记载历史的全部事实,而是从历史零散碎片的材料中精心挑选某些片段,就声称明白了"全部历史真相"。如果按照这一逻辑进行演绎,汪精卫、陈公博的"曲线救国"就是救亡图存之举,而以爱国主义为基础的抗日统一战线则被视为"祸害","容易使人发疯发狂,丧失理性"。第三,在政治诉求上,历史虚无主义妄图颠覆社会主义政权,解除中国共产党的领导,进而"力图扭转现代化建设和改革开放的发展方向,把中国纳入西方资本主义体系中去"。③ 为达成这一目的,他们极力丑化五四运动以来的中国革命历史,竭力

---

① 杨金华:《当代中国虚无主义思潮的多元透视》,《马克思主义研究》2011年第4期。
② 袁富民:《马克思反对个体主义——以"Wirklichen Individuen"概念为核心的考察》,《马克思主义研究》2019年第7期。
③ 梁柱:《历史虚无主义思潮的泛起、特点及其主要表现》,《马克思主义研究》2013年第10期。

贬低、矮化中国共产党在解放战争、国家建设、改革开放中的领导核心地位,妄图否定中国走社会主义道路的合历史性、合规律性。

在新的历史时期,历史虚无主义则以更为隐蔽的手段出现在社会生活各个领域。历史虚无主义由于具有去"价值化"倾向、"解构性"特征,不仅会侵蚀革命文化内蕴的红色基因,而且会通过"娱乐化"手段对革命精神造成污染,从而破坏全体人民团结奋斗的共同思想基础。

三、国家治理现代化视域下增进革命文化认同的"三重逻辑"

立足于推进国家治理体系和治理能力现代化的历史方位,革命文化认同迎来了进一步发展的历史机遇。在新时代境遇下增进革命文化认同,对于坚定文化自信、维护国家意识形态安全非常重要,需要坚持从物质、思想、话语权三个维度着力。

(一)坚持以人民为中心的发展观,夯实革命文化认同的物质之维

文化认同是国家软实力的重要组成部分,根本上取决于国家的经济发展水平。正如马克思所说,"物质生活的生产方式制约着整个社会生活、政治生活和精神生活的过程"。[①] 一个国家、民族越是兴盛发达,人们在文化认同程度上相应地也就越强烈,反之,文化认同感就会降低。邓小平也曾指出:"革命精神是非常宝贵的,没有革命精神就没有革命行动。但是,革命是在物质利益基础上产生的,如果只讲牺牲精神,不讲物质利益,那就是唯心论。"[②]这就说明,革命文化受物质基础决定,靠物质利益保障。因此,大力发展经济,提高物质文化生产水平是增进革命文化认同的根本途径。

社会主义国家发展经济必须坚持人民立场,不断把满足人民需要作为本

[①] 《马克思恩格斯选集(第2卷)》,人民出版社2012年版,第2页。
[②] 《邓小平文选(第2卷)》,人民出版社1994年版,第146页。

质要求。马克思认为,大力发展经济,以及"尽可能快地增加生产力的总量",①是维护工人阶级经济利益的必然要求,也是巩固无产阶级政权的政治需要。为进一步阐释社会主义的生产目的,恩格斯在《反杜林论》中进行过专门论述:"通过社会化生产,不仅可能保证一切社会成员有富足的和一天比一天充裕的物质生活,而且还可能保证他们的体力和智力获得充分的自由的发展和运用。"②这就规定了社会主义生产的目的不是出于纯粹的经济利益,而是为了最大限度地满足人民日益增长的物质文化需要。中国共产党继承和践行了这一观点,并且在新时代实现了创新发展。党的十八大以来,以习近平同志为核心的党中央以马克思主义政治经济学为指导,始终站在人民立场上思考发展问题,形成了以人民为中心的发展思想,即把增进人民福祉、促进人的全面发展、朝着共同富裕方向稳步前进作为经济发展的出发点和落脚点,"永远把人民对美好生活的向往作为奋斗目标"。③

在新时代,"以人民为中心的发展"和"人民对美好生活的向往"实现了理论逻辑和价值逻辑的统一,二者都植根于当代改革开放实践,都把实现民族复兴、人民幸福作为初心和使命。坚持人民立场体现了发展过程的价值正义原则。所谓价值正义,指涉社会发展注重系统性、充分性,既要求全国范围内生产的平衡,又要求社会财富在分配过程、分配结果上体现公平性、正义性。习近平总书记指出,我国践行以人民为中心的发展思想,就是要让改革发展成果更多更公平地惠及全体人民。具体而言,就是要坚持共享发展理念。基于中国特色社会主义的价值指向分析,共享理念在一定程度上带有共产主义特征,"是马克思主义的一个基本目标,也是自古以来我国人民的一个基本理想""体现的是逐步实现共同富裕的要求"。④ 习近平总书记强调,要想实现共享发展,就不仅要把握全民共享、全面共享、共建共享、渐进共享的主要内涵,也要把社会主义事业的"蛋糕"做大,并将不断做大的"蛋糕"分好,使人民群众有更多的获得感、幸福感。基于实现人的终极价值来看,坚持"以人民为中心的发

---

① 《马克思恩格斯选集(第1卷)》,人民出版社2012年版,第421页。
② 《马克思恩格斯选集(第3卷)》,人民出版社2012年版,第670页。
③ 习近平:《决胜全面建成小康社会 夺取新时代中国特色社会主义伟大胜利——在中国共产党第十九次全国代表大会上的报告》,人民出版社2017年版,第1页。
④ 习近平:《深入理解新发展理念》,《求是》2019年第10期。

展"同"革命文化"具有内在一致性,都将"实现每个人自由而全面的发展"作为根本指向。因此,这就要求继续巩固和发展以人民为中心的发展思想,始终把人民利益摆在首要位置,筑牢夯实革命文化认同的物质基础。

(二)自觉抵制历史虚无主义侵蚀,筑牢革命文化认同的思想之维

文化认同归根结底属于意识形态范畴,其牢固程度不仅取决于物质基础和经济发展水平,还受到人们心理、情感和认知的影响。历史虚无主义的危害极大,其历史唯心论实质从思想层面消解着文化认同的基础,导致主流意识形态出现被"解构""重塑"的现象。革命文化作为主流意识形态的重要组成部分,亦不能摆脱被"边缘化"和"去意识形态化"的危险。因此,这就迫切需要人们坚持正确的历史观、民族观,自觉提高和增强抵制历史虚无主义的意识、能力,筑牢革命文化认同的思想之维。

一方面,应坚持唯物史观的正确指导,自觉坚持实事求是的基本原则。马克思、恩格斯在革命实践中发现了唯物史观,他们认为:"人们自己创造自己的历史,但是他们并不是随心所欲地创造,并不是在他们自己选定的条件下创造,而是在直接碰到的、既定的、从过去承继下来的条件下创造。"[1]这就指出了历史存在的客观性,即一切历史都是由劳动群众在实践中创造出来,并将以各种形态继续存在下去。唯物史观为革命运动提供了科学指南,其中"实事求是"的基本原则,则为抵制历史虚无主义提供了思想武器。从价值逻辑上看,唯物史观坚持"实事求是",而这同历史虚无主义歪曲、否定历史形成了尖锐对立。从方法论上讲,"实事求是"反对一切先验或超验的猜想,坚持立足社会实践观察人类历史,而历史虚无主义则完全相反。可以说,"实事求是"是马克思主义的理论精髓,是毛泽东思想活的灵魂,也是党和国家的生命线。党的十八大以来,习近平总书记就曾多次指出必须警惕历史虚无主义,他说:"历史就是历史,历史不能任意选择,一个民族的历史是一个民族安身立命的基础。"[2]关于如何抵制历史虚无主义,增进国家和民族认同感,习近平提出了明确要求,

---

[1] 《马克思恩格斯选集(第1卷)》,人民出版社2012年版,第669页。
[2] 习近平:《在纪念毛泽东同志诞辰120周年座谈会上的讲话》,人民出版社2013年版,第12页。

既要"牢固树立正确历史观,既不能割断历史,也不能虚无历史",①也要"弘扬民族精神和时代精神,加强党史、新中国史、改革开放史教育,加强爱国主义、集体主义、社会主义教育"。② 换言之,就是坚决维护革命成果,肯定社会主义在革命、建设、改革中取得的伟大成就,最终为实现社会主义现代化、民族复兴服务。

另一方面,培育爱国主义精神,自觉树立对党、国家和社会主义的热爱。爱国主义是革命文化最重要的组成部分,也是抵制历史虚无主义的精神"良剂"。针对西方国家刻意歪曲近现代中国史,妄图消除以爱国主义为核心的民族精神的野心,习近平总书记强调:"爱国主义自古以来就流淌在中华民族血脉之中,去不掉,打不破,灭不了,是中国人民和中华民族维护民族独立和民族尊严的强大精神动力。"③爱国主义凝结着劳动人民对于我国历史、现实及未来的情感认同、价值认同和实践认同,更是维系中华民族生存发展的命脉根基。爱国主义从来就不是抽象的,而是历史、具体的。针对爱国主义"过时论""民族主义论"等错误思想,习近平总书记严正指出:"我国爱国主义始终围绕着实现民族富强、人民幸福而发展,最终汇流于中国特色社会主义。"④在新时代,党、国家和社会主义具有同目的性,都将实现民族复兴、人民幸福作为使命担当和实践方向。全国人民特别是广大青少年,践行爱国主义既是抵御历史虚无主义的内在要求,也是增强中华民族归属感、认同感、尊严感、荣誉感的重要路径。更重要的是,在培育爱国主义精神时,我们必须按照习近平总书记所要求的那样,做到"听党话、跟党走,胸怀忧国忧民之心、爱国爱民之情,不断奉献祖国、奉献人民,以一生的真情投入、一辈子的顽强奋斗来体现爱国主义情怀"。⑤ 实践表明,只有将自己完全融入中华民族伟大复兴的实践中去,才会真正形成爱国主义,才会强化对党、国家和社会主义的认同。

---

① 中共中央宣传部编:《习近平总书记系列重要讲话读本》,学习出版社、人民出版社2016年版,第33页。
② 《中共中央关于坚持和完善中国特色社会主义制度推进国家治理体系和治理能力现代化若干重大问题的决定》,人民出版社2019年版,第23页。
③ 习近平:《在纪念五四运动100周年大会上的讲话》,人民出版社2019年版,第3页。
④ 习近平:《大力弘扬伟大爱国主义精神 为实现中国梦提供精神支柱》,《人民日报》2015年12月31日。
⑤ 习近平:《在纪念五四运动100周年大会上的讲话》,人民出版社2019年版,第8页。

(三) 掌握和提升主流意识形态话语权,创新革命文化认同的话语之维

革命文化具有鲜明的意识形态色彩,其政治属性要求重视和掌握思想领域的话语权。掌握话语权,其实就是对社会舆论、民意思潮进行有效引导,这关涉一个政党、国家和民族的安危。基于马克思主义的国家观分析,话语权在本质上是意识形态的载体,反映了统治阶级的思想和意志,"一个国家要对内对外维护和巩固其政权的合法性,就必须借助话语这个载体,通过一定的话语系统旗帜鲜明地表达出自己的意识形态主张"。[①] 依据政党发展规律可知,执政党只有掌握话语权,才能增强其意识形态的感召力、公信力。唯此,包括革命文化在内的主流文化的认同才能随之增强。

提升革命文化的话语权,首先要坚持马克思主义、科学社会主义的精神实质。马克思曾说过:"理论只要彻底,就能说服人。所谓彻底,就是抓住事物的根本。"[②] 也就是说,一种理论和主义能否获得群众的认可,并经受人民和历史的检验,关键要看它能否从根本上对事物进行阐释、说明和回答。习近平总书记指出,马克思主义是科学理论,不仅在于它"深刻揭示了自然界、人类社会、人类思维发展的普遍规律""坚持实现人民解放、维护人民利益的立场",关键还在于它"具有鲜明的实践品格",始终把"致力于积极'改变世界'"[③]作为根本指向。

坚持马克思主义在革命文化中的指导地位,主要体现在两个方面。第一,革命文化要坚持在科学批判的基础上,大胆吸收借鉴古今中外一切优秀文明成果。马克思主义具有开放性、包容性特征,它不仅本身就是人类优秀文明成果的结晶,而且否认自己是"绝对真理"或"绝对体系"。因而,作为马克思主义文化的特殊形态,革命文化同样不能自满、封闭,而要不断进行理论上的创新,从而获得新的内容。第二,革命文化要在立足世情国情党情的基础上进行创新。当前,我国意识形态领域面临非常复杂的局势,主流和非主流的思想并存,先进和落后的思想交织,特别是出现了"红色""黑色""灰色"地带交错碰撞

[①] 曹建文:《话语权视阈下维护意识形态安全的"三重逻辑"》,《马克思主义研究》2019 年第 6 期。
[②] 《马克思恩格斯选集(第 2 卷)》,人民出版社 2012 年版,第 207 页。
[③] 习近平:《在哲学社会科学工作座谈会上的讲话》,《人民日报》2016 年 5 月 19 日。

的现象。在这种境况下,必须构建民族的、大众的现代革命文化话语体系,使之具有真理性、客观性,又不失亲和力、时代气息,从而发扬革命文化蕴含的科学精神和红色基因。

增进革命文化认同还必须创新话语体系载体。随着现代信息技术快速发展,我国主流意识形态在传播渠道、方式和技术上取得显著进步,党的意志、国家政策可迅速传播到全国各个角落,而人民的疾苦冷暖也能及时反馈给政府。同时,互联网逐渐成为人们学习、工作、生活新空间,然而,其"不在场""去中心化"以及"解构性"特征,会削弱公权力的话语权,进而危及主流意识形态安全。"明者因时而变,知者随事而制。"(《盐铁论》)习近平总书记指出,宣传工作只有积极创新才能破解工作难题,重点是抓好理念创新和手段创新。这就要求在把握壮大主流思想舆论,弘扬主旋律,传播正能量的同时,要"提高质量和水平,把握好时、度、效,增强吸引力和感染力,让群众爱听爱看、产生共鸣,充分发挥正面宣传鼓舞人、激励人的作用"。[①]

具体说来,就是要做到两个结合。一是崇高性和大众化的结合。不仅要进一步凝练、规范革命文化内容,也要善于将革命精神转化到具体的革命人物、事件以及红色资源上来,通过采用具有亲和力的表述方式、语言风格,使其深入人心、引起共鸣。二是传统传播方式和新兴媒介的结合。现代传播学认为,视觉化传播在传播效率、思维方式上要比纸质传播更有感染力、引导力,因此,可以利用现代传播手段对革命文化进行视觉转化,例如,通过主旋律电影、革命史实纪录片、戏剧等形式丰富宣传手段。在近现代中国丰富的革命实践中,革命文化在理论与实践层面上实现了马克思主义中国化,同时对中华优秀传统文化进行了创造性转化。革命文化是中国特色社会主义先进文化的重要根基,不仅具有科学性、革命性、人民性特质,而且具有与时俱进的实践品格。历史和实践表明,增进革命文化认同,能够抵御历史虚无主义对社会主义的侵蚀,为实现中华民族伟大复兴、人民幸福团结凝聚共同的思想基础。

[①] 习近平:《胸怀大局把握大势着眼大事 努力把宣传思想工作做得更好》,《人民日报》2013年8月21日。

中国共产党群众语言的早期探索及时代价值

吴荣生*

[摘要] 以毛泽东同志为主要代表的中国共产党人,擅长运用人民群众所熟悉的日常语言来宣传马克思主义,同时赋予群众的日常语言以马克思主义的真理内涵。在推进马克思主义中国化时代化大众化的历史进程中,毛泽东紧紧围绕"革命"主题,用饱含人民情怀和民族气派的群众语言承载深刻的马克思主义理论,坚持以"大众话"的表达方式、通俗化的"文本"、生活化的"哲学方法论",以此唤醒群众、动员群众、武装群众,实现了时代使命与话语功能的内在统一,这对新时代我们党用好"群众语言"具有重要的启迪意义。

[关键词] 中国共产党;群众语言;马克思主义;时代价值

近代中国的劳苦大众,内受封建主义压榨,外受帝国主义凌辱,中间夹杂着官僚资本主义剥削。马克思主义便是在这样的背景下传入中国的,它告诉苦苦求索的中国人民,要彻底推翻压在劳苦大众头上的"三座大山",必须通过"革命"。因此,"革命"就成为马克思主义传入中国后逐步开始中国化、时代化、大众化的首个主题,也成为中国共产党群众语言承载的一条主线。"初来乍到"的马克思主义,不但需要理论上的中国化,更需要话语上的本土化。以毛泽东同志为主要代表的中国共产党人深谙国人的话语之道,他们既是马克

---

* 吴荣生,中共山东省委党校(山东行政学院)党建部主任、教授。

思主义经典话语体系中国化的奠基人,也是党的群众语言的伟大开创者。在《反对党八股》中,毛泽东深刻指出:"共产党员如果真想做宣传,就要看对象,就要想一想自己的文章、演说、谈话、写字是给什么人看、给什么人听的。"[①]毛泽东特别擅长运用人民群众所熟悉的日常语言来宣传马克思主义,同时赋予群众的日常语言以马克思主义的真理内涵。

一、用"大众话"表达方式唤醒"民众大联合"

群众语言是人们在生产生活中创造出来的,它是本民族规范化语言的延伸和补充。群众语言的方式各种各样,包括歇后语、熟语、农谚、双关语等。中国共产党在逐步掌握群众语言的早期探索中,多表现为用群众语言表达方式引介抽象的马克思主义革命理论,用谚语、成语、比喻、歇后语、双关语等生动活泼的群众语言形式,把马克思主义理论讲得通俗易懂,使民众一听就懂、一学就会,在加深理解的基础上不断唤醒民众大联合。

"革命"一词最早出现于《易经》,"汤武革命,顺乎天而应乎人"。然而,对于古老的中国和中国的老百姓来说,"革命"并不是一个常用的词语。历代王朝的更迭甚至是农民起义都没有以"革命"标榜,大都把自己的行动称为"造反""起义""光复"等。随着近代中国封闭的大门被西方殖民者的坚船利炮打开,诸多西方的"奇技淫巧"出现在中国人的日常生活中,相伴而至的还有各种各样外来的思潮,不断冲击乃至改变着中国老百姓固有的生活方式和思维方式。近代中国社会中的"革命"一词,最早是由孙中山倡议使用的。李大钊、毛泽东等早期共产主义先进分子在向中国老百姓宣传介绍俄国十月社会主义革命时,既继承前人,又接受了马克思主义先进理论的武装,多人多次使用脍炙人口的"十月革命一声炮响,给我们送来了马克思列宁主义"这样的"典型"的群众语言,明确昭示了"革命"的现实意义和前所未有的性质,表达其意、深入

[①] 中共中央文献编辑委员会编:《毛泽东著作选读》(下卷),人民出版社1986年版,第513页。

人心。

中国共产党早期探索群众语言表达方式的根本目的是联合群众,解放人民,发展社会生产力。近代以来,中国人民生活在多重压迫的水深火热之中,这也是早期群众语言探索的动力所在。例如,中国共产党人曾用"黄连树上挂猪胆——苦上加苦"等群众常用的双关语,生动地表达人民生活的疾苦状态,能够自然而然地让人民群众联系到自己的切身之痛。在总结革命发起的动因时,谢觉哉又进一步指出:"帝国主义、封建主义和官僚资本主义的统治,是中国人民灾荒与贫困和人口消耗的总根源。"①据此,毛泽东进行了准确概括并正式提出了"三座大山"的概念,这一形象的比喻恰如其分地展现出中国人民所面临的苦难和求变的迫切。而中国共产党领导的新民主主义革命的根本意义,就是要推翻帝国主义、封建主义和官僚资本主义这"三座大山"。对此,他又进一步指出:"依靠贫农,团结中农,有步骤、有分别地消灭封建剥削制度。"②这反映出毛泽东重视农民的大众情怀,也体现出毛泽东对中国革命与农民关系的密切关注。在谈到中国共产党早期"革命"所指向的具体内容时,为了方便群众理解和接受,毛泽东使用了贴近中国人数最多的大众——农民生活而又非常口语化的语言表达:"打土豪呀,分田地呀,分谷物呀,废债务呀,起游击队呀,立苏维埃呀。"③他努力用广大人民群众常用的语言方式来表述中国老百姓的事,用马克思主义观点来分析问题、解决困难,因而很容易被中国劳苦大众接受和认可,这成为革命时期中国共产党群众语言力量的集中展现。

毛泽东等早期中国共产党人以马克思主义为理论先导,始终站在人民的立场上思考和分析问题,关心中国劳苦大众(主要是农民)的生活和接受能力,用中国老百姓自己的语言来回答马克思主义关于革命的定义,取得了较好的革命实践效果。"打倒帝国主义,打倒军阀,打倒贪官污吏,打倒土豪劣绅,这几个政治口号,真是不翼而飞,飞到无数乡村的青年壮年老头子小孩子妇女们

---

① 《谢觉哉文集》,人民出版社 1989 年版,第 883 页。
② 《毛泽东选集(第 4 卷)》,人民出版社 1991 年版,第 1317 页。
③ 《毛泽东选集(第 1 卷)》,人民出版社 1991 年版,第 260 页。

的面前,一直钻进他们的脑子里去,又从他们的脑子里流到了他们的嘴上。"①此外,在革命的态度上和革命者的理想上,中国共产党人凝练出了"将革命进行到底"和"人民当家作主"等大量简明而清晰的群众语词。

二、用通俗化"文本"动员"劳苦大众"

中国共产党自成立以来,就始终坚持用通俗化的群众语言普及马克思主义理论。1923年,党的三届一中全会决议中就曾提出"凡能与工人接触之党员当尽力运用《先锋》《新青年》《向导》社会科学讲义等之材料,使用口语、求其通俗化"。② 1926年7月,党的四届中央执行委员会第三次扩大会议又进一步指出,"亟须添设中央通俗的机关报",要求编译工作要对中国革命中最重要的问题做"通俗的解释"。③ 由此,在革命时期,中国共产党多以通俗易懂的文章传播科学理论,动员劳苦大众。

用通俗的"概念"指明革命任务和对象。在《毛泽东选集》第一卷第一篇《中国社会各阶级的分析》中,毛泽东开篇就用通俗易懂的群众语言指出:"谁是我们的敌人?谁是我们的朋友?这个问题是革命的首要问题。"④就革命本身而言,毛泽东做出"敌人""朋友""自己"的区分,理论来源于对马克思主义"阶级斗争"理论中无产阶级与资产阶级这一资本主义社会主要矛盾的认识和理解,具有马克思主义的基本性质。更为重要的是,毛泽东没有将脱胎于西方19世纪工业文明的马克思主义关于"阶级斗争""无产阶级""资产阶级"等理论性概念直接照搬照抄,而是进行了中国化的内容转换和群众化的语言转化,使用了"革命""敌人""朋友""自己"等一整套具有中国文化特色的词语。这是因为,当时中国处于半殖民地半封建社会,资本主义在中国没有得到充分的发

---

① 《毛泽东选集(第1卷)》,人民出版社1991年版,第34页。
② 中央档案馆,中共中央文献研究室编:《中共中央文件选集》(第1卷),中共中央党校出版社1982年版,第205页。
③ 中央档案馆,中共中央文献研究室编:《中共中央文件选集》(第2卷),中共中央党校出版社1983年版,第188—189页。
④ 《毛泽东选集(第1卷)》,人民出版社1991年版,第3页。

展,"资本主义""无产阶级""资产阶级"等话语并未占据主流话语平台,当时中国的老百姓对这些概念更是相当陌生。以毛泽东同志为主要代表的早期共产党人通过将马克思主义的"阶级斗争""无产阶级""资产阶级"等话语巧妙地替换为"革命""敌人""朋友""自己"等话语,既兼顾了马克思主义的科学内涵,又符合中国老百姓在日常生活中的思维习惯和语言方式,具有非常鲜明的群众语言特色,实现了马克思主义"阶级斗争"理论话语的中国化理解和群众化的语言表达。再者,像"红色政权区域"与"国民党统治区"的形象划分,也属于此类通俗化群众语言的探索。

用通俗的"修辞"阐释革命者。在革命者问题上,毛泽东使用了更加具体并带有马克思主义性质的群众语言论述,他提出:"我们要分辨真正的敌友,不可不将中国社会各阶级的经济地位及其对于革命的态度,作一个大概的分析。"①对各阶级的分析,毛泽东坚持了"无产阶级是革命领导阶级"的马克思主义观点。但在革命者组成的分析上,他依据中国国情,突出人数占大多数的"农民"在中国劳苦大众中的重要地位,将中国的"农民"视作与工人阶级一样的革命的基本力量,并提出了"工农联盟"的大众话语概念。从早期的著作《湖南农民运动考察报告》《民众的大联合》等文章可以反映出,毛泽东很早就将注意力放在中国最大规模的"无产者"——农民的身上,非常熟悉底层农民的思维习惯和语言方式。同样的情况也发生在对革命对象的描述上,毛泽东对此也有经典的群众语言表述,像"一切反动派都是纸老虎"的论断至今让人记忆犹新,成为群众语言探索的经典代表。马克思主义将革命对象界定为剥削的"资产阶级"及其拥护者,在中国则具体化为帝国主义及勾结帝国主义的军阀、官僚、买办阶级和大地主大资产阶级等。毛泽东将中国革命对象的一系列复杂论述,用"反动派"的精炼表述来简化替代,并将"反动派"比喻为"纸老虎",既是一种生动、形象、具体的语言风格的体现,也准确地揭示出敌人外强中干的本质,提振了中国人民战胜敌人的信心和决心,是中国共产党群众语言探索的典范。同时,为使马克思主义具有中国民族化的形式,同中国劳动人民的实际生活、实际斗争紧密结合起来,当时的理论工作者做了大量"通俗化""大众化"工作,发表了

---

① 《毛泽东选集(第 1 卷)》,人民出版社 1991 年版,第 3 页。

许多介绍、阐释《实践论》和《矛盾论》的文章和著作,成为向广大劳苦大众宣传马克思主义真理、号召劳动人民进行伟大革命斗争的强有力的话语"武器"。

三、用生活化"哲学方法论"洗礼"广大农民"

在以通俗化的群众语言有效回答了革命目标、革命力量和革命对象等基本问题后,如何科学回答"怎样革命",就成为中国共产党宣传革命思想、实现马克思主义大众化的关键一环。在马克思主义的直接指导下,中国共产党人从中国实际出发,逐步开辟出中国自己的革命道路,并以符合中国大众的形式展现出来。中国共产党人将"怎样革命"这一问题置于马克思主义的指导和共产党的领导之中,是革命取胜的关键。而将"怎样革命"这一问题用中国形式、中国气派、中国话语向中国的"劳苦大众"阐释清楚,同时让他们听得懂、能接受并最终认可进而达到发动大众,实现向人民革命、人民战争转换的目的,是革命胜利的根基。中国共产党领导下人民军队的主要来源是广大农民,从普通战士到指挥员,甚至是党内的领导干部,大多出身农家,知识水平相对不高,对抽象的马克思主义革命方法论认识上有不少困难,亟待以"生活化"的群众语言予以教育和洗礼。

现代意义上的中国民主革命发端于军阀混战的动乱时期,虽然中国共产党自诞生之日起就将新民主主义革命胜利作为奋斗目标,并以个人身份加入国民党,积极参加了孙中山领导的民主革命及北伐战争。然而,早期的党组织成员大多是知识分子,对革命的认识不够深刻,尤其是对革命的残酷性认识不足,缺乏武装斗争的经验,忽视了对武装力量的争取和掌握,为此付出了惨重代价。革命事业是前进性与曲折性的辩证统一,在急需吸取革命失败教训、调整革命斗争方式的紧要当口,毛泽东在"八七会议"上及时提出"须知政权是由枪杆子中取得的"[①]这一著名论断。高度凝练而苍劲有力的一句话,一针见血

---

① 《毛泽东选集(第1卷)》,人民出版社1991年版,第47页。

地指出了革命失败的症结所在,成功推动了中国革命向武装斗争的转型。之后,这一重要论断得到不断传承和提炼,发展为"枪杆子里出政权"的著名革命口号。无论是党员领导干部,还是普通群众,都对这一中国化的马克思主义话语留下了深刻印象。

革命的起步阶段总是充满各种困难险阻,既有外部客观条件带来的困难,也有内部滋生的畏难情绪,甚至有时是内外各种困难交织在一起,会对革命造成巨大威胁。在井冈山革命斗争时期,面对敌人步步紧逼和恶劣的自然条件,有人就产生了"红旗到底能打多久"的疑问,这集中反映了党内和革命队伍内出现的悲观主义倾向。针对这样的局面,就需要发挥马克思主义信仰的坚定性和革命乐观主义精神,通过群众的语言方式将革命信仰和大无畏精神层层传导到革命队伍中去,起到稳定人心军心、坚定革命理想信念的作用。著名的"星星之火,可以燎原"就产生于这样的时代背景下,毛泽东有理有据的回答,如和风细雨般润物无声,巩固了红军队伍的革命决心,对于鼓舞中国革命走出困苦和低潮发挥了重要作用。中国共产党人突出"人民"的主体地位,多种场合反复强调"农民则是中国革命的主力军",①从而形成了"人民战争"这一重要的群众语言表述,极大调动了革命主体的积极性,翻身做主、分到田地的广大农民踊跃参军就是中国共产党群众语言不断发展并产生巨大作用的有力佐证。

在关于"怎样革命"的深入思考和艰辛探索中,经验与教训的对照使中国共产党人逐渐认识到照搬照抄苏联的"城市暴动"是教条主义路线,不仅不会指引革命胜利,反而很有可能葬送中国革命事业。农村背景出身的毛泽东,在深入调查、研究、分析的基础上,准确把握了"农民"这一当时最大的革命主体和话语主体,围绕"农民"和"农村"展开了"中国式"群众语言的构建和革命实践活动。最终所形成的独具特色的"农村包围城市,武装夺取政权"的中国革命道路和革命经验,是对"怎样革命"的充分回应和科学解答。与之相适应,中国共产党用群众语言回答了中国革命道路这一重大问题,群众语言的内容也实现了从"枪杆子里出政权""星星之火,可以燎原"到"人民战争"特别是对"农

---

① 《董必武选集》,人民出版社 1985 年版,第 322 页。

村包围城市，武装夺取政权"的发展和完善。

究其根本，对"怎样革命"实践道路的成功探索，建基于马克思主义科学的方法论。在马克思主义方法论的中国化和大众化方面，革命时期的中国共产党人也进行了由哲学原理的抽象表达向群众语言表述的卓有成效的转化。通常意义上，思想方法问题归属哲学领域。博大精深而又高度抽象的马克思主义哲学方法论首次传入东方文明根深蒂固的中国，加之翻译环节的隔膜，中国的"人们"很难立即使用这一思想武器去"认识世界和改造世界"。经典马克思主义方法论需要与中国国情、文化、大众相结合，实现马克思主义在中国的"华丽转身"。在深刻领会马克思主义思想方法论要义的基础上，毛泽东借助中国传统文化的承载形式，对来自西方社会的马克思主义方法论原理进行中国式"改造"，以适合中国民众的表达形式和语言习惯予以阐释。

实践观点是马克思主义认识论首要的和基本的观点，马克思、恩格斯在《德意志意识形态》中指出，"一当人开始生产自己的生活资料，即迈出由他们的肉体组织所决定的这一步的时候，人本身就开始把自己和动物区别开来"的论述，[1]说明了实践对人类的重要意义。毛泽东则用"没有调查，没有发言权"来强调实践环节的重要性，甚至把调查问题和解决问题比作"十月怀胎"和"一朝分娩"，将深奥的哲学原理与群众日常生活联系在一起。中国共产党人这种将陌生抽象的哲学大道理转化为民众耳熟能详的"大白话"的做法，基本达到了"内化于心、外化于行"的目标，以转化构建群众语言的方式，实现了中国"人们"掌握马克思主义方法论这一思想武器的目标。

四、中国共产党群众语言早期探索的时代价值

中国共产党对群众语言的早期探索紧紧围绕"革命"的时代主题和"劳苦大众"的话语主体，始终贯穿马克思主义的立场、观点和方法，又不断结合变化

---

[1] 《马克思恩格斯选集(第1卷)》，人民出版社2012年版，第147页。

了的实际情况进行中国化,深刻回答了中国革命的根本问题。正如毛泽东曾指出的,马克思主义中国化的群众语言展现出"新鲜活泼的、为中国老百姓所喜闻乐见的中国作风和中国气派",①易于在广大人民群众中传播并为他们所接受。这对新时代中国共产党人"善用"群众语言具有重要的启示作用和借鉴意义。

一是坚持马克思主义的价值立场。近代中国选择马克思主义,旨在解决"救亡"这一政治问题,其首要的、根本的、直接的方式即为用马克思主义的价值立场唤醒民众、"启蒙"民众、解决广大民众的政治价值观问题。从马克思主义的阶级基础来看,就是要坚定地站在维护无产阶级和人民大众的根本利益的立场上观察、分析、处理问题,为最广大的民众争取自由、民主、平等和尊严;从马克思主义的历史使命来看,就是要坚定科学社会主义、共产主义的理想信念,持之以恒地解放全人类,实现人的自由而全面的发展。因此,"每个人的自由发展是一切人的自由发展的条件"②是马克思主义最基本的信条。马克思主义一以贯之的基本价值追求,就是让人民大众摆脱奴役压迫,实现人的解放。中国共产党人作为马克思主义的信仰者、传播者,就是要坚守人类解放这一根本价值追求。从社会政治意义来说,中国共产党在革命时期所探索的群众语言归根结底就是为了"人的解放"提供保障。共产党人的历史使命就是以马克思主义这一根本的价值立场和最高命题为准则,通过不断自我革命推动社会革命,不断推进人的自由全面发展。然而,要完成这一历史使命必须首先探索群众语言,发动群众赢得革命、掌握政权。

进入新时代,中国共产党人始终坚定马克思主义的价值立场,坚定社会主义、共产主义的信仰信念,用"精神之钙""空谈误国,实干兴邦""不忘初心""天上不会掉馅饼""撸起袖子加油干""干部干部,干是当头的""十个指头弹钢琴"等群众语言来承载马克思主义的价值诉求,彰显了马克思主义鲜明的政治立场、强烈的历史担当和科学的方法论指引。

二是契合中华民族传统文化。马克思主义传到中国之后,首先面对的就是中国传统文化。中国共产党注重强调其与本土文化的一致性,努力发掘与

---

① 《毛泽东选集(第2卷)》,人民出版社1991年版,第532页。
② 《马克思恩格斯选集(第1卷)》,人民出版社2012年版,第273页。

本土文化间的相通之处,并通过这些相通之处去解读和宣传外来文化。就马克思主义与中国传统文化的结合来看,早期中国共产党人很早就意识到马克思主义要发挥其对中国革命的指导作用,就必须与中国传统文化有机结合,实现"民族化""中国化""本土化"的转向。正如艾思奇所指出,"现在需要来一个哲学研究的中国化现实化的运动"。[①] 革命时期,在《实践论》和《矛盾论》两篇文章中,毛泽东强调从中国实际出发,注重外来学说在中国实践中的运用和发展,超越了"中""西""体""用"之争,实现了马克思主义与中国传统文化的初步结合,为中国传统文化向现代化的转变指明了道路和方向。在马克思主义运用中国具体实际的过程中,毛泽东又指出:"洋八股必须废止,空洞抽象的掉头必须少唱,教条主义必须休息,而代之以新鲜活泼的、为老百姓所喜闻乐见的中国作风和中国气派。"[②]这一时期,毛泽东还对中国传统文化的大量概念范畴进行了马克思主义的改造,如对"实事求是"这一传统命题的改造就体现了由"严谨的治学态度"到马克思主义思想路线的本土化表达。因此,用中国"劳苦大众"的语言表达方式来研究、阐释、宣传、展示马克思主义的魅力,从而在中国文化传统语境中赋予马克思主义以新的生命活力,就是共产党人的历史责任。

党的十八大以来,我们党高度重视中华优秀传统文化。中华优秀传统文化包含着中华民族的精神追求,中华优秀传统文化中的"治大国若烹小鲜"等论述成为新时代中国共产党群众语言的重要内容。中华优秀传统文化所展现出来的精神特质为中国共产党的群众语言提供了文化基础。在新的历史进程中,中国共产党人多次对中华优秀传统文化中的"仁爱""民本思想""大同思想""诚信""崇正义""尚和合"等思想作出新的话语阐释,并成为新时代治国理政的重要方略的有机组成部分。在马克思主义与中华传统文化融合的新契机中,中国共产党进一步赋予这些"传统思想"以时代内涵、新的时代特征和创新表述。

三是满足实际需求的人民性。人民是历史的创造者,马克思主义具有人民性的根本属性,马克思主义来源于人民群众,一刻也离不开人民群众。马克

---

① 《艾思奇全书(第2卷)》,人民出版社2006年版,第491页。
② 《毛泽东选集(第2卷)》,人民出版社1991年版,第533—534页。

思主义只有和人民群众相结合，才能迸发出强劲的生命力。毛泽东曾指出："任何思想，如果不和客观的实际的事物相联系，如果没有客观存在的需要，如果不为人民群众所掌握，即使是最好的东西，即使是马克思列宁主义，也是不起作用的。"[①]中国共产党人从一开始构建群众语言时，就意识到人民群众在马克思主义中国化及其话语体系中的主体地位。农民出身的毛泽东，紧紧抓住"农民"这一中国人民的最大多数，从他们的利益出发，调动他们的积极性，通过"民众的大联合"实现"劳苦大众"的解放。正是坚持了人民群众自己的语言原则和态度，马克思主义中国化及其话语体系才能为人民大众所接受、所拥护、所使用，从而达到了启蒙大众、发动大众、洗礼大众的目的。

坚持人民主体地位是中国共产党善用群众语言的首要经验，坚持以人民为中心的思想是新时代中国共产党群众语言建设的出发点和落脚点。党的十八大以来，中国共产党在群众语言的探索发展中，坚持不断满足人民群众的实际需求，把"人民立场"作为根本政治立场，将民众"获得感"作为当前工作的重要目标，实现了群众语言的"人民性"指向。

四是适应历史发展的时代性。时代是思想之母，实践是理论之源。马克思主义是开放性的科学理论体系，具有与时俱进的理论品质，马克思主义的时代化是其保持自身强大生机与活力的重要存在方式。马克思主义需要不断适应新时代发展和要求，否则就会被淘汰。同样的道理，中国共产党的群众语言也需要紧随时代发展的步伐，适应时代主题的转换。半殖民地半封建的近代中国，救亡图存成为时代的需要和人民的期盼，马克思主义一经传入就被赋予了取得民族独立和人民解放的历史使命，这是马克思主义在中国时代化的发端。社会革命是阶级社会进步发展的主要手段，马克思主义指导下的近代中国，革命成为时代的主题和热门话题，我们党关于群众语言的早期探索，始终没有离开"革命"这一时代话题。

面向广大群众，围绕时代主题、服务时代需要、发出时代声音是中国共产党群众语言的题中要义。"经过长期努力，中国特色社会主义进入了新时代，

---

① 《毛泽东选集(第4卷)》，人民出版社1991年版，第1515页。

这是我国发展新的历史方位。"①因此,"夺取新时代中国特色社会主义伟大胜利""决胜全面建成小康社会""全面建设社会主义现代化强国""逐步实现全体人民共同富裕""实现中华民族伟大复兴""日益走近世界舞台中央、不断为人类作出更大贡献""构建人类命运共同体"等,必然成为新时代中国共产党群众语言的主体内容。

---

① 习近平:《决胜全面建成小康社会　夺取新时代中国特色社会主义伟大胜利》,人民出版社2017年版,第10页。

唱响主旋律　凝聚中国魂
——论革命歌曲的先进文化传承

申淑征[*]

[摘要] 在革命战争时期,革命歌曲充满艺术地记载与呈现了革命斗争,传承了爱国主义集体主义精神,在深入人民群众的过程中鼓舞了整个中华民族。在和平时期,革命歌曲奏响社会主义文艺主旋律,促进了社会正能量培育,推动了社会主义文化繁荣发展。进入新时代,一方面社会主义文艺工作者应加强革命歌曲传唱,坚持社会主义文艺方向,发掘革命歌曲红色基因的时代意蕴,发挥以革命歌曲为代表的文艺创作的影响力和感染力;另一方面在创作上应弘扬社会主义文艺主旋律,促进多形式多风格共荣共茂,在发展社会主义先进文化的过程中充分发挥文艺创作凝心聚魂的重要作用。

[关键词] 革命歌曲;红色文化;社会主义先进文化;文化传承

在中华民族近现代音乐史上,中国革命歌曲拥有光辉灿烂的篇章。革命歌曲把握时代脉搏,反映时代风貌,讴歌革命精神,是中国共产党领导中国人民浴血奋战夺取革命胜利不可或缺的重要精神力量。革命歌曲产生于中国共产党领导广大人民进行的革命斗争和实践,具有特定的时代背景和深厚的文化底蕴。作为我国红色音乐文化的重要组成部分,革命歌曲是中国特色社会主义先进文化和红色文化建设的重要资源,蕴含丰厚的历史文化内涵和爱国

---

[*] 申淑征,沈阳音乐学院教授。

主义集体主义精神。

一、中国革命歌曲历史沿革

随着1919年五四运动的爆发及1921年中国共产党的成立,中国现代音乐文化史随之揭开新篇章。中国革命歌曲是伴随着我国政治、经济、文化的发展,特别是伴随着中国人民进行的新民主主义革命而发展起来的。尽管中国在这一历史时期处于战争状态,但音乐工作者们在广泛吸收国内外优秀音乐成果的基础上,创作出了大量凝聚中华民族之魂和具有强烈艺术感染力的音乐作品,致力于用原创音乐作品来团结中华民族同胞,为中华民族的解放事业作出了历史性贡献。"诗言志,歌咏言,声依咏,律和声。"(《尚书·尧典》)音乐艺术从来都不是漫无目的的创造,而是与社会转型各个时期的发展、进步相适应的。这一时期革命歌曲创作体裁和形式多样性,其题材与中国人民新民主主义革命斗争实践密切相关,具有鲜明的时代特征,创作技巧和水平也逐步提高。

(一) 五四运动前后的革命歌曲创作

一是"城市小调"的出现。古诗词配曲的革命歌曲在形式上保留了中国古代"艺术歌曲"和"民歌"的韵味,但在内容、思想感情上与五四精神紧密结合。如《满江红》(岳飞词,杨荫浏曲)、《苏武牧羊》(佚名曲)、《爱国少年唱新年》(佚名曲)等。《苏武牧羊记》的内容取自我国爱国将领苏武不屈于威逼利诱,在北海牧羊19年,终于回到中原的历史故事。歌词为长句和短句,音乐模仿古代"调乐"为"上片""下片"处理,除引子以外,上、下片完全一样。这部作品虽然运用了古老的主题,但在当时清楚地体现了反帝爱国的精神。该作品具有北方音乐风格,音色流畅,感情深厚,在全国各地广为流传。

二是群众歌曲的出现。五四运动前后,我国还没有建立起专业的音乐创作团队,革命歌曲创作基本上延续学堂乐歌的填词方式,出现了一些反映当时人民革命斗争的歌曲。1922年,安源路矿爆发了闻名全国的总罢工,当年所唱的《安源路矿工人俱乐部部歌》和"二七惨案"后所唱的《京汉罢工歌》等歌曲，具有饱满的热情和坚定的节奏，展现了我国工人阶级的英雄气概和战斗精神。这些作品在许多学堂乐歌的曲调和其他一些优秀歌曲的旋律基础上填了新词，反映了工农革命运动的高涨情绪。

三是艺术歌曲创作。我国作曲家在继承我国民族民间音乐传统的基础上，大胆采用西洋作曲技法，创作了一批优秀的革命歌曲作品。抒情歌曲创作方面作出贡献的首推萧友梅，他于1921年左右创作的抒情歌曲《问》，以"你知道你是谁？"发出了"时代之问"，提醒人们勿忘内忧外患的国家命运。这首歌曲是单一形象的乐段结构，旋律潇洒流畅，歌词所提出的一系列意味深长的人生问题，既有深邃的哲理性，又包含了作者面对当时军阀混战、山河残破深沉的忧虑。无论是旋律的行进，还是尾声的沉吟，都表达出了作者忧国忧民的思想感情。

四是表现工农的歌曲大量出现。中国共产党成立前后，大量工农歌曲也以战斗风格出现在中国的政治舞台和音乐舞台上。这些带有战斗风格的歌曲的出现，为后来中国人民进行的新民主主义革命和争取民族解放的革命斗争提供了重要的精神武器。在中国共产党所领导的红色革命根据地，歌词创作在歌曲创作中尤为重要。如《共产儿童团歌》，就是用一首苏联歌曲填词的作品。这类填词歌曲朗朗上口、通俗易懂，深受群众喜爱，发挥了鼓舞作用。

（二）专业革命歌曲创作新阶段

20世纪30年代以来，革命歌曲创作进入新阶段。主要标志是一批新兴的专业音乐人才的出现，为我国专业的革命歌曲创作奠定了坚实基础。在硝烟弥漫的战场上，在忍受饥饿严寒的磨砺中，人们更加需要音乐，渴求精神振奋和情感安慰。

1937年，卢沟桥事变爆发。中国的音乐工作者和民间艺术家拿起文艺武器，群众性革命歌曲以其惊人的数量和鼓舞人心的精神出现在中国的土地上。这些歌曲朴实、热情、奔放，表达了中国人民抗日到底的决心和意志，鼓舞了军队和人民的战斗精神，在中国音乐史和世界音乐史上写下了不朽的篇章，文艺工作者创作和参与人数在世界音乐史上也是罕见的。如聂耳创作《义勇军进行曲》《毕业歌》等爱国歌曲，以进行曲的主题形式和内容，生动反映了中国人民的反帝爱国斗争，展现了中国人民空前高涨的斗争和反抗日本帝国主义的胜利，革命歌曲的广为传唱使人们充满希望和信心。这些歌曲至今仍激励和鼓舞着我国人民。

《松花江上》(张寒晖词曲)作于1936年11月，带有尾声的二部曲式和倾诉性的音调表达了流落到西北的东北军和人民对家乡的留恋和对日寇侵占家乡的愤恨，抒情中有悲痛，悲痛中又含有坚定的力量，很快传遍全国。1937年麦新创作的《大刀进行曲》，是一首典型的抗日救亡歌曲，深深地打上了时代烙印。1937年，贺绿汀创作的《游击队歌》是现代音乐史上一首耳熟能详的大众革命歌曲。这是一首由再现的二部曲式写成的进行曲风格的群众歌曲，轻松的旋律流畅、生动，小军鼓的弹性节奏贯穿整首歌，深刻反映了敌后抗日游击战斗机制灵活，勇敢顽强对抗敌人的战斗场面，充满了革命的乐观主义。作者还将这首歌改编成四部合唱，抗日战争期间乃至中华人民共和国成立后都广为传唱。

进入20世纪30年代，一批专业的作曲家在合唱革命歌曲领域内进行探索，创作出了《抗敌歌》《旗正飘飘》(黄自)、《生产大合唱》《黄河大合唱》《在太行山上》(冼星海)等重要作品。如《在太行山上》，是冼星海1937年7月为战斗在山西的游击队而创作的一首抒情性和战斗性相结合的合唱作品。全曲采用复二部曲式结构。第一部分第一段旋律宽广抒情，回响式的二声部造成歌声在群山中回荡的效果，第二段曲调采用主调织体，气势豪壮，表现了子弟兵和人民群众的鱼水深情，第二部分采用行进性曲调，节奏铿锵有力并颇具弹性，刻画了游击健儿机智勇敢、神出鬼没地打击敌人的形象，全曲高潮部分在高音上以切分节奏演唱，表现了游击队员坚决消灭侵略者的决心和气概。音乐在产生初期就是大众集体所共同参与的实践活动，体现了鲜明的集体性。合唱革命歌曲所表达的情感更为丰富，源自每个声部、每个力度都能表达不同的情绪，既增强了歌曲作品的情感表达，又能更容易走进听者的内心世界。再如《黄河大合唱》，展现的是中国人民在抗日战争中的伟大力量，反映的不是一条河的声音，也不是一个人的声音，而是全民族的怒吼。

（三）革命根据地和解放区的革命歌曲创作

进入 20 世纪 40 年代，随着抗日战争步步深入，我国革命歌曲创作也进入更加繁荣的阶段。这一时期国民党统治区的歌曲创作主要围绕"坚持抗战、反对投降""争取民主、反对独裁"及"反对内战、争取民主"展开，出现了许多揭露性、讽刺性和战斗性的作品。革命根据地和解放区革命歌曲创作则以直接反映解放区军民英勇抗战、进行土地革命和支援解放军解放全中国为主，同时出现了一批歌颂党、歌颂领袖和歌颂人民的歌曲。这些歌曲题材、体裁多样灵活，从不同方面反映了我国人民的思想、感情、生活和斗争，如《你这个坏东西》《跌倒算什么》（舒模）、《咱们工人有力量》《我们是民主青年》（马可）、《团结就是力量》（卢肃）、《没有共产党就没有新中国》（曹火星）、《在毛泽东的旗帜下胜利前行》（刘行）等。在毛泽东《在延安文艺座谈会上的讲话》（以下简称《讲话》）的指引下，解放区音乐创作与表演蓬勃发展。大多数音乐工作者在长期革命斗争中，以文艺为武器，充分发挥文艺"团结人民、教育人民、打击敌人"的作用，并为后来全面进行社会主义音乐文化建设积累了丰富经验，一大批专业的音乐人才脱颖而出。

第一，将革命情怀与审美功能有机结合，充分发挥音乐的美育作用。文艺工作者创作的革命歌曲包蕴着丰富的时代内涵，每一首作品都是历史的见证。革命歌曲折射出音乐创作者怀揣的社会责任感和明确的创作方向性、目的性和适应性，他们以体现爱国主义、集体主义精神的生动创作，主动引导、激发民众积极的精神需求和动力。被称为众曲之魁、乐坛之首的《南泥湾》巧妙地将革命功能与审美意识有机地融合在一起，将教育作用与艺术感染力充分发挥出来。[①]《游击队歌》《到敌人后方去》等，生动地反映了抗日战争战略战术；《歌唱二小放牛郎》，满怀深情地叙述了一个悲壮的小英雄的事迹。这一时期的革命歌曲与时代、与人民紧紧相系。毛泽东在革命文艺座谈会上指出，"我们的音乐专门家应该注意群众的歌唱"。[②] 文艺工作者们坚定群众立场，贴近实际生活，创作出了大量激励和振奋人民、弘扬时代主旋律的音乐精品。

[①] 艾克恩：《延安文艺史》（下），河北教育出版社 2009 年版，第 429 页。
[②] 《毛泽东选集（第 3 卷）》，人民出版社 1991 年版，第 863 页。

第二，以艺术的形式直接反映军民英勇抗战、进行土地改革和支援解放军解放全中国的革命实践。冼星海 1939 年创作《黄河的大合唱》虽然仅用了 6 天时间，但这是他音乐创作中最为杰出且在国内外影响最大的一部作品。全曲由 9 个章节组成，每个乐章的开始均有配乐朗诵，整个作品在内容上高度的统一性，但 9 个乐章的音乐又都具有各自的独立性，相互之间无论在内容上、形象上以及表演形式上的对比都非常鲜明。作为革命歌曲创作的杰出代表，冼星海通过自己的创作实践，创造了具有真正民族气派又富有时代特征的大合唱形式。

第三，创作强调以人民为中心，突出歌颂党、歌颂人民和歌颂领袖。这一时期的革命歌曲题材、体裁多样，形式灵活，从不同方面反映了人民的思想感情、生活和斗争，如《咱们工人有力量》（马可）、《没有共产党就没有新中国》（曹火星）、《解放区的天》（陈志昂）等。音乐创作者们在斗争中始终与人民生死与共，塑造了为祖国和人民解放而献身的崇高品质，挖掘了这一时代的伟大精神。

这一时期的音乐作品，在近现代革命歌曲发展历程中承前启后，既延续了抗日战争时期革命歌曲题材多元化的特质，也为和平建设时期革命歌曲创作积累了宝贵经验。在革命战争时期，艺术家们一方面让自己的艺术创作在民族危急关头发挥革命武器的功能，一方面也没有忽略自己的艺术家身份，以艺术家特有的方式表白他们对于民族国家的一片赤诚。[①] 在解放区的革命歌曲创作中，反映解放区军民对敌斗争题材的歌曲占有重要地位，不仅表现了我国人民对敌斗争中的坚定意志和坚强不屈的力量，更突出地反映了解放军军民在党的领导下取得了斗争胜利的现实，表现出革命乐观主义精神，体现了革命英雄主义气概。

二、革命歌曲的历史贡献及意义

社会变革期的音乐生产是人类最辉煌、壮丽的音乐生产。中国革命时期

[①] 李军：《解放区文艺转折的历史见证：延安〈解放日报·文艺〉研究》，齐鲁书社 2008 年版，第 98 页。

的革命歌曲是中国音乐历史中一块永恒的丰碑。这是因为,民族的沦陷、民族的血泪、民族的振奋、民族的团结、民族的解放,是调动社会群体高度觉醒和凝聚的有利杠杆,而艺术此刻才能集中地、有力地显示出其功能。①

(一)艺术地记载与呈现历史,传承爱国主义、集体主义精神

从各个时期的革命歌曲可以看出历史发展的轨辙,特定历史时期的重大历史事件会在革命歌曲中得到艺术的生动反映。革命歌曲与革命实践相辅相成,最重要的价值在于其对爱国主义、集体主义精神的赞颂。如《南泥湾》开篇即赞美南泥湾是个好地方,"好地方来好风光,好地方来好风光,到处是庄稼遍地是牛羊",紧接着唱到今昔对比,"当年的南泥湾,到处呀是荒山,没呀人烟。如今的南泥湾与往年不一般不一呀般,再不是旧模样,是陕北的好江南",最终娓娓唱来,"又战斗来又生产,三五九旅是模范"。《南泥湾》既真实地再现了南泥湾大生产的壮景,又以高昂的爱国主义与集体主义精神鼓舞了军民投身大生产运动。

毛泽东在《新民主主义论》中提出,新民主主义文化人民大众反帝反封建的文化。② 大量经典革命歌曲与新民主主义文化的内涵始终保持一致,革命歌曲不仅在表现形式上采用了中国民间曲调形式,而且歌词也歌颂了中华民族不畏强敌誓死抗战卫国的伟大精神。概言之,革命歌曲既呈现了民族历史精神,又传承着中国先进文化。

(二)为人民群众歌唱

革命时期音乐作品是真正属于人民的。从政治高度来看,革命文艺的诞生是中国共产党领导的伟大革命促成的。毛泽东在《讲话》中精辟地论述了"文艺为群众服务"和"文艺如何为群众服务"的问题,这在中外文艺史上均具有深远意义。作为我国红色音乐文化的主调,革命歌曲有着广泛的群众基础,无论经历哪个时代、社会和环境背景,都肩负着特有的重要任务。如《黄河大合唱》,高度概括了抗日战争年代中国人民反帝斗争,深刻反映了当时的时代

---

① 曾遂今:《音乐社会学》,上海音乐学院出版社2004年版,第130页。
② 《毛泽东选集(第2卷)》,人民出版社1991年版,第698页。

生活和我国人民的革命精神。这部作品甫一问世，便成为最受欢迎的大型合唱作品，并为我国现代大型合唱音乐创作提供了光辉典范。

"悲愤出诗人"，这同样适用于音乐和其他艺术门类。战争及其所带来的伤痛更能调动艺术工作者对社会美好生活的追求与思考。艺术传、受双方的距离在此时最近，音乐工作者和人民大众更容易心心相印。一首首革命歌曲的传唱会瞬间拉近民众与先辈们的距离，即使身处和平年代，也会为作品所描绘的惊心动魄的斗争画面感染，会跟随旋律回到那个战火纷飞的年代，会为爱国志士抛头颅洒热血而感动，会珍惜眼前幸福生活的来之不易，激发起为中华民族伟大复兴而奋斗的历史责任感。

（三）培育社会正能量

革命歌曲是红色音乐文化资源最重要的组成部分，具备强大的感召力和凝聚力。铿锵有力的旋律可鼓舞人心，平和舒缓的旋律可引发人们共情，这是音乐艺术独具特色的魅力。革命音乐作品能激起人民翻身抗争的决心，带给听者震撼的心灵体验，是其他时期的音乐作品无法比拟的。革命歌曲蕴含着丰厚的精神文化资源，具有重要的思想、伦理、审美和知识价值。革命歌曲作品的主题和音乐旋律的感染，可陶冶人的情操，培养人的美感，可帮助人们通过对低俗价值的贬抑，对神圣价值的推崇，寻求心灵安抚和精神慰藉，能从心灵深处唤起人们对真善美的推崇和追求，对假恶丑的贬抑和唾弃。

任何一首革命音乐作品都蕴含特定的情感内涵和主题，演唱经典革命歌曲对于青少年培养正确的人生观价值观具有良好的促进作用。当代青少年成长于信息化时代，受西方文化思想传播的影响较大，我国的新闻媒体应明确导向，发挥教育作用。2017年，电视台热播的综艺节目《奔跑吧》第五期邀请几位嘉宾明星，与专业院校的交响乐团、合唱团来到祖国的母亲河"黄河"岸边共同完成经典的革命音乐作品《黄河大合唱》。整首作品的呈现过程中，这些明星用真挚的态度用心演绎，完美的合作、震撼的场面让人难以忘怀。"当音乐戛然而止的时候，黄河随之而来的奔腾声充斥着我整个耳朵，然后我哭了。那骨子里流淌着的黄河的血液也随之澎湃起来。我们亲爱的母亲，我赞美她、歌颂她,并永远爱戴她! 天知道我有多爱我的祖国!"①这期节目播出后,众多青少年网友们热血沸腾。尽管身处和平年代,但我们不能忘记历史,这样节目制作和创意以重温革命歌曲弘扬了社会正能量,对培育青少年正确的人生态度与理想塑造发挥了"润物细无声"的作用。

三、革命歌曲弘扬社会主义先进文化作用的路径

　　传承革命歌曲进而推动社会主义文艺健康发展,必须以马克思主义世界观、美学观和方法论为基本原则。毛泽东不仅是伟大的无产阶级革命家,而且是伟大的马克思主义文艺家。《讲话》所蕴含的文艺思想在今天仍具有强大的生命力。党的十八大以来,习近平总书记关于文艺工作的重要论述为我们进行社会主义文艺实践提供了重要的理论遵循与实践指南。

(一) 坚持社会主义音乐方向

　　伟大的音乐表演及独树一帜的音乐作品,不管艺术风格是现实主义、浪漫主义还是现代主义,总是体现时代精神,关乎国家发展、民族命运。正因此,虽一代人有属于一代人的创作,但经典却能在披沙拣金的过程中被一代代人反复吟唱。如20世纪70年代,毛泽东多次领唱《三大纪律八项注意》歌,带头发挥革命歌曲鼓舞人民解放军和团结人民群众的巨大作用②。

　　在当代中国,时代精神就是爱国主义、社会主义和集体主义,这是社会主义文艺作品的主旋律。音乐创作倘若一切向钱看,唯利是图,不顾政治影响,甚至制售"精神鸦片",这是社会主义文艺所不能容忍的。当下,文艺工作者应深入思考我们能够打败列强,推翻旧有体制的精神力量何在,无论什么时候都

---

① 参见《"兄弟团"黄河岸边震撼演绎〈黄河大合唱〉唱哭网友》,http://www.sohu.com/a/140520237_776135。

② 参见《毛泽东与〈三大纪律八项注意〉歌的诞生和发展》,http://cpc.people.com.cn/GB/64162/64172/85037/85038/6176788.html。

要牢记革命精神,在坚持社会主义音乐方向的基础上以自身的文艺创作来充分挖掘、借鉴、革命歌曲传统。

(二) 全心全意为人民服务

当前在文艺形式多样化的背景下,诸如革命歌曲等红色经典文化文艺等艺术形式渐渐淡出广大人民群众的视线,流行音乐广受欢迎。人民群众鉴赏水平的高低直接制约和影响文艺发展,主流歌曲理应引导广大人民群众精神及价值取向,因此音乐教育普及工作非常迫切。现阶段,革命歌曲传承还面临一些问题:首先,革命歌曲大多有着强烈的时代色彩,对于没有经过那段特定历史时期的现代人来说,难以感同身受。其次,由于受当时条件所限,革命歌曲演唱和乐器表演,形式比较单一,在现在这个艺术多样化的时代,难以符合现代人尤其是年轻人的欣赏口味。再次,改革开放以来,外来文化和新生流行艺术"反客为主",影响了革命歌曲的传播。当前,适合中小学生演唱的歌曲较匮乏,导致校园流行摇滚歌曲泛滥,有些孩子还成了"发烧友"。流行歌曲仅代表一种歌曲风格,人们既可以利用它播种玫瑰,也可以利用它播种罂粟。我们要着力于培育良好的音乐文化生态环境:一是音乐评论要有正确的导向,造就和谐统一、生动活泼的社会主义音乐艺术氛围;二是要从理论与创作上弘扬优秀的民族文化;三是鼓励、传唱好的音乐作品,让流行音乐不侵占主流文艺的生存空间,为青少年提供健康的精神食粮。

(三) 发掘革命歌曲红色基因的时代意蕴

每一时代文艺的发展,都离不开生动的社会实践,同时也离不开既有的艺术积淀。当下发展新时代文艺,更需充分发掘革命歌曲的红色基因。因此,我们应在不排斥流行音乐等艺术形式的同时,大力弘扬和发展能够代表我们民族价值、传承革命精神进而倡导时代主题的革命歌曲等红色经典艺术。

首先,应加强对革命歌曲特殊价值的重视。各艺术团体和高校是艺术创作的摇篮,应不断发挥其研究和推广革命歌曲的重要作用。其次,要加强革命歌曲的创新工作,持续研究发掘这些经典得以广为流传的规律性因素,在新时代文艺创作中自觉加以学习、借鉴。再次,要重新学习毛泽东关于生活是文艺创作唯一源泉的教导,生活永远是创新的前提,包括歌曲在内的文艺创作只有紧贴生活、反映生活,才能采撷丰硕的艺术果实。

革命歌曲,常唱常新。加强革命歌曲内容的创新,丰富革命歌曲的表现形式,使之能够让大众接受和喜爱,这是值得尝试的方法。近年来,很多艺术团体推出"老歌新唱",当红娱乐节目中穿插革命歌曲大合唱等,都是很好的革命歌曲新表现方式。此外,我们要加大革命歌曲的普及和推广力度,通过红色旅游,多举办红歌演唱会,多下基层,讲故事表演与演唱结合等方式提醒人们铭记历史、不忘经典。尤其是对广大青少年针对性的革命歌曲普及,具有特殊意义。当下,如何将革命歌曲推向网络,是普及和推广革命歌曲需要面对的时代课题。提高民众的音乐艺术品味,就要不断提高其艺术素养和艺术感受力,立足于中华民族优秀音乐文化传统,遵循《讲话》精神,使民众爱唱红歌,愿意重温民族神韵、时代精神。

今天要传承、创新革命歌曲,重点就是弘扬中国共产党的革命精神,这种革命精神无论在什么年代都是我们国家、民族的立身之本,更是我们不断向前的动力源泉。革命歌曲的传承和发扬要以马克思主义文艺观为指导,坚持宣扬社会主义核心价值观,要有原则性,不能为迎合娱乐口味而把经典改得面目全非,绝不能违背传承革命精神的本质。

(四)多形式多风格共荣共茂

毛泽东在《讲话》中提出,"也应该容许各种各色艺术品的自由竞争"。[①] 近年来,我国歌曲创作题材过于单一,表达爱情内容的多,歌唱心灵正能量的少;反映城市居民、知识分子生活的多,讴歌农村、工矿生活的少;表现"自我"的多,抒发"时代精神"的少。在这样的文艺环境中,我们更应竭力倡导鼓励多种体裁、多种形式、多种风格的音乐创作,尤其是要为主旋律创作创造空间,努力探索主旋律创作丰富多元的艺术路径。唯有如此,才能激发艺术工作者的创作热情,用生动的笔触、优美的旋律创作出更多革命歌曲和反映时代发展的歌曲,才能在文艺创作中真正实现百花齐放,社会主义文艺创作才能丰富多彩。

---

① 《毛泽东选集(第3卷)》,人民出版社1991年版,第869页。

革命歌曲是战争时期的旗帜,其魅力至今未减,我们耳边常回响起那些激情澎湃、振奋人心的旋律。革命歌曲的传唱,为新时代创作出人民群众喜闻乐见的音乐作品提供了宝贵经验:一方面,爱国主义的民族精神是音乐创作的永恒主题;另一方面,新时代的音乐创作务必要把握时代的脉搏,了解社会发展进程,深入人民群众的生活,与人民大众同呼吸、共命运。习近平总书记在2014年文艺工作座谈会上发表重要讲话,指出:"文艺创作方法有一百条、一千条,但最根本、最关键、最牢靠的办法是扎根人民、扎根生活。"[①]这是对新时代音乐作品生产创作规律做出的深刻论述,为推动文艺工作者创作出更多无愧于时代的优秀作品指明了方向。时代召唤有态度、有温度、有深度的优秀作品,新时代文艺工作者应肩负起发展社会主义先进文化的时代使命,充分发挥文艺创作凝心聚魂的重要作用。

---

① 中共中央文献研究室编:《十八大以来重要文献选编》(上),中央文献出版社2016年版,第131页。

对马克思主义新闻观研究基本问题的几点思考

姚 涵[*]

[摘要] 马克思主义新闻观,一直是学术界、传媒业界持续关注的重要议题。党的十八大以来,以习近平同志为核心的党中央高度重视马克思主义新闻观教育以及马克思主义新闻观在实践层面上的推进,学者们在马克思主义新闻观的核心内容、马克思主义新闻观中国化时代化、马克思主义新闻观在理论与实践层面的探索等多个面向上展开了研究。进入新时代,我国新闻舆论工作适应形势发展积极改革创新,理论界应在以下四个方面展开持续深入的研究与讨论:切实推进新闻理论体系建设,积极应对新时代提出的新理论与实践命题,加强马克思主义新闻观教育,提升对马克思主义新闻观的认同,发挥马克思主义新闻观在新闻学话语体系建构中的作用。

[关键词] 马克思主义新闻观;基本问题;核心理念

党的十八大以来,以习近平同志为核心的党中央高度重视马克思主义新闻观教育以及马克思主义新闻观在实践层面上的推进,强调把马克思主义新闻观作为党的新闻舆论工作的"定盘星"。2016年2月19日,习近平总书记在党的新闻舆论工作座谈会上作出了"五个事关"的重要论述:"做好党的新闻舆论工作,事关旗帜和道路,事关贯彻落实党的理论和路线方针政策,事关顺利

---

[*] 姚涵,上海社会科学院中国马克思主义研究所副教授。

推进党和国家各项事业,事关全党全国各族人民凝聚力和向心力,事关党和国家前途命运。"①同时,习近平总书记对全国新闻舆论工作者寄予厚望:"新闻观是新闻舆论工作的灵魂。要深入开展马克思主义新闻观教育,引导广大新闻舆论工作者做党的政策主张的传播者、时代风云的记录者、社会进步的推动者、公平正义的守望者。"②广大新闻舆论工作者职责重大,使命光荣。要真正成为"党的政策主张的传播者、时代风云的记录者、社会进步的推动者、公平正义的守望者",一定要牢牢坚持马克思主义新闻观,践行马克思主义新闻观。纵观近年来马克思主义新闻观研究,学者们在马克思主义新闻观的概念、核心内容、马克思主义新闻观中国化时代化等多个方面取得了较为丰富的成果。

一、马克思主义新闻观的概念与意义

(一)坚持马克思主义新闻观的意义

1. 马克思主义新闻观的地位与作用

首先,我国新闻舆论工作必须以马克思主义新闻观为指导。习近平总书记从党的工作全局出发,强调:"党的新闻舆论工作是党的一项重要工作,是治国理政、定国安邦的大事。"③这一论断是"对新闻舆论工作性质作用的新定位,使舆论工作与党的执政地位紧密联系在一起,直接服务于党的执政大业,在治国理政、定国安邦中发挥巨大作用"。④ 也就是说,新闻舆论工作被定性为治国理政、定国安邦的重要内容和手段。随着媒介化社会的发展,用什么样的新闻观来指导新闻业和新闻舆论工作,是关乎全局的战略抉择。由此,有学者强调:"马克思主义新闻观是正确而有力开展新闻舆论工作的灵魂,也是顺利有效推进媒介化社会建设的指导思想和规范原则。"媒介的方向、性质、宗旨、特色等,每一部分、每一环节都离不开作为媒介生存、发展与运行指导思想

---

① 《习近平谈治国理政(第2卷)》,外文出版社2017年版,第331—332页。
② 同上书,第332页。
③ 同上书,第331页。
④ 《习近平新闻思想讲义》(2018年版),人民出版社、学习出版社2018年版,第38页。

和原则规范的马克思主义新闻观。①

其次,"马克思主义新闻观是建构社会主义新闻理论的灵魂、核心和骨架",是马克思主义新闻学,也是中国特色社会主义新闻理论的核心内容和理论基础,马克思主义新闻观对于建构中国特色社会主义新闻理论框架具有指导性作用。② 有学者强调,马克思主义新闻观"是科学与价值的有机统一,事实判断与价值判断的有机统一。科学性体现于实事求是,尊重事实,尊重真理,既注重微观事实的准确无误,又强调宏观事实的完整把握。价值性体现于为人民服务,最终为了每个人的自由而全面的发展"。马克思主义新闻观,是中国新闻业的灵魂。它是理论,更是关于国家发展、人民福祉的政治。③

再次,从社会主义核心价值体系构建角度出发,有学者认为,马克思主义新闻观是中国主流意识形态话语体系中一个不可或缺的子集,是社会主义核心价值观念体系在新闻领域的延伸或贯彻落实。④

综上,马克思主义新闻观对于我国新闻业、我国新闻舆论工作具有根本性的主导地位,具有全局性的影响力。

2. 坚持马克思主义新闻观的必要性

马克思主义新闻观何以成为我国党和政府确立的用来指导、支配新闻舆论事业的唯一新闻观? 在中国,坚持马克思主义新闻观的必要性何在?

众所周知,新闻舆论具有鲜明的政治性特点。新闻与政治,都关乎意识形态,两者之间构成了一种紧密关系,这也使得新闻学拥有了与其他人文社科专业不同的学科特点,集中体现为"具有特别鲜明的意识形态特点,也就是说具有很强的政治性"。⑤ 新闻舆论的这一特性决定了新闻舆论研究也离不开正确理论思想的指导。在中国共产党领导下的社会主义中国,马克思主义新闻观是不可取代的指导思想。由此,中国特色社会主义新闻学从理论建构到具体实践,都需要马克思主义的统领:"中外新闻事业发展史表明,新闻事业的发

---

① 童兵:《马克思主义新闻观与媒介化社会》,《当代传播》2016年第6期。
② 童兵:《马克思主义新闻观是新闻理论的灵魂和核心》,《新闻爱好者》2016年第1期。
③ 李彬:《再塑新闻魂——浅谈马克思主义新闻观及其科学与价值》,《新闻记者》2016年第6期。
④ 张涛甫:《在新一代大学生中传播马克思主义新闻观——基于政治社会化的视角》,《当代传播》2016年第6期。
⑤ 范敬宜,李彬编:《马克思主义新闻观十五讲》,清华大学出版社2007年版,第2页。

展变化,朝晴暮雨,昨是今非,莫不与阶级、政党、集团之间的分化离合相关联,都只能运用马克思主义这一思想武器才能解释其奥秘。"①

有一个问题在一部分人心里是"存疑"的——中国是否只存在马克思主义新闻观这一种新闻观?为何在中国的现实语境中,新闻观不能多元化?改革开放40多年来,随着市场经济体制改革的不断推进,中国新闻业态发生巨变,尤其是对传媒商业效果、媒体利益的强调催生了各种新闻观,这是中国社会发展、中国新闻事业发展的必然现象。就现实情况而言,"有影响的新闻观可以用学术话语概括为下列三种:宣传主义新闻观,专业主义新闻观,商业主义新闻观","它们有着各自的核心价值观念。'宣传观'核心在于通过新闻方式宣传传播主体赞同的观念,'专业观'宗旨在于追求公共利益、公共兴趣,'商业观'目标在于传播主体自身实际的经济利益"。在中国,"占据主导地位的是'宣传主义的新闻观',它是执政党和政府以权威方式从理论上认可确立、制度上规定保障的新闻观,这就是'马克思主义新闻观'。至于其他新闻观,作为观念的存在,并没有意识形态的主导地位和新闻制度的保证,因而在新闻实践中也难以成为普遍的现象"。②

马克思主义新闻观得以在中国落地生根,成为主导性新闻观,除我国国家性质要求必须坚持马克思主义在社会中的指导地位之外,主要原因可概括如下:一是马克思主义新闻观具有超越其诞生时代的价值,在无产阶级新闻实践历史长河的无数次考验中屹立不倒,其蕴含的真理性因素是发挥强大生命力的首要原因。二是由中国具体国情决定的。无论是革命时期还是建设时期,在中国共产党领导的新闻舆论工作中,是马克思主义新闻观,而非其他的新闻观,起到了指导、引领的作用。同时,马克思主义新闻观及其新闻理论契合了我国在各个阶段有关新闻舆论工作的社会需要,这促进了马克思主义新闻观的中国化、时代化发展。三是中华人民共和国成立以来,历任党中央领导集体怀有坚定的理想信念,高度重视新闻舆论工作,在党领导下的新闻舆论实践工作中不断丰富和发展了马克思主义新闻观,使得马克思主义新闻观在与其他新闻观,尤其是西方新闻观的较量中,获得了意识形态与制度保证。由

---

① 甘惜分:《甘惜分文集(第3卷)》,人民日报出版社2012年版,第496页。
② 杨保军:《论"新闻观"》,《国际新闻界》2017年第3期。

此,马克思主义新闻观成为中国新闻舆论工作唯一的新闻观,是历史的选择,是历史的必然。

(二)马克思主义新闻观的概念界定

1. 马克思主义新闻观的概念

关于马克思主义新闻观的概念,学者们从不同的角度出发,进行了不同的界定,大致分为以下四类:

一是从历史维度出发,表述马克思主义新闻观的历史形成和基本内容,如"马克思主义新闻观实质上就是马克思主义经典作家们关于信息传播、宣传、新闻、文化、传播政策,以及组织内部思想交流的论述"[①],或表述为"马克思主义新闻观,是由马克思、恩格斯、列宁等经典作家以及中国共产党的历代领导人,在辩证唯物主义、历史唯物主义的基础上建立起来的关于新闻生产和传播及管理等重要问题的思想观念体系",[②] "马克思主义政党在革命、建设和改革时期指导新闻实践的过程中形成和发展起来的,主要包括马克思、恩格斯、列宁的新闻思想,毛泽东新闻思想和中国特色社会主义新闻理论"。[③] 还有学者特别指出:"马克思主义新闻观不仅是指马克思、恩格斯等领袖人物说过哪些关于新闻工作的话,而更重要的是指他们尊重事实、忠实反映人民愿望、无情鞭挞专制统治的新闻思想。"[④]

二是从新闻理论角度出发,概括马克思主义新闻观系统地提供了"包括马克思主义创始人和其他经典作家关于人类新闻传播现象,新闻传媒生产、流通、消费行为,无产阶级政党同实际工作、同人民群众、同大众传媒关系的主要观点"。[⑤] 由此可做如下理解,"马克思主义新闻观是马克思主义世界观在新闻传播领域的真实反映和具体体现。它告诉人们怎样运用辩证唯物主义和历史唯物主义的观点和方法去看待新闻现象,回答新闻传播活动中的各种问题"。[⑥]

---

① 陈力丹:《马克思主义新闻观思想体系》,中国人民大学出版社2006年版,第5页。
② 丁柏铨:《对马克思主义新闻观研究中若干问题的思考》,《编辑之友》2016年第10期。
③ 马克思主义理论研究和建设工程重点教材编写组:《新闻学概论》,高等教育出版社、人民出版社2009年版,第3—7页。
④ 刘建明:《马克思主义新闻观理论基础》,清华大学出版社2010年版,前言第1页。
⑤ 童兵:《马克思主义新闻观形成的时代条件和在今天的发展》,《当代传播》2014年第1期。
⑥ 董岩:《论多维视野下的马克思主义新闻观》,《当代传播》2013年第3期。

三是从理论体系建构角度出发,界定马克思主义新闻观"就是站在马克思主义立场上,用马克思主义观点、方法形成的关于新闻的看法,马克思主义新闻认识论、新闻价值论、新闻方法论的统一观念,从根本上反映了马克思主义对于'新闻(广义)的本质是什么、应该是什么、应该如何做新闻'的系统看法"。① 这一概念表述提供了从新闻认识论、新闻价值论、新闻方法论层次分析马克思主义新闻观的视角。

四是从马克思主义新闻观对党和人民新闻事业的意义的立场出发,强调"马克思主义新闻观是马克思主义在新闻传播领域的观念和学说的理论体系,它以马克思主义基本原理为指针,揭示了新闻传播的客观规律,明确了党和人民新闻事业的方针原则"。②

前述概念界定各有角度,各有侧重,但都认同马克思主义新闻观是马克思主义创始人及其他经典作家的新闻观念体系,这一体系为新闻舆论工作提供了根本性的立场、观点和方法,形成了对新闻实践、新闻现象的基本看法和系统观点。

2. 马克思主义新闻观与其他相关新闻理论范畴的联系与区别

有学者对"马克思主义新闻观""马克思主义新闻学"和"马克思主义新闻理论"做了概念上的梳理,指出:"马克思主义新闻学是体系化、理论化的学科;马克思主义新闻思想即马克思主义经典作家和中国共产党历代领导人的新闻思想,属于思想史的范畴;马克思主义新闻观是观念体系,是马克思主义新闻思想在指导新闻实践时的核心理论;马克思主义新闻理论则介于马克思主义新闻思想和马克思主义新闻学之间,是思想的理论化成果。"③

概言之,马克思主义新闻观不仅是马克思主义关于新闻舆论工作的论述,而且是整个新闻理论研究、新闻学学科建设的灵魂。

3. 作为理论体系的马克思主义新闻观

作为马克思主义新闻学的核心理念部分,马克思主义新闻观必须是"一个

---

① 杨保军:《当前我国马克思主义新闻观的核心观念及其基本关系》,《新闻大学》2017年第4期。
② 本书编写组:《实践中的马克思主义新闻观——新闻报道经典案例评析》,高等教育出版社2015年版,序第1页。
③ 叶俊:《十八大以来马克思主义新闻学研究的特点、问题与发展路径》,《采写编》2017年第5期。

相对完整的、有一定逻辑联系"的理论体系,而非支离破碎的、零星的观点体会或领导人讲话。① 有学者分析了马克思主义新闻观构成一个完整体系的主要原因:"第一,马克思主义新闻观的根本宗旨是一以贯之的,无论是马克思、恩格斯,还是列宁,或是中国共产党人等,他们的革命宗旨并没有违背马克思、恩格斯当年所指出的,即实现共产主义事业。从这一方面来看,各个国家及其各个时期的革命家和思想家的新闻思想,其根本出发点都是以实现共产主义为目标形成的,都是以无产阶级的革命斗争为新闻宣传工作的根本对象的。""第二,不同理论家和思想家的新闻思想所遵循的理论基础是一致的,都是以马克思、恩格斯创立的辩证唯物主义和历史唯物主义为理论基础形成既一脉相承又与时俱进的新闻思想。""第三,不同新闻思想所使用的新闻工作方法都是一致的,即都是以唯物辩证法为根本方法来开展新闻宣传工作的。"②

有学者从体系构造角度,探讨了马克思主义新闻观作为理论体系,"构成严密的纵深体系,单独坚持一个观点而抛弃其他原理,就会丧失其真理性,在新闻工作实践中遭受挫折"。"坚持马克思主义新闻观绝不是强调和坚持一两个观点,而是坚持完整的理论体系,贯彻理论体系的经典性和实践性"③。

二、我国马克思主义新闻观的核心理念

对我国马克思主义新闻观核心内容的界定与阐发,构成了马克思主义新闻观研究的重要内容。研究者见仁见智,进行了诸多探索。其中,在有些方面达成了较一致的观点,有些方面仍在持续激发新的探讨。

(一)马克思主义新闻观核心理念的研究路径

关于马克思主义新闻观的核心理念,学界通常从这样四种角度进行总结提炼:"第一,着重从理论逻辑出发,从新闻观的系统构成出发,分别揭示马克

---

① 范敬宜,李彬编:《马克思主义新闻观十五讲》,清华大学出版社2007年版,第29页。
② 石大东:《论马克思主义新闻观的本质特性》,《中州学刊》2017年第3期。
③ 刘建明:《马克思主义新闻观的经典性与实践性》,《国际新闻界》2006年第1期。

思主义关于新闻系统中那些核心问题的看法,比如对新闻起源、新闻本原、新闻真实、新闻价值、新闻业、新闻自由、新闻道德等的看法和观念,从而形成马克思主义新闻观的核心观念系统。""第二,从马克思主义新闻观的历史形成过程出发,总结概括马克思主义新闻观念、新闻思想中包含的核心观念。第三,从比较视野出发,通过不同新闻观、新闻观念之间的比较,揭示和显现马克思主义新闻观在核心观念构成上的特殊性。第四,着重从中国当前实际特别是当前中国新闻实际出发,从中国当下马克思主义新闻观的实际内容出发,特别是根据当前党和国家对新闻舆论工作的实际要求出发,总结概括具有中国目前时代特色的马克思主义新闻观的核心观念,这是新闻业学界最近几年研究的一个显著特点。"①

上述四条路径分别提供了马克思主义新闻观核心内容构成研究的主要理论视角和方法:第一条路径,"凡是以马克思主义立场、观点、方法建构的新闻理论教材,原则上都可以看作是对马克思主义新闻观的某种叙述"②。第二条路径,往往采用"史论结合"的方式,着重研究马克思主义经典作家的新闻思想、观念,成果颇丰。第三条路径,将马克思主义新闻观放置于更为广阔的国际新闻界视野,在与专业主义新闻观、商业主义新闻观等的比较中呈现马克思主义新闻观的核心观念。比较中强调马克思主义新闻观与其他新闻观在核心价值、核心观念等方面的区隔,具有很强的批判意识和现实意义。第四条路径,更为强调从中国的新闻舆论实际出发,从中国的社会需要出发,以"马克思主义新闻观如何满足当今中国的社会需要"为关切点,进行核心观念的建构,为马克思主义新闻观的中国化发展,为马克思主义新闻观核心内容的"与时俱进",提供了重要的动力。

(二) 我国马克思主义新闻观核心理念

遵循不同的研究路径,我国马克思主义新闻观在核心理念研究方面大致形成了以下表述:有学者认为马克思主义新闻观应该包括喉舌论、党性论、导

---

① 杨保军:《当前我国马克思主义新闻观的核心观念及其基本关系》,《新闻大学》2017年第4期。
② 同上。

向论、艺术论。① 有学者提出马克思主义新闻观的基本观点是"坚持新闻工作党性原则""坚持人民至上的价值追求""坚持微观真实与宏观真实相统一""坚持遵循新闻传播规律""坚持正确舆论导向""自觉承担媒体社会责任"。② 此外,有学者认为马克思主义新闻观的核心理念是"党性原则""坚持正确舆论导向""以人民为中心"以及"责任先于自由"。③ 有学者强调,新形势下"马克思主义新闻观的重要组成包括新闻舆论工作的使命观、政治观、人民观、真实观和创新观"。把握"使命观"是强调始终把握新闻舆论工作的导向性,把握"政治观"是突出把政治方向摆在第一位,牢牢坚持党性原则,把握"人民观"是坚持以人民为中心的工作导向,而"真实观"不仅是报道的原则,更是科学的方法,即坚持用辩证法和唯物史观来看待事物发展并给予全面反映,"创新观"则强调通过新闻舆论工作的报道方式、传播方式等的持续创新来追求传播效果的最大化。④ 还有学者提出,马克思主义新闻观最重要的核心观念包括:信息传递是人类精神交往的重要形式,大众传媒是主体反映客体的产物,新闻的客观性、真实性和倾向性,新闻工作的党性与人民性,新闻传播有规律可循。⑤ 此外,2016年4月19日,《人民日报》刊发的评论文章《牢牢把握马克思主义新闻观这个"定盘星"》指出:"以喉舌观、党性观、真实观、效益观、职业道德观等为基本内容的马克思主义新闻观,是做好新闻舆论工作的基本遵循。"⑥

有学者针对马克思主义新闻观核心理念的现有研究,提出如下问题:"上述各种概括都有一定道理,但我们需要进一步思考:每一种概括中的观点是不是马克思主义新闻观最经典的观点,这些观点之间是不是在同一个层面上,相互之间是什么关系,是不是形成了'全面、历史、科学、辩证'的马克思主义新闻观理论体系。"⑦ 综合上述研究成果,本文概述以下四个核心理念。

---

① 李凌沙:《论马克思主义新闻观的四个基本观点》,《求索》2004年第6期。
② 本书编写组:《实践中的马克思主义新闻观——新闻报道经典案例评析》,高等教育出版社2015年版,序第1—4页。
③ 陈建云:《马克思主义新闻观的核心理念》,《当代传播》2016年第6期。
④ 胡钰:《论马克思主义新闻观的时代内涵》,《思想教育研究》2016年第3期。
⑤ 童兵:《马克思主义新闻观是新闻理论的灵魂和核心》,《新闻爱好者》2016年第1期。
⑥ 吴敏苏:《牢牢把握马克思主义新闻观这个"定盘星"》,《人民日报》2016年4月19日。
⑦ 胡靖:《遮蔽与解蔽:突破马克思主义新闻观的理解困境》,《新闻与传播研究》2017年第12期。

1. "党性原则"

党性原则是我国新闻舆论工作的"第一原则"或"根本原则",是马克思主义新闻观区别于其他新闻观最鲜明的标志。党性问题是我国新闻舆论实践乃至意识形态领域中一个重大的理论与实践问题。这一点在马克思主义新闻观的核心理念研究领域里几乎没有争议。

有学者强调,"如果把科学性摈除在党性之外,党性原则就不再具有经典性"。党报之所以同党委保持一致,"首先是因为党委的决策具有科学性,符合客观实际。不能把'唯书唯上'当作党性,党报党性的灵魂是科学性,即真理性。如果一张党报脱离实际,在许多方面不能反映真实情况,尽管在重要版面上每天写的是领导的讲话,登的是中央精神,人民不愿意看,读者就会越来越少,这是违背马克思主义新闻观的必然结果"。①

2. "人民性"

人民性原则,即在新闻舆论工作中坚持"以人民为中心",是马克思主义新闻观始终坚持的另一大核心理念。人民观体现了社会主义新闻舆论工作的根本立场,也时刻提醒新闻舆论工作者要不断解决好"为了谁、依靠谁、我是谁"这一根本问题。

不同新闻观指导下的新闻实践,必然追求不同的新闻现实。在不同的视野中,新闻观有不同的具体构成方式,但每一种新闻观的核心都是它的新闻价值观,"为谁服务"是核心中的核心。②"新闻业、新闻传媒究竟为谁服务?为谁说话?对这些问题的不同回答是资产阶级新闻观与马克思主义新闻观的根本区别。换言之,主体的定位与属性,决定了新闻传播活动的方向,这也是马克思主义新闻观与资产阶级新闻观最根本的区别。对新闻主体大相径庭的认识与定位,由此导致了对新闻功能、新闻自由与责任的不同阐释。体现了两种不同性质的新闻制度,反映了两种不同性质的意识形态。马克思主义新闻观,明确新闻是有立场的,新闻传媒代表的是党的利益,人民的利益。而资产阶级新闻观一向标榜新闻独立,否认新闻立场,否认新闻背后的利益链条。"③

---

① 刘建明:《马克思主义新闻观的经典性与实践性》,《国际新闻界》2006 年第 1 期。
② 杨保军:《论"新闻观"》,《国际新闻界》2017 年第 3 期。
③ 董岩:《论多维视野下的马克思主义新闻观》,《当代传播》2013 年第 3 期。

此外，人民性原则与党性原则密切相关。很多研究关注"党性原则"和"人民性原则"之间的内在联系。有学者对党性与人民性的历史关系、现实归结做了深入阐述，认为习近平总书记在2013年8月19日全国宣传思想工作会议上提出"党性和人民性从来都是一致的"，破除了我国新闻宣传领域最近30年多年来人为制造的一个禁区。①还有学者指出："'党性人民性统一论'，是对这一问题的新理解、新认识和新表述，是对马克思主义新闻观的新发展，是新形势下做好新闻工作的重要指南。特别是在'人民性'问题这些年来很少被正面提及的情况下，这一论述更是有着特殊的意义。"②如何认识党性与人民性之间的关系问题，亦在一些新闻从业者中形成了"党性原则与人民性原则是高度统一的"认知，新闻工作应"走群众路线"的职业自觉。③

3. "舆论导向"观念

舆论导向观念，强调在新闻舆论工作中形成正确的舆论并形成舆论引导。舆论导向观念之所以成为马克思主义新闻观的核心理念，是因为新闻代表舆论、引导舆论、制造舆论，是重要的意识形态工具。"新闻舆论之所以重要，根本在于新闻舆论工作是党的意识形态工作的重要方面，是最前沿、最直接、最有影响力的意识形态工作。"④"意识形态领域，社会主义思想不去占领，资本主义思想就必然去占领。"⑤新闻舆论阵地，马克思主义新闻观不去占领，非马克思主义新闻观就必然去占领。

舆论导向总体上可分为政治导向、经济导向和价值导向。"政治导向就是根据党和政府的总体任务和总体目标，遵循新闻传播规律，通过大量事实报道和舆情传达，引导人们理解和把握党的理论和路线方针政策，并联系自己的本职工作加以贯彻落实。经济导向就是通过新闻舆论传播，把经济活动引导到党和政府提出的经济目标、作出的经济部署上来，促进经济发展和社会繁荣稳定。价值导向就是用社会主义核心价值观和中华传统美德教育广大人民群

---

① 陈力丹：《党性、人民性的提出、争论和归结——习近平重新并提"党性"和"人民性"的思想溯源与现实意义》，《安徽大学学报（哲学社会科学版）》2016年第6期。
② 郑保卫：《习近平"党性人民性统一论"的理论内涵及价值》，《现代传播》2018年第1期。
③ 柴璐：《马克思主义新闻观，谈的是什么？》，《红旗文稿》2014年第2期。
④ 《习近平新闻思想讲义》（2018年），人民出版社，学习出版社2018年版，第34页。
⑤ 江泽民：《关于党的新闻工作的几个问题——在新闻工作研讨班上的讲话提纲（1989年11月28日）》，《人民日报》1990年3月2日。

众,引导人们树立正确的世界观、人生观、价值观,培育良好的社会公德、职业道德、家庭美德、个人品德,培养爱国主义情操。新闻舆论工作者还可以通过典型事件、热点事件、突发事件的报道来引导社会舆论、推动社会进步。"①坚持正确的舆论导向,是中国新闻工作者最重要的责任,也是中国新闻事业发展不可回避的理论命题。

4."尊重新闻规律"观念

所谓"尊重新闻规律"观念,是指尊重并在新闻实践中遵循新闻规律的观念,这一观念在马克思主义新闻观中是基础性的观念。尊重新闻规律是新闻舆论工作坚持历史唯物主义的必然要求。"党性原则""人民性"原则能否在新闻舆论工作实践中起作用,前提为是否按新闻规律的基本要求从事新闻工作。不讲新闻规律的新闻实践,无法在社会生活中发挥正确的舆论导向作用。

习近平总书记在对马克思主义新闻观的思考过程中,一直强调要尊重党性和新闻传播规律,这在习近平总书记的新闻思想中也是一以贯之的。早在宁德工作期间,习近平同志就写过一篇题为《把握好新闻工作的基点》的文章,提出:"新闻学作为一门科学,与政治的关系很密切。但不是说新闻可以等同于政治,不是说为了政治需要可以不要它的真实性,所以既要强调新闻工作的党性,又不可忽视新闻工作自身的规律性。"②2016 年 2 月 19 日,习近平总书记在全国新闻舆论工作座谈会上发表重要讲话,其中对既坚持党性又尊重新闻传播规律做出了新的阐发:"要适应国内外形势发展,从党的工作全局出发把握定位,坚持党的领导,坚持正确政治方向,坚持以人民为中心的工作导向,尊重新闻传播规律,创新方法手段,切实提高党的新闻舆论传播力、引导力、影响力、公信力。"③

值得注意的是,关于应尊重怎样的新闻规律,有学者指出:"新闻从业基本准则是马克思主义新闻观立论的基础","在新闻从业基本准则和新闻传播规律面前,中国传媒不存在任何'特色'的理由,也不存在中国特色的、与世界新

---

① 童兵:《新闻舆论工作者的时代定位》,《人民日报》2016 年 4 月 7 日。
② 习近平:《把握好新闻工作的基点》,http://theory.people.com.cn/n/2014/1016/c389908-25846716.html。
③ 《习近平谈治国理政(第 2 卷)》,外文出版社 2017 年版,第 331 页。

闻业不同的行业理念"。①

三、推进马克思主义新闻观中国化、时代化

马克思主义新闻观的中国化、时代化,是马克思主义中国化、时代化进程的一部分。相较于第一个方面上的"老题新议",马克思主义新闻观中国化、时代化这一研究上涌现出了更多的"新题热议"。这首先是因为马克思主义新闻观是开放的、与时俱进的理论体系,在指导新闻舆论实践的过程中能够应对新情况、反映新问题;其次是因为中国新闻舆论研究必须形成自己的"问题意识""立场、观点和方法",必须立足中国国情、中国历史和中国传统文化,照搬照抄西方新闻观及其理论,是极端错误和危险的。

(一) 马克思主义新闻观中国化

1. 马克思主义新闻观的创立与发展

马克思主义新闻观创立至今,已有 170 多年的历史。无产阶级的报刊实践贯穿于无产阶级整体的政治活动,与具体的革命实践须臾不可分离。毋庸讳言,无产阶级的新闻实践构成了无产阶级实践活动极为重要的有机组成部分。马克思主义新闻观,在马克思和恩格斯创办和运用党报党刊传播共产主义思想、组织无产阶级革命斗争的实践中初步创立,在指导包括中国在内的无产阶级新闻实践的过程中逐步发展,在与其他各种非马克思主义新闻观的对话、较量甚至斗争中不断完善。

首先,马克思和恩格斯在报刊实践中创立了马克思主义新闻观。马克思和恩格斯分别考察和分析了民主报刊、工人报刊和党的报刊的性质、特征和办报原则,同时又以深刻的哲学思考探索报刊与社会生活的关系,探索信息与新闻传播的基本规律,做出了马克思主义新闻学的奠基性贡献:"一是信息传递

---

① 陈力丹:《"遵循新闻从业基本准则"——马克思主义新闻观立论的基础》,《新闻大学》2010 年第 1 期。

是人类精神交往的重要形式；二是报刊是人这个行为主体反映客体即外部存在的产物；三是新闻的基本品质是：客观性、真实性及以此为条件的倾向性；四是舆论是一种普遍的、隐蔽的和强制的力量，报刊是舆论的载体；五是报刊有合理的必要的分工，报刊通过有机运动实现自己的使命和功能"。①

其次，列宁对发展马克思主义新闻观做出了重大的理论贡献：一是系统提出党的出版物的党性原则；二是构建党的报刊的领导体制；三是规定党内民主建设中的报刊工作机制；四是探索社会主义建设中报刊的性质和功能，从而获得对社会主义时期新闻传播规律的新认识。列宁首先强调报刊应执行一个原则，那就是"以生产为中心"。为此，"报刊应该成为社会主义建设的工具"。

再次，"在国际共产主义运动的新闻舞台上，一些和列宁同时代或列宁逝世后比较活跃的马克思主义理论家和报刊活动家，在探索和深化马克思主义新闻观研究中也做出了贡献。他们中间较有代表性的有：德国和波兰工人运动卓越活动家卢森堡，她提出了民主监督和人民参与的观点。意大利共产党的创始人与领导人之一、共产国际活动家葛兰西，提出人民文化和文化的人民性的观点，他对文化及报纸的人民性做了富有哲理的阐释。保加利亚共产党总书记、共产国际执行委员会总书记季米特洛夫对文化斗争的国际意义进行了充分的论述，对新闻工作者作为共产主义战士的角色特征提出了独到的见解。"②

2. 马克思主义新闻观在中国的发展

马克思主义新闻观中国化，是对我国新闻舆论事业发展最具现实性和针对性的研究内容。毛泽东思想和中国特色社会主义理论体系包含了丰富的新闻思想。学者们就马克思主义新闻观中国化的历史进程、阶段特点及重要成果等进行了充分的梳理与研究，大致包含以下两个方面的内容。

（1）关于马克思主义新闻观中国化的历史进程及重要成果研究。有学者指出，几代党中央领导人的新闻思想，前后具有关联性和顺承关系。毛泽东的新闻思想主要是解决"党如何运用新闻媒介和舆论手段，开展政治斗争、武装夺取政权、建立革命根据地、创建人民民主专政国家和进行社会主义革命和建

---

① 童兵：《马克思主义新闻观形成的时代条件和在今天的发展》，《当代传播》2014年第1期，有改动。
② 同上，有改动。

设的问题"。邓小平的新闻思想主要是解决"在改革开放新时期,在社会主义市场经济条件下,党的新闻工作如何坚持四项基本原则,为改革开放和现代化建设事业服务,以及党的新闻事业如何快速和健康发展的问题"。江泽民关于新闻工作的论述主要是"关于如何坚持正确的舆论导向,如何保证新闻媒介更好地为党和国家工作的大局服务,如何使新闻业本身借助改革开放的宏观形势加强自身改革和发展的问题"。胡锦涛关于新闻工作的论述主要是"关于党和政府如何运用新闻媒介和舆论手段改善执政环境,提升执政能力,增强执政效果,构建和谐社会,促进各项事业全面发展,以及新闻传媒作为信息产业如何加速自身发展的问题"。①

有学者分析着重分析延安整风运动前后形成的中共党报理论,改革开放以来形成的"舆论观",是马克思主义新闻观中国化最具理论价值的创新成果:其一,"将党报的品质提炼为'党性、群众性、战斗性、组织性'且统一于党性之下,并以此为核心,结合中国革命的具体实际,建构出一套自成体系的中共党报理论,可以说是以毛泽东为核心的第一代中国共产党人对马克思主义新闻思想的创造性贡献。以'四性一统'为核心的中共党报理论的形成,是马克思主义新闻观中国化的第一个重大理论成果,富有成效地指导、规定了我国新民主主义革命和社会主义革命、建设时期的新闻工作实践。一些基本原则如党性原则,至今依然是我国新闻宣传工作必须遵循的根本性原则"。其二,"在马克思主义中国化的最新成果——中国特色社会主义理论体系中,涉及新闻宣传最重要的理论命题是'坚持正确的舆论导向'"。"以'坚持正确的舆论导向'为核心的'舆论观',是我们党在新时期根据马克思主义新闻思想的基本原理,结合当代中国改革、发展、稳定的具体实际,提出的一个创新理论"。②

在上述马克思主义新闻观中国化成果的基础之上,有学者进一步指出,习近平新闻舆论思想是马克思主义新闻观中国化的最新成果。近几年,这方面研究成果较为突出。有学者指出:"2013 年 8 月 19 日在全国宣传思想工作会议上的讲话和 2016 年 2 月 19 日在党的新闻舆论工作座谈会上的讲话,从党和国家事业发展全局的战略高度,就党的宣传思想和新闻舆论工作中的一些

---

① 郑保卫:《中国共产党新闻思想形成和发展的背景与条件》,《当代传播》2005 年第 3 期。
② 陈建云:《马克思主义新闻观的中国化时代化大众化》,《当代传播》2014 年第 2 期。

带有根本性、战略性和全局性的重大理论与实践问题作了全面、系统、深刻的阐述,为在新的时代条件下做好党的宣传思想和新闻舆论工作指明了政治方向,规划了实践路径,确定了工作原则,提出了行动要求。习近平总书记的系列讲话内涵丰富,思想深刻,集中体现了他对新闻舆论和宣传工作的理论思考。这些讲话书写了中国共产党新闻观的新篇章,是马克思主义新闻观中国化的最新成果,是指导我们做好当前新闻舆论和宣传工作的思想指南与基本遵循。"①

《习近平新闻思想讲义》(2018年版)从六方面入手,论述了"习近平新闻思想和马克思主义新闻观的内在联系和历史传承;做好新闻舆论工作必须遵循的基本原则;尊重新闻规律,不断开拓创新,提高能力水平的时代要求;在互联网时代做好新闻舆论工作所面临的挑战机遇;在世界大发展大变革大调整时期,维护我国利益和安全,增强我国国际话语权的宏伟构想;加强高素质新闻舆论工作队伍建设的方法途径"。② 此外,人民日报社评论部《论学习观察习近平总书记新闻舆论工作座谈会重要讲话精神》、③新华通讯社课题组《习近平新闻舆论思想要论》,④对习近平新闻舆论思想进行了文本细读式的分析。

(2) 关于马克思主义新闻观指导当代中国的新闻实践研究。有学者强调,在具体的新闻实践中,要"始终坚持党性与人民性的高度统一,深刻把握舆论引导的'时、度、效',牢固树立大宣传的工作理念,掌握舆论引导的主动权和话语权,创新新形势下的新闻传播工作,自觉地将马克思主义新闻观贯彻到具体的新闻实践活动中去"。⑤ 有学者梳理了中国共产党领导下新闻工作从"新闻宣传"到"新闻舆论"的发展进路,认为:革命斗争和社会改造时期党的新闻工作以宣传鼓动为主要策略;改革开放时期开始回归尊重新闻规律,新闻宣传工作开始适应社会变迁、群众需求的变化,著名的"三贴近"原则为媒体改革指

---

① 郑保卫:《习近平"党性人民性统一论"的理论内涵及价值》,《现代传播》2018年第1期。
② 《习近平新闻思想讲义》(2018年版),人民出版社,学习出版社2018年版,前言第7—8页。
③ 人民日报社评论部:《论学习观察习近平总书记新闻舆论工作座谈会重要讲话精神》,人民出版社2016年版。
④ 新华通讯社课题组:《习近平新闻舆论思想要论》,新华出版社2017年版。
⑤ 徐华东、冯文华:《论马克思主义新闻观的历史演进及其当代发展》,《辽宁大学学报(哲学社会科学版)》2017年第1期。

明了方向,促进了民生新闻、讲述老百姓故事的观念与作品的出现;全面发展时期要创新融合、遵循新闻传播规律和新兴媒体发展规律。党领导下的新闻舆论工作不断创新,形成了关于"党性与人民性"的系统阐述、对"遵循新闻传播规律和新兴媒体发展规律"的辩证论述、对"互联网已经成为舆论斗争的主战场"的深刻认识等重要观点,[①]对指导新形势下的新闻舆论工作起到了不可替代的作用。此外,还产生了很多关注新闻采编到传播、媒体经营管理、新闻行业作风及以媒体实例为对象的案例分析研究,显示出研究者在理论联系实践方面的探索。

(二)马克思主义新闻观时代化

关于马克思主义新闻观时代化研究,需要认清两个方面的前提:一是与马克思主义哲学、马克思主义政治经济学以及科学社会主义一样,马克思主义新闻观在不断发展,马克思主义新闻观指导下的中国特色社会主义新闻事业在不断发展。中国新闻事业的蓬勃发展彰显出马克思主义新闻观强大的生命力,马克思主义新闻观也在中国特色社会主义新闻事业的推进中不断得到丰富和完善。二是中国传媒业界出现"未有之变局"。新媒体的爆发式增长,对传统传媒格局造成极大影响乃至强烈冲击,新媒体发展业已成为业界与学界公认的传媒环境变化的最大因素,新闻学学者必须对这一全方位的传媒变革加以关注与思考。

上述两大前提同时提供了马克思主义新闻观时代化研究的两条主要路径,学者们也贡献了诸多关于马克思主义新闻观时代化的理论思考。某种意义上可以说,马克思主义新闻观"中国化"内在地包含着"时代化",由此,第一路径的研究与马克思主义新闻观中国化研究多有重合。第二个路径的研究针对网络媒体引发的复杂态势,研究成果相对集中。以下侧重于概述新媒体与马克思主义新闻观时代化发展的相关研究成果。

新媒体时代,从宏观的新闻舆论环境而言,最大的时代背景是"政治民主

---

① 熊忠辉,李暄:《从新闻宣传到新闻舆论——中国共产党马克思主义新闻观发展的历史考察》,《南京政治学院学报》2016年第4期。

化、传播民主化和信息网络化"。① 当今社会,"一是从客观情况看,舆论主体多元化,已不限于官方及传媒机构,网络意见领袖经常担当着引领和影响社会舆论的重要角色。在某些特定情况下,普通网民也可以成为社会舆论的始发点,并影响社会舆论的走向。二是在众声喧哗的舆论常态中,官方及传媒机构的声音如何不被湮没,并能有效发挥舆论引导作用,已经成为一大难题。以往舆论引导中行之有效的'常规武器',功效已经大不如前。三是官方及传媒机构的议程设置,已经不如过去那样容易奏效。相反,经常出现由网民设置议题并通过自媒体发声,从而形成对官方及传媒机构的舆论'倒逼'现象。四是如何及时消除不合事实的传闻或谣言对社会舆论和社会心理的负面影响,成为特定主体在舆论引导过程中必须妥善解决的问题。"②

面对上述形势,一是要强调坚持马克思主义新闻观,掌握舆论引导权,有效引导社会舆论。二是要不断提升新闻传播水平和舆论引导能力,通过媒体融合发展,"着力打造一批形态多样、手段先进、具有竞争力的新型主流媒体,建成几家拥有强大实力和传播力、公信力、影响力的新型媒体集团,形成立体多样、融合发展的现代传播体系"。③

四、马克思主义新闻观研究有待加强

2016年5月17日,习近平总书记在哲学社会科学工作座谈会上的讲话中明确指出,有人"认为马克思主义已经过时,中国现在搞的不是马克思主义;有的说马克思主义只是一种意识形态说教,没有学术上的学理性和系统性。实际工作中,在有的领域中马克思主义被边缘化、空泛化、标签化,在一些学科中'失语'、教材中'失踪'、论坛上'失声'。这种状况必须引起我们高度重视。"④这一论述应引起新闻学研究者的深入思考。

---

① 魏猛:《在新媒体时代坚持马克思主义新闻观》,《新闻爱好者》2017年第11期。
② 丁柏铨:《当今中国的舆论引导与马克思主义新闻观》,《当代传播》2014年第6期。
③ 《习近平关于全面建成小康社会论述摘编》,中央文献出版社2016年版,第118页。
④ 《习近平谈治国理政(第2卷)》,外文出版社2017年版,第328—329页。

当下,马克思主义新闻观研究大致存在以下几个方面的问题:一是经典论著的文本梳理多,系统性的专题研究少,研究方法有待创新,研究深度有待挖掘。二是马克思主义新闻观传播度不够,接受度不够,存在一定的"被边缘化、空泛化、标签化"现象,部分新闻学学者自身存在"不相信、说不清"道理的情况。更为严峻的问题是,相较其他相关学科而言,这一领域内青年学者的研究投入较少。三是马克思主义新闻观往往在一定程度上被当成政治话语层面上的"意识形态说教",学术话语对政治话语的回应与研究不够。比如涉及"正面宣传""舆论引导"等观念时,马克思主义新闻观研究与教育解疑释惑的能力不强。在面对现实问题时,甚至有学者希望淡化意识形态色彩,显示出理论自信的不足。

(一)切实推进新闻理论体系建设

"对于新闻理论研究来说,一套成体系的新闻理论,实质上就是一种新闻观的系统表达和呈现。进一步说,建设一种系统的新闻理论,实质上就是建构系统的新闻观。"[①]马克思主义新闻理论体系的建构是中国特色新闻学科建设的核心问题。"中国新闻理论体系的建构经过党报范式、新闻事业范式的发展,已经形成了不同于西方的知识范型:西方是立基于实在论基础上的专业主义/自由主义新闻观(或曰客观新闻学);中国是立基于建构论基础上的马克思主义新闻观。"二者之间存在着价值观上的"不兼容":"西方强调媒体的独立和新闻的客观,中国则强调媒体对党性原则的坚守和新闻的倾向性"。[②] 西方新闻学是在西方新闻传统及实践的基础上发展而来的,绝非"放之四海而皆准"的。中国新闻学应摆脱对西方新闻理论和话语的"迷信",加强新闻理论与话语的本土化发展。

"马克思主义新闻观与西方新闻专业主义两者之间的比较研究至今仍旧是此领域突出的薄弱环节。虽然,学界认同马克思主义新闻观克服了西方新闻专业主义的自由化缺陷,但是相关研究论证严重不足。理论只要彻底,就能说服人。如果仅仅是以意识形态性的判断代替学理性的论证,那么还是会有很多人无法做到对马克思主义新闻观的真信、真懂、真学、真用。"[③]

[①] 杨保军:《论"新闻观"》,《国际新闻界》2017年第3期。
[②] 齐爱军:《中国特色新闻学科建设的路径和方法创新》,《青年记者》2017年第12期。
[③] 杨晶,陶富源:《当前马克思主义新闻观研究中的几个问题》,《新闻界》2015年第16期。

针对上述趋向,中国的新闻舆论工作要充分彰显中国特色、中国风格和中国气派,不能从西方国家的历史语境和现实语境中照搬照抄理论与实践经验。由此,我们要切实推进新闻理论体系建设:一是树立新闻学建设的理论自觉、自信,增强学理性研究;二是对西方新闻学理论进行更有学术内涵的吸收与借鉴、比较与批判,防止在借鉴中"迷失"。比如"新闻自由""新闻责任"等新闻理念,被西方新闻界奉为圭臬,马克思主义新闻观研究及教育不仅不能回避这些问题,而且要对新闻真实性、新闻责任等重要问题做出富有时代特色的回应。如果对这样一些广受关注的新闻主体、客体及新闻话题加以回避或研究不深入,很大程度上会影响马克思主义新闻观的传播与认同。

(二)积极应对新时代提出的新理论与实践命题

进入新时代,社会媒介化程度不断加深,给新闻事业、新闻舆论工作者带来了新的机遇,同时造成了新的挑战。由此,马克思主义新闻观要顺应时势,要有新发展:

一是按新闻传播规律办事的同时,强调按新兴媒体传播规律办事。苏联解体,殷鉴不远。意识形态工作关系国家民族的前途命运,而新闻舆论工作正处于意识形态的最前沿。当前的新闻舆论工作面临全新的媒体格局和舆论生态,突出的问题在于"两个舆论场"的不平衡,具体表现在:传统媒体舆论场与新媒体舆论场的不平衡,国内舆论场与国际舆论场的不平衡。[1] 马克思主义新闻观要有效应对上述情况。

二是及时回应新问题,丰富马克思主义新闻观的时代内涵。诚如有学者所言,应当"用发展的眼光看待马克思主义新闻观,而不是用本本主义或者教条主义的态度来读'语录式'的条条",应当"运用马克思主义新闻观去解答理论和现实中存在的问题,而不是坐而论道"。[2] 马克思主义新闻观研究要能够应对新时代提出的理论和实践命题。比如,对于"党性原则与人民性原则"在新媒体时代的新意涵、在互联网这一"舆论斗争的主战场""如何做好舆论引导工作,把握好时、度、效"以及"大宣传理念"包含哪些实践层面的要求等,要做

---

[1] 胡钰:《论马克思主义新闻观的时代内涵》,《思想教育研究》2016年第3期。
[2] 雷跃捷:《与时俱进地发展马克思主义新闻观》,《新闻战线》2004年第11期。

出具有时代意义的理论回应。

(三) 加强马克思主义新闻观教育,提升对马克思主义新闻观的认同

在推进马克思主义新闻观教育的过程中,要切实提升广大新闻舆论工作者和研究者对马克思主义新闻观的认同。研究者普遍认为这一方面的工作有待加强。

2003年,中宣部、中国记协倡导新闻界深入开展"马克思主义新闻观教育活动"。马克思主义新闻观教育,成为理论界、新闻业界以及新闻教育界共同探索的重大问题。开展马克思主义新闻观教育,不仅是建设马克思主义新闻观的组成部分,而且是社会主义意识形态话语体系建设的重要组成部分。

有学者提出,"马克思主义新闻观教育要坚持'返本开新'的原则,抓住基本,直面问题,选好着力点,讲清楚新闻舆论工作中的难点、焦点问题,让学习者切实增强新闻理论与实践中的思想定力","加强马克思主义新闻观教育有五个着力点:讲清楚马克思的形象和马克思主义的立场、观点、方法;讲清楚新闻与政治的关系;讲清楚中国共产党的新闻思想;讲清楚中国国情与问题意识;讲清楚全球传播与文化自信"。[①] 学者们也普遍认为马克思主义新闻观教育需要模式与方法上的创新。有学者认为应当多开展"重走范长江之路"活动,以"新闻扶贫"的形式带领学生到贫困地区进行采访,让学生体会老一辈新闻工作者不畏艰辛、勇于实践、勇于坚持真理的精神。当下的新闻教育要让学生"走出去",不能局限于课堂,要让学生通过实践,更好地践行马克思主义新闻观。有学者认为马克思主义新闻观教育至少要有三种形式,即课堂讲述、实践体验和案例教学。有学者指出,发展马克思主义新闻学教育,首先,授课老师要深度阅读马克思主义新闻观的著作,包括对最新成果的研读,其次,学生要在老师的引导之下,把马克思主义新闻观思想和我国国情结合起来理解,再次,一定要把马克思主义新闻观投入实践中。[②]

[①] 胡钰:《马克思主义新闻观教育的着力点》,《现代传播》2016年第7期。
[②] 蔡斐:《马克思主义新闻观教育需要模式与方法的创新——第十届中国新闻学年会"马克思主义新闻观教育"研讨综述》,《新闻爱好者》2018年第1期,有改动。

（四）发挥马克思主义新闻观在新闻学话语体系建构中的作用

"一言兴邦，一言丧邦。"（《论语·子路》）话语的力量不可低估，尤其是经由各类媒体渠道而传播的话语，对社会生活的各个方面均发挥着渗透性的影响。关于如何发挥好马克思主义新闻观在中国特色社会主义新闻学话语体系建构中的作用，可以从以下四方面推进。

一是明确马克思主义新闻观是构建中国特色社会主义新闻学话语体系的核心。中国特色社会主义新闻学话语建设过程中，马克思主义新闻观应始终发挥指导作用。二是加强学术话语与主流政治话语的联系，避免主流话语谈"马克思主义新闻观"，学术话语却鲜有相应表述的情况。近年来，习近平总书记对马克思主义新闻观的诸多论述，既是主流话语的生动体现，又把握了新闻舆论发展规律，其话语表述值得学界深入研讨。三是以马克思主义新闻观为理论指导，对中国新闻理论和西方新闻理论的核心观念加以分析、比较，合理借鉴西方新闻理论，同时不断拓展中国特色社会主义新闻学的核心概念。比如，在与西方专业主义新闻观的对比研究中，如何在剖析西方专业主义新闻观理论缺陷的基础上，不停留于批判，而是主动建构马克思主义新闻观指导下的中国新闻学学术话语体系。四是在不断推进马克思主义新闻观中国化时代化的过程中，对中国新闻学话语体系中既有的概念、表述等进行剖析、评价与反思，比如，"耳目喉舌""文人论政"等中国特色新闻学话语，如何在新闻学话语体系中发挥出新的时代意涵等。此外，要能够对全球传媒新发展和新闻行业的新业态"发声"，构建新概念、新表述。

关于马克思主义新闻观研究，有学者打了个形象的比方——研究马克思主义新闻观要"上天入地"。"上天"，要研究作为新闻观理论基础的马克思主义哲学原理；"入地"，要关注马克思主义新闻观产生和发展的经济和政治背景，立足中国社会实际和中国新闻传播的现实环境。[①] 唯有"立足中国土，回到马克思"，[②] 马克思主义新闻观才能在中国新闻舆论工作中发挥好指导作用，马克思主义新闻观研究也才能不断开拓与创新。

---

① 童兵：《"上天入地"：深化马克思主义新闻观研究》，《新闻与写作》2017年第1期。
② 甘惜分：《甘惜分文集（第3卷）》，人民日报出版社2012年版，第584页。

习近平总书记关于新闻舆论重要论述研究

张仙智*

[摘要] 新闻舆论事关时代发展脉搏的传播,是关乎治国理政的大事。进入新时代以来,习近平总书记高度重视新闻舆论工作,对中国特色社会主义新闻观进行了系统阐述。基于新时代新闻观的具体内容,习近平总书记对新时代新闻舆论的基本职责、根本任务与作用等重要方面进行了详细阐述,重点阐明了党的新闻舆论观;基于新时代新闻观的鲜明特征,对推进媒体融合发展在新闻观形成和传播过程中的重要作用进行了详细阐述;随着中国开放程度不断提升,着重阐述了新时代新闻观的国际价值。在新的时代条件下,习近平总书记关于新闻舆论的重要论述具有重要的时代价值。

[关键词] 习近平;新闻舆论;新时代

一、习近平总书记关于新闻舆论重要论述的背景

(一)新闻舆论的新起点

成熟的新闻观必然需要经历漫长的培育与发展的过程,习近平总书记关

---

* 张仙智,上海电力大学党委宣传部部长,主任编辑。

于新闻舆论的重要论述是在马克思主义新闻观的指导下,结合中国革命、建设和改革的实践历程不断形成的。随着我国改革开放逐步推进,中国特色社会主义新闻观也站在了一个新的起点。新时代新闻观的新起点有其自身的规律,这也是马克思主义中国化的重要组成部分。马克思和恩格斯在创办《新莱茵报》时认为新闻是"人民精神的千呼万应的喉舌",[①]基于无产阶级的立场,马克思提出了著名的"喉舌"论。在坚持马克思主义新闻观的基础上,结合实践,我国对马克思主义新闻观进行了丰富和完善。在革命时期,新闻观的确立是基于革命利益最大化,比如,1948年4月2日,毛泽东在同《晋绥日报》编辑人员的谈话中明确指出:"报纸的作用和力量,就在它能使党的纲领路线,方针政策,工作任务和工作方法,最迅速最广泛地同群众见面。"[②]在建设和改革时期,新闻观的确立是成为推进建设和改革的最大动力和保障,比如,1980年1月,邓小平在《目前的形势和任务》的讲话中提出:"要使我们党的报刊成为全国安定团结的思想上的中心。报刊、广播、电视都要把促进安定团结,提高青年的社会主义觉悟,作为自己的一项经常性的、基本的任务。"[③]在深化改革和逐渐开放的过程中,新闻观服务于国家发展,比如,江泽民1989年11月在全国新闻工作研讨班的讲话中,提出舆论导向是"党和国家的前途命运所系的工作"的论断。[④]与此相关,新闻观的确立是基于发展目的的。比如,胡锦涛依据党"执政为民"的理念,对新闻界提出了"贴近群众、联系实际、深入生活"[⑤]的工作方针。进入新时代以来,特别是党的十九大报告将"坚持以人民为中心"确立为新时代坚持和发展中国特色社会主义的基本方略之一,新时代中国特色社会主义新闻观进入"以人民为中心"的全新阶段。习近平总书记指出:"现在,媒体格局、舆论生态、受众对象、传播技术都在发生深刻变化,特别是互联网正在媒体领域催发一场前所未有的变革。读者在哪里,受众在哪里,宣传

---

① 《马克思恩格斯全集(第6卷)》,人民出版社1961年版,第275页。
② 《毛泽东选集(第4卷)》,人民出版社1991年版,第1318页。
③ 《邓小平文选(第2卷)》,人民出版社1983年版,第255页。
④ 江泽民:《关于党的新闻工作的几个问题——在新闻工作研讨班上的讲话提纲》,《人民日报》1990年3月2日。
⑤ 《胡锦涛在全国宣传思想工作会议上发表重要讲话强调 坚持用"三个代表"重要思想统领宣传思想工作 为全面建设小康社会提供科学理论指导和强大舆论力量》,《人民日报》2003年12月8日。

报道的触角就要伸向哪里,宣传思想工作的着力点和落脚点就要放在哪里。"①

(二) 新闻舆论的新特征

随着传媒技术的发展,新闻舆论呈现出了一些新的特征,主要表现在以下三方面。第一,新技术在新闻舆论传播过程中广泛运用。随着科学技术的进步,网络化、信息化深度融入各行各业。一方面,以前老百姓一般通过报纸、电视等传统的媒介接触新闻,而且是被动接受。如今,老百姓接触新闻媒介的方式越来越多元化,微信、微博等网络媒体已经深度融入日常生活。更为关键的是,现在老百姓可以针对新闻有所侧重,并在此基础上针对某一类新闻进行深层次的互动和二次传播。另一方面,随着新技术在新闻领域不断运用,新闻呈现的模式也越来越动态化、可视化,新闻传播的信息量也越来越大。第二,新时代追求"目标最大化"对新闻观的影响。以往新闻传播渠道单一,与此对应的新闻观的"目标"就是实现新闻传播主体的价值传导。随着社会的发展,新闻传播主体越来越多,竞争也越来越激烈,特别是随着商业因素在新闻领域的不断渗透,新闻观的"目标"已经逐步成为"商业利润"最大化,很多运营新闻媒体的机构,为了增加商业利润,不惜对新闻进行扭曲或夸大,甚至编造虚假新闻。在新闻传播过程中,为了博取点击率,文不对题的现象时有发生,新闻界面植入广告也司空见惯。由此,新闻观越来越容易受到世俗价值观的影响而出现了扭曲。第三,新闻观受国际因素的影响愈加显著。改革开放以前,我国新闻观较少受国际新闻观影响,相对而言可保持高度的独立性和自主性。随着改革开放的逐步深入以及新技术的广泛运用,我国新闻观已经不可能排除国际新闻观的影响。与此同时,随着中国国际地位的不断提升,中国越来越需要提升国际话语权,其中新闻舆论的话语权最为关键。因此,进入新时代,中国新闻观不管是主观还是客观上都有国际化的必要。我们既要保持自身新闻观的科学性、独立性,又要掌握当代国际新闻观的规律,必然面临不小的挑战。

---

① 《坚持军报姓党坚持强军为本坚持创新为要　为实现中国梦强军梦提供思想舆论支持》,《人民日报》2015年12月27日。

(三) 新闻舆论的新使命

1. 新时代中国特色社会主义理论的传播者

任何国家的新闻观都有着自身的价值取向,没有绝对的新闻自由,"任何自由从来都不是抽象的而是具体的,不是绝对的而是相对的。在任何一个国家中,都不存在绝对的毫无限制的'新闻自由'。在国际上还存在社会主义和资本主义的对立,在国内阶级斗争还在一定范围内存在的情况下,自由就不能不带有阶级性"。① 新时代中国特色社会主义新闻舆论最为关键的使命就是成为新时代中国特色社会主义理论的传播者。新闻舆论要进行正能量的引导,形成科学化、体系化、大众化的舆论集合。新时代的新闻舆论要以适当的传播模式和频率,将中国特色社会主义理论与新时代发展的具体实践密切结合,通过讲事实、讲道理、讲政治的方式形成高效的传播、影响机制,真正推进新时代中国特色社会主义理论的传播。

2. 新时代中国特色社会主义建设事业中的监督者

坚持新闻舆论监督,是发展中国特色社会主义事业的内在要求和重要保障,因为新闻舆论监督可以对建设中国特色社会主义事业中的各种行为进行有效的制约,特别是对有悖于法律和道德行为的舆论效应十分明显。比如,我国"问题疫苗""明星学术造假"等很多违法违规行为都是通过新闻舆论的手段进行揭示、批判和争论,并通过理性、坦率的评论推进了相关体制的完善。随着公信力的提升,新闻舆论在建设中国特色社会主义事业中的监督者的作用也会愈加突出。

3. 新时代世界文明进步的推动者

传统新闻舆论的传播是单向的,新闻受众往往也是被动接受者。随着新闻传播的飞速发展,新闻舆论传播已经呈现出明显的双向甚至多维度的传播趋势,受众可以对有价值、感兴趣的新闻舆论进行评论和信息反馈;与此同时,新闻舆论的受众已经不再是新闻舆论的终端,而是成为新闻舆论的节点,可以随时对新闻舆论进行二次、三次乃至多次传播。可以说,随着经济全球化的推

---

① 江泽民:《关于党的新闻工作的几个问题——在新闻工作研讨班上的讲话提纲》,《人民日报》1990年3月2日。

进以及信息化程度的提高,新时代新闻舆论已经不能局限于新闻事件的记录者,而应将视角拓展开来,以多元包容的心态进行舆论引导。特别是站在人类文明的视角,新闻舆论应该进一步拓宽视野,促进不同文化间的交流,推进不同文明交流互鉴,成为世界文明的推动者。

二、习近平总书记关于新闻舆论 重要论述的主要内容

习近平总书记基于马克思主义新闻观的理论,对新时代中国特色社会主义新闻观高度重视并进行了详细阐述,为完善新时代中国特色社会主义新闻观提供了坚实的理论支撑,相关论述主要涵盖以下三方面。

(一) 阐述新时代新闻舆论的基本职责、根本任务与作用,尤其是党的新闻舆论观

新闻舆论观贯穿于中国革命、建设和改革过程,发挥了重要作用,正如习近平总书记所说,"在革命建设改革各个历史时期,新闻舆论战线与党和人民同呼吸、与时代共进步,积极宣传党的主张、深入反映群众呼声、主动开展决策调研,发挥了十分重要的作用"。① 新闻观的基本职责是与宣传思想的基本职责相一致的,都是"把围绕中心、服务大局作为基本职责",其根本任务是"巩固马克思主义在意识形态领域的指导地位,巩固全党全国人民团结奋斗的共同思想基础"。② 这也与宣传思想的方针相一致,"坚持团结稳定鼓劲、正面宣传为主",③特别是应"牢牢坚持正确舆论导向"。"舆论导向正确,就能凝聚人心、汇聚力量,推动事业发展;舆论导向错误,就会动摇人心、瓦解斗志,危害党和人民事业。"④这也是我国核心价值观的内在要求,"是决定文化性质和方向

---

① 《做党和人民信赖的新闻工作者》,《人民日报(海外版)》2016年11月8日。
② 《习近平谈治国理政(第1卷)》,外文出版社2017年版,第153页。
③ 同上书,第155页。
④ 中共中央宣传部编:《习近平新时代中国特色社会主义思想三十讲》,学习出版社2018年版,第202页。

的最深层次要素"。① 只有秉持这样的新闻观,才能突出核心价值观的生命力、凝聚力、感召力,才能做到"所有工作都有利于坚持中国共产党领导和我国社会主义制度,有利于推动改革发展,有利于增进全国各族人民团结,有利于维护社会和谐稳定"。②

关于如何坚持正确的舆论导向,习近平总书记提出"坚持党性原则",要"在思想上政治上行动上同党中央保持高度一致"。③"报刊、通讯社、电台、电视台、新闻网站的所有工作都必须体现党的意志、反映党的主张,必须维护党中央权威、维护党的团结,做到爱党、护党、为党。要增强看齐意识,自觉向党中央看齐,自觉向党的理论和路线方针政策看齐,自觉向党中央决策部署看齐。"④"新闻舆论工作各个方面、各个环节都要坚持正确舆论导向。"坚持党性,最为关键的就是"牢牢坚持马克思主义新闻观"。⑤

在新闻观形成和宣传的过程中,要做到"四个讲清楚":"要讲清楚每个国家和民族的历史传统、文化积淀、基本国情不同,其发展道路必然有着自己的特色;讲清楚中华文化积淀着中华民族最深沉的精神追求,是中华民族生生不息、发展壮大的丰厚滋养;讲清楚中华优秀传统文化是中华民族的突出优势,是我们最深厚的文化软实力;讲清楚中国特色社会主义植根于中华文化沃土、反映中国人民意愿、适应中国和时代发展进步要求,有着深厚历史渊源和广泛现实基础"。⑥ 日常工作中,新闻工作者必须秉持"阵地意识",因为"宣传思想阵地,我们不去占领,人家就会去占领"。⑦ 习近平总书记将思想舆论领域分为三个地带,即"红色地带""黑色地带"和"灰色地带":"红色地带是我们的主阵地,一定要守住;黑色地带主要是负面的东西,要敢抓敢管、敢于亮剑,大大压缩其地盘;灰色地带要大张旗鼓争取,使其转化为红色地带"。⑧ 习近平总

---

① 《习近平谈治国理政(第1卷)》,外文出版社2017年版,第163页。
② 中共中央宣传部编:《习近平新时代中国特色社会主义思想三十讲》,学习出版社2018年版,第202页。
③ 《习近平谈治国理政(第2卷)》,外文出版社2017年版,第332页。
④ 《习近平在党的新闻舆论工作座谈会上强调 坚持正确方向创新方法手段 提高新闻舆论传播力引导力》,《人民日报》2016年2月20日。
⑤ 《习近平谈治国理政(第2卷)》,外文出版社2017年版,第332—333页。
⑥ 《习近平谈治国理政(第1卷)》,外文出版社2017年版,第155—156页。
⑦ 《习近平总书记系列重要讲话读本》(2016年版),学习出版社,人民出版社2016年版,第196页。
⑧ 同上。

书记一再强调新闻观的重要性,因为"新闻观是新闻舆论工作的灵魂"。① 只有达到以上要求,新闻舆论工作者才能更好成为新时代"党的政策主张的传播者、时代风云的记录者、社会进步的推动者、公平正义的守望者"。②

习近平总书记重点阐述了党的新闻舆论工作,尤其是党的新闻舆论观。党的新闻舆论工作是新时代新闻舆论工作的核心内容,党的新闻观是新闻观的重要指引。习近平总书记指出:"党的新闻舆论工作是党的一项重要工作,是治国理政、定国安邦的大事,要适应国内外形势发展,从党的工作全局出发把握定位,坚持党的领导,坚持正确政治方向,坚持以人民为中心的工作导向,尊重新闻传播规律,创新方法手段,切实提高党的新闻舆论传播力、引导力、影响力、公信力。"③为此,习近平总书记明确了党的新闻舆论工作的职责和使命是"高举旗帜、引领导向,围绕中心、服务大局,团结人民、鼓舞士气,成风化人、凝心聚力,澄清谬误、明辨是非,联接中外、沟通世界。要承担起这个职责和使命,必须把政治方向摆在第一位,牢牢坚持党性原则,牢牢坚持马克思主义新闻观,牢牢坚持正确舆论导向,牢牢坚持正面宣传为主"。④

(二)阐述推进媒体融合发展在新闻观形成和传播过程中的重要作用

随着网络化、信息化不断推进,对新闻观的呈现形式和传播模式提出了更高要求,为此,习近平总书记提出要求:"随着形势发展,党的新闻舆论工作必须创新理念、内容、体裁、形式、方法、手段、业态、体制、机制,增强针对性和实效性。要适应分众化、差异化传播趋势,加快构建舆论引导新格局。要推动融合发展,主动借助新媒体传播优势。要抓住时机、把握节奏、讲究策略,从时度效着力,体现时度效要求。"⑤特别是随着新媒体的发展,以往新闻观的形成和传播模式已不能很好地适应时代要求,必须大力推动传统媒体和新兴媒体融合发展,为此,习近平总书记提出:"要遵循新闻传播规律和新兴媒体发展规

---

① 《习近平谈治国理政(第2卷)》,外文出版社2017年版,第332页。
② 《习近平在党的新闻舆论工作座谈会上强调 坚持正确方向创新方法手段 提高新闻舆论传播力引导力》,《人民日报》2016年2月20日。
③ 同上。
④ 同上。
⑤ 同上。

律,强化互联网思维,坚持传统媒体和新兴媒体优势互补、一体发展,坚持先进技术为支撑、内容建设为根本,推动传统媒体和新兴媒体在内容、渠道、平台、经营、管理等方面的深度融合,着力打造一批形态多样、手段先进、具有竞争力的新型主流媒体,建成几家拥有强大实力和传播力、公信力、影响力的新型媒体集团,形成立体多样、融合发展的现代传播体系。要一手抓融合,一手抓管理,确保融合发展沿着正确方向推进。"①

融合发展对党的新闻观的形成和传播也有极为重要的作用,为此,习近平总书记指出:"党报、党刊、党台、党网等主流媒体必须紧跟时代,大胆运用新技术、新机制、新模式,加快融合发展步伐,实现宣传效果的最大化和最优化。"②"党报党刊要加强传播手段建设和创新,发展网站、微博、微信、电子阅报栏、手机报、网络电视等各类新媒体,积极发展各种互动式、服务式、体验式新闻信息服务,实现新闻传播的全方位覆盖、全天候延伸、多领域拓展,推动党的声音直接进入各类用户终端,努力占领新的舆论场。"③

进入新时代,从宏观层面讲,新闻观关乎"国家政治安全、文化安全、意识形态安全",应"加强网络内容建设,使全媒体传播在法治轨道上运行。要全面提升技术治网能力和水平,规范数据资源利用,防范大数据等新技术带来的风险"。④ 从微观层面讲,融合发展还很不平衡,"融合发展关键在融为一体、合而为一。要尽快从相'加'阶段迈向相'融'阶段,从'你是你、我是我'变成'你中有我、我中有你',进而变成'你就是我、我就是你',着力打造一批新型主流媒体"。⑤ 从具体实施过程讲,融合要有侧重点,特别是针对新闻观的侧重点,正如习近平总书记所讲,"对新闻媒体来说,内容创新、形式创新、手段创新都重要,但内容创新是根本的。要多深入基层、深入一线、深入官兵,了解第一手材料。要善于观察,在众多材料中发现好材料,找到反映时代精神、反映官兵

---

① 《习近平主持召开中央全面深化改革领导小组第四次会议强调 共同为改革想招一起为改革发力 群策群力把各项改革工作抓到位》,《人民日报》2014 年 8 月 19 日。
② 《习近平在中共中央政治局第十二次集体学习时强调 推动媒体融合向纵深发展 巩固全党全国人民共同思想基础》,《人民日报》2019 年 1 月 26 日。
③ 同上。
④ 同上。
⑤ 《习近平在党的新闻舆论工作座谈会上强调 坚持正确方向创新方法手段 提高新闻舆论传播力引导力》,《人民日报》2016 年 2 月 20 日。

面貌、能够引起广泛共鸣的材料。要善于思考,深入发掘好材料的内涵,梳理和阐发好材料中蕴含的隽永的精神和深刻的道理,运用丰富的新闻语言、形式、方法、技巧创作出精品力作来。"① 从结构层面讲,习近平总书记进一步提出要处理好"四个关系":"要统筹处理好传统媒体和新兴媒体、中央媒体和地方媒体、主流媒体和商业平台、大众化媒体和专业性媒体的关系,形成资源集约、结构合理、差异发展、协同高效的全媒体传播体系。要依法加强新兴媒体管理,使我们的网络空间更加清朗。"②

(三) 着重阐述新时代新闻观的国际价值

随着我国开放程度不断提升,中国文化的影响力随之不断增强。然而,"中国在世界上的形象很大程度上仍是'他塑'而非'自塑',我们在国际上有时还处于有理说不出、说了传不开的境地,存在着信息流进流出的'逆差'、中国真实形象和西方主观印象的'反差'、软实力和硬实力的'落差'"。③ 习近平总书记在《在推进"一带一路"建设工作座谈会上的讲话》中提出:"我们在经济合作上用力多,文化这条腿总体上还不够有力。"④因此,新闻观也要不断发挥应有的国际价值,"要下大气力加强国际传播能力建设,加快提升中国话语的国际影响力,让全世界都能听到并听清中国声音"。⑤ "要加强战略谋划,对外既要展现中华民族五千多年的悠久文明,又要传播当代中国蓬勃发展的多彩文化,以德服人,以礼服人,以文服人,加强情感认同。"⑥

习近平总书记指出,发挥新闻观国际价值的重要手段就是"讲故事","讲故事就是讲事实、讲形象、讲情感、讲道理,讲事实才能说服人,讲形象才能打动人,讲情感才能感染人,讲道理才能影响人。要组织各种精彩、精炼的故事

---

① 《坚持军报姓党坚持强军为本坚持创新为要 为实现中国梦强军梦提供思想舆论支持》,《人民日报》2015 年 12 月 27 日。
② 《习近平在中共中央政治局第十二次集体学习时强调 推动媒体融合向纵深发展 巩固全党全国人民共同思想基础》,《人民日报》2019 年 1 月 26 日。
③ 《习近平在党的新闻舆论工作座谈会上强调 坚持正确方向创新方法手段 提高新闻舆论传播力引导力》,《人民日报》2016 年 2 月 20 日。
④ 《习近平关于社会主义文化建设论述摘编》,中央文献出版社 2017 年版,第 215 页。
⑤ 《习近平在党的新闻舆论工作座谈会上强调 坚持正确方向创新方法手段 提高新闻舆论传播力引导力》,《人民日报》2016 年 2 月 20 日。
⑥ 《习近平关于社会主义文化建设论述摘编》,中央文献出版社 2017 年版,第 215 页。

载体,把中国道路、中国理论、中国制度、中国精神、中国力量寓于其中,使人想听爱听,听有所思,听有所得"。① 在讲故事的过程中"要动员各方面一起做思想舆论工作,加强统筹协调,整合各类资源,推动内宣外宣一体发展,奏响交响乐、大合唱,把中国故事讲得愈来愈精彩,让中国声音愈来愈洪亮"。②

为了更好发挥新闻观的国际价值,在新闻观形成和传播内容层面,一方面要"讲好中国故事",另一方面"对那些妖魔化、污名化中国和中国人民的言论,要及时予以揭露和驳斥。做这项工作,要大音希声、大象无形,坚持不懈、久久为功,让当代中国形象在世界上不断树立和闪亮起来"③。在新闻观的形成和传播机制层面,习近平总书记不仅强调"拓展对外传播平台和载体"④的重要性,而且强调"竞争"在国际新闻观形成和传播过程中的重要性,指出:"加强国际传播能力建设,支持中央主要媒体走出去,参与国际传媒市场竞争,取得重要成果。这方面的工作要继续抓下去,优化战略布局,集中优势资源,着力打造具有较强国际影响的外宣旗舰媒体。中央主要媒体要强化驻外机构对外传播职能,加快实施本土化战略,成为国际传播生力军。"⑤

三、习近平总书记关于新闻舆论重要论述的价值

习近平总书记关于新闻舆论重要论述有着重要的价值,不仅是马克思主义新闻观的最新成果,更是落实新时代新闻工作的指导思想。

(一)马克思主义新闻观的最新成果

习近平总书记关于新闻舆论重要论述开辟了当代新闻观的新境界,具有

---

① 《习近平在党的新闻舆论工作座谈会上强调 坚持正确方向创新方法手段 提高新闻舆论传播力引导力》,《人民日报》2016年2月20日。
② 《习近平关于社会主义文化建设论述摘编》,中央文献出版社2017年版,第211页。
③ 同上书,第202页。
④ 同上书,第200页。
⑤ 《习近平在党的新闻舆论工作座谈会上强调 坚持正确方向创新方法手段 提高新闻舆论传播力引导力》,《人民日报》2016年2月20日。

一系列原创性的新思想，因为，习近平总书记关于新闻舆论重要论述是马克思主义相关理论中国化的自然结果，是实践推动理论创新的必要总结。习近平总书记关于新闻舆论重要论述是对马克思主义新闻观的坚持和完善，不仅坚持了马克思主义新闻观的具体内容，也就是新时代新闻观要坚守"马克思主义在意识形态领域"的阵地，进而不断巩固"马克思主义在意识形态领域"的指导地位；而且进一步完善了马克思主义新闻观的具体任务，也就是通过树立新时代正确的新闻观，从思想领域内推进全国人民团结奋斗。习近平总书记关于新闻舆论重要论述也是对马克思主义新闻观的发展，最为关键的发展在于进一步体现了"新闻舆论战线与党和人民同呼吸、与时代共进步",[①]不仅关注发挥党的主张，而且将"党"和"人民"有机结合起来。此外，习近平总书记关于新闻舆论重要论述拓展了马克思主义新闻观的辐射范围，要求在实践中发挥更大的国际优势，增强我国新闻观在国际中的影响力。由此可以发现，习近平总书记关于新闻舆论重要论述必然是当代最鲜活的马克思主义新闻观。

（二）落实新时代新闻工作的指导思想

习近平总书记关于新闻舆论重要论述不仅是新时代新闻制度的顶层设计，而且重点阐述了新时代新闻观的具体细节，比如，价值导向、传播手段、媒体融合等。因此，习近平总书记关于新闻舆论重要论述必然是新时代制定新闻舆论相关制度的指导思想。只有坚持习近平总书记关于新闻舆论重要论述的指导，新时代新闻工作才能有正确的价值导向，才能处处体现社会主义核心价值观，才能把控住文化性质和方向的最深层次要素，实现新时代新闻观在新闻价值层面的落实，新时代新闻工作才能更好体现新闻真实性，新时代新闻工作才能更富有传播性。新时代新闻观要运用多种新闻传播方式，以生动的新闻素材进行宣传，必然事半功倍，由此实现新时代新闻观在新闻传播层面的落实。习近平总书记关于新闻舆论重要论述对新闻价值、新闻真实、新闻传播等工作的指导作用，有助于在新时代更好落实新闻工作。新闻价值对应着新闻的"含金量"，是新时代新闻舆论各项工作中最为核心的因素，新闻真实对应着

[①]《做党和人民信赖的新闻工作者》,《人民日报（海外版）》2016年11月8日。

新闻的客观性,是新时代新闻各项工作中最为基础的因素,新闻传播对应着新闻的辐射性,是新时代新闻各项工作中最为关键的因素。因此,只有在实践中将习近平总书记关于新闻舆论重要论述作为新时代新闻工作的指导思想,才能更好体现新闻的监督、促进和宣传等功能。

(三)凝心聚力,在实现中国梦过程中发挥更大作用

中国梦的本质集中体现于国家富强、民族振兴和人民幸福,在实现中国梦的过程中,一方面需要全国人民共同努力奋斗,另一方面需要对实现中国梦的主体进行激励,对中国梦的具体内容、实现过程、价值等方面进行全方位的传播。习近平总书记关于新闻舆论重要论述立足现实,在新闻领域诠释国家追求、民族向往和人民期盼的重要思想方面发挥了极为重要的作用:一是在增强中国力量,建设中国梦的过程中发挥重要作用,在习近平总书记关于新闻舆论重要论述的指导下,全国各族人民更好践行社会主义核心价值观,凝心聚力、万众一心,以巨大的创造性开创实现中国梦的新篇章。二是在国内传播中国梦的过程中发挥了重要作用,中国梦是国家情怀、民族情怀、人民情怀相统一的梦,只有更好践行习近平总书记关于新闻舆论重要论述,才能更好传播这一伟大梦想。三是在中国梦的国际传播过程中发挥了重要作用,与以往新闻观相比,新时代新闻观最大的区别在于必须兼顾国际与国内两个视野。中国梦是和平、发展、合作、共赢的梦,与世界各国人民的美好梦想息息相通,习近平总书记关于新闻舆论重要论述一方面将中国梦传播到世界各地,另一方面将世界各地美好梦想与中国人民分享,进一步增强中国梦的国际价值与内涵。

(四)在治国理政中确保意识形态安全,发挥文化传播传承作用

新闻观关乎"国家政治安全、文化安全、意识形态安全"。① 从文明层次而言,新时代新闻观是精神文明的重要组成部分,随着新时代新闻观理论的创新,精神文明的内涵更加丰富;从文化层次而言,文化是文明的标志性产物,文化的产品和传播都需要正确的文化观进行指导,很大程度上,文化观与新闻观

---

① 《习近平在中共中央政治局第十二次集体学习时强调 推动媒体融合向纵深发展 巩固全党全国人民共同思想基础》,《人民日报》2019年1月26日。

是相协调的,新时代新闻观理论的创新,也进一步推进了文化观的创新,进而推进了文化产品的生产和传播;从意识形态层次而言,意识形态本身就具有强烈的价值导向,习近平总书记关于新闻舆论重要论述的确立,事关意识形态安全和文化传播,只有在习近平总书记关于新闻舆论重要论述的指导下树立正确的新闻观,才能实现捍卫意识形态安全和文化传播。新闻价值不只是狭义的信息价值,同时还是一个庞大的广义的价值系统。[1] 在实践过程中,习近平总书记关于新闻舆论的重要论述不仅在微观层面强调了"社会主义核心价值观"的重要性,而且在宏观层面强调了新闻舆论工作是党的一项重要工作,是治国理政、定国安邦的大事。只有坚持习近平总书记关于新闻舆论重要论述的指导,才能更好发挥新闻舆论传播力、引导力、影响力、公信力,最大程度发挥新闻舆论的价值。

---

[1] 杨保军:《新闻价值论》,中国人民大学出版社2003年版,第58页。

试析中国共产党新闻舆论观的确立及特色

孙 健[*]

[摘要] 中国共产党新闻舆论观,历来是学术界、传媒业界共同关注的重要议题。自中国共产党成立以来,党的新闻舆论观历时性地经历了从宣传灌输到舆论引导的变迁,有着独特的理论来源与现实起点。中国共产党新闻舆论观主要包括党报思想与党性原则、宣传、舆论引导和舆论监督,这些"观念单元"在中国共产党新闻舆论观念体系的建构中发挥了巨大的历史作用。进入新时代,作为一种开放的理论与观念体系,中国共产党新闻舆论观以兼具包容与发展的态度不断回应着社会转型与媒介环境的变化。

[关键词] 中国共产党;新闻舆论;观念

1921年7月,中国共产党成立以后,将原有的《新青年》作为党的理论刊物继续出版;1922年7月,中国共产党召开了第二次全国代表大会,决定出版党中央机关刊物——《向导》周报。至此,中国共产党领导新闻舆论工作正式拉开了序幕。综观历史,中国共产党在其发展历程中始终重视对新闻舆论的领导。在革命、建设和改革发展阶段中,新闻舆论对于中国共产党的发展都有着至关重要的意义。在领导新闻舆论工作的历史发展与变迁之中,中国共产党也形成了关于新闻舆论工作的独特观念。

---

[*] 孙健,上海政法学院副教授。

一、中国共产党新闻舆论观形成的
理论来源与现实起点

(一) 中国共产党新闻舆论观形成的理论来源

1. 马克思主义新闻观

马克思主义新闻观是中国共产党新闻舆论最重要的理论来源。"马克思主义新闻观,是马克思主义对新闻现象和新闻传播活动的总的看法及规律性认识,它涉及新闻工作的一系列根本性问题,其核心是马克思主义关于无产阶级及其政党新闻事业和社会主义新闻事业根本性质、工作原则及运行规律等重要问题的基本观点。"[①]

马克思和恩格斯作为无产阶级新闻理论的奠基人,有着丰富的办报实践,他们所创办的《新莱茵报》被列宁称为"革命无产阶级最好的机关报"[②],这也是第一份在马克思主义指导下创办的无产阶级政党报刊。除此之外,马克思和恩格斯一生中创办或主编了16家报刊,且为多家报刊撰稿。在丰富的办报实践中,马克思和恩格斯形成了关于报刊与新闻的诸多认识,系统提出了关于无产阶级报刊的一些基本思想和原则,如无产阶级报刊的性质与功能、无产阶级报刊的基本原则等。作为一个开放创新的理论体系,马克思主义新闻观随着无产阶级报刊实践的发展也在不断丰富和完善。列宁生活在极端专制的社会环境之中,其报刊实践有着与马克思和恩格斯不同的特点,他的报刊实践是与对沙皇政府和各种党派的斗争直接联系在一起的。在此基础上,列宁提出了无产阶级党报的党性原则等,对马克思主义新闻观进行了拓展与延伸。马克思主义经典作家的这些论述涉及报刊性质、功能与意识形态的关系等核心问题,是中国共产党新闻舆论观形成的重要理论来源。

2. 近代国人办报实践中的早期舆论观

自传教士将近代新闻业引入中国以后,一些知识分子虽出于不同的政治

---

① 本书编写组:《马克思主义新闻观十二讲》,高等教育出版社2019年版,第7页。
② 《列宁全集(第21卷)》,人民出版社1959年版,第60页。

目标与实践目的而开始关注新闻,但都在努力利用报刊这一新兴媒介,或建言或论政,在清末民初这一特殊的历史时期多次掀起了办报高潮。在这一较为集中的时间段内所进行的报业实践,也使得国人对于报刊的功能、地位等形成了初步的认识。

作为著名的报业活动家之一,梁启超对于报刊及舆论有着独特的认知,而且在新闻与政治关系的思考之中,他最终选择了新闻服务于政治。梁启超曾提出报馆具有"监督政府"与"向导国民"的两大天职,他的舆论观经历了从"舆论之仆"到"舆论之主"的转变。1902年2月8日,梁启超在《新民丛报》上发表《舆论之母与舆论之仆》,首次谈到了舆论问题。"凡欲为国民有所尽力者,苟反抗于舆论,必不足以成事。虽然,舆论之所在,未必为公益之所在。舆论者,寻常人所见及者也;而世界有豪杰,贵其能见寻常人所不及见,行寻常人所不敢行也。"[1]可以说,梁启超最初是将"国民"作为舆论的主体,重视发挥民意的作用。然而,作为立宪政治的积极推动者,梁启超对于舆论的关注源于政治,源于舆论对其政治理想的推进,"今日欲求宪政之有成,亦曰务造成健全舆论而已矣"[2]。及至后来,以孙中山为代表的革命党人利用报刊与改良派进行论战,唤起国民,并提出了"舆论为事实之母,报界诸君又为舆论之母"的观点。在孙中山领导的资产阶级革命中,舆论宣传发挥了重要的作用,他认为"宣传要用九成,武力只可用一成"[3]。

早期资产阶级的办报实践和舆论观念不仅对资产阶级革命产生了重要影响,而且在很大程度上影响了早期中国共产党人。中国共产党无论在成立前还是成立后,始终都将舆论工作作为一项艰巨而又特殊的事业。在中国近代的办报高潮与报业实践中,早期中国共产党人身处其中,感受着其对舆论形成与变化的影响。可以说,清末民初资产阶级政党的办报活动及舆论观念都对中国共产党产生了重要的影响。尽管在早期,陈独秀等党的早期领导人的舆论观中带有康梁精英传统影响的痕迹,但随着中国共产党人办报活动的深入开展,随着中国共产党人越来越重视发挥新闻舆论在无产阶级实践中的作用,

---

[1] 倪琳编:《近现代中国舆论研究文献选编》,上海交通大学出版社2019年版,第3页。
[2] 同上书,第6页。
[3] 孙中山:《孙中山选集》,人民出版社1981年版,第493页。

面向民众、依靠民众很快就成为中国共产党新闻舆论观明确的发展取向。

(二) 现实起点

"观念史的研究,完全不同于抽象的义理思辨,而是具有实在性和历史性的。"① 中国共产党革命斗争中的新闻实践或者说早期的宣传实践是其新闻舆论思想的现实基础与来源。从中国共产党成立到抗日战争、解放战争以及国家建设,中国共产党的新闻实践在各个历史阶段也在不断发展,其对于新闻、宣传、舆论的认知与观念也在不断走向成熟。

1. 作为革命斗争武器的舆论

在五四运动及中国共产党成立前后,中国共产党人进行了早期的新闻实践。以分散在全国各地的共产主义小组为基本单位,早期的共产党人创办了《新青年》《湘江评论》《觉悟》《共产党》《劳动音》等一批革命刊物,在传播马克思主义及俄国十月革命思想的同时,为中国共产党的成立奠定了良好的思想基础和干部基础。在早期的革命斗争中,中国共产党人初步认识到了新闻舆论工作的重要意义,认为新闻舆论不仅是革命宣传的重要武器,而且对于组织民众,统一思想都能发挥重要的作用。但是,这一时期的认识是零散、不系统的,没有形成较准确的判断。可以说,"由于受党内数次错误思想倾向的影响,党内的革命理论尚未成熟,毛泽东在党内的领导核心地位尚未形成,这段时期新闻宣传的整体性系统性深入性还比较欠缺"。② 在随后的革命斗争中,中国共产党的革命理论逐渐成熟,毛泽东在党内的领导核心地位逐渐确立,新闻舆论开始作为革命斗争的武器,更有力地持续推进中国革命的发展。

2. 作为形象建构工具的舆论

从中国共产党成立到中华人民共和国成立以前,新闻舆论实践是以斗争为主要内容的。除此之外,中国共产党早期形象的建构也是新闻舆论工作的一项重要内容,当然这一过程的实现仍然是以舆论斗争的形式完成的。

回顾历史,中国共产党曾被严重"污名化"。尤其是在第二次国内革命战

---

① 吴予敏:《谈谈中国传播观念史的研究》,《新闻大学》2008 年第 2 期,有改动。
② 熊忠辉,李暄:《从新闻宣传到新闻舆论:中国共产党马克思主义新闻观发展的历史考察》,《南京政治学院学报》2016 年第 4 期。

争时期,能否撕掉贴在身上的污名化标签,在全国人民面前树立积极正面的形象关乎中国共产党的生死存亡。抗日战争的爆发,为中国共产党正面形象的树立提供了时代条件。在抗战问题亟待解决之际,中国共产党及时表明团结全国人民进行抗战到底的决心,形成了积极的舆论。在抗日战争中,中国共产党继续积极打响"舆论战",以持续的舆论宣传建构积极、正面的政党形象。在抗日宣传中,涌现出了一批中国共产党主导或参与的报刊,这些报刊所掀起的抗战宣传热潮不仅鼓舞了全国人民的斗志,激发了全国人民的抗战热情,而且扩大了中国共产党的群众基础,中国共产党由此获得了众多人士的认同。

由此可见,中国共产党的成长与壮大,中国共产党正面形象的建构,都与新闻舆论工作的扎实开展密不可分。正是在中国共产党的形象建构过程中,中国共产党人对于新闻舆论的认知得到了进一步的深化。

二、中国共产党新闻舆论观的主要内涵

传播观念作为人们理解传播的思想前提,决定着人们的社会传播行为。因此,我们有必要以中国共产党新闻舆论观的"观念单元"为核心,将其与特定历史时期的具体传播行为相结合,分析其形成、演化、逻辑、影响等问题。

(一) 党报思想与党性原则

党报与党性可以说是贯穿中国共产党新闻舆论思想发展始终的核心观念,这既是对马克思、恩格斯、列宁办报思想的继承,也是中国共产党在实践中的经验总结。作为中国共产党新闻舆论思想的核心观念,党报与党性不仅决定着新闻事业的性质,而且直接影响着中国共产党人的办报方式。

马克思和恩格斯认为,党报应该成为无产阶级政党的旗帜和武器,发挥其宣传、鼓动的重要作用。在报刊性质上,应该具有鲜明的阶级性,站在党和人民的立场上,为无产阶级和人民服务,成为党的"喉舌"。更为重要的是,党报作为党领导的刊物,必须维护党的根本利益。马克思和恩格斯始终坚定地认为,如果报刊不能确立鲜明的阶级立场,将会与其所代表的阶级利益背道而驰。

党性原则也是毛泽东新闻舆论观的核心内容。从主编《湘江评论》开始，到后来的《政治周报》，以及在革命战争时期与社会主义建设过程中，毛泽东多次指导党的中央机关报的工作，充分发挥新闻舆论的作用，在这一过程中，逐渐形成了系统的舆论思想体系。他在1944年正式提出了"全党办报，群众办报"的思想，指出报纸要靠全党来办，这一方面体现了要加强党对新闻事业的领导，使党报与党在思想上保持一致；另一方面体现了党性与人民性的结合。1948年在《对晋绥日报编辑人员的谈话》中以及后来提出的"政治家办报"，其核心思想都是加强党对新闻事业的绝对领导。但毛泽东也指出："报纸是要有领导的，但是领导要适合客观情况……不正确的领导，不按情况办事，脱离实际，脱离群众。使编报的人感到不自由，编出来的报纸群众不爱看，这个领导一定是教条主义的领导"。①

及至当今，在新媒体飞速发展的时代背景下，党报思想与党性原则依然是中国共产党新闻舆论观的核心。在当今各种思潮借助互联网等新媒体快速传播的媒介生态下，党媒的主流舆论地位面临挑战。2016年2月19日，习近平总书记在党的新闻舆论工作座谈会上明确指出："党和政府主办的媒体是党和政府的宣传阵地，必须姓党。"②可以说，"党媒姓党"既是对中国共产党几十年新闻舆论工作本质的理论概括，又是对新媒体时代党的宣传舆论工作者提出的原则和要求。一方面，党报必须坚持党的领导，坚持党性；另一方面，党媒应明确自己的使命，具有责任意识。习近平总书记指出："在新的时代条件下，党的新闻舆论工作的职责和使命是：高举旗帜、引领导向，围绕中心、服务大局，团结人民、鼓舞士气，成风化人、凝心聚力，澄清谬误、明辨是非，联接中外、沟通世界。承担起这个职责和使命，必须把正确政治方向摆在第一位。"③

可以说，党报思想与党性原则是无产阶级新闻事业的重要实践总结与理论指导。无论是在中国共产党领导新闻舆论工作的历史中，还是在未来面向新媒体时代的传播新格局中，坚持党对新闻事业的领导，始终是党的新闻舆论

---

① 《毛泽东新闻工作文选》，新华出版社1983年版，第189页。
② 《习近平在党的新闻舆论工作座谈会上强调　坚持正确方向创新方法手段　提高新闻舆论传播力引导力》，《人民日报》2016年2月20日。
③ 中共中央宣传部编：《习近平总书记系列讲话重要读本（2016年版）》，学习出版社、人民出版社2016年版，第194页。

工作的正确发展方向。

(二) 宣传

"宣传"对应的英文词根为 propaganda，这一词根从最早的"宗教教义传播"，后来逐渐演变为"扩散、说教、传达"。作为一种行为、观念，"宣传"随着时代与社会情境的变化而经历了一段不短的"旅行"，其话语色彩也在不断改变。此处不再赘言"宣传"经历了怎样的观念变迁，但有一点可以明确，"宣传"这一概念，在现代传播话语体系中，在中国共产党的新闻舆论史上，曾经作为一种重要的话语方式而存在，发挥了巨大的理论与实践作用。

马克思和恩格斯对于为何宣传，宣传什么以及怎么宣传有着独特的认识。他们"在论述宣传理论时立足于三个最基本的价值判断和思想认识：一是为社会主义的宣传奠定科学的理论基础；二是将宣传的成功与否与社会物质条件的现实和变化了的形势紧密联系起来进行考量；三是宣传必须以一定的传播媒介为依托"。[①]列宁在领导俄国革命的过程中，也十分注重政治宣传，将其作为取得革命胜利的保障。列宁认为，作为底层的无产阶级，是无组织、分散的，如果不组织起来，是不具有战斗性的，而宣传可以发动群众，组织群众。宣传的主要任务一方面是对革命理论进行宣传，另一方面是随着实践的发展而不断变化的。

中国共产党始终将宣传作为一项极其重要的工作来对待，中国共产党在成立之初，甚至将宣传作为中心工作来对待。中国共产党成立初期，由李达作为宣传委员来专门负责宣传工作。在国共第一次合作失败以后，中国共产党才开始反思以宣传工作为中心的正确性，对其与组织工作、军事工作进行了更为合理的定位。为了使宣传更好地服务于革命，中国共产党十分重视宣传方法与宣传策略。"据粗略统计，从 1921 年 7 月到 1949 年 10 月，我们党使用过的宣传方式方法多达 60 种以上。除了常见的印发传单、小册子、张贴标语、布告，召开报告会、演讲会、读书会，创办各种类型的墙报、油印小报、铅印大报，组织各种形式的宣传队，还通过放幻灯、印鼓动画、写街头诗、贴'壁上新闻'、

[①] 沈正赋，刘传红：《从宣传到引导：中国共产党新闻舆论思想的历时性考察与思辨》，《中国地质大学学报（社会科学版）》2017 年第 11 期。

演活报剧、寄年帖、写慰问信、赠纪念品、甚至放孔明灯等形式进行宣传。"①在毛泽东成为中国共产党的领导人以后,中国共产党形成了较为系统的宣传观念,并且通过延安的整风运动,初步形成了中国共产党的宣传体制。毛泽东将宣传等同于传播,他提出:"什么是宣传家? 不但教员是宣传家,新闻记者是宣传家,文艺作者是宣传家,我们的一切工作干部也都是宣传家……一个人只要他对别人讲话,他就是在做宣传工作。"②这种宣传观将一切传播活动都等同于宣传,认为一切行为都能起到宣传的效果。

中国共产党早期的革命斗争是在共产国际指导下进行的,因此很多的宣传观念受到了苏联的影响。这种以宣传鼓动为主要手段的传播方式在党的初创时期以及革命斗争中,对于组织群众、武装群众起到了重要作用,对于树立中国共产党的权威性也具有积极的影响。可以说,以党报党刊为主导的宣传体系对于建构共识起到了至关重要的作用。然而作为一种单向、直线的传播方式,尤其是最初以说教与灌输为主要传播手段,在社会环境与人们的信息接收方式发生改变以后,传播效果开始减弱,人们更倾向于接受双向互动的信息传播模式。因此,在市场经济时代,媒介多元化的传播场域之中,以宣传为主的新闻舆论观正在悄然发生改变。

(三) 舆论引导

中国共产党新闻舆论观的核心观念由宣传转向舆论引导,不仅体现了传播主体的观念转型,更为重要的是构成了对客观环境变化的积极应对。第一,新的媒介不断涌现,信息渠道逐渐多元。在传统媒介时代,报刊、广播、电视在单向传播模式下,较易于做到"多种媒介,一个声音",受众处于一种被动的接收状态,灌输式、一元的传播模式能取得良好的传播效果。然而,新的媒介出现以后,形成了"观点的自由市场",信息来源的渠道更加多元,多元化的传播主体有利于人们展开对公共话题的讨论,但对于舆论的聚焦功能不利,不良信息的传播甚至会对主流舆论的传播形成负面影响。第二,从传播效果来看,在

---

① 林之达主编:《中国共产党宣传史》,四川人民出版社1990年版,第4页。
② 《毛泽东选集(第3卷)》,人民出版社1991年版,第838页。

新媒介环境下,舆论引导效果更佳。在早期对马克思主义进行传播,对革命群众进行组织动员阶段,宣传灌输的方式在统一意志、强化信念方面的正面效果是非常明显的,可以说是时代的必然选择。然而随着社会的变迁、媒介环境的变化,现代社会中的意见流动更加复杂,影响受众态度改变的因素更加多元,单向的灌输极易引起传播对象的抵触情绪,很难产生好的传播效果;相较而言,舆论引导的话语方式较为柔和,更有利于实现传播的目的。

我们知道,尽管媒介环境发生了变化,人们接收信息的偏好发生了改变,舆论的呈现形态与传统媒介时代差异很大,但新媒体时代的舆论始终是一块重要的精神阵地,是不能够丢失的话语权。我们可以通过设置议程,赋予各种议题不同程度的显著性方式,引导人们对周围世界的判断;可以通过有选择的提示"象征性现实"的方式,潜移默化地影响人们的认知。这些传播方式有利于加强新媒体时代的舆论引导工作,占领舆论引导制高点,掌握舆论话语权。正如习近平总书记所言,引导社会舆论走向,要善于设置议题,让该热的热起来,该冷的冷下去,该说的说到位。"新闻舆论议题有的是自然发生的,有的是人为设置的。要让我们设置的议题成为社会舆论的焦点,而不是被社会舆论牵着鼻子走。要善于挖掘事实,也要善于提出概念,形成标识;要面向普通人群,也要影响关键少数""高明的议题设置,往往都是时机、技巧、方法的最佳运用"。①

中国共产党在舆论引导方面始终立足于时代语境,坚持与时俱进。在引导舆论的过程中,对新闻舆论的特点、规律、引导方式的认识不断深化,舆论引导水平也在不断提高。这样,在由宣传向舆论引导的转变过程中,主流媒体仍然能够把握新闻传播规律,保证党对舆论工作的领导,为中国日益走向国际舞台中央营造良好的舆论环境。

（四）舆论监督

纵观新闻舆论发展历史,"从16世纪初期到19世纪中期,在长达三百多年的时间里,空想社会主义者以自由和生命作为代价,与封建贵族、宗教势力、资产阶级新贵进行抗争,探索人类的理想社会。舆论监督是他们极为重要的

---

① 《习近平新闻思想讲义》(2018年版),人民出版社,学习出版社2018年版,第84—85页。

斗争手段,而小册子、期刊、报纸相继成为他们的舆论监督载体"。①马克思和恩格斯的办报活动也始终伴随着对各种敌对力量的揭露与批判,报刊是作为舆论监督的工具而存在的。在清末民初,我国早期报人在创办报刊时也非常注重报刊的舆论监督功能,"舆论界之骄子"梁启超在《敬告我同业诸君》中提出了报馆监督政府的重要职能,"政府者受公众之委托,而办理最高团体之事业者也,非授以全权,则事固不可得举。然权力既如此重且大,苟复无所以限制之,则虽有圣智,其不免于滥用其权,情之常也"②。

在中国共产党的新闻舆论观念中,舆论监督是核心观念之一,不仅贯穿中国共产党舆论观的发展始终,而且至今依然是中国共产党新闻舆论工作实践的重要组成部分。中国共产党历来具有批评与自我批评的优良作风,在延安整风运动及党的重要会议上多次提及并加以开展。舆论监督在本质上是运用新的媒介方式对批评与自我批评作风的继承与发扬。1950年,中共中央发布了《中共中央关于在报纸刊物上展开批评和自我批评的决定》,这是当代中国新闻史上以中共中央的名义公开发出的第一个,也是迄今为止唯一一个关于新闻舆论监督特别是批评性报道的专门文件。1954年,毛泽东又提出在报纸上开展批评,要坚持"开、好、管"的方针,③这在本质上也是一种舆论监督。1987年党的十三大报告中,正式出现了"舆论监督"的说法,"要通过各种现代化的新闻和宣传工具,增加对政务和党务活动的报道,发挥舆论监督的作用,支持群众批评工作中的缺点错误,反对官僚主义,同各种不正之风作斗争"。④在党的十九大报告中,习近平总书记指出:"构建党统一指挥、全面覆盖、权威高效的监督体系,把党内监督同国家机关监督、民主监督、司法监督、群众监督、舆论监督贯通起来,增强监督合力。"⑤

以习近平同志为核心的党中央站在时代发展前沿,面对新闻舆论工作中

---

① 唐惠虎:《舆论监督论》,湖北教育出版社1999年版,第67页。
② 夏晓虹编:《梁启超文选(上)》,中国广播电视出版社1992年版,第166页。
③ 《毛泽东新闻工作文选》,新华出版社1983年版,第177页。
④ 《沿着有中国特色的社会主义道路前进——在中国共产党第十三次全国代表大会上的报告》,《人民日报》1987年11月4日。
⑤ 习近平:《决胜全面建成小康社会 夺取新时代中国特色社会主义伟大胜利——在中国共产党第十九次全国代表大会上的报告》,人民出版社2017年版,第68页。

的新变化、新问题,对舆论监督思想有创新之处。习近平总书记对于如何处理舆论监督与正面宣传的关系进行了论述。他指出,舆论监督与正面宣传是辩证统一的。首先,二者的目标是一致的,都是为了肯定真善美,批判假恶丑;其次,二者都通过真实报道,用事实说话的方式实现良好的传播效果。在此基础上,习近平总书记指出不能将舆论监督作为文化工作来对待,要将其作为意识形态的重要组成部分,舆论监督要坚持正确的舆论导向。舆论监督要以建设性为出发点,监督要有责任意识,坚持正面的导向,"应强调舆论监督的积极性和客观性,舆论监督是治国理政的工具,而不是造成社会混乱、负能量集聚的平台"[①]。

三、历史客观地看待中国共产党的新闻舆论观

如前所述,中国共产党领导新闻舆论的工作,已经有近百年历史。在这一发展过程中,中国的社会状况发生了翻天覆地的变化。中国共产党的新闻舆论观历经革命战争、社会主义建设以及改革开放的洗礼,形成了一套成熟的发展体系。

(一)中国共产党新闻舆论观的形成经历了艰难曲折的过程

中国共产党人在长期的新闻实践中,以马克思、恩格斯、列宁以及近代中国报人舆论思想为基础,结合中国每一历史阶段的不同国情,构建起了关于新闻舆论的观念体系。第一,从历时性上来讲,中国共产党的新闻舆论工作历经中国共产党成立、大革命、抗日战争、解放战争、中华人民共和国成立、改革开放至今,社会环境极其复杂,每一阶段面临的主要矛盾与主要任务都不一样,中国共产党人的新闻舆论观是在丰富复杂的新闻实践基础上形成的,形成了萌芽、形成、成熟、发展的历史脉络。第二,在中国共产党内部,新闻舆论思想经历了自我完善与发展的过程。在新闻舆论实践过程中,也曾经出现过党性不强、脱离群众、错误的宣传路线等问题,中国共产党根据实践很快进行了自

---

① 高红玲,金鸿浩:《论习近平舆论监督阐述的创新意义》,《现代传播》2017年第11期。

我调整,使得新闻舆论工作走上了正确的道路。第三,在新闻舆论思想形成过程中,中国共产党经历了与错误思想的各种斗争,如与西方的"客观主义"思想的斗争。"客观主义报道思想是指新闻工作者在新闻报道过程中不能有任何主观的立场、观点、价值判断和倾向性。"①这一思想是西方报人在中国创办报刊传入的,在五四运动以后开始在我国流行,曾产生广泛影响。中国共产党在延安通过整风运动,确立了全党办报的方针,奠定了无产阶级新闻理论的基础。"客观主义"思想与中国共产党的新闻舆论观存在根本分歧,逐渐丧失了存在的空间,20世纪40年代在我国逐步退出历史舞台。

(二) 中国共产党新闻舆论观:一种开放的观念体系

中国共产党的新闻舆论观经过了曲折复杂的形成过程,逐渐形成了一个成熟开放的理论体系。一方面,中国共产党的新闻舆论观具有很强的包容性,主要体现在它既以党性为核心观念,又兼顾新闻传播的客观规律性。我们知道,党性原则始终是中国共产党新闻舆论思想的核心原则,"全党办报""政治家办报""党媒姓党"这些在不同时期关于中国共产党新闻舆论观的话语表述都清晰地表明了这一点。但无论是早期毛泽东关于报刊要讲真话的要求,还是习近平总书记关于新闻工作要实事求是的要求,无不表明中国共产党对于新闻规律性的尊重以及新闻与政治关系的准确把握。正如习近平总书记所言,"新闻学作为一门科学,与政治的关系很密切。但不是说新闻可以等同于政治,不是说为了政治需要可以不要它的真实性,所以既要强调新闻工作的党性,又不可忽视新闻工作自身的规律性"②。另一方面,中国共产党新闻舆论观具有历史的发展性。通过梳理可以看出,中国共产党新闻舆论思想走过了一个由宣传灌输到舆论引导的过程。这一过程不是简单的概念变化,而是传播方式、传受双方复杂的互动关系的变化。同时,这种建立在实践基础上的变化,体现了对社会转型与媒介环境变化的回应。无论是宣传还是舆论引导,都是历史与时代的选择,中国共产党人仍然在以一种开放的姿态不懈地探索合乎时代发展的理论与观念。

---

① 李秀云:《客观主义报道思想在中国的兴衰》,《当代传播》2007年第1期。
② 习近平:《摆脱贫困》,福建人民出版社2014年版,第84页。

脱嵌与再嵌：新时代中国青年亚文化的包容性重构

——以社会主义核心价值观的引领为视角①

杜仕菊 刘 林*

[摘要] 青年亚文化是社会文化结构中的重要组成部分，是与作为中国主流意识形态体系的社会主义核心价值观进行双向互动的重要亚文化形态之一。处于社会转型时期的青年亚文化受到现代物质主义与消费主义逻辑、社会工具理性过度、社会拥堵等因素的影响，呈现出与社会文化结构"脱嵌"的镜像，主要表现为仪式抵抗的升级、青年亚文化的异化，以及主流文化合理的规制与排异。基于青年亚文化在作为一种社会文化结构整体的修补机制、生产社会文化符号资源、增强主流文化创新活力等方面的积极意义，有必要在社会主义核心价值观的引领下重塑健康社会环境、净化网络社会生态、营造健康社会心态、融合多元文化教育等，使青年亚文化与主流文化特别是与社会主义核心价值观形成良性互构，将青年亚文化"再嵌"于社会文化结构整体之中。

[关键词] 青年亚文化；脱嵌；再嵌；包容性重构

---

① 本文系 2015 年度国家社科基金重大项目"推动物质文明与精神文明协调发展研究"[15ZDC007]的阶段性成果。

* 杜仕菊，华东理工大学马克思主义学院教授，博士生导师；刘林，华东理工大学马克思主义学院硕士研究生。

党的十九大报告指出:"青年兴则国家兴,青年强则国家强。青年一代有理想、有本领、有担当,国家就有前途,民族就有希望。"[①]通常认为,完整的社会文化结构由主流文化和各种类型的亚文化构成,亚文化划分为人种的亚文化、年龄的亚文化和生态学的亚文化,[②]青年亚文化属于一种年龄的亚文化,具有一定的反传统性。改革开放以来,中国的社会结构转型加速,伴随着社会利益群体的分化与重组,社会文化价值日益多元化,加之外来文化的扩散,各类思想相互碰撞,社会矛盾纵横交错。随着话语系统的不断更新,原有的话语体系难以满足新时代各类群体进行话语表达的新需求。同时,社会文化结构处于解构和重构不断交替更新的动态过程之中,青年亚文化作为社会文化结构的重要组成部分也受到越来越多现代化因素的影响,其扮演的社会文化角色及其价值内核也出现异化的趋势,并不断受到主流文化的关注和矫正。若以主流文化逻辑对青年亚文化进行研究,难以深刻揭示其外部样态和内在结构;若将主流文化与青年亚文化区分开来进行研究,又将难以透析青年亚文化的生成机理。匈牙利著名学者卡尔·波兰尼在《大转型:我们时代的政治与经济起源》一书中曾用"嵌入"与"脱嵌"理论来阐述市场与社会的关系。其实,对于中国青年亚文化在社会文化结构中的地位和作用,也存在一种"嵌入"与"脱嵌"的动态过程:一方面,青年亚文化嵌入由主流文化和其他各类型亚文化所构成的总体社会文化结构系统之中,丰富和充实着社会文化的形态和内涵;另一方面,青年亚文化又因为时代流变而出现"脱嵌"趋势,进而对主流文化甚至是社会主义核心价值观在青年群体中的传播产生消解作用。然而,正是通过"嵌入—脱嵌—再嵌"的过程,青年亚文化在动态调整过程中得以适应社会转型和时代变迁带来的多重压力。因此,研究新时代中国青年亚文化的时代境遇,建构厘清影响青年亚文化"脱嵌"于社会文化结构的解释逻辑,进而以社会主义核心价值观为引领,探寻将其"再嵌"于社会文化结构的可行性对策,具有十分重要的现实意义。

---

① 习近平:《决胜全面建成小康社会 夺取新时代中国特色社会主义伟大胜利——在中国共产党第十九次全国代表大会上的报告》,人民出版社 2017 年版,第 70 页。
② 周春丽:《浅谈当代中国社会主流文化与亚文化》,《教育教学论坛》2014 年第 20 期。

一、青年亚文化脱嵌于社会文化结构的表征及原因分析

青年亚文化是众多亚文化中的一种,不仅具有亚文化的一些共性特征,还具有区别于其他类型亚文化的独特性。基于亚文化的基本理论,通常来说,青年亚文化能够主动适应社会文化结构的动态调整,但其自身的相对独立性和动态性的属性使其在当今特定的全球化语境和现代性语境之下呈现出与社会文化结构"脱嵌"的镜像。

(一)青年亚文化脱嵌的具体表征

首先,表现为仪式抵抗的升级。抵抗性是青年亚文化的重要特征之一,青年通过亚文化的多元化方式表达意志和宣泄情绪,以此抵抗主流文化并保持异质,进而增强自身独特性和可辨识性。"仪式抵抗"是指"通过对文化符号的风格化改造和使用来表明自身的存在"①的一种抵抗模式,反映出青年亚文化具有一定的软弱性,难以与主流文化进行正面对抗,只能选择既抵抗又合作的"仪式抵抗"模式。所谓仪式抵抗的升级,并非指青年亚文化放弃通过改造和使用文化符号以获得自身存在感,而是指青年亚文化的"仪式抵抗"在融媒体时代通过网络科技赋权获得信息自由和财富流转自由进而更新升级为"文化对抗"。青年亚文化展现的"文化对抗"以捍卫新时代青年群体自身文化理念为主要目标并借助于网络科技,由此,青年群体的网络技术水平成为青年亚文化与主流文化间对抗烈度和时长的重要影响因素。青年亚文化在青年群体仪式抵抗的升级过程中呈现"脱嵌"于社会文化结构的倾向。

其次,表现为青年亚文化的异化。在社会转型加速化和社会价值多元化的背景下,理想与现实之间的鸿沟激化青年亚文化的生成机制,其固有的边缘化和离散化特征强化并重塑了其文化气质,原本应该以健康、创造和个性化为

---

① 顾亦周:《文化对抗·文化疏离·文化衍替》,苏州大学2017年版,第3页。

存在形式的青年亚文化,在网络社交媒体带来的低门槛参与、无约束监管以及娱乐化牵引的影响下,异化为以媚俗、低营养、快餐式为特征的自我欲望的满足,这对青年群体自身发展和主流文化功能发挥产生了一定的冲击。青年亚文化的异化主要表现为两点:一是功利主义与个人本位的思想观念。异化的青年亚文化重视个人本位,崇尚个人自由、个人享乐,以自我为中心,对社会主流文化持抵抗或冷漠心理。二是非理性的言行表达。异化的青年亚文化通常采取激进式的语言和行为反叛和对抗其不认同的事物。由此可见,处于复杂多变的现实社会环境之中的新时代青年群体在各种因素诱导下更易形成简单的思维逻辑和非理性化的价值判断,青年群体在主体言行表达和社会问题反馈的互动中极易产生不满情绪,青年亚文化在这一非良性的互动过程中逐渐异化。青年亚文化的异化使其难以被主流文化接纳,在社会文化的调整运动中出现与社会文化结构"脱嵌"的现象。

再次,表现为主流文化合理的规制与排异。作为主导社会文化结构演变趋势的主流文化在合理范围内对青年亚文化起着规制作用,当青年亚文化的价值取向严重偏离主流文化甚至与主流文化之间形成巨大矛盾和对抗时,主流文化对青年亚文化的规制就强化为排异。我们认为,新时代中国青年亚文化与主流文化的价值冲突主要反映在以下两方面:一是个人主义与集体主义的冲突。新时代青年亚文化尚未充分孕育出集体之于个人自由而全面发展的积极意义的价值观念。青年亚文化倡导个性、自由和权利,主流文化重视集体、规则和义务。当青年追求、创造和实现自身崇尚的价值活动时,不仅难以规避其所处的集体环境,而且难以规避其言行失范的或然性,价值冲突和主流文化的排异便隐含其中。二是青年亚文化的离散性与主流文化的聚合性之间的冲突。在价值选择多元化的时代背景下,青年群体极易陷入价值模糊、价值两难甚至是价值偏离的困境,表现为价值选择的离散性。然而主流文化扮演主导社会文化发展方向的角色,对多元的社会文化形态起着吸纳整合和规制统一的作用,表现为价值选择的聚合性。基于此,笔者认为,并非主流文化缺乏包容性致使青年亚文化"脱嵌"于社会文化结构,主流文化应对青年亚文化失范的对策只是青年亚文化"脱嵌"实质的重要表征之一。

(二)青年亚文化脱嵌的原因

全媒体时代语境下,中国的青年亚文化"脱嵌"于社会文化结构并非单个原因所致。从一种宏观性、动态性和历史性的视角对中国的青年亚文化进行整体性的把握,至少可以从以下三个方面进行原因分析:

第一,在现代物质主义和消费主义逻辑的影响下,青年亚文化"脱嵌"于社会文化结构的趋势显著。

一方面,改革开放 40 多年来,经济发展与社会转型深刻地影响了青年亚文化的生成及其演变,物质主义观念随之盛行。物质主义对现代社会生活的影响有两个维度:一是物质主义本身蕴含的物质欲求是现代经济社会发展的驱动力;二是物质主义观念的扩散对社会行为体特别是青年群体的精神具有消解作用,使青年的自由选择意识囿于物质主义逻辑,精神发展与物质进步之间产生结构性"堕距",青年在追求物欲满足的背景下形成"精神空洞",而这一过程往往以群体性文化为外在表征。

另一方面,消费主义逻辑对青年亚文化"脱嵌"现象产生了很大的影响。青年亚文化的生成及演变与商业逻辑密切相关,两者具有某种互构关系,这种互构关系不加以引导会形成非良性的互构。消费不仅可以用以满足人们的生活需求,而且可以用作资本逐利的手段,还可用以实现社会控制。消费主义具有将一切事物及其相关性纳入其分析框架的倾向,并以消费主义逻辑衡量其存在的价值。在消费主义逻辑下,以青年行为和观念为外在特征的青年亚文化"脱嵌"现象主要体现在两个方面:一是现代消费社会中青年难以逃离"消费主义旋涡",然而青年群体在消费社会中表现出来的消费观念和行为与其他社会群体之间存在巨大差异。二是青年并不具有消费能力上的优势,在资本逻辑下青年面临被消费社会边缘化的问题。青年处于消费需求旺盛但消费能力有限的尴尬境地,因而其消费需求不被承认甚至被忽略,由此青年在消费观念和行为上对主流消费文化往往产生消极抵制。然而,青年的这种消极抵抗并不能使其逃离"消费主义旋涡",消极抵抗失效之后或将演变为冷漠式妥协。

第二,社会工具理性过度的影响。马克斯·韦伯将社会行动按照行为者的目的动机划分为两种,即目的合理的行动和价值合理的行动。第一种属于工具理性，重视社会行动结果效用的最大化，是指"通过对外界事物的情况和其他人的举止的期待，并利用这种期待作为条件或者作为手段，以期实现自己合乎理性所争取和考虑的作为成果的目的"。为实现预期目的，行为者采取最合理有效的手段。第二种属于价值理性，重视社会行动本身的价值而非行动产生的结果，是指"通过有意识地对一个特定的行为——伦理的、美学的、宗教的或作任何其他阐释的——无条件的固有价值的纯粹信仰，不管是否取得成就"。①"脱嵌"现象的产生一定程度上源于社会工具理性趋势的增强。一方面，工具理性以精确"计算"为主要表征，属于一种"投入与回报"的理性分析，在此分析框架下，一切独立化价值观将被利益计算最大化消解；另一方面，工具理性长于解构，短于建构，缺乏价值建构能力，且趋向于无意识化的价值导向。现代社会给人们带来了极大的物质和精神享受，同时给人们带来了现代性的消极后果，在个体主义盛行、工具理性强化的背景下社会主体逐渐"空洞化"。因此，青年亚文化的"脱嵌"现象反映了工具理性主导下社会行为主体空洞的精神状况。

第三，转型时期社会拥堵的影响。随着中国社会经济的快速发展，社会阶层分化，社会利益结构固化，多元化的社会流动渠道逐渐消失，呈现出单一化、拥挤化的特征。由此，多元社会主体尤其是青年群体很难实现朝着一定目标方向的流动，"从而滞留并集聚在某一特定的社会空间形成社会拥堵"②。社会拥堵的产生有其根源：一是中国现代性转型的时空压缩。通过实施改革开放的重大战略决策，中国在短短40多年内实现了国家综合国力的跨越式发展，相对发达国家而言，中国的发展时空被极大压缩。"时空压缩下的'历时性矛盾共时性承受'也催化产生并堆积着大量可以预料和难以预料的问题、矛盾和风险。"③当社会调节机制滞后于社会阶层分层与利益结构固化，社会拥堵随之产生。二是社会断裂与整合的结构性张力。事实上，社会拥堵的产生是社会断裂与整合的结构性张力的结果。在弥合社会结构断裂的过程中，社会

---

① [德]马克斯·韦伯：《经济与社会（上卷）》，林荣远译，商务印书馆1997年版，第56页。
② 郭强，王芳，王芝眉：《破固化促流动：社会拥堵的疏导策略》，《武汉科技大学学报（社会科学版）》2013年第1期。
③ 郭强，王芳，王芝眉：《何以堵在路上：社会拥堵现象的产生、表现与成因》，《武汉科技大学学报（社会科学版）》2012年第6期。

拥堵现象阻碍了社会的公平与正义。改革以实现经济发展和社会公平为主要目标,社会拥堵使青年群体难以通过现有渠道实现个体目标和价值,容易产生两极化的社会心态,要么激进反抗,要么消极妥协。

二、青年亚文化之于社会文化结构的效用逻辑

社会文化结构由多元化文化类型组成,不同类型文化相互影响、相互作用。青年亚文化是社会文化结构不可或缺的一部分,具有修补社会文化结构裂隙、生产社会文化符号资源以及增强主流文化创新活力等功能。

(一) 作为社会文化结构整体的一种修补机制

伴随新时代中国社会结构转型,社会文化结构整体呈现出分化与重组,大众文化在社会主义市场经济发展、市民社会结构生成以及宣传媒体的多元化等多重基础上崛起。作为主流文化体系中的两个重要组成部分,主导文化和大众文化因异质性而逐渐生成价值矛盾和冲突,社会文化结构由此出现巨大的文化断层。而具有多元化形式的青年亚文化从文化断层中逐渐凸显出来,逐渐参与社会文化结构的重塑,主要表现为修补与替代。一方面,青年亚文化以其多元化的文化形态和强大的渗透功能,将主导文化与大众文化的边界柔性处理并使之弥合,消解两者之间的对抗,并起到拓宽社会文化结构和丰富社会总体内涵的作用。实际上,青年亚文化外在地表现出与主流文化的对抗性特征,而内在地蕴含着对社会文化结构整体的补充性特征,由此避免了剧烈的文化垮塌。另一方面,青年亚文化具有对主导文化的部分替代功能。一旦主导文化普遍地被社会疏远、忽视甚至质疑时,青年亚文化就将在一定时期内完成代替主导文化,以多元化的话语风格和表现形式吸引大众和影响社会的某些功能。以主流文化的确定性和明晰性特征为参照,青年亚文化具有或然性、多样性和模糊性特征,且青年亚文化较之于主流文化流动性更强,并以潜移默化的方式渗透到社会文化结构的各个裂隙,实现修补和替代的重塑功能。

（二）生产社会文化的符号资源

符号是文化的载体。莱斯特·怀特指出："正是符号，才使得人类从一个幼儿转变为人。"[①]符号的创造和运用成为人类认识个体自我、人类整体及外在世界的一种对象化结构性机制。作为文化创造主体的重要组成部分，青年具有通过对文化符号的创造和运用表达、传达自我意志及群体意志的能力，这种文化符号的创造能力是对社会总体文化符号的"反哺"。青年追求个性和自由，青年亚文化的符号创造根植于日常生活，表现在两个层面：一是青年群体采用挪用、拼贴、转移等方式，基于对已有文化符号意义的解构和语境置换，形塑文化符号的新型所指，并通过多样化的现代传媒手段进行广泛传播与扩散，一方面对主流文化进行抵抗或消解，另一方面为主流文化提供众多新型文化符号资源。二是青年群体为在日常生活中体现自身的异质性和特殊性，通常具有积极主动创生新型文化符号的倾向，这不仅是青年群体意志表达的重要途径，而且是社会总体文化符号创新的重要源泉。

（三）增强主流文化的创新活力

作为社会文化结构中的重要组成部分，青年亚文化以其异质性的特征丰富了社会的文化实践活动，而偏离和抵抗主流文化的倾向又是其存在的基本条件，也是进一步刺激和助推主流文化创新的重要因素。事实上，青年亚文化与主流文化之间的关系并非不可调和，而是构成了既对立又统一的关系：一方面，青年亚文化具有挑战底线和突破现状的本质属性，因而表现出与主流文化之间的对立。之所以如此，主要是因为青年亚文化缺乏政治、经济、社会等方面的资本，处于社会结构"边缘地带"，由此导致其难以跻身主流话语体系。资本和话语权的匮乏使其不得不按照主流文化和社会规则行事，而且难以从遵循主流文化的过程中获取资本或话语权，由此不仅容易导致自我否定，而且难以获得其他社会群体的认同，最后使其往往以反主流文化的面貌出现，以期在挑战和突破现有规则中获得存在感和认同感。另一方面，青年亚文化具有

[①] ［美］莱斯特·怀特：《文化的科学——人类与文明的研究》，沈原等译，山东人民出版社1988年版，第21页。

存在的合理性，其与主流文化构成一组相对概念；又由于其力量相对弱势，一般依附于主流文化，两者统一于社会文化结构的动态调整之中。由此看出，两者的对立统一使青年亚文化对主流文化的反作用力处于不仅不会颠覆主流文化而且还助力具有包容性的主流文化转型创新的适当程度，进而对社会文化结构的优化调整起到了重要作用。需要注意的是，青年亚文化以其与主流文化的异质性为存在条件，为保持其差异性特征，与主流文化形成区隔，并通过不断创新实现自身生存和发展。

三、再嵌：青年亚文化与社会主义核心价值观的良性互构

如前所述，主流文化与青年亚文化构成对立统一的关系。主流文化作为一个社会、一个时代被倡导的、起着主要影响的文化，是汇集整个社会多元化价值的体系；青年亚文化是对某种社会意识及其社会意识形态方式的反映，是多元化社会价值体系的构成要素之一。主流文化批判性地吸收了青年亚文化的合理性内容，与青年亚文化共同构成社会文化结构整体。然而，青年亚文化"脱嵌"于社会文化结构的趋势明显，因此，我们应当以社会主义核心价值观为引领，进一步加强社会主义文化建设，以符合国情的对策引导、调控青年亚文化，整合其与主流文化的价值冲突，进而使其与以社会主义核心价值观为代表的主流文化形成良性互构，最终将其"再嵌"于社会文化结构整体之中。要达到此效果，本文试从以下五个方面提出思考。

第一，以社会主义核心价值观引领健康社会环境的重塑。健康的社会环境蕴含着公正与合理的内涵实质，而"公正"同时是社会主义核心价值观的本质要求之一。新时代，中国经济社会发展取得巨大成就，相较于上几代人而言，新时代的青年具有自我发展的社会基础和环境优势。然而"我国社会主要矛盾已经转化为人民日益增长的美好生活需要和不平衡不充分的发展之间的矛盾"。[①]

[①] 习近平：《决胜全面建成小康社会 夺取新时代中国特色社会主义伟大胜利——在中国共产党第十九次全国代表大会上的报告》，人民出版社2017年版，第11页。

社会利益结构的固化和分层化趋势显著,青年的发展机会和成长空间被压缩。在双重社会环境下,新时代青年抗压能力的差异化易导致个体发展境遇差异化,进而易于生成以相对剥夺感为特征的社会心态。由此,以社会主义核心价值观为引领引导青年群体生成积极健康的社会心态,构建公正合理的社会运行机制进而为青年提供广阔的发展机会和成长空间十分必要。

第二,以社会主义核心价值观引领网络社会生态的净化。网络空间是新时代青年亚文化生成、传播和重塑的重要场域,对青年亚文化的型塑作用显著,因此,通过净化网络社会生态引导青年亚文化"再嵌"于社会文化结构十分必要。根据 2018 年 1 月中国互联网络信息中心(CNNIC)发布的第 41 次《中国互联网络发展状况统计报告》显示(如图 1 所示),截至 2017 年 12 月,中国网民以 10—39 岁群体为主,占整体的 73.0%,其中 20—29 岁年龄段的网民占比最高,达到 30.0%,10—19 岁、30—39 岁年龄段群体分别占比 19.6%、23.5%,与 2016 年同比持平。

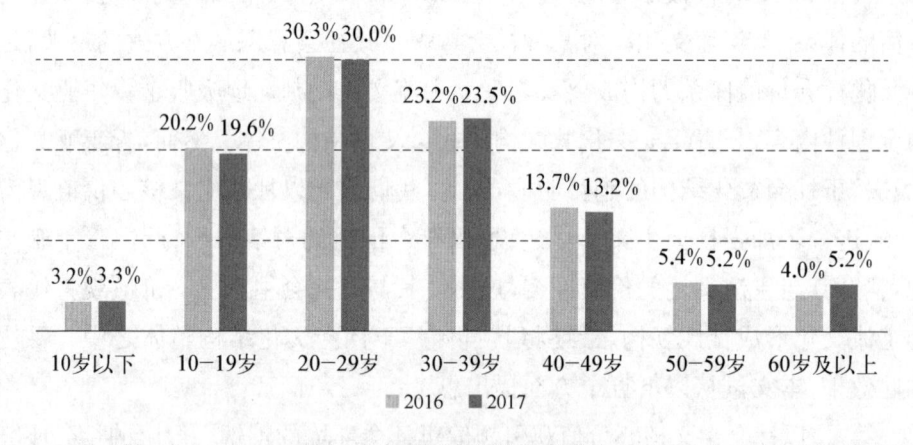

图 1 中国网民年龄构成情况

网络空间汇聚了复杂多元的思想意识和价值观念,除主流文化,还充斥着各种亚文化形态,网络空间形成的网络社会文化将直接或间接地对现实的社会秩序产生影响。青年群体是网络空间的主要活动主体,一方面青年群体可以获得丰富的网络资源带来的学习机会;另一方面网络空间也逐渐成为青年群体日常生活的重要场域,对青年群体具有潜移默化的影响作用。由此,在保障网民基本信息知情权的前提下，以社会主义核心价值观为引领，净化网络社会生态，强化媒体监管，建立健全网络管理规范和法律，进而使网络空间形成积极健康的文化和价值氛围具有必要性和紧迫性。一是在法律制订方面，除了建立以行政法、草案等形式的互联网监管法，还应批判性借鉴国外网络立法模式，不断提升网络法规的权威性和可行性。二是在技术管制方面，充分利用TCP/IP、Telnet、FTP等网络技术，对网络不良信息进行审核、隔绝和清除。此外，在充分保障私人信息不被泄露的前提下，在充分尊重网民意见的前提下，基于网络实名制，对网络空间中的不良行为进行实时监测和及时处理。作为与现实社会对应的网络空间，同样应以社会主义核心价值观为引领，倡导自由、平等、公正和法治，逐渐营造一个合理有序的网络活动空间。

第三，以社会主义核心价值观引领健康社会心态的营造。转型时期社会环境复杂多变，青年在风险社会之中面临诸多困境和挑战，将激发青年的应激性心理和行为反映。"人类创造文明的可能性不在于其超然的生物天资和地理环境，而在于他对极端困难处境挑战的反应。"[1]社会心态是人们面临诸多困境和挑战的一种主体反映和心理活动，具有多样性特征，外部环境差异可能导致不同主体对于不同客体或同一客体产生差异化心态。由此，考虑到社会心态形成过程的特殊性和青年群体的特殊性，应当辩证看待青年心理和行为的异质性和多样性，不仅要确定各类社会心态相对于特定语境和个体的合理性，而且要营造积极健康的社会心态。目前，可以从以下两个方面着手：一方面，通过鼓励积极健康的生活方式间接影响社会心态的生成和变化。心态很大程度上取决于生活方式，且两者关系呈现为强正相关性，积极健康的生活方式促使积极健康心态的生成，这离不开核心价值观对个人的正向型塑作用。此外，社会越发展，文明越进步，群体性社会越加重视通过社会集约化的途径构建积极健康的生活方式，而现代性带来的种种不良症候也倒逼社会中的人们形成积极健康和可持续的生活方式，这对青年营造积极健康的心态具有现实意义。另一方面，直接以社会主义核心价值观对社会心态加以正面引导。虽然生活方式对社会心态具有极大的影响力，但社会心态也具有相对独立性，

---

[1] 蔡志强：《思想政治教育生态与思想政治教育发展》，《福建师范大学学报（哲学社会科学版）》2006年第3期。

具有产生和演变的逻辑。由此，必须重视以弘扬和培育社会主义核心价值观为着力点，正确引导社会心态，使其朝积极健康方向发展。

第四，以社会主义核心价值观引领多元文化教育的融合。新时代青年的成长环境具有特殊性，以传统方法开展主流文化教育已经难以适应青年的新需求，且难以激发青年的认同感。青年亚文化因其新颖而自由的非主流元素对新时代青年具有吸引力和感召力，其情感方式和沟通形式易于获得青年的认同，进而使得青年生成青年亚文化的群体性意识，其中包含共同的思想观念、价值标准、兴趣爱好等。青年亚文化对于主流文化具有重要价值，通过以社会主义核心价值观为代表的主流文化对青年亚文化加以引导，鼓励和支持青年亚文化发展积极健康的文化内容，将促进青年亚文化中的有益文化因子产生积极的反作用，反之则将激化青年亚文化与主流文化之间的矛盾。由此，应加强多元文化教育的融合，尤其是要坚持社会主义核心价值观的正确引领和指导，弥合青年亚文化与主流文化之间的区隔。

第五，以社会主义核心价值观引领青年亚文化"再嵌"于社会文化结构的总体进程。社会主义核心价值观是社会主义核心价值体系的精髓、核心体现和本质追求，是中国基于对历史实践与现实国情的整体性把握，在坚持和贯彻马克思主义的基本立场、基本观点和基本方法过程中，不断进行实践创新和理论创新的马克思主义中国化的最新理论成果，包含着国家、社会和个人三个层面价值导向的根本所指。

积极发挥社会主义核心价值观对亚文化特别是对青年亚文化的指导和引领作用，首先要厘清两者之间的关系。健康合理的青年亚文化与社会主义核心价值观是异质同构、相互补充的关系。缺乏社会主义核心价值观的指导和引领，青年群体将失去前进的方向，缺乏青年亚文化等亚文化形态，社会主义核心价值观将失去部分现实的土壤并将趋于空洞化，两者的相互作用共同推动社会文化结构的动态调整。社会主义核心价值观强调整体与部分的统一性，不仅关注社会整体，而且重视社会个体，这一内在特性很大程度满足了新时代青年群体寻求社会主流文化认可和承认的新需求，有助于青年亚文化"再嵌"于社会文化结构整体之中。其次要转变传播形式和话语风格，以社会文化主体可接受的方式培育和弘扬社会主义核心价值观，通过良性互动实现其对青年亚文化的正确引领。在全媒体时代,要充分运用多元化的媒体渠道进行宣传和引导,提高社会主义核心价值观传播的有效性。在话语风格上,在充分坚持和遵循社会主义核心价值观的内在要求的基础上,逐步建构和提升其亲民性和通俗性,以多样化的话语风格迎合不同社会文化主体的关切点。对于青年群体,必须体现社会主义核心价值观的关怀,不断运用新形式和新方法与青年亚文化进行良性互动,逐渐弥合与青年亚文化之间的分歧,最终实现青年亚文化"再嵌"于社会文化结构的阶段性目的。

在全媒体时代,机遇与挑战并存,信息流通越快,越要坚持社会主义核心价值观的主导意识形态地位不动摇。中国青年亚文化作为中国社会文化结构的重要组成部分,虽然与主流文化包括社会主义核心价值观之间存在部分异质性观点,但是其中也蕴含了新时代青年群体谋求自我自由全面发展的新需求。为此,通过充分发挥社会主流文化特别是社会主义核心价值观的包容性,对青年亚文化进行正确合理的引导,形成价值共识,既有利于新时代中国青年群体形成多元而理性的思维方式和价值观念,也有利于主流文化特别是社会主义核心价值观的广泛传播并进一步确立文化自信。新时代的青年亚文化,在党和国家倡导文化多元和开放的背景下,应该在新的技术条件和新的社会发展阶段找准自身的角色定位,在社会主义核心价值观的引领下,在与各类文化形态的互动中重构外部关系,实现自身的健康发展。

社会主义核心价值观规范路径探析
——以发挥清明等传统节日文化价值功能为载体

周义顺[*]

[摘要] 培育和践行社会主义核心价值观,对于巩固马克思主义在意识形态领域的指导地位、巩固全党全国人民团结奋斗的共同思想基础具有重要意义。建设社会主义核心价值观必须贴近人民群众现实生活,精心构建为人民群众乐于接受的话语体系。清明文化是中华文明特有的、贴近人民群众现实生活的文化符号,寄托着亿万名中华儿女朴素的家国情怀,为社会主义核心价值观建设提供了重要的文化资源。充分发挥清明等传统节日的文化价值功能,是培育和践行社会主义核心价值观的一个有效路径。

[关键词] 社会主义核心价值观;清明文化;价值功能

习近平总书记指出,要使社会主义核心价值观真正发挥作用,必须立足中华优秀传统文化,把它与人们日常生活紧密联系起来,使其融入社会生活,让人们在实践中感知它、领悟它。① 在几千年文明传承中,中华民族形成了博大精深、内涵丰富的中华优秀传统文化,传统节日文化是其重要组成部分。清明等传统节日与人们日常生活紧密相连,节日文化形式多样、内涵丰富、底蕴深厚,与源远流长的中华优秀传统文化一脉相承,是中华民族重要的精神基因、

---

[*] 周义顺,河南师范大学马克思主义学院副教授,硕士生导师。
① 《习近平在中共中央政治局第十三次集体学习时强调 把培育和弘扬社会主义核心价值观作为凝魂聚气强基固本的基础工程》,《光明日报》2014年2月26日。

文化血脉之一。充分发挥清明等传统节日的文化价值功能,对于形成有利于培育和弘扬社会主义核心价值观的生活情景和社会氛围,促进社会主义核心价值观的传播,无疑具有巨大的助推作用。

一、发挥传统节日文化对社会主义核心价值观建设的重要作用

(一) 社会主义核心价值观建设意义重大

党的十八大提出要积极培育和践行社会主义核心价值观,并明确了社会主义核心价值观的基本内容,为培育和践行提供了基本遵循。"积极培育和践行社会主义核心价值观,对于巩固马克思主义在意识形态领域的指导地位、巩固全党全国人民团结奋斗的共同思想基础,对于促进人的全面发展、引领社会全面进步,对于集聚全面建成小康社会、实现中华民族伟大复兴中国梦的强大正能量,具有重要现实意义和深远历史意义。"①

习近平总书记指出:"我们正在进行具有许多新的历史特点的伟大斗争,面临的挑战和困难前所未有,必须坚持巩固壮大主流思想舆论,弘扬主旋律,传播正能量,激发全社会团结奋进的强大力量。在事关大是大非和政治原则问题上,必须增强主动性、掌握主动权、打好主动仗,帮助干部群众划清是非界限、澄清模糊认识。"②弘扬社会主义核心价值观、加强社会主义核心价值观建设,既是巩固壮大主流思想舆论、弘扬主旋律、传播正能量的关键一招,也是新时代巩固马克思主义在意识形态领域的指导地位、巩固全党全国人民团结奋斗的共同思想基础的重要一环。

从国际上看,当今世界正处于大发展大变革大调整时期,世界多极化、经济全球化正在向纵深发展,意识形态领域的斗争依然非常复杂,国家安全面临

---

① 《中共中央办公厅印发〈关于培育和践行社会主义核心价值观的意见〉》,《光明日报》2013年12月24日。
② 《习近平在全国宣传思想工作会议上强调　胸怀大局把握大势着眼大事努力把宣传思想工作做得更好》,《光明日报》2013年8月21日。

诸多新情况,正如习近平总书记所指出,"国内外各种敌对势力,总是企图让我们党改旗易帜、改名换姓,企图让我们丢掉对马克思主义的信仰,丢掉对社会主义、共产主义的信念;而有些人则奉西方理论、西方话语为金科玉律,不知不觉成了西方资本主义意识形态的吹鼓手"。① 面对世界范围内各种思想文化交流、交融、交锋的新形势,我国必须不断增强在意识形态领域的主导权,提升文化软实力及在国际上的话语权。倡导社会主义核心价值观,无疑是增强主导权、提升文化软实力及话语权的最有效路径,因为核心价值观是"文化软实力的灵魂、文化软实力建设的重点"②,是"一个民族赖以维系的精神纽带,是一个国家共同的思想道德基础。如果没有共同的核心价值观,一个民族、一个国家就会魂无定所、行无依归"③。

从国内看,改革开放正在全面深化和拓展,工业化、信息化、城镇化、市场化不断深入发展。当今中国正在经历前所未有的深刻变革,社会进入转型期、改革进入攻坚期,思想大活跃,观念大碰撞,文化大交融。这些现象的存在致使人们的价值取向、价值选择多元化,甚至出现了"价值观缺失,观念没有善恶,行为没有底线,什么违反党纪国法的事情都敢干,什么缺德的勾当都敢做,没有国家观念、集体观念、家庭观念,不讲对错,不问是非,不知美丑,不辨香臭,浑浑噩噩,穷奢极欲"④等不良现象。面对社会思想观念和价值取向日趋活跃、主流和非主流同时并存、社会思潮纷纭激荡的新形势,为了更好地巩固马克思主义在我国意识形态领域的指导地位,更好地在多元中立主导,在多样中谋共识,需要倡导社会主义核心价值观。

(二)传统节日文化价值对社会主义核心价值观建设的重要作用

"一个国家的文化软实力,从根本上说,取决于其核心价值观的生命力、凝聚力、感召力"⑤,弘扬社会主义核心价值观意义重大。要充分发挥社会主义

---

① 习近平:《在全国党校工作会议上的讲话》,人民出版社 2016 年版,第 8 页。
② 《习近平在中共中央政治局第十三次集体学习时强调 把培育和弘扬社会主义核心价值观作为凝魂聚气强基固本的基础工程》,《光明日报》2014 年 2 月 26 日。
③ 习近平:《在文艺工作座谈会上的讲话》,《人民日报》2015 年 10 月 15 日。
④ 同上。
⑤ 《习近平在中共中央政治局第十三次集体学习时强调 把培育和弘扬社会主义核心价值观作为凝魂聚气强基固本的基础工程》,《光明日报》2014 年 2 月 26 日。

核心价值观的引领作用,使核心价值观的倡导和弘扬贴近、回归人民群众生活实际,必须精心构建贴近人民群众现实生活实际、人民群众乐于接受的话语体系。中华传统节日具有重要的文化内涵,春节、清明节、端午节等传统节日内涵丰富、底蕴深厚、形式多样,与源远流长的中华民族优秀历史文化一脉相承。在社会主义核心价值观建设过程中,传统节日文化提供了重要的文化资源。

从传统节日文化价值功能发挥的角度出发,倡导社会主义核心价值观要着力于以下两个方面:一是旗帜鲜明、大张旗鼓地讲马克思主义、讲中国特色社会主义、讲共产主义。通过传统文化价值的充分挖掘与发挥,使广大人民群众在社会主义核心价值观践行中"内化于心,外化于行"。要将传统节日文化价值内涵与中国特色社会主义的理想信念紧密联系起来,用理想信念凝聚民族意志,用中国精神激发中国力量,激励全体中华儿女共同创造中华民族新伟业。二是以社会主义核心价值观引领多样化的社会思潮和多元化的价值取向。我们要充分发掘清明节、中秋节等传统节日的文化价值,促进社会意识整合,更有效地维护社会秩序,促使社会系统正常运转,使人们心往一处想、劲往一处使,凝心聚力、同心同德,共同推进中国特色社会主义顺利向前发展。

以清明节为代表的传统节日与人民群众生活实际紧密相连,是亿万名中华儿女共同的节日,蕴含诸多与社会主义核心价值观相契合、为百姓日用而不觉的思想观念、人文精神、道德规范等丰富文化资源。清明等传统节日与人民群众生活实际相贴近,与人民群众心理相吻合,因此,以弘扬、传承清明等传统节日文化为切入点,以充分发挥节日文化价值功能为载体,着力倡导和弘扬社会主义核心价值观,人民群众会自愿接受、乐于接受并躬行核心价值观;以此为契机,把中国故事讲好,把中国声音传播好,把中国特色阐释好,能够极大增强社会主义核心价值观的感召力、公信力和凝聚力。

二、清明文化价值功能的传承与超越

清明节是中华民族重要传统节日之一。与其他传统节日相比,清明节具有较突出的特色,兼有节气与节日——历法计时记事和人文纪念两重"身份"。

扫墓祭祀,是清明节日的重要习俗。人们上坟扫墓,不仅祭祀已逝亲人和宗族近祖,还要祭祀民族祖先以及先贤先烈;人们不是为了祭祀而祭祀,而是把祭祀之礼看作是一个人对先辈尽孝行孝的表现和继续,"何以用展孝思？宜许上墓,用拜扫礼"。[1] 扫墓祭祀,仅是一种仪式,它"寄托了中国人重视亲情、慎终追远、敬重祖先的情感追求和价值关怀"[2],表达了自古以来中国人民"注重人伦亲情、重视家庭、重视家族传承"的心声、渴望、期冀和寄托,以及"追思先人,勿忘生者"的"慎终追远"观念。几千年来,清明习俗在不同时代不同地区虽有变化,但"以忠孝为核心的节日内涵以及由忠孝延伸而来的祭祀活动"[3]历久不衰,一直传承至今,清明节也因此逐渐发展成为中华民族"天下第一祭日"[4]。

中华民族历来重视家庭,重视家族传承,重视亲情,家庭观念很强,顾"家"情感世界闻名,正所谓"天下之本在家"。人们在清明期间祭祀先人先贤先烈,标明中国人不忘本来、具有深厚的感恩意识,[5]是中华民族慎终追远,重视孝道、重视家庭、重视家族宗亲传承之人文精神的彰显和体现。"家和万事兴、天伦之乐、尊老爱幼、贤妻良母、相夫教子、勤俭持家等,都体现了中国人的这种观念。'慈母手中线,游子身上衣。临行密密缝,意恐迟迟归。谁言寸草心,报得三春晖。'唐代诗人孟郊的这首《游子吟》,生动表达了中国人深厚的家庭情结。"[6]"尊老爱幼、妻贤夫安、母慈子孝、兄友弟恭、耕读传家、勤俭持家、知书达礼、遵纪守法,家和万事兴等中华民族传统家庭美德,铭记在中国人的心灵中,融入中国人的血脉中,是支撑中华民族生生不息、薪火相传的重要精神力量。"[7]中国古代一直有"不孝有三,无后为大"的观念,这一观念尽管有其落后性、封建性的一面,但也说明了中国人对家族传承的重视。之所以如此重视家族家庭,是因为无论时代如何变化、经济社会如何发展,家庭始终都是实现社

---

[1] 陈连山:《清明节源流考》,《中国艺术报》2018年4月18日。
[2] 仲富兰:《清明节的精神文化传统》,《光明日报》2012年4月4日。
[3] 方曲韵:《清明的精神与气质》,《光明日报》2014年4月4日。
[4] 同上。
[5] 郑丽虹:《清明节应成为中国的感恩节》,《深圳特区报》2010年4月5日。
[6] 习近平:《在2015年春节团拜会上的讲话(2015年2月17日)》,《光明日报》2015年2月18日。
[7] 习近平:《在会见第一届全国文明家庭代表时的讲话(2016年12月12日)》,《光明日报》2016年12月16日。

会安定和谐、形成公序良俗的基础力量,家庭的生活依托、社会功能以及文明作用都具有不可替代性。

中华民族不仅重视家庭,还强调家国一体,因为家庭是社会的细胞,家是小的国,国是大的家。在中国人观念里,家仁,则国仁;家兴,则国兴;家让,则国让,"家庭和睦则社会安定,家庭幸福则社会祥和,家庭文明则社会文明""千家万户都好,国家才能好,民族才能好"。① 反之亦然,国好,则家好;国兴,则家兴;国破,则家亡,"国家好,民族好,家庭才能好"。②

正因为家国一体,中国传统文化才十分强调在家尽孝,在国尽忠,要求人们做到忠孝两全。中国传统文化中的孝道观念根深蒂固,已深深融入中国人的血液,融入社会体系的方方面面。传统文化之所以强调孝道,是因为孝是忠的基础,忠是孝道的外化和延伸。一个人只要能够做到对父母长辈尽孝行孝,就自然能够做到对国家尽忠效忠。当然,古人所强调的孝道及为国尽忠,难免存在一些狭隘性和消极因素。抛开其狭隘性及消极因素,可以看到,中国传统文化强调、重视忠孝等伦理道德观念,就是希望把人们塑造成有教养有仁义、忠孝两全的君子;人们做到了忠孝两全,强烈的国家观念、浓厚的爱国主义情感就顺理成章地产生。"家国情怀是中华民族的优秀传统文化。从古至今,家国情怀蕴含着中华儿女坚毅的民族性格与高尚的道德情操。从本质上说,家国情怀是对自己的家庭、家乡和国家以及生于斯长于斯的人民所表现出来的深情大爱,是一种高度的认同感、归属感、责任感和使命感。"③

通过清明文化活动,中华民族浓郁朴素的家国情怀得到淋漓尽致的展现。"作为中华文明特有的文化符号,清明节寄托着亿万名中华儿女的传统家国观念,也寄托着我们对自身、家族和国家美好未来的殷殷期待,表现着春的张力,寻找着生的希望。"④清明节是中华儿女"顾家情结、认祖归宗的孝心展示日,'清明到,儿尽孝'的民俗图景至今在城乡仍历历可见"⑤。"南北山头多墓田,

---

① 习近平:《在会见第一届全国文明家庭代表时的讲话(2016年12月12日)》,《光明日报》2016年12月16日。
② 同上。
③ 李明:《新时代大学生家国情怀的培育路径》,《中国社会科学报》2018年3月8日。
④ 方曲韵:《清明的精神与气质》,《光明日报》2014年4月4日,有改动。
⑤ 萧放:《祭墓与踏青——清明节与中国人的家族情怀》,《文史知识》2000年第4期。

清明祭扫各纷然。纸灰飞作白蝴蝶,泪血染成红杜鹃""清明时节雨纷纷,路上行人欲断魂""乌啼鹊噪昏乔木,清明寒食谁家哭""风雨梨花寒食过,几家坟上子孙来"等诗篇,都是对中华儿女顾家情结、认祖归宗观念予以揭示和描述的珍品佳作。清明时节,人们"回到祖先安息的地方,重温先人的智慧,聆听传统的声音"[①],年年如此、循环往复、代代相传。通过对已逝亲人、祖先的祭祀,进而延伸为对先人先贤先烈的祭祀,后代与先辈祖先之间就架起了沟通的桥梁和纽带,彼此之间即有了联系,人们在追寻古人、寄托哀思、表达"思时之敬"之时,个人对父母、对先祖尽孝的情感就得以培育、强化和寄托,孝悌忠义观念得以进一步深化,家族血脉、家族观念、家国情结得以传承和延续,忠厚朴实的民风、民众由此自然产生,民众就会像先人先贤先烈一样"追求生命价值、生命尊严、生命意义,做一个于国有用、于礼而循、于义无瑕、于家尽责的人,以清亮淡泊之心,行端正公道之事"[②]。中华文明能够一脉相承,经历几千年而香火不断、绵延不绝、历久不衰,与清明文化这种"不忘根、不忘本"的家族血脉意识、认祖归宗观念有着极为重要的关系。

由清明时节祭祀之礼所体现的孝道观念、家族观念,进而延伸的朴素的家国情怀,具有深刻的文化意义。家族观念、家国情怀有助于构建起稳固的代际传承关系,有助于形成人与人之间的和谐关系,它是中华民族数千年来和谐团结稳定发展以及大一统局面形成的重要支柱之一,而这正是社会主义核心价值观建设的目标和期冀所在。

三、发挥清明等传统节日文化价值的路径

近年来,我们强调培育和践行社会主义核心价值观,但这不是一个抽象的命题,不能停留在口头上、字面上,而应使其落实落细,使其与民众生活相结合。清明文化底蕴深厚,是中华大地现实土壤中自然生息繁衍的文化,是浸润千万名百姓的日常生活、与民众生活相结合、具有中国特色中国韵味的中国文

---

① 萧放:《祭墓与踏青——清明节与中国人的家族情怀》,《文史知识》2000 年第 4 期。
② 贾爱英,张德宽:《清明时节话清明》,《中国纪检监察》2015 年第 8 期。

化,它蕴含着滋养社会主义核心价值观的丰富人文价值。因此,借助清明祭祀仪式,充分发挥清明文化价值功能,无疑是倡导、弘扬社会主义核心价值观的一个有效切入点。

清明时节,人们在祭祀、怀念自己已逝亲人及家族祖先的同时,自然会追忆、怀念、祭祀为中华文明的传承和延续做出巨大贡献的先贤,会追忆、怀念、祭祀为反对内外敌人和争取民族独立、人民解放而冲锋陷阵、抛洒热血的先烈,以及为实现国家繁荣富强和争取人民自由幸福而英勇斗争的先人。清明祭祀是中国人祭祖拜宗传统的集中展示,是中华民族慎终追远、敦亲睦族之家国情怀的鲜明表达,它寄托的是亿万名中华儿女期冀家族兴旺发达、社会和谐稳定的美好愿望,彰显的是由小家到大家、家国一体的伟大爱国主义精神。

爱国是包括中华儿女在内所有人最神圣、最朴素之情感,家国情怀、爱国主义是清明文化的核心内涵和永恒主题,也是社会主义核心价值观的底色和基本元素。"中华民族的爱国主义精神是中华儿女几千年来凝结、积淀起来的对祖国最纯洁、最高尚、最神圣、最深厚的感情,是对祖国的忠诚和热爱。"[①]习近平总书记指出:"实现中国梦必须弘扬中国精神。这就是以爱国主义为核心的民族精神,以改革创新为核心的时代精神。这种精神是凝心聚力的兴国之魂、强国之魂。爱国主义始终是把中华民族坚强团结在一起的精神力量。"[②]爱国主义情感把个人与祖国、家族与国家之命运紧紧地联系在一起,是"维护国家独立、生存和发展必不可少的高尚品德,是中华民族不竭的精神动力和传统美德,是推动我国前进的巨大力量,是各族人民共同的精神支柱,是激励全国人民团结奋斗的光辉旗帜"[③]。通过清明文化活动,重视家族兴旺、家族团聚,强调民族团结,强调爱国爱家等中华民族的优良传统得到了鲜明体现,而这些都是社会主义核心价值观建设的基本指向和目标所在。

借助清明文化,倡导、培育社会主义核心价值观,不仅能够使社会主义核心价值观的基本内核——爱国主义精神得到更好的传承和弘扬,还可以为社

---

① 孙大光:《中华体育精神与爱国主义》,《光明日报》2012年4月4日。
② 习近平:《在第十二届全国人民代表大会第一次会议上的讲话(2013年3月17日)》,《光明日报》2013年3月18日。
③ 孙大光:《中华体育精神与爱国主义》,《光明日报》2012年4月4日。

会主义核心价值观建设搭建有效载体、提供润物细无声的广阔舞台。借助清明文化,培育、倡导社会主义核心价值观,能够更契合中华民族心理,能够在人们心中潜移默化地根植社会主义核心价值观、培育爱国主义情感,能够"积极传播中华民族传统美德,传递尊老爱幼、男女平等、夫妻和睦、勤俭持家、邻里团结的观念,倡导忠诚、责任、亲情、学习、公益的理念,推动人们在为家庭谋幸福、为他人送温暖、为社会作贡献的过程中提高精神境界、培育文明风尚"[①],从而增强民族凝聚力、向心力,激发中华儿女为实现"两个一百年"奋斗目标、实现中华民族伟大复兴中国梦而拼搏的强大精神动力。

  清明文化还彰显着中国人民忠于历史、不忘历史、义无反顾地推进历史继续前行的高远眼光。每个人都有祖先,中华民族是从历史传统中生长的,新时代的中国更是从风霜雪雨中走来。我们不能忘记历史,必须忠于历史,正如习近平总书记所言,"一切向前走,都不能忘记走过的路;走得再远、走到再光辉的未来,也不能忘记走过的过去,不能忘记为什么出发"[②]。不忘历史、忠于历史,不仅是牢记自己的先辈、祖先,更不能忘怀为中华文明的进步和发展,尤其是近代以来为了中华民族的自由和解放而抛头颅洒热血的无数先人先烈。清明时节,作为后辈的我们,在为自己先人祖先扫墓祭祀、希望自己家族兴旺发达之时,还要给为中华民族独立自由和人民解放、为祖国繁荣富强和人民幸福献出宝贵生命的无数先烈扫墓祭拜、表达哀思,需要"慎终",更需要"追远",因为我们今天所享受的家庭温馨、社会和谐、国家稳定、经济富足、精神愉悦等一切便利生活,都是无数先人先烈传承并超越朴素的家国情怀,极大地发扬爱国主义精神,用汗水乃至鲜血和生命换来的。

  明清明之真谛,思饮水之泉源,就要对民族始祖进行系列祭祀活动、对民族先烈进行国家公祭活动。清明时节,在陕西黄帝陵、河南新郑黄帝故里、湖南炎帝陵等地举行规模宏大的民族始祖公祭活动,既是对中华文明的延续和传承,也是对浩瀚中华历史的尊重和敬畏,对满足海内外华夏赤子认祖归宗之

[①] 习近平:《在会见第一届全国文明家庭代表时的讲话(2016年12月12日)》,《光明日报》2016年12月16日。
[②] 习近平:《在庆祝中国共产党成立95周年大会上的讲话(2016年7月1日)》,《人民日报》2016年7月2日。

心愿、强化民族认同、增强国家凝聚力,无疑具有非常重要的意义。同样,确定中国人民抗日战争胜利纪念日和设立南京大屠杀死难者国家公祭日,更是从国家层面以隆重庄严的形式缅怀英灵,表明中国人民祈求和平、期望国泰民安的良好愿望。由清明祭祀祭祖进一步延伸为一系列国家公祭活动,可以在更宏大范围内寄托我们的哀思,彰显我们的鲜明立场,表明中国人民铭记历史、缅怀先烈、珍爱和平、开创未来的立场和意志。毫无疑问,这对于进一步强化中华儿女的爱国主义意识、增强爱国主义情感、弘扬社会主义核心价值观、凝聚建设中国特色社会主义的宏大力量,现实意义非常重大。从本质上讲,"社会主义核心价值观与先烈精神一脉相承"①,它"体现了古圣先贤的思想,体现了仁人志士的夙愿,体现了革命先烈的理想,也寄托着各族人民对美好生活的向往"②。缅怀、祭祀先烈,敬的是先烈,修的是先烈所具有的礼仪礼德。先烈虽已逝去,但不是远离我们的抽象符号,他们都是有血有肉、有情有感、有理想有信念有激情有担当的伟人,他们拥有永远值得后人传承和弘扬的乐于奉献、敢于牺牲、敢教日月换新天的英雄气概和革命英雄主义精神。先烈的英雄气概和革命精神永远都是我们继续前行的不竭动力和无比珍贵的精神财富。我们在表达对先烈的思念与崇敬之时,应昂首向前、面向未来,用最好的精神状态大力推进中华民族伟大复兴中国梦顺利实现。

借助清明文化,倡导、培育社会主义核心价值观,要求我们在日常生活中、在言行举止上以先烈为标杆和楷模,自觉传承、弘扬先烈的革命英雄主义精神、爱国主义精神。要"把爱家和爱国统一起来,把实现家庭梦融入民族梦之中,心往一处想,劲往一处使"③,把践行先烈革命精神与践行社会主义核心价值观在新时代中国特色社会主义伟大实践中统一起来,使社会主义核心价值观内化于心外化于行,把先烈们的爱国主义精神一代一代地传承下去,并把其转化成实现"两个一百年"奋斗目标、实现中华民族伟大复兴中国梦的强大精神动力。

---

① 罗涵:《社会主义核心价值观与先烈精神一脉相承》,《光明日报》2014年4月4日。
② 习近平:《从小积极培育和践行社会主义核心价值观——在北京市海淀区民族小学主持召开座谈会时的讲话(2014年5月30日)》,《光明日报》2014年5月31日。
③ 习近平:《在会见第一届全国文明家庭代表时的讲话(2016年12月12日)》,《光明日报》2016年12月16日。

借助清明文化,倡导、培育社会主义核心价值观,需要我们礼赞先烈。礼赞先烈,必须立场坚定、旗帜鲜明地对一切诋毁先烈的行为说不,同一切嘲弄高尚、消解革命、损害国家尊严、伤害民族感情的历史虚无主义说否,因为历史虚无主义虽然否定的是历史,但其要害是"否定、曲解、抹黑中国的今天和未来",是"坚定中国自信的绊脚石"①。"故历史观者,实为人生的准据,欲得一正确的人生观,必先得一正确的历史观。"②历史就是历史,历史不能假设、不能改变、更不容篡改。树立正确的历史观,必须坚持马克思主义,坚持以马克思主义唯物史观为指导来研究历史、记述历史、辩证地看待历史,坚持以马克思主义为指导传承、弘扬先烈所追求的公平正义理念,涵养浩然之气、砥砺鸿鹄之志,继承和发扬先烈伟大的爱国主义精神。

借助清明文化,倡导、培育社会主义核心价值观,需要为如何对待祖先、如何对待英雄、如何爱国、如何诚信等命题画上法治红线,推动核心价值观基本要求上升为法律规范。"但立直标,终无曲影。"③只有崇尚英雄才会诞生英雄,只有争做英雄才会英雄辈出。④ 为此,必须大力营造人人崇尚英雄、人人争做英雄的良好社会氛围,对那些抹黑英雄、侮辱英雄、恶搞先烈的行径予以强烈谴责,并通过法律法规的形式予以惩处。《中华人民共和国英雄烈士保护法》的公布、施行,就是"以法律形式'布大信于天下',为全社会唱响新时代见贤思齐、崇尚英雄、争做先锋的正气歌注入强劲正能量"⑤,也为倡导、弘扬清明文化优良传统,倡导、弘扬爱国主义精神,使社会主义核心价值观落实落细,使其与民众生活相结合植入了有效着陆点。这是社会主义核心价值观与包含清明文化在内的中华传统节日文化相得益彰的必然,也是推动社会主义核心价值观建设、推进中华文明进一步发展、推动人类命运共同体构建的重要路径。

借助清明文化,倡导、培育社会主义核心价值观,传承先烈伟大的爱国主义精神,就要在日常生活中、在清明节日文化主题活动中切实遵循社会主义核

---

① 曹应旺:《坚定中国自信反对历史虚无主义》,《毛泽东邓小平理论研究》2018 年第 1 期。
② 《李大钊史学论集》,河北人民出版社 1984 年版,第 68 页。
③ 刘昫等:《旧唐书·崔彦昭传》,吉林人民出版社 1995 年版,第 2953 页。
④ 李斌:《崇尚英雄才会诞生英雄(人民论坛)》,《人民日报》2018 年 5 月 4 日。
⑤ 同上。

心价值观的基本准则和价值要求,要坚持用社会主义核心价值观观察、解读、引领包括清明文化在内的中华传统节日文化,用鲜活丰富的传统节日文化活动来推动清明文化中朴素爱国主义精神在传承中守正出新、不断超越,在弘扬中博采众长、不断深化,从而促进广大民众对社会主义核心价值观形成认知认可认同,促进社会主义核心价值观的培育和践行。

借助清明文化,倡导、培育社会主义核心价值观,就要以清明节日文化主题活动为抓手,紧密结合新时代中国特色社会主义生动实践,利用网络等新媒体,循循善诱、春风化雨,宣传普及清明文化知识,开展清明诗词经典诵读、在先烈长眠地开展爱国主义精神宣传教育等活动,突出清明祭祖、踏青之文化内涵,尤其要凸显于家尽孝、于国有用、忠义孝悌的精神;要采用经济刺激、物资鼓励、技术规范等有效措施,"要发挥政策导向作用,使经济、政治、文化、社会等方方面面政策都有利于社会主义核心价值观的培育",[①]促使人们创造出更多更好、为普通大众特别是年轻人喜闻乐见、乐于接受并蕴含大量清明等传统节日文化习俗的电影、电视、小说、游艺、动画、饮食、服饰、广告、艺术作品以及展览会、博览会、运动会等可感可视之载体,以此巧妙地展现清明等节日习俗,扩大清明等节日文化影响,充分发挥清明等节日文化的价值功能,使人们在消费享受、休闲娱乐、体育竞赛等过程中,不知不觉、潜移默化地认知、认可、接受蕴含中国传统节日文化符号和社会主义核心价值观元素的中华优秀传统文化,讲好、讲清、讲透包括清明文化在内的所有中国传统节日文化故事,更好地聚民心、铸国魂,更好地走中国道路、弘扬中国精神、凝聚中国力量,更坚定中国特色社会主义道路自信、理论自信、制度自信和文化自信。

---

① 《习近平在中共中央政治局第十三次集体学习时强调　把培育和弘扬社会主义核心价值观作为凝魂聚气强基固本的基础工程》,《光明日报》2014年2月26日。

个体化趋势对社会主义价值观的冲击

魏永强[*]

[**摘要**] 个体化是现代社会发展的重要趋势。随着市场经济发展,中国社会也逐步呈现出个体化表征。个体化在保证个人权利和自由的同时也带来一些社会问题。它不仅消解共同体的归属感,侵蚀社会生活中的集体意识和社会主义主导价值,引发国家认同和社会主义价值认同危机,还导致人际关系冷漠、社会信任阙如以及社会伦理价值虚无。因此,要加强社会主义核心价值观教育,警惕个体化向个人主义蔓延;培育现代人的公共精神,增强公共责任意识;关注民生幸福,重视塑造人的精神追求;重视个人的道德自觉,加强外在规范,有效应对个体化带来的挑战。

[**关键词**] 个体化;国家认同;集体意识;公共精神

随着社会主义市场经济的快速发展,个体化正在成为现代社会发展的一大趋势。个体化意味着个体从家庭、阶级、组织等束缚中解脱出来并获得独立与自由。个体的命运不再由他人来决定,而由自己来把握,从"为他人而活"转变为"为个人而活"。个体在获得自由和解放过程的同时,也伴随着集体归属感和安全感的缺失,共同体生活减少和共同体意识的削弱,生活意义的破碎和社会风险的独自承担,进而对国家与社会认同提出了严峻挑战。改革开放以

---

[*] 魏永强,河海大学马克思主义学院博士研究生。

来，伴随中国传统社会结构解体，城市单位制和农村人民公社制退出，城乡二元社会结构被打破，国有企业改制，社会成员流动性增强，中国社会逐步呈现出个体化表征。当下，应当对中国社会个体化表征、个体化引发的社会问题等予以研究和阐释，以引起对个体化趋势带来的社会问题的深入思考，进而有助于推动社会治理与和谐社会的建设。

一、个体化趋势在中国的具体表现

对于中国的个体化进程，有学者认为应追溯至 20 世纪初期，五四运动的思想启蒙和救亡图存的革命运动使个体摆脱家族的枷锁，把自身与国家、民族的命运绑在一起成为集体的一员。个体从"个体—祖先"的轴线抽离并嵌入"个体—党和国家"的轴线上，直接面对国家。[①] 笔者以为，中国社会的个体化进程始于改革开放，是市场经济和国家政策变革共同推动的结果。这主要体现在以下几个方面：一是社会结构的深刻变动打破了传统计划经济时期"两大阶级、一大阶层"的社会结构，出现了个体工商户、企业家、民营企业科技人员等新兴社会阶层，社会阶层分化复杂；二是经济体制的深刻变革打破了传统高度集中的计划经济体制，实现了从计划经济制度向社会主义市场经济制度的转变，市场成为社会资源配置的决定性因素；三是农村人民公社和城市单位组织逐渐解体，国有企业改制和高校毕业生就业制度市场化改革，打破了传统社会组织制度对个体的保护和约束，使更多的"单位人"成为"社会人"，无论情愿与否，个体都要独自面对和把握这个时代的风险和机会；四是户籍管理制度松动及城乡二元分割的社会结构被逐渐打破，大量农民从土地束缚中解脱出来并进城务工，增强了社会的流动性；五是随着中国工业化和城市化进程的快速推进，人们逐渐摆脱传统家庭、村落、单位的约束和控制，人与人之间的交往关系从传统的重视情感和道德关系转向重视契约和利益关系。总之，"与1978 年以前相比较，无论在基本构成成分、结构形态、等级秩序、关系类型和

---

① 冯莉：《当代中国社会的个体化趋势及其政治意义》，《社会科学》2014 年第 12 期。

分化流动机制等方面都发生了极其深刻的变化"。① 伴随着市场经济发展、社会阶层分化和社会流动性增强,中国总体性社会结构被打破,逐渐走向多样化、碎片化的社会。

中国社会个体化特征不仅体现在社会结构、组织制度的深刻变革和社会利益关系的深刻调整上,还表现为人的社会心理和价值观念的变迁上:首先,与改革开放前相比,个人的权利意识和主体意识觉醒,人们日益摆脱传统思想道德和价值观念的束缚,积极参与市场竞争,崇尚自我设计、自我奋斗,追求自我成功。其次,人们的思想观念和价值取向日趋多样化。进一步而言,人们突破传统计划经济时期对政治社会价值追求的单一格局,呈现政治价值、经济价值、文化价值等多元价值观并存的态势。在价值排序上,国家、社会和宗族等集体价值优先让位于个体本位的价值,谋取个人利益最大化成为人们努力追求的人生目标。再次,人的思想观念呈现向个人主义乃至极端个人主义蔓延的趋势。这种趋势主要表现为人们以自我或小团体为中心,强调个人和小团体的权利与利益,片面认为市场经济必然导致个人主义,市场经济就是要求发展个人主义,集体主义必定导致集权、必然损害个人自由。这些错误的思想观念导致制假售假、以权谋私等社会不良现象盛行,物质主义、消费主义、享乐主义、精致利己主义等在社会上大行其道。最后,个体在追求个人物质利益的同时,容易造成人的物化,进而导致人的精神空虚、理想信仰迷失和生活的无意义感。从 20 世纪 80 年代"一封潘晓的来信"的价值迷茫到世纪之交"雷锋出国"的精神困惑,这些社会现象无不折射出现代社会理想精神的衰落。

二、个体化引发诸多认同危机

"社会认同是社会成员共同拥有的信仰、价值和行动取向的集中体现"。② 个体化社会,个体脱离对传统共同体的依附而获得独立,这是历史的进步。但

---

① 陆学艺:《当代中国社会阶层的分化与流动》,《江苏社会科学》2003 年第 4 期。
② 李友梅:《重塑转型期的社会认同》,《社会学研究》2007 年第 2 期。

现代社会将个人权利置于至上地位，把实现个人利益作为最终目的，国家和社会仅仅是实现这一目的的手段，本身不具有内在价值。这样，个人在捍卫个人权利和自由的同时，也缺乏对国家和社会的归属感和责任感，社会价值共识的基础被瓦解，并引发诸多认同危机。

（一）个体化消解共同体的归属感，引发国家认同危机

归属的需要是人的基本需要，归属感是社会认同的情感基础。传统共同体的衰落、社会流动频繁，消解了个体对传统家庭、村落等共同体的归属感。例如，改革开放后随着城乡二元结构被打破，大量青壮年农民工进城务工，有的常年漂泊在外，久而久之就失去了对家乡故土的依恋和归属。有些甚至对被通知返乡参加村委换届选举、行使自己民主政治权利等政治生活事件毫无兴趣。国家认同是个体对国家的心理接纳和情感归属，表现为对国家的政治权威、政治制度、政治价值和政治过程等方面的理解和支持。国家认同的有效维持建立在国家能够有效满足公民的基本权利和需求之上。传统社会是总体性社会，国家与社会同构，个人隶属于共同体，因此不存在认同问题。中华人民共和国成立之后的集体主义时代，国家或集体几乎承担了个人生活的一切，个体从共同体中获得稳定的归属感，消除生存的不安全感，因此对国家有着高度的认同感。随着经济体制改革、国企改制以及教育、住房、就业等市场化，大量职工从以前单位中"脱嵌"出来并失去了单位的"庇护"。之前由国家或单位承担的社会风险被分摊到无数的个体身上来承担，"幸福生活不再是国家的责任，它取决于无数的个体本身"。① 个体与国家、单位的纽带已经断裂，降低了个体对国家的归属和认同。比如在就业选择上，个体不再以国家需要为取向，而更多地以自身利益定位人生坐标，很多人喊出"到沿海去""到外资去""到挣钱最多的地方去"等口号。

个体化社会奉行"为个人而活"的个人主义价值原则，崇尚个人奋斗、个人成功，这进一步削弱了个体对国家的认同意识。如一些在改革开放中的先富阶层，他们中不少人认为个人的财富仅仅源于个人的奋斗，忽视了国家和政府

---

① ［英］齐格蒙特·鲍曼：《被围困的社会》，郇建立译，江苏人民出版社2005年版，引言第23页。

的作用,缺少对国家的归属感与认同感。持这样观点的人士极易移民海外,自然也不会为国家效力。值得注意的是,在我国,"为个人而活"的个体文化呈现出极端个人主义的特征。由于传统社会的共同道德规范和行为准则的约束力消失,一些人强调个人权利,漠视对他人的责任和义务,为谋取一己私利不择手段,甚至不惜损害他人和公共利益。这不仅有悖于集体主义的道德原则,还给社会秩序整合带来挑战。此外,个体化也会带来政治腐败问题。在个人主义价值观的支配下,一些政府工作人员丧失了马克思主义信仰和党性原则,信奉"人不为己、天诛地灭"的信条,通过权力腐败堕落,为一己私利铤而走险、违法犯罪。近年来一些政府工作人员纷纷落马即是明证。政府工作人员是公权力的执行者,代表党和国家的权威和形象,其言行对社会具有表率作用。因此,政府工作人员政治腐败现象反过来会使民众对党的执政能力产生怀疑,进而引发政治信任和国家认同危机。

(二) 社会多元价值消解社会主导价值,引发社会主义价值观认同危机

个体化社会,多元价值消解社会主导价值观,削弱人们对社会主义价值观的认同。具体有以下几个方面:一是随着个体化社会来临,个体自我意识凸显,权利边界日渐明晰,个体在维护权利、彰显个性的同时,不断冲破原有价值观念和道德规范的束缚,价值观念日趋多元,对传统价值呈现日渐脱离的趋势,甚至出现思想混乱、价值判断迷茫和价值选择错误,进而产生对社会主导价值的认同危机。① 二是社会分化导致社会利益主体、价值标准多元化和价值选择多样化,个人主义、集体主义、享乐主义、功利主义、消费主义、相对主义等多元价值观并存,相互交锋碰撞,挤压了社会主义主导价值的生存空间。如功利主义把个人利益、快乐和幸福作为唯一的现实利益,把社会利益看作一种"虚假的抽象"。这必然与社会主义价值观相抵牾。三是全球化时代西方国家进行文化产品和价值观输出,这在丰富人们精神文化生活的同时,一定程度上消解了社会主义价值观。有学者指出,社会主义核心价值观在当代主要面临

---

① 黄元丰:《论个体化社会背景下多元社会价值得到整合》,《赣南师范学院学报》2015 年第 4 期。

"普世价值"和相对主义、主观主义和虚无主义的挑战。① 四是社会分化加剧了不同阶层和利益群体的矛盾与冲突,尤其是弱势群体和利益集团之间的利益冲突,容易导致人们对社会"公正失衡"的主观认知,产生客观性的"社会结构紧张"②的状况,甚至滋生"犬儒主义"和社会怨恨心理,由此引发对社会主义和执政党合法性的认同危机。"社会转型使他们从直接面对国家转变为直接面对市场,个人的生存压力只能靠自身的能力来解决,过度的集体主义转变为过度的个人主义,使之在个人生存的艰难与温情的缺乏中反讽集体主义道德理想的'虚伪'"。③ 当前马克思主义信仰危机、集体主义价值没落、历史虚无主义等社会现象,可以说正是社会主义价值观遭遇认同危机的体现。

（三）个体化侵蚀社会生活的集体意识,导致社会公共道德衰落

传统共同体的存在和公共生活秩序的建立很大程度上依赖社会集体意识来维系。集体意识是社会成员共有的精神信仰和情感总和,对社会成员具有道德规范和行为约束作用。中国社会长期受儒家文化浸染,注重伦理本位和宗族观念,强调个人对集体规范的服从,忽视个人的权利和自由。中华人民共和国成立初期的集体化运动更是把个人的权利消融于强大的集体目标之中。改革开放后,大多数人摆脱了以计划经济体制为代表的制度性依赖,个体的自由度和选择性机遇空前增加,选择何种主义和信仰,以何种世界观和价值观来处理社会关系,被误认为完全是个人私事。这样,个体更倾向于把个人的目标和利益置于集体的目标和利益之上,基于自己的信仰和态度并根据自身的利益和需要决定个体的价值定位。市场逻辑法则又不断强化人的个体意识,社会部门的高度分工和利益结构的高度分化使得个体利益的满足与市场活动的交换过程密切联系。以往建立在共同信仰和道德原则基础上的社会联系,现在被建立在互惠互利、平等交易基础上的契约关系替代,"个体利益的满足不需要同集体意识相联系才能成为共同生活的一部分"。④ 这种情况下,人们更

---

① 曾建平,邹平林:《社会主义核心价值的当代挑战》,《江西师范大学学报(哲学社会科学版)》2013年第5期。
② 孙其昂:《思想政治教育现代转型研究》,学习出版社2015年版,第77页。
③ 刘宇:《论中国社会转型中的犬儒主义及其扬弃》,《理论与现代化》2015年第6期。
④ 张兴国,史娜:《当代中国社会转型与价值观嬗变》,中国社会科学出版社2012年版,第102页。

关注个人在市场交换活动中获得多少利益,对传统权威和道德规范不再心存敬畏,个人的权利意识不断取代集体意识,集体意识日趋衰落。同时,社会公共生活减少、社会生活空间分割、社会流动加速以及社会交往的表层化,进一步斩断了个体与集体之间的联系。伴随着传统共同体瓦解,建立于其上的集体意识也随之削弱。

个体化不仅消解了社会生活的集体意识,对社会公共道德也产生了消极影响。中国传统社会是礼俗社会,人们的交往和行为受道德和习俗的规范和约束,人与人之间有着天然的情感联系。一旦有人违背了道德礼俗,就会受到共同体的惩罚乃至驱逐,个人也会受到良心谴责,因而具有公共的善和公共道德。个体化社会,人与人之间是契约关系,维护个人利益是现代人的根本追求。因此,调节人与人之间的关系依靠的是制度,而不是道德,即使需要道德,也是保护个人利益诉求的道德,而非公德。[①] 于是,一些人就会在个人利益驱动下不择手段地追求名利,如现代社会封建迷信活动、黄赌毒等社会丑恶现象沉渣泛起,制假造假、拐卖妇女儿童现象增多,就是最直观的诠释。公德是社会所有成员共同意志和利益的体现,缺失公德,社会成员之间往往会貌合神离。

(四) 人际关系冷漠,社会信任阙如

传统社会是熟人社会,人们在共同的工作和生活中结成了稳定的社会联系,人际交往看重感情和道德。个体化社会是陌生人社会,社会高频度的流动使人们之间失去了共享的生活,同时也失去了亲密的情感关系,取而代之的是契约关系。在这种契约关系中,每个人被看作孤立的自我,成为一个只对自己负责不对他人负责的人。为维护私利、限制人的私欲,保证人与人之间的平等,就需要制度来约束。这样,人与人之间的情感关系、道德关系被契约关系、利益关系代替。改革开放以来,人们从充满温情的熟人社会突然被推到一个充满竞争的陌生世界,没有了充满人情味的亲密关系,也逐渐失去了同情心和责任感。这从"小悦悦事件"中18位路人的冷漠可见一斑。甚至现代社会的

---

① 冯建军:《公民社会认同教育:重建公民社会共同体——兼论公民社会认同危机》,《教育研究与实验》2014年第2期。

爱情和婚姻,也是建立可以算计的利益关系之上的。当代青年择偶的标准从以前的男女双方享有共同的价值观转向看重对方的经济收入、住房等现实可见的东西。同时,为了在社会激烈的竞争中胜出,人们相互防范,彼此间缺乏基本的信任。

人与人之间关系冷漠,以致社会信任阙如,主要体现为习惯性怀疑和社会信任危机。这种不信任感充斥于工作场所、家庭生活、邻里社区等各个社会生活空间,呈现在夫妻、同事、上下级、老板和雇员、生产者和消费者等各种关系当中,从对党和政府的执政能力到日常生活中的食品安全等都产生怀疑,并由此引发社会诚信危机、社会道德危机以及政治信任危机。这直接加大了社会维系的成本,增加了社会治理的难度,为群际冲突和社会矛盾滋生提供了温床。

(五)价值伦理呈现虚无主义倾向,引发精神危机

个体化社会是人的主体力量自我确证的过程,也是人的精神世界相对空虚化的过程。在"为自己而活"的价值理念支配下,个人不再拥有崇高的理想目标,把日常生活的精力主要投入经济领域,把追求自我利益最大化和个人成功作为人生的唯一目标。个体对物质利益的过度欲求和对物的依赖导致人的物化或商品化,陷入生活意义的危机。这种危机表现为人的精神空虚和内心孤独。美国学者弗洛姆指出:"现代社会结构在两个方面同时影响了人,它使人越来越自主、富有批判精神,同时又使他越来越孤立、孤独、恐惧。"[①]孤独是现代人摆脱传统社会结构的道德束缚后无所归依和迷茫失落的状态,随之而来的是生活的无意义感和无目的感。人的生活意义危机本质上是工具理性扩张的结果。原本属于经济系统的工具理性扩散到社会生活中的其他领域,导致系统对生活世界的"殖民"。个体化社会奉行工具主义原则,人与人的关系失去了直接性和人情味,呈现出一种精神操控的工具化特点,表现为组织化的科层管理、群际情感冷漠和人际信任危机。

现代人的精神危机还体现为个体的存在性焦虑,它源于个体内心对未来

---

① [美]埃里希·弗洛姆:《逃避自由》,刘海林译,上海译文出版社 2015 年版,第 69 页。

不确定性的恐惧。随着我国高等教育、住房、医疗和就业等市场化改革，以前由国家和社会承担的风险转嫁到个体来承担。个体要独立地作出选择，积极参与市场竞争，并独自承担选择错误和竞争失败的后果。激烈的市场竞争和繁忙的工作生活压力增加了个体的心理负担，失业的风险和对未来的担忧加重了个体的精神焦虑，致使很多人终日为生计奔波劳累而忽视了对崇高精神的追求。有的人为了缓解生活压力，沉溺于感官刺激和物质享乐，沉迷于歌厅、酒吧或电子游戏，追求低级趣味的生活方式，游戏人生、及时享乐，精神生活变得物质化、感官化和娱乐化。

三、应对个体化挑战的策略

既然个体化社会趋势不可避免，那么，如何有效应对个体化社会的挑战，协调个体权利与社会利益的紧张关系，在价值多元纷争的个体化时代实现多元价值整合，增进现代人的社会认同？如何在变幻莫测的社会生活中保持生活的价值感和确定性，克服现代人的精神危机？需要从以下四个方面着手。

（一）加强社会主义核心价值观教育，警惕个体化向个人主义蔓延

个体化对社会主义价值观的最大挑战，是多元价值冲突引发的价值混乱。这就需要加强价值观教育，实现社会主导价值对多元价值的引导与整合。价值观是人类意识的核心并制约和指导着人的行为。现代社会风险从根源上说是人的价值观出了问题，是价值观的扭曲、错位和变异的结果。个人主义膨胀、消费主义泛滥、利己主义肆虐、社会诚信体系崩溃，其幕后推手和操纵者皆为人们扭曲的价值观。因此，价值观教育肩负人的思想变革和价值观矫正的使命。价值观教育可以使人们认识到价值判断和行为选择要符合社会发展方向，个体利益的满足要以他人利益的满足为条件，引领人的精神迈向更高的道德境界。

价值观教育关键在于培育与践行社会主义核心价值观。社会主义核心价值观是社会主义意识形态的基石和各民族人民团结奋斗的精神支柱，是社会

成员共同的价值基础。转型时期的中国,不同的价值观念彼此激荡碰撞,传统的和现代的、本土的和域外的、先进的与落后的、积极的和消极的、健康的和颓废的、社会主义的和资本主义的、集体主义的和个人主义等多元价值观并存,造成人们价值观念的混乱和行为选择的迷茫。同时,因为市场经济的负面影响,风险的个人承担以及未来生活的不确定性,人们日益失去共同理想,注重眼前的物质利益,价值观庸俗化、物欲化、相对化和虚无化倾向日趋严重,所以培育和践行社会主义核心价值观,整合社会多元价值,是应对个体化社会多元价值挑战的有效策略。

价值观教育内容上重点是加强集体主义价值观教育,因为"社会主义核心价值的实质是集体主义"[①]。集体主义不但反映社会主义公有制的本质要求和社会成员的共同利益,还凝聚了社会成员的价值共识。个体化社会所欠缺的正是集体主义价值观。当然,这种集体主义应承认个人权利的合法性和正当性,不是挂在集体主义名号下的专制主义。

加强社会主义价值观教育,还要警惕个体化向个人主义蔓延的趋势。个体化不是个人主义,个体化是一种社会结构和社会关系,个人主义则是一种社会思潮和价值取向。值得强调的是,个体化有着诱发个人主义的趋向。培育社会主义核心价值观要坚持生活化原则,从人们日常生活细节入手,通过宣传教育和价值引导,使其成为人们自觉践行的准则。

(二) 培育现代人的公共精神,增强公共责任意识

如前所述,集体意识衰落的后果是公共道德和公共责任弱化,诊治这一问题的处方在于培育现代人的公共精神。公共精神,也称公共意识,是指孕育于公共社会之中的位于最深的基本道德和政治价值层面的以公民和社会为依归的价值取向,它包含民主、平等、自由、秩序、公共利益和负责任等一系列最基本的价值命题。[②] 公共精神是一种秩序精神和公共关怀精神,也是一种社会整合精神和公共参与精神。它不仅关乎个人的道德素质、社会民主政治的发

---

① 骆郁廷:《论社会主义的核心价值》,《马克思主义研究》2014年第8期。
② 宋丽萍等:《培育公共精神与社会主义核心价值观建设》,《西安交通大学学报(社会科学版)》2013年第5期。

展状况,还有助于抵御现代社会"个体发展对公民身份的腐蚀和逐渐瓦解"。[①]公共精神不排斥个人权力和利益,它是在承认和发展个人权利的前提下社会成员达成的价值共识。中国传统文化缺乏良好的公共文化资源,如群己不分、崇公抑私、差序格局、公德和私德边界模糊等。改革开放后市场经济又使得一部分人转至追逐个人私利的方向,社会成员的公共责任意识相对不足以及公共精神普遍缺失。培育公共精神目的在于,消除由个人公共意识和公共责任缺失所造成的道德失范,消解社会断裂所导致的阶层怨恨。

如何培育公共精神?从公共精神培育的主体维度来说,公共精神的诞生与发展需要个体的主体性和公共性两个基本条件,而个体的主体性发展离不开个体的自由和平等,公共性的培养也需要在公共生活环境中来进行。因此,培育个人的主体意识,积极参与公共生活,是公共精神主体建构的基本目标。从公共精神培育的内容维度来说,要重点加强公共价值观教育,引导个体对公共价值形成认同,形成对社会的责任意识和基本的公共理性精神;要挖掘和借鉴中国传统文化中的德性伦理资源,使社会成员形成有中国特色的公共伦理观念和现代公民风范文化;要以社会公正为切入点,推进公共精神的社会制度建设。"正义是社会制度的首要价值,正像真理是思想体系的价值一样"。[②]当前社会贫富分化、社会矛盾激化、社会道德失范以及社会价值观混乱等,这些都与现代社会公正制度相对缺失有关。因此,要以起点公正、过程公正和结果公正为目标,加强社会公正制度的建设,为公共精神培育提供基本的制度条件。

(三)既要注重民生建设,也要重视塑造人的精神追求

有学者认为,福利渗透、意义系统和社会组织是社会认同的基础性领域。[③]如果说前面几点对策属于意义系统领域的话,那么关心民生幸福、完善社会保障体系则属于福利性和组织制度领域。个体化社会崇尚竞争,有竞争就会有失败。在市场经济的快速发展中,一些弱势群体被不断地抛出社会发

[①] [德]乌尔里希·贝克等:《个体化》,李荣山等译,北京大学出版社2011年版,第26页。
[②] [美]罗尔斯:《正义论》,何怀宏等译,中国社会科学出版社1988年版,第2页。
[③] 李友梅:《重塑转型期的社会认同》,《社会学研究》2007年第2期。

展的轨道,陷入困窘之中。他们不但遭遇物质匮乏,而且遭遇精神困惑,很难产生国家或社会认同。只有当被关心、被尊重、被信任的时候,有了最基本的生存和安全保障时,人们才会产生强烈的社会认同。换言之,国家是否值得认同,关键在于国家能否为全体国民提供基本的权利和自由。对于执政党来说,民生问题直接关系人民群众的生活和切身利益,关注民生是最大的政治,是政党和政府赢得民心、取得民众支持和获得政治合法性的基础。习近平总书记在党的十八大之后的系列讲话中多次引用了"民惟邦本,本固邦宁"的政治格言。[①] 纵观古今中外,历代王朝的兴衰更替都与社会民生问题能否有效解决关系密切。因此,党和政府要关心民生幸福,特别要关注社会弱势群体,满足他们基本生存和发展的需要,使他们能够分享经济社会发展的文明成果,过上一种有尊严的生活,发自内心地产生对国家的归属感和认同感。党的十八大提出了改善民生、缩小社会阶层之间的收入分配、全面建成覆盖城乡居民的社会保障体系等重大举措,这表明了党和国家改善民生的决心和勇气,这些政策和举措的实施对于弥合社会断裂、凝聚社会共识、增进社会认同有着重大的推动作用。

个体化社会,人再也不能从一种能够为世界提供统一的意义的元话语,如宗教信仰、政治理想或阶级意识中获得生活的价值、目标和意义,因此往往容易陷入精神迷茫,丧失生命的价值和意义。[②] 随着市场经济的深入发展,现代人的物质欲望不断得到满足和强化,人的精神追求却日渐淡化。追求一种有意义的生活是人与动物生存方面的根本区别。如何塑造人的精神追求?对于个体来说,关键在于要有理想信仰。理想信仰是人的精神家园的内核,它能够在终极价值目标上给人提供内在动力和精神支柱。

当前要树立中国特色社会主义共同理想,它代表了广大人民的根本利益,是促进国家富强、民族团结的精神支柱和凝聚社会价值共识的思想基石。对于政府来说,一是要转变以往倚重物质刺激手段管理社会的观念,关心和丰富人的精神生活,满足人的精神追求,促进社会和人的全面发展。计划经济时期,政府没有物质刺激,人们缺少法治观念,依然对国家和集体有着强烈的归

---

① 吴光:《民惟邦本,本固邦宁》,《人民日报》2016年3月3日。
② 章国锋:《后现代:人的个体进程的加速》,《中国政法大学学报》2011年第4期。

属感。现代社会法制健全、物质丰裕,人们的物质生活有了很大的改善和提高,社会腐败盛行,个人精神追求缺失的现象较为普遍。因此,人的精神追求不能仅依靠物质手段来满足,简单地采取物质刺激手段只会加剧人的物化和精神危机。二是要加强社会主义文化建设。文化是一个民族的灵魂和人民的精神家园,也是重塑社会道德的重要手段。因此,我们要不断发掘中国传统文化的宝贵资源,发挥文化引领社会风尚、教育人民和塑造人的精神世界的作用。

(四)既要重视道德自觉,也要加强外在规范

人无德不立,国无德不兴。一个健康发展的社会,必然是讲道德的社会。道德是社会的黏合剂,是应对个体化挑战、实现社会秩序整合的重要手段。加强个人的道德建设首先要依靠个人的道德自觉。道德自觉是指人们对道德的教化使命、伦理责任有着清醒体认,自觉承担用先进道德理念和道德规范引领社会进步、提高人的精神境界的历史使命。[①] 道德自觉是个人在道德上的觉悟觉醒和责任担当,不仅包括个体的道德体认,也蕴含着个人的道德践行。要形成道德自觉,需要人们从自身做起、从小事做起,自觉成为道德建设的参与者、维护者和行动者,而不是旁观者、享受者或批评家。

社会道德建设不仅需要个体的道德自觉,而且需要法律、制度等外在规范作为保障。市场经济社会仅依靠个人的道德自觉,没有外在的强制性规范是远远不够的。因此,需建立维护社会公共道德和公共秩序的法律、制度和习俗的规范体系,将社会公共道德纳入法律和制度建设中来。具体地说,一是习俗规范。习俗是指社会文化中长期形成的风尚、礼仪、习惯、禁忌等的总和。中国传统社会中,习俗在规范人的道德行为、整合社会秩序和维护社会团结中有着重要的价值。如扶危济困、守望相助是中华民族的传统习俗和美德,至今对人的道德行为仍有着引导和规范作用。二是家风家规。家风家规是一种德性伦理文化,也是一种规范伦理文化,家风家规的训导和陶冶是道德教育的重要内容和载体,它不仅关乎子女教育和家庭幸福,还能促进社风民风的清醇。中

[①] 黄军伟:《道德自觉和文化自觉》,《人民日报》2013年1月24日。

国传统社会重视家风家规的道德教化作用,家训文化蕴含的忠、孝、仁、义、信等道德准则至今仍具有时代价值。良好的家风家规有助于人们形成正确的价值判断和取向,养成遵纪守法、诚信友爱的道德品行。三是制度规范。制度是实现某种功能和特定目标的社会组织的规范体系,对于人的言行具有硬性约束和规训作用。国有国法,家有家规,企业有企业的规章制度,党员有党章党纪,干部有干部的管理制度。制度是道德建设的重要保障,当前一些社会道德失范现象与社会制度建设相对滞后、执行不力有着密切关系。四是法律法规。要使道德教育由虚变实,特别是当道德规范不能有效地消除或减少不道德行为发生时,还需要法律的约束和惩戒。习近平总书记指出:"法律是准绳,任何时候都必须遵守,道德是基石,任何时候不可偏废。"[①] 近年来,党和政府坚持以德治国和依法治国相结合的方略,全面推进国家治理体系和治理能力的现代化。这就要求,既要重视道德对法治的滋养,发挥道德对法治的支撑作用,也要重视法治对道德的保障作用,以法导德,把道德要求贯彻到法治建设中,把实践中一些道德要求上升为法律规范,用法治手段解决当前道德领域的突出问题。同时要加强社会成员的法治教育,引导树立法治意识,从内心信仰和敬畏法律,进而减少不道德行为的发生。

[①] 习近平:《坚持以法治国和以德治国相结合》,http://news.xinhuanet.com/politics/2016-12/10/c_1120093133.htm。

神圣与尊严：国家荣誉制度推升正能量
——颁授"八一勋章"的核心要义

彭怀祖*

[摘要] "共和国勋章""七一勋章""八一勋章"以及"友谊勋章"，是党、国家、军队的至高荣誉。2017年7月28日，中央军委颁授"八一勋章"和授予荣誉称号仪式在北京八一大楼隆重举行，中央军委主席习近平给获得"八一勋章"的10位英模颁授勋章和证书。"八一勋章"的颁授，从确立组织架构，酝酿方案，由下而上推荐，在全社会公示，综合各方面意见统筹，整个过程极具权威性。勋章获得者的事迹充分反映了我军是不怕牺牲、能打胜仗的威武之师，展现了神圣与尊严。颁授"八一勋章"在军队和全社会引起强烈反响，10位英模的光辉事迹充分展示了国威和军威，提振了14亿多中国人的精气神，这是发挥先进典型作用极为成功的标志性案例。

[关键词] 八一勋章；国家荣誉；神圣；尊严

随着社会主义市场经济体制的不断深化及"互联网+"时代的到来，市场竞争不断地激发经济活力，全社会的财富总量持续增加。然而，其负面效应表现在功利性过强、过分追求物质利益等方面。党的十八大以来，以习近平同志为核心的党中央十分注重对这些方面的矫正。全社会范围内，中华优秀传统

---

* 彭怀祖，南通大学先进典型研究中心主任，教授。

文化不断得到弘扬,"止于至善"(《礼记·大学》)、"先天下之忧而忧,后天下之乐而乐"(范仲淹《岳阳楼记》)等千古名句展现出时代特征。马克思主义中国化的步伐坚实有力,"为人民服务""党和国家的利益高于一切"的思想焕发出时代光彩。思想政治教育方面,通过选树先进典型、学习榜样,让全社会向上的氛围不断浓郁,已成为重要的方法和手段;通过制定和实施各个层面的荣誉制度,广泛宣传先进典型视事业为神圣使命、特别重视祖国和人民的尊严的活动,取得明显实效,使社会正能量得到逐步推升。

党的十八大报告提出,"建立国家荣誉制度",党的十八届四中全会决定要求"制定国家勋章和国家荣誉称号法,表彰有突出贡献的杰出人士"。① 2015年12月14日,中共中央政治局会议审议通过了《关于建立健全党和国家功勋荣誉表彰制度的意见》(以下简称《意见》)。2015年12月27日,十二届全国人大常委会第十八次会议通过了《中华人民共和国国家勋章和国家荣誉称号法》②(以下简称《称号法》)。"建立国家荣誉制度,对于弘扬民族精神和时代精神,激发全国各族人民建设富强、民主、文明、和谐的社会主义国家的积极性,实现中华民族伟大复兴,具有重大意义。"③

"共和国勋章""七一勋章""八一勋章"以及"友谊勋章",是党、国家、军队的至高荣誉。"八一勋章"是自《意见》和《称号法》发布以来,诸勋章中首先颁授的。2017年7月28日,中央军委颁授"八一勋章"和授予荣誉称号仪式在北京八一大楼隆重举行,中央军委主席习近平为获得"八一勋章"的10位英模颁授勋章和证书。④ "八一勋章"的颁授,从确立组织架构,酝酿方案,由下而上推荐,在全社会公示,到最后综合各方面意见统筹,整个过程极具权威性,是十分严谨、卓有成效的。它是坚持和强调党对军队领导的生动体现,是依法治国的具体表现,是弘扬正气、提振民族精神的重要表征。其程序体现了科学性、规范性。勋章获得者的事迹充分反映了我军是不怕牺牲、能打胜仗的威武之

---

① 《关于〈中华人民共和国国家勋章和国家荣誉称号法(草案)〉的说明》,http://www.npc.gov.cn/npc/lfzt/rlyw/2015-09/08/content_1946236.htm。
② 《习近平对党和国家功勋荣誉表彰工作作出重要指示》,http://cpc.people.com.cn/n1/2016/0519/c64094-28361542.html。
③ 彭怀祖:《我国国家荣誉制度建设的回顾与展望》,《南通大学学报(社会科学版)》2017年第1期。
④ 《中央军委举行颁授"八一勋章"和授予荣誉称号仪式》,《人民日报》2017年7月29日。

师,展现了人民军队的神圣与尊严。颁授"八一勋章"在中华人民共和国的历史上、中国人民解放军的军史上均写下了重笔浓彩的一页。

一

中华人民共和国成立以来,我军分别于1955年和1988年两次组织授勋活动。"两次大规模授勋活动,极大增强了国家凝聚力和民族自豪感,激发了全国各族人民保卫祖国、建设祖国的积极性创造性。"①两次授勋的标准主要与授勋对象经历和身份相关,是对那些参加各类战争、不怕牺牲,或是取得战绩并担任各级职务的英雄和模范的肯定。两次授勋授予对象数量较多,八一勋章和奖章、独立自由勋章和奖章、解放勋章和奖章共颁发了56万余枚,仅一级红星功勋荣誉章就授予了835人。② 这样的大面积授勋是非常有意义的,它高度肯定和讴歌了为中华人民共和国成立浴血奋战的英雄,让所有在中华人民共和国生活的人们深知幸福和安宁生活来之极其不易。我们应当牢记他们,学习他们的精神,以更大的热情、更坚韧的毅力投身建设社会主义的工作和学习中去,应当倍加珍惜和谐的社会环境,呵护来之不易的安宁局面,享受祥和的幸福生活。

进入新时代,党的强军目标是听党指挥、能打胜仗、作风优良,这是人民军队永恒的灵魂和根基。较之战争时期,中国共产党执政态势下的人民军队还面临一些新问题:一是战争总体上处于局部、短时的状态,一般不会有大规模的、长时期的战争格局,军队除了在战争中发挥极为重要的作用,在赴汤蹈火反恐、维护社会平安方面,在不怕牺牲缉毒、为社会和谐做出贡献方面,在抗险救灾、保护人民生命财产方面,人民军队都担负着神圣的使命。二是科技强军处于特别重要的位置,人民军队需要永远坚持"亮剑"精神,这种精神和科技强军应得到高度统一。社会飞速发展,迫切需要通过科技强军大幅度提高军队的战斗力和震慑力。科技强军与"亮剑"精神能够有效融合,打胜仗就有了坚强的

---

① 中央军委政治工作部编:《"八一勋章"英模风采录》,人民出版社2017年版,第202页。
② 张树华,潘晨光等:《中外功勋荣誉制度》,中国社会科学出版社2011年版,第68—70页。

基石。三是赋予"敬业奉献"时代特征、军队特色。现代社会的部队敬业不仅表现在出操队列整齐、摸爬滚打出色等方面,而且更重要的是以能打胜仗为重要标杆。由此,刻苦训练、熟练掌握现代化技术必须成为敬业奉献的重要内涵。

此次评选颁授工作,遵循习近平总书记系列重要讲话精神,聚焦备战打仗,注重提升战斗力,强调先进性、代表性,重点关注在促进战斗力提高、完成作战任务、推进科技兴军、推动国防和军队现代化建设中建立卓越功勋、不怕牺牲的英模代表。就具体颁授对象的条件而言,不再是以经历和职务作为主要衡量条件,而是以是否有突出的代表性事迹为主要依据。此次颁授勋章对象的提名范围为:解放军和武警部队现役官兵、文职人员、职工,公安现役部队官兵,部队管理的老同志。对两次颁授勋章活动中已被授勋章的同志,不再列入提名范围,并将信念坚定、成绩优异、作风过硬、群众公认作为评选的主要条件。① 他们的事迹充分体现了时代特征,集中展现了中国军人的风貌。

急就章式仓促组织的评选活动,往往较难获得较好的效果。国家层面英模的确认,是一项非常慎重和严谨的工作,必须加强顶层设计,先经过反复酝酿,制订成熟、科学的规则,然后再开展相关工作,这是确保国家荣誉权威性和神圣性的重要的基础性条件。"八一勋章"颁授对象的产生过程,体现了公平公正,其过程是极具权威性的,这是确保国家荣誉制度推升正能量最基础的条件之一。

二

10位英模的英雄事迹感天动地,他们具有崇高的人格魅力,他们是中国人的脊梁,他们是无数中国人民解放军官兵英勇事迹高原上的高峰,最概括、最凝练、最深刻地揭示了我们的军队是听党指挥、能打胜仗、作风优良的军队,这样的军队一定能承担起保家卫国的神圣责任,当祖国需要的时候,我们的军队一定能不怕牺牲、召之即来、来之能战、战之能胜。

---

① 《十个关键词带你读懂"八一勋章"》,《解放军报》2017年8月1日。

"八一勋章"10名颁授对象,涵盖陆军、海军、空军、火箭军、战略支援部队、武警部队和公安现役部队,包括领导干部、师旅团一线指挥员、专业技术干部、基层士官和退休老同志,8名同志被军委或大单位授予荣誉称号,2名同志两次荣立一等功。这10名同志,代表了提名范围内优秀英模典型,堪称忠诚践行强军目标的时代楷模。①

人最宝贵的是生命,每个人的生命都只有一次。英模的崇高在于,当祖国和人民需要的时候,能够义无反顾地把生命献给保卫祖国的壮丽事业,这是英模事迹中最高昂的主旋律。以坚韧不拔的意志参与战斗,为取得战斗的胜利奉献自己的全部力量,这是3位参加过战斗的英模事迹的共同特征,其他7位英模在工作中也多次面临生死考验。可以说,10位英模是不怕牺牲、勇于奉献的杰出代表。

在10位英模中间,有5位的工作与高科技密切关联:他们或是心系强军、日益创新的科研先锋,或是挑战极限、勇争第一的试飞英雄,或是熟练操作导弹武器、精通导弹测控岗位的优秀士官,或是矢志报国、逐梦太空的英雄航天员,或是忠诚奉献、科技报国的"两弹一星"元勋。这些事迹告诉我们,强军梦一刻也离不开科技实力的增强、科技水平的提升。一支没有高科技武装的军队不可能是现代化的军队,不是现代化的军队,怎么可能在世界军队中显示出威武之神?怎么可能保卫我们的国家?军队拥有高科技装备,是千千万万革命军人舍弃优越的环境,几十年如一日、不畏艰苦、不畏牺牲、刻苦钻研的结果。英模中有2位院士,他们的科研水平已经处于国内一流的位置,仍然能够潜下心来、不计名利、扎根军队,把自己的青春和才华全部贡献给人民军队的建设,这是何等崇高的精神境界。

"八一勋章"获得者的光辉事迹,使全国人民更加明白,必须更加重视对科技和创新的投入,以更大的热情钻研科研技术,充分发挥科学技术的作用,建设一支现代化的军队。

中华优秀传统文化历来推崇敬业奉献精神,不论在何岗位工作,只要刻苦钻研、全身心投入,其中的出类拔萃者同样可以获得党、国家和军队的最高荣

---

① 《十个关键词带你读懂"八一勋章"》,《解放军报》2017年8月1日。

誉。高精尖武器在部队中愈来愈多,研发它需要极高的科技水平,操作它必须有极强的敬业精神。能否在枯燥的岗位上用心投入,非常考验一个人的意志是否坚强。长期坚守这样的岗位,是对人意志的极大磨炼。只有具备了对祖国和人民的大爱,只有从心底里喜欢这份平凡而技术含量极高的工作,才能数十年如一日辛勤劳动,从而创造出辉煌的成绩。

随着科技进步的日新月异,有些高科技的发明创造需要操作员熟练且精准地运用。诸多科技悲剧的发生,常常并非源于科技装备的缺陷,而是操作者的失误。如果大家像英模那般将高科技装置的操作熟练到极致,我国军队的实力必然会得到非常大的提升。

当下社会的整体和谐、总体稳定是毋庸置疑的。然而,个别地区仍存在不稳定因素,个别事件令人触目惊心,这些情况时时提醒我们不可盲目乐观、粗疏大意。反恐斗争,一定会是相当长时期的维护社会稳定的重要任务;对毒品的围剿,必然具有持久性、复杂性和危险性的特征。此次授予勋章的 10 位英模中,有 2 位是反恐与缉毒斗争中的杰出典型,为他们颁授勋章,彰显了党和军队在这方面斗争的勇气与决心,体现了斗争的长期性,必将极大地鼓舞广大官兵继续打好持久战,也给予广大人民群众对社会安宁与进步的信心。

"八一勋章"获得者们是全军各方面的杰出典范。英模的事迹表明,我们的军队一定能保卫祖国的领土完整,一定能维护社会的和谐稳定,一定能保护人民的生命财产安全,一定能在世界舞台上展现力量和风姿。他们都是顶天立地"大写"的人,他们打心底里清楚,祖国和自身的尊严休戚与共,祖国的利益不能有半点受损,当人民和祖国需要时,必须用自己的生命去捍卫祖国和人民的利益。

三

颁授"八一勋章"在军队和全社会引起强烈反响,这是发挥先进典型作用极为成功的标志性案例,必须对其深入思考,以促进形成制定荣誉制度的科学体系,使各级各类先进典型不断推升社会正能量。

从物质和精神的关系去审视。社会财富的极大丰富和精神面貌的昂扬向上，不是必然对立的两个方面，文明社会应追求两者的和谐统一，任何把两者割裂开来，或者强调一个方面、排斥另一个方面的认识和行为都是不妥的。没有社会财富的极大丰富，改善人民的生活、提高国家在世界的地位和形象，是难以实现的；公众没有神圣和尊严的追求，社会充斥着功利甚至是欺诈，这样的氛围和状态显然与文明相距甚远。当下社会存在着精神追求弱化的迹象，利他的行为没有得到普遍肯定。强调精神的力量，是充分肯定为了人民的利益牺牲自身利益的行为，让先进典型的事迹作为引领社会向上的重要能量。

选树怎样的先进典型，意味着社会肯定怎样的主流价值。我们固然应该肯定遵守社会法则、通过勤劳致富的人们，然而，因为社会功利性过强已非个别现象，所以必须注重精神力量的弘扬，强调利他性的高扬，把神圣与尊严作为每个人至高的精神追求，让奉献成为选树先进典型的主旋律。必须在各级各类先进典型的选树中，充分展现祖国和人民利益高于一切的时代风貌，讴歌不怕吃苦、金钱面前不低头、勇于牺牲的精神，这样的品格和事迹应该得到全社会的高度肯定。

从凡人善举和英模壮举的关系去审视。先进典型群体应是有层次、有体系的群体，每个层次既有共性，又有特色，先进性、利他性是他们的共同特征，表现的方式、达到的高度具有他们各自特点。凡人就在我们身边，善举我们随处可见，他们的事迹大家易懂、易学，宣传凡人善举在形成文明新风方面有着不可或缺的作用，必须大力提倡。英模是民族的脊梁，其感天动地的壮举，是其坚定的信仰所促成与支撑的，他们用生命讴歌祖国和军队的伟大，他们代表着民族的希望和骄傲，必须给予他们至高的荣誉。注重培育先进典型体系的多层次性与科学性，社会向上的力量才能既丰富多彩，又形成合力。

从先进典型数量与效应的关系去审视。先进典型愈来愈多，说明社会氛围愈来愈和谐向上。先进典型是令人欣慰的，然而，期盼通过降低先进典型的门槛或拔高一些人的事迹，达到先进典型数量增加的目的，是不妥当的。这样做看似增加了先进典型的数量，实质上损害了先进典型的形象和信誉，影响了榜样教育作用的发挥。榜样教育的核心生命力不在于数量，而在于先进典型事迹的真实性与崇高性。尤其是国家最高层面荣誉的获得者，他们事迹必须是具有典型意义的,经得起长时间考验。本次"八一勋章"的获得者仅有10位,但他们的事迹影响力、感染力非同寻常,充分说明了这个道理。

从组织确认和群众公认先进典型的关系去审视。就先进典型的作用而言,各级组织希望通过选树、宣传先进典型,引导广大人民群众学习先进典型,从而逐步提升社会的正能量。人民群众期盼涌现更多的先进典型,使社会整体上处于正义战胜邪恶的态势,促进社会氛围健康和谐。就先进典型的确认而言,组织确认和群众公认既有共性也存在差异,组织和群众都认为事迹真实是先进典型的生命力所在,只是组织更多地从先进典型分布的科学性、对社会的影响力等方面考量,群众往往从直觉出发,常常重视事迹是否感人等因素。只要思路正确、方法得当,两者可以在充分发挥先进典型作用这一共同目标下得到互补。颁授"八一勋章"的过程充分说明了这一点:"八一勋章"是军队的最高荣誉,必须发挥军队各级组织的重要作用,在此基础上,向全社会进行提名候选人的差额公示,广泛征求各方面的意见,从17位非常优秀的候选人中确认10位"八一勋章"获得者,这些举措使组织确认和群众公认产生了"共振"。由此,可得到这样的启示,先进典型的评选可以将组织确认和群众公认有机统一起来,充分发挥组织的导引、鉴别作用,充分发挥群众的认同作用,注重两方面的结合,把选树先进典型的过程,作为宣传、学习先进典型的有机组成部分,先进典型的作用就能得到充分彰显。

党中央十分重视国家荣誉制度建设,统筹加强了党、国家、军队勋章颁授的相关工作。中央军委精心构思,用组织确认和群众公认深度融合的方式,评选出10位"八一勋章"获得者。"勋章的价值不仅在于标识性地体现功勋和荣誉,还在于它能够和最高尚、最辉煌的历史与人物联系在一起。"[①]10位"八一勋章"获得者是军队各条战线英模中的杰出代表,他们展现了时代的伟大,捍卫了祖国和人民的尊严,充满了人格魅力。全军上下要向他们学习,必定会提升军队的战斗力,全国人民学习他们,必定会增强民族凝聚力和全国人民奋发有为的精气神。

---

① 郭松民:《八一勋章:金钱永远代替不了的荣誉》,《中国政协》2017年第14期。

工匠精神是中国工人阶级
先进性素质的时代体现

郭彦军*

[摘要] 2017年3月5日,《政府工作报告》提出了大力弘扬工匠精神、厚植工匠文化的时代要求,丰富了时代精神的内涵。工匠精神包括精益求精的工作态度、恪尽操守的职业品质、用户至上的服务意识和守正创新的专业素养。工匠精神是中国工人阶级对待事业"最讲认真"的精神、对待人民责任担当的宗旨、对待利益奉献社会的品格、对待发展实事求是的态度等先进性素质的体现。中国工人阶级肩负着弘扬工匠精神的领导使命和主体责任。弘扬工匠精神,需要与宣传中国工人阶级的先进性素质结合起来,以带动全社会崇尚工匠精神。

[关键词] 工匠精神;工人阶级;先进性素质

继2016年《政府工作报告》首次提出培育工匠精神引起社会热烈反响后,2017年《政府工作报告》进一步阐发了工匠精神的现实意义和时代价值。2017年《政府工作报告》指出:"质量之魂,存于匠心。要大力弘扬工匠精神,厚植工匠文化,恪尽职业操守,崇尚精益求精,培育众多'中国工匠',打造更多享誉世界的'中国品牌',推动中国经济发展进入质量时代。"[①]这一论述,指明

---

* 郭彦军,上海电子信息职业技术学院讲师,法学博士。
① 李克强:《政府工作报告》,http://news.xinhuanet.com/politics/2017lh/2017-03/16/c_1120638890.htm。

了我国经济发展的新趋势，凝聚了社会对发展问题的共识。大力弘扬工匠精神，是发展新阶段落实发展新理念、践行社会主义核心价值观的内在要求，是"支撑强国战略""锻造国民新素质"①的文化力量，为推动我国经济进入质量时代注入了新动力，丰富了时代精神的内涵。

中国工人阶级肩负着大力弘扬工匠精神的领导使命和主体责任。"工人阶级是我国的领导阶级，是我国先进生产力和生产关系的代表，是我们党最坚实最可靠的阶级基础，是全面建成小康社会、坚持和发展中国特色社会主义的主力军。坚持和发展中国特色社会主义，必须全心全意依靠工人阶级、巩固工人阶级的领导阶级地位，充分发挥工人阶级的主力军作用。"②在领导中国革命、建设和改革的历史进程中，我国工人阶级总是以主人翁的历史责任感，推动国家不断前进，开启民族光明的前程。无论是革命年代"唤起工农千百万"，还是建设时期"誓让旧貌换新颜"，抑或改革开放新时期"而今迈步从头越"，中国工人阶级踏着时代的节拍，以丰富的历史实践打造了自身的先进性素质。在经济发展新常态和供给侧结构性改革的新形势下，用中国工人阶级的先进性素质引领全社会弘扬工匠精神，对营造新时期的工匠精神氛围具有重要意义。

工匠精神包括精益求精的工作态度、恪尽操守的职业品质、用户至上的服务意识和守正创新的专业素养。中国工人阶级在历史的责任担当和实践锤炼中，形成了对待事业最讲认真的精神、对待人民责任担当的宗旨、对待利益奉献社会的品格、对待发展实事求是的态度等先进性素质。大力弘扬工匠精神，是中国工人阶级的先进性素质在发展新形势下的时代体现。

一、精益求精的工作态度是中国工人阶级"最讲认真"的素质体现

工匠精神是劳动创造历史的价值凝结。只有认真诚实的劳动才能逐步推

---

① 《一论工匠精神与民族复兴》，http://opinion.people.com.cn/n1/2016/0510/c1003-28339688.html。
② 《充分发挥工人阶级主力军作用依靠诚实劳动开创美好未来》，《人民日报》2013年4月29日。

动历史条件改善,对劳动价值的切实追求,形成了劳动群众精益求精的工作态度。工人阶级是历史上最先进的劳动阶级,传承了劳动人民的优秀精神基因。精益求精的工匠精神体现在工人阶级的先进性素质中,首先表现为对待工作"最讲认真"的态度。

毛泽东说过"世界上怕就怕'认真'二字,共产党就最讲'认真'"①的至理名言,这是对中国工人阶级先进性素质的凝练概括。认真就是对待工作精益求精的态度,就是把事情做好的作风。工人阶级"最讲认真",体现于革命、建设、改革的全过程,在不同历史时期表现为不同的状态。工人阶级的认真态度,在革命时期表现为动员人民和军事战争的细致准备,建设时期表现为对社会主义建设事业的衷心投入,改革时期表现为对待变革的坚韧推进。

革命斗争年代,中国工人阶级"最讲认真"所体现出的精益求精的工作态度,是其领导革命事业不断从胜利走向胜利的重要保证,也是其先进性素质的重要表现。中国共产党领导的人民军队在千辛万苦的斗争历程中,探索军事斗争的客观规律,锤炼了精益求精的战略战术,取得了军事斗争的胜利成果。一位工农红军指战员在总结战无不胜的秘籍时说,对敌情、地形,部队要天天琢磨不能间断,指挥员和参谋人员必须熟记地图,经常看地图,最好的办法是把地图挂起来,搬个凳子坐下来对着地图看,从大的方向到活动地区,从地形全貌到某一个地段、地形特点,从粗读到细读,最后用红蓝铅笔把主要山脉、河流、城镇、村庄全部标下来,边标边画,边画边记,把战场的情景和地形的情况和敌我双方的兵力都部署到脑子里去,要把各方面的问题都想够想透,每一次战役战斗组织,都要让大家提出各种可能出现的情况,让大家来找答案,从最坏的最严重的情况下来找答案,这样打起仗来才不会犯大错。② 这生动展现了我军对待军事斗争精益求精的态度。

社会主义建设时期,中国工人阶级"最讲认真"的态度表现为对社会主义建设投入了极大热情。在一穷二白的基础上,中国工人阶级尽力把建设规划实施好、落实好,不允许任何粗枝大叶和偷工减料,涌现出大批的劳动模范,铸就了"爱岗敬业、争创一流,艰苦奋斗、勇于创新,淡泊名利、甘于奉献"的劳模

---

① 中共中央文献研究室编:《建国以来毛泽东文稿(第六册)》,中央文献出版社1992年版,第651页。
② 金一南:《总结红军作战胜利的经验》,《老人报》2013年9月11日。

精神，带动全国人民取得了社会主义建设的巨大成就。中国工人阶级对社会主义建设的认真态度，还表现在各行各业对工作的极端负责和对一切工作的平等对待上，形成了社会主义建设"干一行、爱一行、钻一行"的社会风气，"螺丝钉精神"就是这种社会风气的形象表达。在实践中自觉地改造自己，是工人阶级"最讲认真"的阶级素质的另一种表现。"工人阶级要在阶级斗争中和向自然界的斗争中改造整个社会，同时也就改造自己。工人阶级必须在工作中不断学习，逐步克服自己的缺点，永远也不能停止。"①在第一个五年计划开始的工业化建设高潮中，工人阶级一马当先，作为工业化战线的主力军，被各阶层人民称为"老大哥"，他们不但努力提高自己的思想觉悟，而且努力提高自己的文化水平和科技知识水平，在建设热潮中开展劳动竞赛和技术革新运动。工人阶级认真贯彻党的建设路线，与全国人民一道艰苦奋斗，中国的工业化起步扎扎实实地取得了重大进展。中国工人阶级最讲认真的素质发挥得好的时期，我国的社会主义建设事业就比较顺利，社会风气也比较健康，精益求精的工作作风也得到了普遍弘扬。

我国社会主义建设遇到国内外严重困难的时期，工人阶级仍然发挥了领导作用，工人阶级的先进性素质在建设中仍然发挥着主导作用，精益求精的工作作风仍然是主流，为国家建设增产节约、改进工艺、提高生产效益，仍然取得了巨大成就，奠定了我国发展进步的重要基础。改革开放前的一段时期，我国的社会主义建设遭受严重挫折，但我国工人阶级的先进性素质发挥了坚韧的进步作用。我国现代化建设的物质技术基础很大一部分是在这一时期建设起来的，全国经济文化建设等方面的骨干力量和他们的工作经验，大部分是在这一时期培养和积累起来的。

二、恪尽操守的职业品质是中国工人阶级责任担当的素质体现

中国工人阶级在马克思主义的指导下成长为自为阶级后，就承担起了中国

---

① 中共中央文献研究室编：《建国以来重要文献选编（第十册）》，中央文献出版社 2011 年版，第 73 页。

革命、建设和改革的历史责任,这种责任在工作上体现为恪尽操守的职业品质。

革命战争年代,中国工人阶级先锋队中国共产党领导作用的发挥主要表现为对革命的责任担当,对革命事业的恪尽操守。这种恪尽操守就是对革命信念坚定,对斗争坚忍不拔,对人民非常负责,对胜利充满希望,对战略策略坚决重视。工人阶级领导的人民军队和地下革命者,对革命的责任担当是至高无上的信仰,必要时是以生命为代价的。中国工人阶级可以称为中国民主革命和社会主义革命的职业革命家。其不同于历史上其他革命阶级的主要之处,就是对国家、民族、人民的前途命运具有强烈的责任担当精神。这种担当精神打造了中国工人阶级对事业、对工作的恪尽操守的先进性素质。

社会主义建设时期,中国工人阶级的责任担当精神,体现在为社会主义建设而努力奋斗之中。各行各业涌现出的劳动模范,为社会主义建设做出了表率,为营造尊重劳动、崇尚劳动、劳动创造价值的美好社会风尚做出了表率。王进喜、时传祥、焦裕禄、郭凤莲、陈景润等成为全国人民学习的榜样,人民衷心赞美恪尽操守的劳动模范,争做劳动模范式的劳动者。王进喜"宁可少活20年,拼命也要拿下大油田"的誓言,掀起了我国工业化建设的热潮。时传祥"宁肯一人脏,换来万户净"的职业操守,让全社会感受到劳动的美好。焦裕禄说:"我们对兰考的一草一木都有着深厚的感情,面对着当前严重的灾害,我们有革命的胆略,坚决领导全县人民苦战三五年,改变兰考面貌,不达目的,我们死不瞑目。"他的坚定话语深切体现了中国工人阶级的领导干部的责任担当。

改革开放新时期,中国工人阶级的责任担当精神焕发了新的活力,涌现出"杂交水稻之父"袁隆平,技术型工人包起帆、许振超等新型劳动模范。工人阶级劳动模范分布于不同岗位,却拥有同样的恪尽操守的责任担当精神,鼓舞着一代中国人奋发有为。在以经济建设为中心、以提高生产劳动者的积极性为宗旨的改革开放进程中,中国工人阶级在经济体制改革和经济关系调整中,担当起了社会主义现代化转型发展的历史使命。中国工人阶级主动探索改革开放的新实践,激发生产劳动的新活力,顺应市场经济的新发展,成就了改革开放形势下中国工人阶级灵活多样的市场主体,促进了创业、就业新机制的形成。在利益调整困难时期,尤其是在新旧冲突、矛盾错综复杂的动荡关头,中国工人阶级承担起了历史进步的重任,肩负起稳定社会秩序、引领社会转型的重大责任。对历史进步的责任担当,集中体现了中国工人阶级的先进性素质。这种责任担当,是领导阶级对社会发展尽到的最高尚的职业操守。

三、用户至上的服务意识是中国工人阶级奉献社会的素质体现

全心全意为人民服务是中国工人阶级的根本宗旨。在为人民服务的奋斗历程中,中国工人阶级铸就了奉献社会的先进性素质。社会主义市场经济条件下,奉献社会的先进性素质体现为用户至上的服务意识。

马克思主义理论指导下的中国工人阶级用户至上的服务意识,不同于一般意义上出于自身经济利益考虑的用户至上的服务意识。社会主义制度下的中国工人阶级的服务意识,是政治利益和经济利益相统一的为人民服务意识,用户至上是对人民负责任的政治使命,贯彻了发展为了人民、发展依靠人民、发展成果由人民共享的大局意识。

中国工人阶级奉献社会的先进性素质,在革命时期,表现为一不怕苦、二不怕死的牺牲精神。"砍头不要紧,只要主义真"的英雄气概,激励中国革命者一往无前地奋斗。人民利益是工人阶级的根本利益,领导人民取得革命胜利是中国工人阶级的政治追求,也是中国工人阶级的阶级利益所在。中国工人阶级的政治追求和阶级利益,塑造了这个阶级把一切奉献给社会、争取社会进步的高尚品格。"无产阶级只有解放全人类,才能最后解放自己",[①]是工人阶级历史使命的观念表达。奉献社会与领导社会、代表社会发展利益是统一的,无产阶级如果不能代表广大人民群众的利益,就不能领导人民群众取得解放自己的斗争的最终胜利,所以工人阶级奉献社会的先进性素质,是由其历史地位的进步性和承担的历史使命决定的。

用户至上,是奉献社会的先进性素质在市场经济关系中的直接体现。具有奉献社会的先进性素质的中国工人阶级,在市场经济关系中必然要遵循用

---

① 中共中央统一战线工作部:《当代中国的统一战线(下册)》,当代中国出版社1996年版,第52页。

户至上的服务理念,体现诚信无欺、精益求精、质量第一的劳动品格。当前,一定程度上存在着只看重短期利益、质量意识淡漠、欺诈猖獗、诚信缺失、粗制滥造等浮躁行为蔓延的社会现象,要号召社会上下大力弘扬用户至上的工匠精神,就必须大力宣传中国工人阶级奉献社会的先进性素质,在全社会开展学习中国工人阶级优秀品质的活动。大力弘扬工匠精神与加强宣传中国工人阶级的先进性素质是相互促进的关系,把弘扬工匠精神贯穿于发扬中国工人阶级的先进性素质教育之中,有助于落实弘扬工匠精神主体责任,以带动全社会崇尚工匠精神。

事实上,在工人阶级的公有制企业中,就比较充分地体现了工匠精神的劳动品格。社会主义建设时期,这种劳动品格表现得更为突出。毋庸讳言,在改革开放的市场经济条件下,中国工人阶级的优秀劳动品格受到其他阶级利益观念的一定冲击,但中国工人阶级奉献社会的先进性素质没有发生根本动摇,中国工人阶级的先进性素质仍然是推动中国经济发展进入质量时代的主体因素,就像中国工人阶级仍然是中国特色社会主义现代化建设的主力军一样。

四、守正创新的专业素养是中国工人阶级实事求是的素质体现

实事求是是马克思列宁主义毛泽东思想的精髓,也是中国特色社会主义的精髓。实事求是是中国共产党在领导中国人民进行的伟大民主革命中,在推翻帝国主义、封建主义和官僚资本主义的伟大斗争中,在汲取革命实践正反两方面经验和教训的基础上,在反对主观主义和教条主义的斗争中,以毛泽东为代表的中国共产党人把马克思列宁主义的基本原理与中国革命的实际相结合,总结出的中国化的马克思主义思想路线。实事求是已经成为中国工人阶级的基本思想素质,是中国工人阶级先进性素质的基本体现。

中国工人阶级领导中国革命、建设和改革的每个历史时期,能否坚持实事求是的思想路线对事业的成败具有决定性意义。确立了实事求是的思想路

线，中国革命走出了一条农村包围城市、武装夺取政权的胜利道路；坚持了实事求是的思想路线，中国的改革开放走上了中国特色社会主义的康庄大道。实事求是要求一切从实际出发，理论联系实际，密切关注实践的发展变化和时代要求，在实践中不断推进事物的进步和发展。

工匠精神意义上的守正创新的专业素养，就是生产劳动者在工作中表现出的牢固产品的基本特性、坚守产品的优秀特点，并在此基础上，根据更高的时代要求，改善产品价值的专业品质。守正创新是坚持与创新的统一，是坚守基础上的创新和创新视野中的坚守。守正创新是实事求是思想路线在产品制造工作上的贯彻与落实，是中国工人阶级实事求是的先进性素质在生产劳动中的具体体现。

守正创新的专业素养，在中国工人阶级领导社会主义建设和中国特色社会主义改革开放过程中得到了很好的体现。社会主义建设初期，基于我国薄弱的工业基础和有限的建设条件，在当时的国内外背景下，根据我国的资源分布，我们优先进行了工业建设，坚持独立自主、自力更生的主基调，守住了国家稳定的基础，也在国际支援下发展了新的产业，填补了工业的空白，很好地体现了守正创新的实事求是精神。改革开放以后，我国的现代化建设站在了新的历史起点上，我们坚持独立自主基础上的对外开放，充分借鉴发达国家的文明成果，为增强我国的发展实力服务，盘活存量、做大增量，引进先进生产经验、管理方式和经营理念，创新发展的体制、机制和产品，实事求是地走出了一条中国特色社会主义快速、健康发展之路。中国特色社会主义建设道路，是改革开放的社会主义自我完善和发展之路，守住了社会主义的根本，发展了社会主义的成就，创新了社会主义道路，开辟了社会主义的未来，是实事求是精神在国家发展之路问题上守正创新的生动体现。

大国工匠们体现的工匠精神，集中表达了中国工人阶级实事求是的守正创新精神，显示了工匠们高度的专业素养和创新意识，蕴含着鲜明的时代气息。大国工匠们凭借丰富的实践经验和不懈地思考进步，实事求是地带头实现了一项项工艺革新，牵头完成了一系列重大技术攻坚项目。他们在各自工作岗位上表现出的守正创新的专业素养，正是我国当代工人阶级实事求是的先进性素质在生产劳动中的最好展现。

五、工匠精神丰富了中国工人阶级
先进性素质的时代内涵

中国工人阶级的先进性素质,体现在社会主义核心价值体系之中。以爱国主义为核心的民族精神和以改革创新为核心的时代精神,是社会主义核心价值体系的精髓。在推动中国经济发展进入质量时代的发展要求下,我们不仅要大力弘扬以爱国主义为核心的民族精神和以改革创新为核心的时代精神,而且要大力弘扬丰富了民族精神和时代精神的工匠精神,进一步充实中国工人阶级领导中国特色社会主义建设应具备的先进性素质的时代内涵。

在新的发展起点上,为实现中华民族伟大复兴而奋斗,就是最大的爱国主义,为推动中国经济进入质量时代而努力,成为时代精神的新内涵。工匠精神作为中国工人阶级的先进性素质体现,是建立在对中国优秀传统文化的继承和发展基础上的。工匠精神在我国传统文化中意味着创造和造福,具有文化图腾的意义。在文化起源上,炎黄二帝分别被称为农耕和集市的开辟者、车船和衣物的发明者。作为中华文明始祖的黄帝,被后人称为一位伟大的工匠。"百工之事,皆圣人之作也。烁金以为刃,凝土以为器,作车以行陆,作舟以行水,此皆圣人之所作也。天有时,地有气,材有美,工有巧,合此四者,然后可以为良。材美工巧,然而不良,则不时,不得地气也。"(《周礼·考工记》)因为工匠的发明创造推动了生产力的发展,方便了人们的生活,所以人们把能工巧匠敬为"济世圣人"。

中国工人阶级的先进性是与时俱进、不断丰富的,在新的时代要求和实践发展中,中国工人阶级是弘扬工匠精神的主力军,是推动中国经济进入质量时代的领导者。中国工人阶级的先进性素质必须体现在带领中国经济提升到质量时代的具体实践中,用制造产品的精益求精、开展工作的恪尽操守、提供服务的用户至上、改革发展的守正创新,赢得中国特色社会主义建设的光辉未来。

工匠精神是在经济发展新常态、着力推进供给侧结构性改革的形势下,需要大力弘扬的时代精神,是推动中国经济发展进入质量时代的文化力量。我们要努力响应政府工作报告的号召,厚植工匠文化,践行工匠精神,崇尚精益求精,恪尽职业操守,培育众多中国工人阶级的"中国工匠",打造更多享誉世界的"中国品牌",使工匠精神成为中国制造精神,使中国经济从规模速度型向质量效益型转变,使中国从制造大国提升为质量强国,为实现中华民族伟大复兴的中国梦而不懈奋斗。中国工人阶级在弘扬工匠精神的时代要求中,必须而且能够发挥领导和主力军作用,这是由中国工人阶级在我国的领导地位和先进性素质决定的。正如2016年4月26日习近平总书记同知识分子劳动模范青年代表座谈时指出的:"我国是工人阶级领导的、以工农联盟为基础的人民民主专政的社会主义国家。知识分子是工人阶级的一部分,劳动人民是国家的主人""把全面建成小康社会的美好蓝图变为现实,广大劳动群众要以劳动模范为榜样,爱岗敬业、勤奋工作,锐意进取、勇于创造,不断谱写新时代的劳动者之歌。"①

---

① 《习近平同知识分子劳动模范青年代表座谈全面小康社会和中国梦》,《解放日报》2016年4月30日。

马克思主义视域下当代劳动与休闲的审视

凌小萍*

[摘要] 劳动和休闲共同构成人类基本的存在状态。劳动是休闲存在的前提和基础,休闲确证劳动的价值。然而,当代社会消费主义的滋生和蔓延不利于人们正确把握休闲与劳动的关系,"工作世界"的呈现令人们与本真的休闲渐行渐远。事实上,休闲与劳动是相对、辩证的统一关系。在新时代,强调艰苦奋斗的劳动价值并不意味着休闲就不具有正当性。今天我们已进入全面建成小康社会决胜期,审视劳动与休闲的关系首要的就是明确劳动的重要性,一方面需要培养尊重劳动、热爱劳动和诚实劳动的情感,另一方面不应忽视对正确休闲观的弘扬。培育正确的劳动观与休闲观将直接指引人们积极劳动、合理休闲,在劳动中创造价值,在休闲中促进人的自由全面发展。

[关键词] 马克思;劳动;休闲

2019年3月底以来,"996"成为公众广泛关注的话题。所谓"996"工作制,就是早上9点钟上班、晚上9点钟下班,一周工作6天时间,代表的是中国互联网企业的加班文化。有人说,"996"工作方式强调的是"撸起袖子加油干"[①]"幸福都是奋斗出来的"[②]。随后,有媒体质疑"996"工作制意味着劳动者

---

* 凌小萍,广西师范大学马克思主义学院副教授、硕士生导师。
① 《习近平主席新年贺词(2014—2018)》,人民出版社2018年版,第9页。
② 同上书,第3页。

每周要工作 72 个小时,超出了劳动法所规定的工作时间。① 可以说,这种工作方式是值得深思的。当发达国家率先进入"休闲时代",我国在改革开放 40 多年的时间里实现了城镇居民普遍享有国家法定假日全年 115 天,初步具备休闲的时间保证的时候,我们有必要审思是否只有劳动才是幸福的唯一源泉,强调休闲是否就是宣扬好逸恶劳、不务正业,休闲是否不仅不创造价值而且不利于促进良好社会风尚形成等问题。事实上,如何看待劳动与休闲,决定了会有什么样的劳动行为和休闲行为。当前,举国上下为全面建成小康社会而勠力同心,考察劳动与休闲的现状,梳理劳动与休闲的关系,对于培育和践行正确的劳动观与休闲观具有重要的时代价值。

一、劳动与休闲是实现人的解放和全面发展的重要环节

在马克思主义相关论述中,劳动对于人类社会的存在和发展具有基础性地位和作用。与此相应,休闲"处于一种隐喻的理论无意识状态,隐喻在他为人类解放而进行的理论批判与实践斗争之中"②。马克思在阐述社会主义及共产主义有关理论中对"休闲"有所提及。可以说,马克思是在劳动生活和休闲生活基础上探讨人的自由全面发展问题的。在马克思看来,劳动和休闲是实现人的解放和全面发展的两个重要环节。

(一)劳动和休闲共同构成人类基本存在状态

尽管劳动是满足人的基本需要的"第一个历史活动"③,但马克思主义视域中的"休闲"也是人类的基本生活方式之一。马克思认为,"资本主义生产方式的基础上,必要劳动时间始终只能是工人的工作日的一部分",④因为劳动

---

① 参见彭波:《强制加班不应成为企业文化》,《人民日报》2019 年 4 月 11 日。
② 张永红:《马克思的休闲观及其当代价值研究》,湖南人民出版社 2010 年版,第 77 页。
③ 《马克思恩格斯文集(第 1 卷)》,人民出版社 2009 年版,第 531 页。
④ 《马克思恩格斯文集(第 5 卷)》,人民出版社 2009 年版,第 268 页。

有"劳动力的身体界限"。一个人在 24 小时的自然日内只能支出一定量的生命力,"每天必须有一部分时间休息、睡觉,人还必须有一部分时间满足身体的其他需要,如吃饭、穿衣,等等"。除此之外,劳动时间的长短还会涉及"道德界限",即"工人必须有时间满足精神需要和社会需要,这些需要的范围和数量由一般的文化状况决定"。① 这说明,马克思深刻地认识到"机器消灭了工作日的一切道德界限和自然界限。缩短劳动时间的最有力的手段,竟变为把工人及其家属的全部生活时间转化为受资本支配的增殖资本价值的劳动时间的最可靠的手段",②他强调工人们要有"起码较为合理的正常工作日",以使他们的体质有可能"得到了一定程度的恢复"。③ 有正常的工作日,从另一侧面隐喻了工人们的休闲空间。这实际上反映出马克思对休闲价值的肯定。

(二)劳动是休闲存在的前提和基础

马克思认为劳动创造了人本身,并且"任何一个民族,如果停止劳动,不用说一年,就是几个星期,也要灭亡"。④ 这说明劳动是人类社会生活的第一要义。劳动为人类提供了丰富的生活资料,满足了人们的基本生活需求,在此基础之上,休闲方才提上日程。当然,人类的劳动本身也为休闲活动提供大量的休闲物质产品,并拓展了休闲的空间。此外,劳动对休闲具有前提性作用,主要表现在劳动环境的优劣和劳作的成败会或多或少地影响人的休闲体验与感受。休闲本身不决定工作的好坏,但对于绝大多数人而言,工作不顺利会使"闲暇失去乐趣",只有在工作有意义的情形下"闲暇才变得更有意义"。⑤

(三)休闲确证劳动

"时间是生命本身的尺度。"⑥马克思认为时间是人的积极存在。以人的实践性活动为载体,人的生命活动时间构成将发生深刻的变革,时间被赋予能

---

① 《马克思恩格斯文集(第 5 卷)》,人民出版社 2009 年版,第 269 页。
② 同上书,第 469 页。
③ 《马克思恩格斯文集(第 1 卷)》,人民出版社 2009 年版,第 374 页。
④ 《马克思恩格斯文集(第 10 卷)》,人民出版社 2009 年版,第 289 页。
⑤ [美]大卫·里斯曼:《孤独的人群》,王崑译,南京大学出版社 2002 年版,第 33 页。
⑥ 《马克思恩格斯全集(第 32 卷)》,人民出版社 1998 年版,第 57 页。

动的意义。马克思认为,"如果过度劳动者和有闲者之间的对立消灭了,——而这一点无论如何只能是资本不再存在,产品不再提供占有别人剩余劳动的权利的结果,——如果把资本创造的生产力的发展也考虑在内,那末,社会在 6 小时内将生产出必要的丰富产品,这 6 小时生产的将比现在 12 小时生产的还多,同时所有的人都会有 6 小时'可以自由支配的时间'"①,在马克思看来,这样的时间才是"真正的财富"。人们可以娱乐和休息,时间也拓宽了发展才能的广阔天地。因此,自由时间不是生产劳动时间,是发展才能的时间,是娱乐休闲的时间,是真正休闲生活开始的时间。可以看出,休闲才是人们忘我工作的主要目的。尤其在理想社会,劳动已经不是"谋生的手段",而是"生活的第一需要"。② 劳动是人的需要,自由是人的本质,使劳动成为一种消遣而不是一种谋生的手段,这将对人的生存和发展具有深刻意义。劳动与休闲同一,劳动既是必然也是生活的一种享受。简言之,自由时间是"劳动化的休闲时间或休闲化的劳动时间"。③

由此可见,劳动与休闲的关系是一体两面的。离开劳动,休闲缺乏基本的物质基础;只有劳动没有休闲,劳动也将丧失相当一部分现实意义。人们努力劳动正是为拥有闲暇时光,劳动是人们为享受休闲所必须支付的成本。尽管劳动与休闲的本质关系如此,但在不同社会制度语境中,情况有所区别。马克思认为,在资本主义生产资料私有制条件下生产劳动,一方面,工人劳动所需的体力和脑力消耗由于机器的大规模应用而大为降低,但也使得劳动日益成为简单的重复性操作,本应作为"自由的生命表现""生活的乐趣"而充满创造性的工人劳动完全提供不了应有的满足感和成就感,另一方面,"也为工人创造了自由时间,而且一定劳动形式上的强度,决不排除另一方面活动的可能性;相反,这种活动可以是休息,可以起休息的作用"。④ 事实上,围绕基本休闲权利的获取,资本主义国家工人阶级通过罢工、谈判等斗争形式一定程度上实现了短期内生存境遇的改善。然而,劳动与休闲关系的改善并没有使工人

---

① 《马克思恩格斯全集(第 26 卷)》(下),人民出版社 1974 年版,第 280—281 页。
② 《马克思恩格斯文集(第 3 卷)》,人民出版社 2009 年版,第 435 页。
③ 鲍金:《时间的统治及其走出——资本逻辑视阈中的马克思时间思想再阐释》,《天津社会科学》2015 年第 2 期。
④ 《马克思恩格斯全集》(第 47 卷),人民出版社 1979 年版,第 408 页。

阶级受雇佣、被剥削的地位发生根本性改变。

中华人民共和国成立以来,我们实现了人民当家做主,具备了克服马克思所谓异化劳动的基本条件和前提。解放生产力,发展生产力,本质上是使人们能够拥有充裕的物质生活和畅享闲暇生活。但是,由于我国正处于并将长期处于社会主义初级阶段,劳动者的劳动是在不同生产力水平上的劳动。随着我国进入新时代,在社会主要矛盾的转化和决胜全面建成小康社会的背景下,人们追求休闲、幸福和快乐客观上需要在劳动观层面做出新调整。劳动不是简单的谋生和致富的手段,而是休闲、幸福和快乐的实现方式。"不能把劳动仅仅理解为直接的体力劳动,更要把科学、技术、文化、艺术等创造活动作为重要的劳动;不仅要强调劳动光荣,而且要重视劳动者的工作安全、舒适、健康、愉悦等。"①这种新型的劳动观可谓总体性劳动观,是和谐的劳动观,是承认休闲、追求幸福和快乐的劳动观。

二、当代劳动与休闲偏离了其本真意义

休闲是人们所需要的,呈现人们对生命美好的呼唤和体验。然而,现实社会中我们遭逢的却是另一番景象。

(一) 消费主义蔓延不利于正确把握休闲与劳动的关系

唯物史观认为劳动创造历史。可是,人们在劳动之余有了更多空闲时间以及消费盛行的社会的到来,却很容易令人产生诸多困惑。比如,休闲是否也创造历史?如果休闲也创造历史,那么劳动创造历史的地位是否发生了改变?此外,劳动实践规定了人的本质,但是,休闲也涵育着人的本性。那么人的本性究竟是什么?人的内在需求究竟是用劳动还是用勤劳反映更合适?最后,理想生活是自由自觉的劳动还是悠闲、消费和享乐?凡此种种,需要人们重新认识劳动与休闲之间的关系,确定何者是目的,何者是手段。

---

① 王晓杰:《马克思休闲思想及中国休闲经济发展研究》,中国社会科学出版社2015年版,第118页。

首先，休闲出现消费化倾向。伴随我国经济体制的转型，国内政治生活开始呈现新的变化，越来越宽松的社会氛围使得人们有更多安排个人日常生活的自主权利。市场经济的建立和成熟完善让越来越多的人意识到个人社会地位、生活安全感和荣誉感与个人经济状况、消费行为等因素密切相关，人们关注的焦点更多转向经济领域和消费生活，为休闲消费观念和方式的实践提供了可能。理解今天人们休闲价值观念变化的深层缘由，必须结合具体的历史语境。20 世纪 70 年代到 80 年代初，泛政治意识形态还在左右着人们的日常生活。但到 20 世纪 90 年代，普通大众和知识分子的政治参与热情急剧消退，休闲的消费主义化逐渐成为新的意识形态并占据稳固地位。日常生活话语由"政治"迅速改写为"时尚与市场"。①

其次，休闲深受媒介化社会训导。借助媒介的力量，消费的影响更为深入人心。休闲消费通过媒体获得娱乐和快感，休闲生活深受媒体的训导，这就是当代休闲的媒介化。媒介作为工具性的存在物，是人们生产劳动和休闲生活不可分离的中介物。"媒介即信息"，人们并不能直接与信息对话，必须通过报纸、广播、电视、手机和互联网等媒介才能表达和传递信息。因此，媒介不仅满足了人们的信息诉求，而且俨然成为一种生产话题、引领社会信息的存在。从这个意义上说，传媒以其自身特性影响并改变着人们的生活方式。与其说我们生活在一个信息化社会，不如说我们身处一个"媒介化生存"的社会。在资讯发达的信息时代，人们对于社会外围环境的了解程度和感知程度更多依赖于当代大众传播媒体。侵染于媒体世界的人是怎样生活、如何消费的，无不深受传媒的诱导。尤其是消费时代的时尚杂志，通过宣言休闲意识，创造商品的符号价值，对休闲生活方式的倡导进行了对社会的"休闲消费培训"②。尤其是都市白领女性，更是通过媒体引导下的休闲消费完成其身份意识的确立与自身身份的建构。她们不仅是杂志介绍品牌的使用者，也是其所宣扬的生活方式的践行者。媒介为人们提供休闲的文化空间，传媒通过对人们日常休闲生活方方面面消费的培训，塑造起一个阶层的"品位"。

---

① 陶东风：《研究大众文化与消费主义的三种范式及其西方资源——兼谈"日常生活的审美化"并答赵勇博士》，《河北学刊》2004 年第 5 期。
② 徐小立：《传媒消费文化景观》，人民出版社 2010 年版，第 74 页。

可以说，在一个"消费"的社会里，媒介与消费的"共谋"保证了消费的再生产。人们被"越消费就越幸福"的假象迷惑，休闲被消费裹挟前行。人们在对物的追逐中内心难安，有些人甚至渴望通过一夜暴富来实现拥有财富的梦想而忽略诚实劳动的基本作用。

（二）"工作世界"使休闲偏离了其本真意义

亚里士多德认为全部生活可以分为劳作的与闲暇的，或分为战争的与和平的，公民们应该致力于求致和平与闲暇。① 这里的闲暇实质上就是休闲。经济发展处于较低水平时，人们为生活所迫不得不花费大量的时间去劳动以获取生存所需的基本物质资料。可是，在经济发展水平提高之后，原本应有的精神追求却被物质营造的疯狂和过度泛滥而扭曲了，部分消解了生命的诗意。中国传统农业社会形成的辛勤节俭生活伦理受到现代消费生活观念的强烈冲击，消费主义及其所倡导的生活方式深深影响着休闲本身。休闲被人为制造的欲望支配，休闲生活更多地印染上商品崇拜、商品形象和意义崇拜的烙印。休闲消费表达的不是诗意而是人的精神迷失、信仰缺失以及社会身份认同的混乱。这个时代"每一种事物好像都包含有自己的反面"，② 辛勤劳动为的是普遍有闲，而当拥有闲暇的时候人们却又深陷一个物质和功利浮泛的世界，精神陷入无穷的困扰。

民众休闲观念的变化是建立在社会转型基础上的。我国社会大转折表现在经济领域，就是市场经济体制取代计划经济体制；在社会生活领域，是人们在具体价值观念指导下的生活方式由"谋生"型劳动状态转向享受"休闲生活"状态；在政治生活领域，民众生活的自主性不断增强。社会主义市场经济鼓励个人奋斗和个人成功。衡量这种成功的重要标准除了个人对于他人和社会的贡献，还有个人财富的增长。在物资匮乏的年代，人们渴求吃饱、穿暖、够用、能住。随着社会生活条件的改善，人们日益注重"吃得好、穿得漂亮、用得高档、住得舒适，甚至'玩得刺激'"③。本质上，这体现了民众的社会心理由"将

---

① ［古希腊］亚里士多德：《政治学》，颜一、秦典华译，中国人民大学出版社 2003 年版，第 259 页。
② 《马克思恩格斯文集（第 2 卷）》，人民出版社 2009 年版，第 580 页。
③ 徐小立：《传媒消费文化景观》，人民出版社 2010 年版，第 27 页。

就"到"讲究"的转变,显示了社会对"消费"的重视。

　　这些变化紧随 1978 年我国工作重心转移到经济建设领域而出现。随着物质生活的改变,人们相应地由劳动状态的约束走向休闲的解放。社会由"生产"到"消费"的转变,是人们基本需要满足之后休闲消费欲望不断上升的过程。需要或者说需求是人们生活中的必需品,由劳动予以解决。欲求却不是"需要",而是"想要"。丹尼·贝尔认为需求是所有"物种"成员个体都有的普遍存在;欲求则是与个体独特口味和特质相应的不同欲望。① 凯恩斯将"需求"分为两大部分,一种是无关外界情况人皆有之的"绝对需求",另一种是满足个体虚荣或者优越感的"相对需求"。② 两类需求的差异在于,相对需求是能满足人们获得优越感的欲望,是无休无止的,绝对需求则不存在这一问题。可见,欲求超越了生理本能层面而进入心理层次,是一种无限的要求。人们一旦陷入这种心理就会表现出对商品消费的狂热和依赖。人的心灵永不满足,而为了满足,则必须劳作。由此,人们沉浸在疯狂的"工作世界"里以服务于物欲的满足。

　　皮珀曾对疯狂的物欲追求状态和"工作世界"进行了严肃批判。他认为"工作世界"基于效益原则运作,这样的世界物质不匮乏,也因此或许能繁荣存在。但是,这个世界也是一个贫乏荒芜的世界,没有真正存在过拥有财富和盈余的状态。因为即使有了盈余,人们又会在理性的效益原则驱使下继续疯狂挖掘。可以设想,人类"工作世界"的未来将是可怕的。"人的存在纯粹只是为了工作日子而设定?"③辛勤劳作实现物欲的满足本无可非议,但正因如此,人们常常会遗落最珍贵的东西,忘却"闲暇是劳作的目的"④。概言之,当在审视劳动与休闲关系时,将闲暇这一劳作的目的变成为纯粹手段,物质财富占有的多寡成为衡量劳动价值及其劳动主体社会地位高低的唯一标准,人们就陷入了一种悖论,休闲失去了其本真意义。

---

① [美]丹尼·贝尔:《资本主义文化矛盾》,严蓓雯译,江苏人民出版社 2012 年版,第 3 页。
② J. M. Keynes. EssaysinPersuasion, London: Macmillan, 1972, p.326.
③ [德]约瑟夫·皮珀:《闲暇:文化的基础》,刘森尧译,新星出版社 2005 年版,第 32 页。
④ [古希腊]亚里士多德:《政治学》,颜一、秦典华译,中国人民大学出版社 2003 年版,第 259 页。

三、培育正确的劳动观与休闲观

劳动是人有意识、有目的地认识和改造自然,使之发生物质变换的活动,其实质是改变自然物质的形态或性质,为人类的生存和发展需要提供服务。劳动是社会分工的结果,马克思、恩格斯认为从分工出现开始,任何人都有"自己一定的特殊的活动范围"。这具有强制性,只要人不想失去生活资料的来源,他就不能超出这一范围。[①] 人们"只能在适当的时候引入嬉戏,作为一剂解除疲劳的良药"[②]。这表明,劳动对于人的生存和发展具有先在性。审视劳动与休闲的关系首要的就是明确劳动的重要性。

(一) 培养尊重劳动、热爱劳动和诚实劳动的意识与情感

树立正确的劳动价值观不仅是创造幸福生活的需要,也是扭转社会风气的需要。在历史唯物主义视野中,劳动是人类其他任何活动的基础,同时包含人类创造物质财富和精神财富的活动。劳动者通过参加劳动获得劳动收入并以此为生活资料主要来源。劳动者不仅是物质和精神财富的创造者,也是社会变革的决定力量。因此,唯物主义历史观归根结底就是劳动历史观。人类要认识世界,首要前提就是要劳动。而认识世界为的是改造世界,服务于人类的生存和发展。因此,从中华人民共和国的第一部宪法到最新修订的宪法都对"劳动"作了重要的规定[③]。我国宪法对公民的道德要求规范少不了"劳动",而且都旗帜鲜明地确认"劳动"具有崇高的道德价值。

劳动是人的本质属性,热爱劳动是劳动人民的第一品质。唯有辛勤劳动,才能实现中国特色社会主义共同理想。对尊重劳动和崇尚劳动的强调,为社会主义现代化建设目标提供了强大精神力量。确立劳动价值观,就是从根本上树立中国特色社会主义共同理想。邓小平说:"为了创造社会主义的幸福生

[①] 《马克思恩格斯文集(第1卷)》,人民出版社2009年版,第537页。
[②] [古希腊]亚里士多德:《政治学》,颜一、秦典华译,中国人民大学出版社2003年版,第269页。
[③] 在第一部《宪法·总纲》中,劳动被规定为"中华人民共和国一切有劳动能力的公民的光荣的事情"。在第三部《宪法》中,"劳动是一切有劳动能力的公民的光荣职责"。第四部《宪法》又重申这一规定,并且把"五爱"的要求进一步表述为"爱祖国、爱人民、爱科学、爱劳动、爱社会主义"。

活,没有极艰苦的劳动是不可能的。"①在党的十二大上,邓小平又说:"中国人民以热爱祖国,建设社会主义现代化国家为最大光荣。"2010 年,在全国劳动模范和先进工作者表彰大会上,胡锦涛倡导"劳动最光荣、劳动者最伟大",并号召全体人民尤其是广大青少年都要懂得并积极践行。党的十八大报告强调:"要尊重劳动、尊重知识、尊重人才、尊重创造。"②党的十九大报告指出,要"弘扬劳模精神和工匠精神,营造劳动光荣的社会风尚和精益求精的敬业风气"③。全面推进建成小康社会,进而建设富强、民主、文明、和谐、美丽的社会主义现代化国家,从根本上说依靠的就是劳动和劳动者的创造。强调"劳动最光荣,劳动者最伟大",就是以劳动和劳动者为光荣、为崇高、为神圣。尊重、崇尚、热爱劳动和劳动者是全面推进建成小康社会的必然要求。

中国劳动人民在千百年的劳动实践中形成了团结统一、爱好和平、勤劳勇敢、自强不息的民族精神,成为改革创新的不竭源泉。深化改革,努力创新,就必须尊重实践、尊重规律、尊重群众、尊重劳动者的每一项伟大创造。只有这样才能不断解放思想,深化改革。所谓弘扬正确的劳动价值观,实质上就是弘扬民族精神和时代精神。实现中华民族伟大复兴必须依靠辛勤劳动、诚实付出,并且鼓励创造性劳动。为此,需要注意培养人们尊重劳动、热爱劳动和诚实劳动的情感。

一要培养以勤为本的观念,激发劳动热情。当今中国社会无论是经济成分、企业社会组织形式,还是就业方式、利益关系和分配方式都日益多元多样化。同时,在休闲日益消费化和媒介化的影响下,一部分人在对待劳动的态度和价值认同方面出现了偏差。例如,在职业选择上,部分人"重脑力、轻体力"。在个人发展动力上,一部分人讲究社会资本的便捷回报却忽视个人脚踏实地稳步获得。在劳动态度上,一些人"剑走偏锋",以欺骗违规牟利,轻视真抓实干。在劳动激励上,部分人偏爱物质利益,藐视精神鼓励等。这是对劳动本源认知和劳动成果分享观念上的错位。事实上,无论社会发展到什么程度,没有

---

① 《邓小平文选(第 1 卷)》,人民出版社 1994 年版,第 276 页。
② 胡锦涛:《坚定不移沿着中国特色社会主义道路前进为全面建成小康社会而奋斗——在中国共产党第十八次全国代表大会上的报告》,人民出版社 2012 年版,第 32 页。
③ 习近平:《决胜全面建成小康社会夺取新时代中国特色社会主义伟大胜利——在中国共产党第十九次全国代表大会上的报告》,人民出版社 2017 年版,第 31 页。

劳动创造财富和价值就不可能有休闲的物质基础。正如习近平总书记所言，"幸福不会从天而降，梦想不会自动成真"[①]"人世间的一切幸福都需要靠辛勤的劳动来创造"。[②] 因此，社会需要弘扬正确的劳动价值观，以优良传统和时代精神教育人、引导人、激励人。

二要培养以诚为基的劳动品质。党的十八大报告在个人层面提出"爱国、敬业、诚信、友善"的社会主义核心价值观，就是要求劳动者以诚实劳动体现诚信品质。诚实守信是中华民族的传统美德，是构筑人际和谐与社会和谐稳固的基点，也是衡量社会文明程度的重要标志。当前，一部分人缺乏诚信，不择手段追求自身利益。也有的劳动者深受市场经济趋利性的影响，"一切向钱看"，唯利是图。还有的劳动者将市场交换原则泛化到社会生活诸领域，一切都讲究等价交换，人际关系和社会关系被视为金钱利益关系。更有甚者，把"老实人吃亏，失信者受益"视为真谛。不可否认，在社会转型各项制度法规并不成熟完善的情况下，出现这样或那样的社会问题有其制度层面的原因。但人性的自利和贪欲与制度性缺失的相遇恐怕是社会性诚信缺失的根本原因。因此，有必要加强"以诚实守信为荣、以见利忘义为耻"的劳动道德教育，把社会的道德要求转化为内心的信仰，以此克服人性的自私，培养正确的劳动价值观。

当然，尊重劳动、热爱劳动和诚实劳动情感的培育也离不开外部社会环境的营造。解决正确劳动价值观的树立问题，必须从破解影响劳动者和制约劳动者焕发精神和调动积极性的关键性因素入手。比如，要公平配置劳动资源，要让劳动成果为大家所共享，要营造良好的劳动环境。这些问题的解决需要构建公平公正的资源配置机制，需要构建劳动成果公平创造和分享机制。总之，要让劳动者勤起来，就必须从制度机制层面凸显劳动果实之于个人生存发展幸福生活的主体地位：一是让劳动者成为其自身发展的动力主体，二是让劳动成果成为每一位参与者分配享有的要素主体，三是让劳动成果成为每一个参与者健康幸福的保障主体，通过满足劳动者的利益诉求，引导劳动者明确认识劳动的真正目的和意义，使劳动成果促进个体健康幸福，全面发展。

---

① 《习近平谈治国理政》，外文出版社 2014 年版，第 44 页。
② 同上书，第 4 页。

（二）引导民众正确认识劳动与休闲的关系

首先，要认清当前劳动与休闲之间存在的冲突，总体把握未来休闲与劳动的融合趋势。

休闲和劳动是相对而言的、相应的，人们的时间有劳动时间和自由支配时间的区分。但是随着社会发展，劳动的复杂性以及劳动由原创性地面对自然转向了部分劳动可以化为第三产业。所谓第三产业（服务业等在内的）也变成了劳动的构成部分。随着社会高度复杂化和社会结构复杂化，社会运行成本的支付、代价越来越大。在这一前提下，如果以技术来区分劳动和休闲，劳动则从农耕生产方式切换到大工业生产方式，由生物技术进入电子传媒时代，那么休闲的区分就会变得越来越复杂。在过去，休闲相对劳动而言就是玩耍，或是花钱，或是以支付时间成本获得身心的放松。随着多媒体时代的到来，我们很难截然区分某段时间究竟是劳动时间还是休闲时间。这说明，科技的发展使劳动与休闲呈现新型关系。一是弥合性关系。这种弥合关系不是简单地将休闲视为劳动的补偿，它是工作在向休闲"渗透"。工作与游戏变得越来越像，二者之间没有严格界限。二是工作与休闲也存在创造性关系。社会学家帕克认为在未来社会中工作将失去其目前的强制性而应有"创造性"，休闲获得的是现在劳动中人们所得到的满足感，也需要人们认真计划。在生产力水平高度发达阶段，劳动与休闲融为整体，没有匮乏和强制限制。这与古雅典人的休闲观念相吻合，也与现代马斯洛的"自我实现"相一致。

但是，从目前社会现实状况来看，休闲与劳动之间更多的是冲突。其一，劳动与休闲的冲突源自传统劳动的非人道性。在人类生产力水平总体较低的情况下，劳动是漫长而艰辛的，对人的身心也是一种消耗和折磨。它与人的本性和内在需求背道而驰。因此，当财富的增长足以将人们从繁重的劳动中解脱出来之际，休闲自然成为对劳动的"胜利大逃亡"。其二，劳动与休闲的冲突源自私有制条件下劳动的异化。劳动成为奴役人的手段，随之也造成人的异化和价值观念的异化。劳动者无闲暇，有闲者不劳动，劳动者阶层社会地位卑贱，悠闲者阶层养尊处优。当轻视劳动者成为社会的主流价值观之时，远离劳动、鄙视劳动则演变成为人摆脱异化从而实现自我救赎的手段。其三，消费主义文化中自由和快乐的幻想误导正确劳动与休闲价值观的建立。当物质的消费和享乐的追求左右人们看待世界的基本态度时,人们对物的追捧也将禁锢人们对现实和未来的思考。当许多人把消费视作幸福的源泉时,他们忘却的恰恰是勤劳节俭的生活方式和价值观念才是成就繁荣消费景象之根本。其四,休闲与劳动之所以存在冲突与人性的好逸恶劳有一定的关系。自我保存是生物的天性,尤其在劳动还只是谋生手段的时候。财富的累积如若可以满足人的消闲享受,人类确有可能选择不在劳动中耗费生命。唯有在人的精神境界高度发达,彻底实现自我超越,成为道德和文化的存在,才可能实现劳动的复归。鉴于休闲是实现人的解放的重要步骤,劳动是人之生存的根基,社会立足之本,人类劳动的解放是实现每一个人自由全面发展的最终途径,所以调和或化解劳动与休闲矛盾的根本途径是发展社会生产力,提高劳动效率。社会主义制度的建立从经济基础上为劳动与休闲的融合创造了客观条件。等私有制彻底消亡时,生产劳动将由奴役人的手段变为解放人的方法。此时,生产劳动也将"从一种负担变成一种快乐"①。

其次,要大力倡导"尊重劳动、尊重知识、尊重人才、尊重创造"的价值观念。在市场经济机制作用下,传统价值观念和生活样式备受冲击。知识和人才在当代社会的作用也在不断发生变化,但是劳动仍然占据基础性地位。要"尊重和保护一切有益于人民和社会的劳动"②,进而要在全社会积极引导、培育尊重和保护劳动的观念。我国正处于并将长期处于社会主义初级阶段,如若动摇劳动神圣光荣的观念,则容易助长好逸恶劳、不劳而获的错误思想观念。当前要警惕享乐主义和消费主义的侵蚀,还要警惕投机心理和行为的膨胀。转型社会的加速和市场经济的功利浮华或多或少导致了社会心理的浮躁。部分人劳动观念淡薄,幻想一夜暴富,误将"点子赚钱"和知识信息经济理解为"空手套白狼"。这将阻碍全面建成小康社会的推进,也不利于个人实现全面发展。

再次,要遵循劳逸互存互补原则处理劳动与休闲的关系。休闲和劳动的对立,对于社会主义和谐社会的构建无疑是不利的。休闲理应关注生命个体的生存状态,关心人的全面发展、人的幸福感、人生的意义与价值以及社会的

---

① 《马克思恩格斯文集(第9卷)》,人民出版社 2009 年版,第 331 页。
② 《江泽民文选(第3卷)》,人民出版社 2006 年版,第 540 页。

价值体系等终极命题。过度的劳动不利于可持续发展。劳动是人与自然的物质变换,一方面劳动是人生存和发展的基础,另一方面不适当的劳动又在破坏和瓦解这一基础即生态环境。因此,过度的劳动有害于人的内在自然和外在自然。反之,休闲无度也损害人的劳动。休闲无度的表现是奢侈休闲、享乐休闲和不可持续休闲。奢侈休闲对地球生态环境资源构成严重威胁;享乐休闲满足的是感官刺激和"过瘾",严重缺乏心灵世界的宁静与愉悦,二者都是不可持续的。为实现人类和社会的健康发展,"娱乐生活必须受到社会的约束"。[①]避免"工作的世界"和不当休闲的最基本原则是劳逸互存互补。重新定义塑造休闲和推动社会向前的力量,为的是使休闲摆脱物欲主义和感官享乐主义的影响,成为促进人的发展的良机。人们应充分利用闲暇时间,学习各种技能,发展自我,使休闲服务发展,发展服务于享受。

最后,要创造客观条件促进劳动与休闲的和谐统一也是正确处理劳动与休闲关系的重要方面。在强调尊重劳动有助于培育艰苦奋斗、自强不息的精神力量的同时,也要提倡只有诚实劳动、合法经营才能创造个体的高品质生活,从而有利于净化社会风气,提高社会的整体道德水平。只有社会生产力不断发展,物质财富足够丰裕才能保证每一个公民充分享有休闲。除此之外,应健全相关法律法规,还可以出台一些具体措施,如提高劳动者待遇、加深劳动时间地点方式过程的人性化程度、改进劳动保护的技术水准等,以切实保障劳动者的权益,进而实现更为公平的社会分配。

(三) 大力弘扬正确的休闲观

休闲观是休闲文化的灵魂所在,直接决定了休闲的发展方向和目标。休闲观因社会发展阶段的不同和国家民族地区的差异客观存在特殊性。根据中华优秀传统文化的核心价值和社会主义核心价值观的基本价值要求,中国特色社会主义核心价值观应包含对"和谐与自然"的尊崇。和谐的休闲是人的自然属性、社会属性和精神属性的和谐。休闲要带给人愉快和幸福的体验、状态和境界,并能与其所处的现实的社会关系相协调,在回归自己的身心、大自然

[①] [美] 丹尼尔·杰·切特罗姆:《传播媒介与美国人的思想——从莫尔斯到麦克卢汉》,曹静生等译,中国广播电视出版社 2004 年版,第 110 页。

中升华到崇高的精神层次，进而获得自由全面的发展。自然，是自在本然。休闲的自然是遵循大自然的固有规律、人性本身的规律及人与自然相互作用的规律来从事休闲活动。自然地生活就是休闲。休闲的生活也是人的自然状态的呈现。强调休闲的自然，要求人们摒弃各种违背自然的价值取向和思维方式以及言行，不断提升个人的修为。推崇休闲的和谐与自然，必将对资源节约型社会、环境友好型社会的建设产生积极影响。

如果说和谐和自然是对中国特色社会主义关于休闲观的形而上概括，那么健康、文明、科学则是休闲价值观的形而下体现。[①] 首先，健康是最为通俗的休闲价值表达。健康是个人身心的和谐统一，既无疾病缠身，亦无"心灵的纷扰"。休闲在恢复劳累身心上具有间接的健康效益，并且其本身就是健康的表现。一方面，健康是会休闲的人和善于休闲的人获得的一种自然而然的结果；另一方面，健康也会促使休闲更易达到理想价值境界。因此，强化休闲的健康效益，突出休闲的大众健康和疾病预防功能，对于解决当前中国社会存在的身心疾患与突破医疗瓶颈将具有重要的现实意义。显然，健康自然成为休闲的一种重要价值规范和要求。其次，在现实生活中文明是社会发展程度的标识。文明体现人的素养、人的开化程度和智慧程度。它反映人的自觉自知和自主自控程度。和谐社会需要文明，文明休闲是和谐社会的体现。文明休闲就是要在积极锻炼身体、修身养性中休闲，在简朴节约中休闲，在休闲生活中处处体现保护环境、语言美、行为美。如果休闲不能展现文明，偏离社会主义核心价值观，最终不利于社会和谐。最后，和谐自然的休闲一定是科学休闲所致，即在遵循规律基础上休闲。这里的规律既包括生理意义的规律，也包含人的主观意识心理的规律，还有自然生态的规律。真正的休闲能达到和谐的状态，而只有科学休闲才可能达至和谐。违背科学规律的休闲其效果将会适得其反。

综上所述，休闲与劳动是相对的、辩证统一的关系。在新时代强调艰苦奋斗的劳动价值并不意味着休闲就不具有正当性。我们在正视劳动与休闲在当代的复杂关系的同时，也需要明了培育人们树立正确的劳动与休闲观将直接指引人们积极劳动、合理休闲，在劳动中创造价值，在休闲中促进人的自由全面发展。

---

① 吴文新：《唯物史观视域中的休闲：享受和发展》，北京大学出版社2013年版，第216页。

当代中国马克思主义史学的文化使命

郭 超[*]

[摘要] 文化自信的提出,给广大史学工作者极大的鼓舞和力量。中国马克思主义史学为文化自信提供重要的精神资源,是文化自信的基石;文化自信需要中国马克思主义史学对中国传统文化批判地继承,需要中国马克思主义史学对中国革命文化和社会主义先进文化进行总结和升华。整体性思维是马克思主义史学克服历史虚无主义的有力武器,当下中国社会出现的人文精神缺失、人文关怀匮乏,是中国在发展过程中必须跨越的障碍。要坚持马克思主义史学的主导地位,加强对马克思主义人学理论的研究,为人的全面自由发展提供智力支持。

[关键词] 马克思主义史学;文化自信;历史虚无主义;人文关怀

党的十八大以来,习近平总书记曾在多个场合提到文化自信,将文化自信提到与道路自信、理论自信和制度自信并置的高度,并用"更基础、更广泛、更深厚的自信"概括了文化自信的地位和作用。[①] 文化自信的提出,给哲学社会科学工作者特别是广大史学工作者极大的鼓舞。在社会科学所有门类当中,历史学是将历史、自然、哲学、人性学及时间、空间因素有机结合起来,研究和阐述人类社会发展具体历程和规律的一门学科。习近平总书记在致第二十二

---

[*] 郭超,黄淮学院马克思主义学院副教授。
[①] 习近平:《在庆祝中国共产党成立95周年大会上的讲话》,《人民日报》2016年7月1日。

届国际历史科学大会的贺信中指出:"人事有代谢,往来成古今。历史研究是一切社会科学的基础,承担着'究天人之际,通古今之变'的使命。"①这一重要论断,高度概括了历史学的学科特点和崇高地位。作为确立了以唯物史观为主导地位、在中国走过近百年的光辉历程、代表中国当代史学主流的中国马克思主义史学,在以实现中华民族伟大复兴中国梦为目标的当代文化建设中,应承担怎样的文化使命?这一重要的理论问题,需要史学工作者做出富有历史底蕴和时代特色的探索和回答。

一、中国马克思主义史学为文化自信提供重要的精神资源

以史为鉴,可以知兴替。纵观中华人民共和国成立以来我国社会主义建设的总体过程,我们一直在不断地借鉴先进经验、总结历史教训。中国特色社会主义理论每一次充实完善、创新发展,都留下了中国共产党带领各民族人民不断前行的足迹,都折射出历史理性的光芒,也都体现着中国马克思主义史学的价值。对人类历史发展规律的系统探究和揭示,对优秀历史成果的吸收和提炼,正是马克思主义史学对人类最杰出的贡献,也是将历史学"史鉴""史师"作用发挥到极致的理论武器。当前我们正在进行实现中华民族伟大复兴的事业,丰富精神文化生活越来越成为中国人民的迫切愿望,文化大发展大繁荣也日益成为实现中华民族伟大复兴的主要内容和重要力量,需要马克思主义史学提供更加丰富的精神滋养和力量源泉。

(一) 中国马克思主义史学是文化自信的基石

中国传统文化历史悠久,之所以能完整地保留至今,离不开中国传统史学的独特贡献。作为一门经世之学,中国史学从诞生之日起,就肩负着特殊的历史使命,成为传统文化传承的主要载体。官修正史、私人著述代代相传,成为

---

① 《习近平致第二十二届国际历史科学大会的贺信》,《人民日报》2015年8月24日。

中国文化史上的一大奇观。人才辈出的史学名家、浩如烟海的史学著作、丰富多样的史学体裁、卓越不凡的史学思想、经世致用的史学价值,构成了一幅中国传统史学宏伟壮丽的画卷,形成了独特风格和民族气派。无怪乎德国古典哲学大师黑格尔曾为之赞叹:"中国'历史作家'的层出不穷,继续不断,实在是任何民族所比不上的。"①中国近代思想家梁启超也曾以此自豪:"中国于各种学问中,唯史学为最发达;史学在世界各国中,唯中国为最发达。"②可以说,中国传统史学是中国古代文化的重要组成部分,是中华传统文化宝库中一颗璀璨的明珠。没有发达的古代史学,就不会有中国灿烂的古代文化。

中国马克思主义史学,正是在中国传统史学的基础上发展起来的。没有中国传统史学奠定的坚实根基,就不会有中国马克思主义史学今天的辉煌成就。中国马克思主义史学从诞生、形成到发展、巩固并取得巨大成就,是与中国民主革命时期以及社会主义建设时期的历史任务相适应的,是近代以来中国先进知识分子文化选择的结果。中国马克思主义史学不仅取得了史学领域的话语主导权,而且交了一份成绩优异的答卷。在20世纪20年代末至30年代的社会性质与社会史大论战中,中国马克思主义史学工作者将唯物史观应用于中国历史研究,改变了传统历史研究方式,为新民主主义革命理论做出了独特的理论贡献。中华人民共和国成立后,广大史学工作者以马克思主义唯物史观为指导,中国史学实现了深刻的历史性变革,马克思主义史学在中国史学界占据了主导地位,为文化自信奠定了坚实的基础。

(二)中国马克思主义史学要对中国传统文化批判地继承

文化是民族的血脉,是人民的精神家园。习近平总书记强调:"中华文化源远流长,积淀着中华民族最深层的精神追求,代表着中华民族独特的精神标识,为中华民族生生不息、发展壮大提供了丰厚滋养。"③当前,建设社会主义先进文化离不开对中国传统文化的继承。但如何对待传统文化,是摆在我们

---

① 黑格尔:《历史哲学》,王造时译,上海三联书店1956年版,第161页。
② 梁启超:《中国历史研究法》,中华书局2009年版,第12页。
③ 习近平:《把培育和弘扬社会主义核心价值观作为凝魂聚气强基固本的基础工程》,《人民日报》2014年2月26日。

面前的一个非常重要但始终难以处理得当的问题。

近代以来,在寻找救国救民的道路的过程中,一些中国先进的知识分子、革命者在爱国热情的激荡下,把文化批判的矛头直指孔子及儒家。从五四"新文化运动"提出"打倒孔家店"到"文化大革命"时期的"批林批孔",以孔子为代表的儒家作为中国传统文化的代表受到批判。改革开放以后,孔子及其儒家学说重新被肯定。近年来,一股国学热在全国兴起。在一些人看来,似乎几千年的传统儒学经典就自然蕴藏着中国文化的未来和希望。针对这一认识,一些史学家提出要"警惕'国学热'陷阱",提倡国学"只能陷入传统的束缚之中,而远离人类文明的大道""决不是我们进行当代文化建设的有益的选择"。①

在如何对待传统文化这一问题上,既不能"文化自负",也不能"全盘否定",而是需要"批判地继承",这已成为一种共识。"取其精华、去其糟粕、古为今用、推陈出新"是耳熟能详的一种表述,但问题并没有因此而得到根本解决。哪些是精华,哪些是糟粕?哪些需要继承,哪些需要摈弃?怎样才能做到批判地继承?如果没有马克思主义的立场和方法,没有对待传统文化的科学态度,"批判地继承"就有可能沦为一句空话,或走向良好愿望的反面。在这方面,我们曾经有过惨痛的教训。

批判地继承中国传统文化需要马克思主义立场和方法,是因为只有马克思主义史学,才能以科学的历史观——唯物史观作为本体论基础,以一种真正彻底的、辩证的发展观点来看待历史,才能客观分析和评价中国传统文化的历史地位和作用,既充分肯定中国传统文化在历史上产生、存在的正当性、合理性,又对中国传统文化进行历史的批判。回顾中国共产党成立100多年来的历史,一方面,中国马克思主义史学工作者为当时人们解决中国革命的道路、方向和手段等一系列问题提供了理论依据,为新民主主义革命理论做出了不可替代的贡献。另一方面,中国共产党正是运用历史唯物主义原理批判地继承了中国传统文化,才开创了中国先进文化的崭新局面。中国传统文化中的进步因素为中国共产党选择马克思主义作为自己的指导思想提供了文化前提,是马克思主义中国化的文化基石;以爱国主义为核心的中华民族精神,包

---

① 李振宏:《当代文化建设四题》,《学习与实践》2007年第2期。

含团结统一、爱好和平、勤劳勇敢、自强不息等具体内容，充分体现了中华优秀传统文化的精髓思想，是中国共产党不懈追求真理的精神动力；以改革创新为核心、包括社会主义核心价值体系在内的时代精神，成为当前推进我国全面建设小康社会、开创中国特色社会主义现代化建设新局面的精神动力。

（三）中国马克思主义史学要对革命文化和社会主义先进文化加以总结和升华

让中国人"自信"的"文化"，除了中华优秀传统文化，还有中国共产党领导创建的"革命文化"和"社会主义先进文化"。从井冈山精神、长征精神、延安精神、西柏坡精神，到雷锋精神、大庆精神、"两弹一星"精神，再到航天精神、北京奥运精神、抗震救灾精神，这些富有时代特征、民族特色的革命文化，为新的历史条件下推进文化建设奠定了坚实基础。此外，社会主义先进文化，是对中华民族优秀传统文化和革命文化的继承和发展，是马克思主义指导下的文化创造。我们创造了中国道路、中国模式、中国奇迹，这充分说明社会主义先进文化是一种有生命力的文化，是一种体现人类文明发展进步方向的文化。

革命文化和社会主义先进文化的提出，无论是对于中国特色社会主义文化建设，还是对于丰富和完善中国特色社会主义理论宝库，都具有十分重要的意义。但是，问题并没有因两个概念的提出就可以得到圆满解决，理论界还面临着具体的研究任务。比如，关于革命文化。以马克思主义为基础形成的独特的中国革命道路、革命理念和革命文化，是20世纪中国文化最为耀眼的文化景观之一。围绕中国革命形成的独特文化现象，学界已经在革命文化概念基础上进行了颇多探讨与反思，[①]但总的说来，关于革命文化的研究方法、理论模式、概念逻辑等理论的自身建构尚未完成，有关革命文化的科学内涵、基本精神等问题还有待进一步研究和探讨。同样，红色文化也是近年来颇受关注的文化现象。什么是革命文化？什么是红色文化？二者的区别是什么？这些问题需借助哲学、历史学、社会学、人类学、政治学、文学、经济学等多学科视角，对革命文化、红色文化等进行综合研究。

---

① 魏本权：《从革命文化到红色文化：一项概念史的研究与分析》，《井冈山大学学报（社会科学版）》2012年第1期。

在多学科研究格局中,应发挥中国马克思主义史学的主导作用,对革命文化和社会主义先进文化加以总结和升华。这是因为,一方面,马克思主义史学具备了唯物史观这一科学的理论指导,能够给予革命文化和社会主义先进文化科学的认识和评价。无论是战争年代革命群众用鲜血和生命创造出的革命文化,还是社会主义建设时期全国人民用智慧和汗水浇灌出来的先进文化,都是中国近现代历史的重要组成部分,都是中国共产党几代革命者创造出的精神文化成果。我们可以研究这些精神文化成果,可以指出其不足,但不能否定它们的历史地位和历史功绩;可以在新的时代条件下批判地继承,但不能进行市场化的运作,更不能戏说、篡改甚至扭曲。另一方面,中国革命史以及社会主义先进文化、革命文化、红色文化等,本来就是马克思主义史学的研究对象之一。只有把它们放入人类历史特别是近现代以来的世界历史大背景下,才能更加清楚地认识到中国革命的必然性、中国社会主义建设的曲折性,以及中国道路选择的正确性,才能更加清楚地认识到革命文化、社会主义先进文化对于构建社会主义核心价值体系的积极作用。

二、中国马克思主义史学是克服
历史虚无主义的有力武器

纵观人类历史,任何时代任何一种文化创新或学术成果,如果不能取得广泛认同,就难以实现真正的文化发展。马克思主义史学也是如此。当前,我们正处在一个伟大的变革时代。经过 40 多年的改革开放,我国社会经济迅速发展,人们的经济利益诉求和精神文化需求日趋多样化,思想活动的独立性、选择性、多变性和差异性不断增强,对人类社会历史的认识日趋多元多变。社会发展日新月异,信息化步伐不断加快,在推动社会快速发展、改变人们生活方式的同时,也造成剧烈的动荡和阵痛,一些我们不愿看到却难以避免的丑恶现象时有发生。在这种情势下,如何帮助人们明辨是非、认识本质,中国学者应以怎样的视角、胸怀和方法去审视世界大势,又如何与世界人民联手,共同应对人类深陷的种种危机,这是摆在所有人文社会科学面前的重要任务。特别

是中国马克思主义史学,更要肩负起庄严的历史使命。众所周知,历史研究的社会价值就在于通过对历史真相的揭示、对历史规律的探求,来认识社会现实,引导人们朝健康向上的方面前进。因此,人们对中国马克思主义史学提供丰富的精神营养的需求更为迫切,关于人类重大历史问题以及当代社会重大现实问题形成共识的任务更加繁重。这就需要我们把马克思主义史学发展同中国实际相结合,关注民生问题,关注人民群众的精神文化诉求,运用中国人民群众喜闻乐见的历史语言和学术风格,进行中国特色社会主义历史文化教育,为实现人的现代化提供重要的精神食粮。

近年来,信息技术的飞速发展,使得人们前所未有地切身感受到获取历史知识的便捷,体会到历史知识的丰富多彩。小小手机在手,上下几千年,纵横天下事,无不在方寸之间一览无遗;刚刚发生的事件,转瞬就能通过手机传遍地球的每个角落。然而,信息时代的到来,作为个体的每位社会成员的历史知识增加了,但由单个社会成员组成的社会群体的历史共识不但没有上升的迹象,反而分歧越来越大。纵观人类文明发展史,历史知识的普及从来没有达到今天这样的广度,然而在对待历史问题的认识上,也从来没有像今天这样,个体之间会出现如此重大的差别。大至社会历史发展道路的选择、重大历史事件性质的判断,小到历史人物的功过是非、一事一物的分析评价,有时人们的认识大相径庭,甚至出现截然对立的局面。黄继光、邱少云、刘胡兰、狼牙山五壮士等英雄人物,长期以来受到人们的敬仰,但近年来屡遭戏谑,就连雷锋、焦裕禄等道德模范也频遭非议。这种情况让善良的人们感到困惑和迷茫。

造成这种情况的主要原因,一是人们历史知识的缺乏,二是历史虚无主义的泛滥。打着"学术"的幌子,以重评历史为名,以歪曲近现代中国革命史、中国共产党党史和中华人民共和国国史为表现形式的历史虚无主义,近年来利用网络大行其道。这一思潮利用部分网民对政府、社会的不满心理,将是非辨别能力较弱的网民拉入历史虚无主义的泥沼。其主要表现为:"一是否定和歪曲中国革命的历史,鼓吹'告别革命'论,否定中国人民反帝反封建斗争;二是刻意导演和假设历史,编造和夸大'人祸',提出'重写历史',用'现代化史观'取代'革命史观';三是打着'还原历史'的幌子,大作翻案文章;四是'戏说'、

'恶搞'历史,以颠覆正史为能事;五是追求所谓的'价值中立'和'纯客观'不讲正义性和崇高性。"①

近年来,历史虚无主义之所以兴风作浪,客观上是因为新兴网络技术的快速发展和普及,如微信、微博、网络论坛等让每个人都有可能参与网络交流当中,都有可能借助各类网络平台表达自己的观点。然而,从学术研究的角度来看,历史虚无主义的泛滥是由历史学的缺位,特别是马克思主义史学的严重缺位造成的。历史虚无主义作为一种社会思潮,反映的是对当下社会现实问题的一种立场、看法或态度,但这些大多是历史问题,或是历史问题的延伸,或是由历史问题引发的。关于这些问题的研究,因马克思主义史学的缺位,没有提供令人信服的历史结论,才给了历史虚无主义以可乘之机。

历史虚无主义给人们的思想造成了极大混乱,严重威胁社会稳定和国家安全,必须引起高度重视。对于那些政治上别有用心的人,要在政治上予以回击。但是,对于那些缺乏政治鉴别力、渴求历史知识的广大群众而言,回击历史虚无主义最有力的武器,就是揭开事实的真相。"针对邱少云的质疑谬论,主流媒体以'军人生理学'等专业概念阐释英雄的顽强意志力;针对网络上否定'黄继光堵枪眼'英雄事迹的谣言,健在的李继德以'黄继光堵枪眼时,我在现场'的真相还原,有力地驳斥了历史虚无主义的网络言论"。② 从应对方法上看,"用事实说话"是对历史虚无主义的有力批驳。但不可能事事都能找到亲历者,这种应对方法所能解决的问题毕竟有限。只有历史学,特别是中国马克思主义史学,才是有效防范历史虚无主义侵袭最重要的武器。

只有马克思主义史学才能担当起这一历史重任,这是由马克思主义史学的学科特点所决定的。作为社会科学中的一个门类,历史学因其特殊的研究对象而发挥着与其他学科不同的作用。但是近年来,互联网资源的共享性特征,使得历史学家垄断历史学的局面被打破了,他们的学术研究在普通人们心中的神圣性也被部分地消解了。历史学家的研究成果,除了会面临历史学家群体内部存在的分歧,也会面临很多非专业人士的质疑和挑战,形成历史共识的难度客观上大大增加了。在这种形势下,是不是就不再需要历史学了?历

---

① 梅宁华:《旗帜鲜明地反对历史虚无主义》,《求是》2010 年第 13 期。
② 杨建义:《历史虚无主义的网络传播与应对》,《思想理论教育导刊》2016 年第 1 期。

史学家是不是都应该转行？答案当然是否定的。"历史学家的独特价值是不会因为互联网的发展而消失的，所不同的是，其价值的独特性将发生变化，历史学家已经不再是以向社会提供确定不移的历史知识来证明自己的存在了"。① 同其他社会科学相比较，历史学有着明显的综合性、整体性特征，即观察问题的整体性眼光。人类社会的历史，是一个由各种复杂因素相互作用、紧密交织而形成的有着内在联系的统一的运动过程。任何历史事物、现象都处在与其他各种事物、现象复杂的历史联系之中。如果割断某一现象与其他历史现象的联系单独加以研究，都不可能达到认识该现象的目的。因此，历史研究的整体性特点，要求历史学家总是把每一种历史现象放入特定的历史整体联系中去认识和考察。由于受过历史学的专业训练，历史学家看问题的角度和思维方式，与一般社会公众有所区别。

整体性思维是历史思维的一个明显特征，这恰恰是历史虚无主义所无法具备的。有史学学者指出："历史虚无主义不辨历史的现象与本质、部分与整体、支流与主流、成功与失误、过程与规律……随意剪裁和拼凑史实，牵强附会，以点代面，以偏概全，指鹿为马，糟蹋历史。"② 整体性思维也就成为历史学战胜历史虚无主义的重要武器。马克思主义史学强调整体性思维在具体研究中的指导性意义，由此担当起回击历史虚无主义这一历史重任。具体而言，应强调以下两方面内容：

一是要加强马克思主义史学研究，巩固其在中国史学研究中的主流地位。马克思主义史学在中国已走过近百年的历程，奠定主导地位也有近70年的历史。在广大史学工作者的共同努力下，中国马克思主义史学的成就有目共睹。然而，自20世纪90年代以来，各种史学思潮纷纷崛起，历史研究多元化格局逐渐形成，马克思主义史学的独尊地位受到强大冲击，一统天下的局面发生了改变。这一方面反映了人们对历史知识有着更多、更高的需求，另一方面也说明当前的社会环境变得相对宽松，有可能产生多种历史认识。面对各种史学思潮的强大冲击，马克思主义史学家产生了强烈的危机感，进而进行了总结和反思。他们充分肯定马克思主义史学作为主流史学的历史合理性，同时认识

---

① 李振宏：《论互联网时代的历史学》，《史学月刊》2016年第11期。
② 田居俭：《旗帜鲜明反对历史虚无主义》，《求是》2013年第19期。

到在新形势下,主流史学必须在研究方法、研究内容等方面做出调整。马克思主义史学因为具有明显的意识形态化特征,常常被误认为受政治力量的裹挟及偏离正常的学术轨道。其实,马克思主义理论带给史学工作者的不是教条的束缚,而是主体性的解放。"主流地位不是靠政治的强势,不是靠思想上的强迫,主要靠真正相信马克思主义的科学性的学者们自身来努力,通过科学的成果来让人们自觉地接受马克思主义"。①

二是要不断更新研究方法和研究手段。近年来,部分历史研究开始利用大数据,很多学术论文都有大量的统计表格,或表达数量关系的函数曲线。这反映了互联网时代历史研究方法的变化,即通过复杂的数量关系来更为精确地反映历史,以证明某种历史结论的正确性。这是恰当的方法创新,也是无法阻挡的发展趋势。大数据极大地拓宽了历史资料的范围,同时为查阅文献资料提供了方便。更重要的是,充分利用大数据对中国近现代史、党史上的重要历史事件、历史人物等进行研究,能够在更大程度上接近历史本来面目。历史虚无主义的主要手法,就是随意剪裁和拼凑史料,以偏概全,甚至张冠李戴、颠倒黑白。对这种做法,列宁曾经给予了严正批判:"在社会现象领域,没有哪种方法比胡乱抽出一些个别事实和玩弄实例更普遍、更站不住脚的了。挑选任何例子是毫不费劲的,但这没有任何意义,或者有纯粹消极的意义,因为问题完全在于,每一个别情况都有其具体的历史环境""如果不是从整体上、不是从联系中去掌握事实,如果事实是零碎的和随意挑出来的,那么它们就只能是一种儿戏,或者连儿戏也不如。"②大数据在历史研究领域中的运用,能够提供充足的、有说服力的历史事实,将成为批驳历史虚无主义的有效武器。

当然,任何方法都不是万能的。由于历史内容的无限丰富性,再便捷的统计方法只是一种手段,如果没有研究者的理性判断和分析,单单用简单的数量关系代替深入的理性考察,是轻率而肤浅的。因此,有学者提出要"慎用数理统计"③。无论数量关系多么确切或真实,都是事物呈现的表面现象,都需要在整体性思维指导下考察其更深层的原因,否则就无法科学地说明历史真相

---

① 林甘泉,邹兆辰:《以马克思主义为指导研究中国古代历史》,《历史教学问题》2006 年第 3 期。
② 《列宁全集(第 28 卷)》,人民出版社 1990 年版,第 364 页。
③ 陈爽:《回归传统:浅谈数字化时代的史料处理与运用》,《史学月刊》2015 年第 1 期。

及其演变规律。这就要求历史学家要不断加强马克思主义理论学习,提高理论素养和理论创新能力,不断更新研究方法和研究手段,提升战胜历史虚无主义的能力。

三、中国马克思主义史学要提供更多的人文关怀

当代中国马克思主义史学能否阐明人类社会的发展规律和前行方向,是否真正符合当代中国社会的发展要求,其学术实践是否能满足当代中国人的精神文化需求,是马克思主义史学能否在当前复杂多样的史学思潮中确立其主导和核心地位之根本所在。实际上,中国马克思主义史学的生命力,正在于能够回答中国历史和现实的重大问题,为文化自信奠定坚实的理论基础,为文化建设提供取之不竭的力量源泉。而在文化建设的过程中,人居于核心地位或支配地位。无论是推动文化发展乃至社会全面进步,还是实现人类自身发展,文化自信最终还要落实于人本身。随着社会进步、生产力发展水平不断提高,文化的因素融入人的全面发展的各个方面,要"把文化发展的着力点放在满足人民群众精神文化需求和促进人的全面发展上"[①]。因此,不断推进人的全面发展,是文化自信的出发点和落脚点,是社会发展进步的客观需要,也是实现中华民族伟大复兴中国梦的必然要求。马克思主义史学工作者不仅是历史真相的揭示者、历史规律的探求者,还需要给人们提供更多的人文关怀,为人的塑造、人的教育和人的发展提供理论基础、指导方针和方法原则。

(一) 当下中国社会人文关怀匮乏现象存在的原因

当代科技发展促进了人的能力的极大提升,同时使人的发展面临新的挑战。当下中国,一方面综合实力和国际地位大幅度提高,另一方面人们的幸福指数和获得感未能同步提升,一些与现代文明格格不入的现象未能清除,甚至

[①]《十六大以来重要文献选编》(中),中央文献出版社2006年版,第284页。

出现人的身心不和谐以及人与社会、环境发生冲突等问题；官本位意识、等级观念根深蒂固，思想文化领域的专制主义作风阴魂不散；过于强调集体观念和集体利益，却缺少对个人的尊重，缺少人的自由全面发展的观念，为所谓"集体利益"或"国家利益"，随意剥夺他人财产乃至生命的事情时有发生；一些人将个人利益凌驾于道德之上，为了物质利益不择手段，造成道德沦丧、诚信缺失；有些人安于现状、固步自封，只看重物质享受，不注重精神追求，缺乏奋斗精神和冒险意识，急功近利乃至投机取巧；有些人为一夜暴富铤而走险，违法乱纪。上述种种现象体现了人文精神的缺失、人文关怀的匮乏。从马克思主义史学的角度来看，可以概括为以下三个方面的原因：

一是马克思主义史学主流地位的弱化。中华人民共和国成立后，马克思主义史学在史学界奠定了主流地位，本应在构建和弘扬社会主义人文精神方面有所建树，但是，由于受极"左"思潮的影响和干扰，史学界在理解和运用马克思主义方面出现了严重的教条主义倾向。人们总是自觉或不自觉地遗忘乃至压制马克思主义哲学所蕴含的人文关怀，而把其阶级斗争的属性加以强化或夸大，甚至干脆把马克思主义哲学理解为纯粹的阶级斗争学说，将其与人文关怀尖锐地对立起来。

二是对马克思主义基本理论的误解。人文关怀原本也是马克思主义理论的基本内容之一，每一个认真研读过马克思著作的人都会发现，马克思主义哲学充满了人文精神。无论是他青年时期写下的《青年在选择职业时的考虑》，还是"巴黎手稿"，无论是他思想成熟时期写下的《资本论》，还是《1857—1858年经济学手稿》或《人类学笔记》，无不包含着对人的尊严、自由和权利的执着追求，无不洋溢着深厚的人文关怀。马克思是西方人文主义传统的伟大继承者，马克思主义哲学的出发点是"从事实际活动的人"，其根本宗旨是追求人类自由和解放，人的问题和人文关怀是贯穿马克思全部学说尤其是其哲学思想的一条红线。然而在马克思主义哲学的传播过程中，人文关怀一定程度上被遮蔽了，从而也使马克思主义理论受到了误解。

三是中国古代传统文化中人文精神存在一定的缺失。中国几千年的历史文化传统包含丰富的人学思想，孔、孟的"仁"和荀子的"人之所以为人"，标志着中国古代人学思想的丰富和成熟，奠定了中国传统人学思想的理论基石。

然而,"传统的中国人学理论,只承认人的社会性,只讲人的社会角色,社会义务,而不承认人作为一个感性个体的内在需求,不承认人的任何感性欲望的正当性。因此,它要革尽人欲,造成无差别的社会个体,并由此泯灭了社会个体的创造能力"。[①] 直到今天,对青少年的教育仍不同程度存在着重技能、轻人文,重专业、轻基础,重功利、轻素质,重智育、轻德育的现象,为迎合市场导向和就业需要,强调专业技能和职业能力的培养,忽视了学生全面素质的提高。

人文精神缺失、人文关怀匮乏,是今天中国社会的一个重要问题,也是中国全方位发展必须跨越的障碍。没有人的全面发展,实现中华民族伟大复兴的中国梦就无从谈起。

(二) 中国马克思主义史学提供人文关怀的途径

人文关怀是指尊重人的主体地位和个性差异,关心人丰富多样的个体需求,激发人的主动性、积极性和创造性,促进人的自由全面发展。人的全面发展是人与自然、社会及其相互关系认识不断深化的过程。随着这个过程的不断深入,人的需求不断得到满足,人与人、人与社会、人与自然的关系不断得到改善,最终形成和谐的社会氛围,从而实现人的全面发展。剖析社会问题、引导社会发展,是历史学应有的担当,当代中国马克思主义史学如何才能给人们提供更多的人文关怀?

首先,要坚持马克思主义史学的主导地位。近年来,历史研究多元化的格局逐渐形成,马克思主义史学的独尊地位受到强大冲击,其一统天下的局面发生了改变,逐渐形成主流史学、精英史学和大众史学三足鼎立之势。有学者指出:"精英史学的崛起,一大批史学工作者自觉打破理论与方法匮乏、研究模式与范式单一的历史研究局面,致力于多学科理论和研究方法的引进与利用,不仅开拓了新的研究领域,而且为历史研究提供了新的解释框架""大众史学在当代中国的孕育、产生和发展既是继承传统的结果,同时又是社会变革、经济发展、中西文化交流的结果,尤其是在文化需求日益增长、现代传媒日趋发达的情况下,民众的阅读、欣赏和文化参与出现了多样化和个性化的趋势,他们

---

① 李振宏:《当代文化建设四题》,《学习与实践》2007年第2期。

不再是历史知识被动的接受者,而是有了主动参与历史创造活动的激情、叙述历史发展过程的冲动和表达历史思想的可能。"①

然而,精英史学、大众史学的发展离不开马克思主义唯物史观的指导。面对中国改革发展的新形势和新任务,面对中国史学发展的新样态,必须旗帜鲜明地坚持马克思主义史学的主导地位,坚持马克思主义史学理论和中国历史研究的实际相结合,紧跟时代步伐,借鉴和吸收人类社会一切文明成果,积极回应社会关切,始终保持与时俱进的精神状态,不断开拓中国马克思主义史学发展的新境界,让中国马克思主义史学在新的时代条件下焕发出新的生机和活力。

其次,加强对马克思主义人学理论的研究。马克思主义人学是研究人的存在、人的本质和人的一般发展规律的科学,其宗旨在于正确处理人与自然、人与社会、人与人、人与文化的关系,促进社会和人的全面发展,争取全人类的自由、解放。马克思主义人学是马克思主义理论的有机组成部分,是近年来我国学术界研究的一个热点。一方面,马克思没有穷尽对人学理论的研究,他所做过的具体结论并不是百分之百正确和全面。比如,在如何看待人的本质问题上,马克思强调人都是社会的人、阶级的人。人的本质是社会关系的总和。有学者在《人学历史与理论》丛书的总序中说:"马克思本人也发表了丰富的人学思想。但由于种种原因,他没有建立起马克思主义的科学的人学。"②过去受中国传统人学思想的影响,在学习和理解马克思主义关于人的认识方面也出现过偏差。另一方面,时代的发展和进步需要马克思主义人学理论与时俱进。随着时代的发展,马克思所面临的社会情境发生了很大的改变,今天的社会情况更复杂,对人的全面发展的要求更高。因此,加强对马克思主义人学理论的研究,丰富、发展和深化马克思关于人的全面发展思想,揭示其在当代语境下的内涵和价值,对于促进社会和人的全面发展,推进我国社会主义市场经济体制和现代化建设,具有非常重要的意义。

在当今以市场经济和知识经济为背景的现代化建设进程中,人的全面发展的理论价值和现实意义进一步凸显出来。特别是党的十七大报告提出注重

---

① 王记录:《当代中国史学的形态、演化及发展趋向》,《河南师范大学学报》2014年第2期。
② 李中华:《中国人学思想史:总序》,北京出版社2005年版。

人文关怀以来，人文关怀问题引起社会各界的高度关注，学术界也开始加强了对这一重大课题的研究，从而推动了人文关怀研究的深入。党的十八大明确把促进人的全面发展纳入中国特色社会主义道路的内涵。在当今中国全面建设小康社会的新的发展阶段，如何在不断推进社会主义各项文明协调发展、推进中华民族伟大复兴的同时，不断推进人的全面发展，既是中国特色社会主义事业的必然要求，也是一项重要的理论与实践课题。

人文关怀不仅仅是从经济和道义上给予关怀，更重要的是在政治上、精神上尊重人，充分实现人的价值。历史学是人类认识世界、认识自我、改造世界、超越自我的强大武器，其核心就是启迪心智、陶冶情操、完善人格、指引人生。有了唯物史观的指导，马克思主义史学能够更好地帮助个体树立正确的世界观、人生观和价值观；展开人与自然、人与社会的对话和交流，调节理性思维与精神信仰、物质追求与审美情趣、自然科学与人文关怀之间的矛盾，让传统的文化基因与现代文明相结合，共同建构21世纪新人文精神，书写崭新的历史篇章。

文化自信的提出，人的全面发展的客观需要，给中国马克思主义史学提出了新的、更高的时代要求。中国马克思主义史学要在对中国传统文化批判继承的基础上，把马克思主义理论与中国历史和现实相结合，推动中国马克思主义史学研究迈上一个新的台阶，为人的全面自由发展提供智力支持，为中国现代化建设事业的稳步发展提供不竭的力量源泉。

马克思恩格斯工人教育思想及其当代启示

徐英雪　黄朝峰[*]

[摘要] 当代中国工人阶级的范畴与结构已发生明显变化,工人阶级教育问题逐渐凸显。从历史上看,工人教育始终是马克思主义的关键问题。马克思和恩格斯针对教育的本质、内容与路径作出了回答,明确提出工人教育必须改变以往阶级教育的性质、具备科学的教育内容、形成多元的教育路径。马克思和恩格斯工人教育思想充分体现了马克思主义的科学性与实践性,是马克思主义理论教育的根本基础,为如何解决当代中国工人阶级教育新问题提供了启示。

[关键词] 工人教育思想;资产阶级教育思想;当代启示

马克思和恩格斯生活在自由资本主义时代,目睹了工人阶级在政治、经济上受到的严重迫害。他们一生致力于工人阶级教育的事业,旨在通过提高工人教育水平、启发阶级意识,帮助工人参与革命,改变他们受压迫、受剥削的悲惨境遇,并进一步形成一支先进的无产阶级革命队伍。基于对资本主义腐朽阶级教育的彻底批判,马克思和恩格斯针对工人教育的本质问题、教育内容与教育路径展开讨论,坚定地认为工人阶级必须打破陈旧的教育桎梏、形成属于自己的教育思想。通过长期的理论探索、实践积累,马克思和恩格斯为开展工人教育作出了突出贡献,其工人教育思想也成为马克思主义理论的重要组成部分。

---

[*] 徐英雪,国防科技大学文理学院博士研究生;黄朝峰,国防科技大学文理学院马克思主义理论系主任,教授,博士生导师。

一、马克思和恩格斯明确提出
工人教育的本质问题

《共产党宣言》明确指出,无产阶级要改变社会对教育作用的性质,改变以往阶级教育的性质。这里的"性质"是指资产阶级教育的不公平性与虚伪性。马克思和恩格斯认为,教育是一种"人类精神生活共同活动",是"一种自觉开展的工作",①工人的教育,就是要彻底解决资产阶级教育中的矛盾,使教育摆脱统治阶级的影响,进而建立真正公平、革命的教育。

(一)工人教育必然是公平的教育

在资本主义私有制剥削之下,工人阶级无法享有与资产阶级同等的教育,工人教育必须打破资产阶级教育原有的不公平性。马克思和恩格斯通过长期调研、走访,收集了大量有关工人教育现状的社会事实。马克思提出:"一个阶级是社会上占统治地位的物质力量,同时也是社会上占统治地位的精神力量。支配着物质生产资料的阶级,同时也支配着精神生产资料。"②资产阶级政治上的统治地位已拓展到了文化、教育等领域。工人阶级与资产阶级的对立,使得工人受教育权利被剥夺。资产阶级教育逐渐丧失了对人性的关怀和对个体的尊重,转而以统治阶级利益为中心,对工人实行"愚民教育""机器式教育",试图用教育维护阶级统治、加强利益剥削。"一些人靠另一些人来满足自己的需要……因此一些人(少数)得到了智力发展的垄断权,另一些人(多数)由于为满足最低的需要而进行不懈的斗争,暂时失去了任何智力发展的可能性。"③资产阶级认为,工人一旦受教育,将带来极大的威胁。马克思和恩格斯对此进行了批判,认为政府故意使教育事业凋敝,从而让工人阶级继续处于愚昧无知的状态。工人的受教育权甚至无法得到法律保障。马克思在《资本论》中引用了伦纳德·霍纳1857年的《工厂视察员报告》,指出资产阶级政府都是

---

① 武东生:《马克思主义理论关于思想政治教育本质的基本观念》,《教学与研究》2014年第2期。
② 《马克思恩格斯文集(第1卷)》,人民出版社2009年版,第550页。
③ 《马克思恩格斯全集(第3卷)》,人民出版社1960年版,第507页。

在毫无准备的情况下颁布的义务教育法令,这些骗人的法令只是作出了口头承诺,却并没有打算实现承诺。① 工厂主对工厂法中教育的规定"深恶痛绝",他们想尽办法躲避这些法规,政府机构也对此视而不见。"工厂法制度"迫使所有工人处于高度紧张的竞争状态,工作日的延长导致生产活动占据了工人阶级生活的全部。恩格斯的英国工人现状调研报告显示,工人们工作后根本没有时间和精力再去参加夜校。

工人教育具有公平性,是由工人阶级本身的性质决定的。消灭私有制是工人阶级的根本立场,也就必然会消灭私有制造成的教育不公平。作为被排除在一切权利与利益之外的被剥削阶级,工人阶级代表的是无产阶级对真正平等的需求。在长期的教育压迫中,工人反而更容易摆脱陈腐的偏见与思想的束缚,客观、平等地看待事物。因此,马克思认为,只有工人阶级能够"把这一切从统治阶级的独占品变成全社会的共同财富并加以进一步发展"②"把科学从阶级统治的工具变为人民的力量,把科学家本人从……资本的同盟者,变成自由的思想家"。③

马克思和恩格斯指出,工人必须努力使教育摆脱政府压制和阶级偏见的桎梏,使科学成为"人人有份的东西"。④ 这是工人的使命所在,也是工人教育与其他一切阶级教育的根本区别之一。马克思和恩格斯在爱北斐特宣布的协会基本原则中提到:"一切人都有平等受教育的权利,都应该分享科学的成果。"⑤他们主张完善义务教育,《共产党宣言》指出,共产党人要实行广泛的社会教育,由社会通过学校对儿童进行教育,并指出这种公共、免费的教育,是社会赋予工人阶级的权利,社会有责任保护这项权利,为人民提供接受基本教育的平等机会。⑥

(二) 工人教育必须是革命的教育

马克思和恩格斯揭露了资产阶级教育的虚伪性。资产阶级的虚伪教育掩

---

① 《马克思恩格斯文集(第5卷)》,人民出版社2009年版,第460页。
② 《马克思恩格斯选集(第3卷)》,人民出版社2012年版,第199页。
③ 同上书,第150页。
④ 同上书,第168页。
⑤ 《马克思恩格斯论教育》,人民教育出版社1958年版,第112页。
⑥ 《马克思恩格斯选集(第1卷)》,人民出版社2012年版,第421—422页。

盖了教育与社会物质基础之间的必然联系,试图用"国民教育""普遍教育""平等教育"等概念,掩饰其阶级教育的本质,实则保护政府对教育的绝对控制、加深对工人阶级的思想压迫。资产阶级一边宣扬公共教育,发布相关法律,一边却没有为公共教育提供基本的条件。恩格斯的调研表明,英国政府每年仅有4万磅的预算用于公共教育,绝大多数学校需要支付学费。[①] 而与此同时,工人长期处于被剥削的经济地位,只能从工厂主手中领到少量的工资,而这些工资最后又落入另一些资本家的手中,如房东、当铺老板等。恩格斯在调查英国工厂儿童教育状况时发现,尽管英国政府曾提出受雇于工厂的儿童必须上学30天或每6个月上学150个小时的规定,印刷厂厂主也只是迫于压力,在每天最用不着他的时候,在不同的时间送孩子去上学,无法保证教育的基本质量。马克思和恩格斯运用历史唯物主义原理揭露了思想意识与社会现实间的必然关系,指出教育具有社会性。任何阶级社会的观念,都不过是其生产关系和所有制关系的产物。在《德意志意识形态》中,马克思和恩格斯论述了教育对社会生活条件,如生产力的状况、劳动分工、阶级关系、阶级利益等的依赖,指出"意识的一切形式和产物不是可以通过精神的批判来消灭的,……而只有通过实际地推翻这一切唯心主义谬论所由产生的现实的社会关系,才能把他们消灭"[②]。资产阶级的教育本质上是由资产阶级的社会关系决定的。现代资本家的本质即为靠占有他人无酬劳动发财致富,这种私有制决定了资产阶级教育的义务平等和权力普遍只能是虚伪的空话。正是资产阶级统治下腐朽的生产关系,决定了资产阶级教育的不公平性,并通过学校等直接实现了对教育的干涉。《共产党宣言》进一步揭露了资产阶级教育内容的社会性,资产阶级的观念"本身是资产阶级的生产关系和所有制关系的产物,正像你们的法不过是被奉为法律的你们这个阶级的意志一样,而这种意志的内容是由你们这个阶级的物质生活条件来决定的"[③]。

由此,工人所处的现实条件与社会发展的客观规律,为工人教育带来了革命性。马克思和恩格斯毫不掩饰地提出了工人教育的革命目的,强调工人教

[①] 《马克思恩格斯全集(第2卷)》,人民出版社1957年版,第396页。
[②] 《马克思恩格斯文集(第1卷)》,人民出版社2009年版,第544页。
[③] 《马克思恩格斯选集(第1卷)》,人民出版社2012年版,第417页。

育的最终目的始终与废除私有制的历史使命相一致。"共产党一分钟也不忽略教育工人尽可能明确地意识到资产阶级和无产阶级的敌对的对立。"①工人教育必须破除资产阶级长期以来附加的思想桎梏,明确工人阶级负有的使命责任,认识到工人行动的条件与性质。工人教育要以启发工人的阶级意识为目的,为实现最终革命打下思想基础。工人教育是来源于社会现实、根据现实需求产生的先进教育,而工人教育的革命性,来自工人长期生活的社会现实。由于资产阶级的不断争斗,无产阶级被卷入长期政治运动中。而现代工业区域与便利交通,使工人过上了迁徙不定的生活。在这样的社会现实下,工人阶级获得了先进的教育因素,更加明确了本阶段的思想,也更加符合社会和历史发展的需要,形成了强大的力量核心。"工人比起资产阶级来,说的是另一种习惯语,有另一套思想和观念,另一套习俗和道德原则,另一套宗教和政治",②这是由工人的生活现实决定的,因此,工人阶级也必然有另一套教育。资产阶级的教育是保守、虚伪的,工人教育则必然是革命、真实的。

二、马克思和恩格斯关于工人教育科学内容的阐述

教育的内容直接影响教育的质量。资产阶级教育导致工人阶级远离文化和科学的源泉,思想上无知乃至片面发展,人为地造成了工人智力的荒废。马克思和恩格斯指出,这种荒废不同于自然的无知状态,而是破坏了智力的发展,③使工人完全丧失了政治与经济中的主动参与权。因此,马克思和恩格斯要求,必须以人的全面发展为最终目的,提高工人教育内容的科学性。

(一)用科学的理论武装工人

恩格斯曾提出:"我们党有个很大的优点,就是有一个新的科学的观点作

---

① 《马克思恩格斯选集(第1卷)》,人民出版社2012年版,第434页。
② 《马克思恩格斯全集(第2卷)》,人民出版社1957年版,第410页。
③ 《马克思恩格斯文集(第5卷)》,人民出版社2009年版,第460页。

为理论基础。"①科学的理论知识是工人参与一切革命活动的基础,将直接影响革命的成功与否。空想社会主义者也曾对工人进行盲目的鼓动,但最终以失败告终,究其原因是缺乏科学的理论支撑。马克思和恩格斯首先批判了资产阶级学校里教授的"知识垃圾",使工人在传统的废物上浪费时间。例如,恩格斯在伯明翰调查后发现,那里的工人只能学到简单的识字与算术,工人的孩子们没有学到一点勉强称为"有用的知识",无产阶级的一切因素都被排除在外。

马克思和恩格斯主张用科学的理论武装工人。工人阶级的解放,意味着既要掌管政治机器,也要掌管全部社会生产,"而在这里需要的决不是响亮的词句,而是扎实的知识"。② 工人阶级的领袖们必须以高度的热情把科学社会主义的理论与意识传布到工人群众中去,应通过科学的理论,让工人阶级获得认识世界的工具,充分理解并利用自己的阶级地位、利益所在与责任使命,引导无产阶级主动学习和运用先进的思想理论,形成理论自觉。马克思和恩格斯提出,工人,尤其是工人的领袖们要将理解理论问题、摆脱旧世界的传统言辞作为自己的责任。③ 马克思要求无产阶级要把哲学当做自己的精神武器。恩格斯提出,无产阶级政党重视政治经济学的研究,并将其视为全部理论的来源。④ 因此,工人教育理应包括最新的哲学、文学、政治经济学、社会发展规律,以及社会主义者们翻译的各类著作等资产阶级胆怯避开的一切进步要素。

工人教育必须清除国家对教育的干涉,才能从根本上提升教育内容的科学性。马克思强调,政府不应当对学校教学的内容、教师等过度监护和奴役。工人教育中必须杜绝国家对教育赤裸裸的干涉,使工人们获得更加丰富、更加专业的先进知识学习机会。

(二) 用道德教育取代宗教教条

以往的阶级教育普遍缺乏现代道德的教育。恩格斯曾抨击自私自利、鼠

---

① 《马克思恩格斯选集(第2卷)》,人民出版社2012年版,第10页。
② 《马克思恩格斯选集(第4卷)》,人民出版社2012年版,第301页。
③ 《马克思恩格斯选集(第3卷)》,人民出版社2012年版,第38页。
④ 《马克思恩格斯选集(第2卷)》,人民出版社2012年版,第8页。

目寸光的英国资产阶级"甚至不肯花一点力气把现代道德,即资产阶级为了自身的利益、为了使自身的保障而炮制出来的道德灌输给工人"。① 取而代之的是难以理解的宗教教条,以训令的宗教形式出现在工人的课堂中,只教工人如何背诵、服从宗教。马克思称宗教为"人民的鸦片",恩格斯也在《论原始基督教的历史》中视宗教为奴役劳动者的精神工具。宗教教育根本无法代替道德教育。道德教育的缺失,最终导致工人们道德水平低下。工人们对生活毫无兴趣,对自己的义务与权利毫无意识。恩格斯在《英国工人阶级状况》中写道:"在威伦霍尔城,工人完全失去了道德感。他发现做子女的没有意识到对父母的义务,根本感觉不到对父母有什么依恋。"②而宗教教条教育使工人服从由上帝安置在他们头上"主人"的命令,甘心任人摆布、听天由命。只接受教条教育的工人缺乏独立思考的能力,对自己当前的生活状态缺乏清醒的认知。

马克思和恩格斯十分重视工人的道德教育,提出必须消除宗教团体对公立学校的影响,用工人阶级自身的道德教育取代宗教教条教育。阶级对立的社会中,道德始终具有阶级性,封建贵族、资产阶级与无产阶级都有各自的道德。资产阶级的道德是为维护资产阶级的统治与利益而存在的,工人阶级的道德是随着工人阶级逐渐强大而产生的,应当代表着"被压迫者对这个统治的反抗和他们的未来利益",③保持认知的先进性与客观性,摘掉自私的眼镜。

(三) 用全面教育促进人的发展

《共产党宣言》深刻揭示了资产阶级教育的目的——"资产者唯恐失去的那种教育,对绝大多数人来说是把人训练成机器"。④ 由此,资产阶级主张推行片面的教育。在《资本论》中,马克思直接指出,吝啬的资产阶级根本不关心工人的精神教育,只是想把思想尚未成熟的工人转化为单纯制造剩余价值的机器,用教育提高工人的生产效率,满足其不断膨胀的剥削需求。如19世纪后半期,部分资本主义国家实行初等义务教育,资产阶级虽然赞助了该项措

---

① 《马克思恩格斯文集(第1卷)》,人民出版社2009年版,第427—428页。
② 《马克思恩格斯全集(第2卷)》,人民出版社1957年版,第489页。
③ 《马克思恩格斯选集(第3卷)》,人民出版社2012年版,第471页。
④ 《马克思恩格斯选集(第1卷)》,人民出版社2012年版,第417页。

施,但只教授工人最简单的识字知识,因为他们认为这可以提升工人对机器的操作。长此以往,大机器生产中的分工现象愈演愈烈,产生了不可弥补的劳动异化。工人发展成单一生产的工具,呈"萎缩"式发展。马克思和恩格斯要求,工人教育必须帮助工人摆脱分工造成的片面性,确保每一个人都能全面发展并发挥自己的才能,享受各项社会职能交替的个人活动方式。

马克思提出,工人教育是智育、体育与技术教育的结合,三者缺一不可。这种结合式的教育,萌芽于工厂制度之中。工人教育,必然不会像资产阶级那样,忽略智育与体育,也不会将技术教育拒之门外,"在社会主义社会中,劳动将和教育相结合,从而即使多方面的技术训练也使科学教育的实践基础得到保障"[1]。"它不仅是提高社会生产的一种方法,而且是造就全面发展的人的唯一方法"[2]。《共产党宣言》明确提出要把教育同物质生产结合起来。之后,马克思又在《给临时中央委员会代表的关于若干问题的指示》中尤其强调了儿童和少年工人的劳动教育,要求按照不同年龄循序渐进地授以智育、体育和技术教育课程[3]。

三、马克思和恩格斯探索工人教育的推进路径

马克思和恩格斯不仅注重工人教育的理论探讨,也十分重视"内心的宣传工作""政治鼓动"等实践活动,他们坚持亲自参与工人教育,在宣传与教育实践中不断发展、丰富与完善工人教育思想。马克思和恩格斯的实践经验证明,理论教育与实践教育应双管齐下,以谦虚谨慎的态度进行启发式教育,引导工人掌握科学理论,推动理论转变为物质力量,进而形成自我教育。

(一)依靠报纸、刊物开展理论教育

报刊是19世纪最有影响力的宣传载体。马克思和恩格斯十分注重报纸

---

[1]《马克思恩格斯选集(第3卷)》,人民出版社2012年版,第710页。
[2]《马克思恩格斯选集(第2卷)》,人民出版社2012年版,第230页。
[3]《马克思恩格斯全集(第21卷)》,人民出版社2003年版,第270页。

杂志的教育平台作用。一方面,报纸是工人日常的生活资料,具有天然的宣传优势。"报纸最大的好处,就是它每日都能干预运动,能够成为运动的喉舌,能够反映丰富多彩的每日事件,能够使人民和人民的日刊发生不断的、生动活泼的联系。"①另一方面,报刊具有革命性,是人民文化和精神教育的强大杠杆。"报刊按其使命来说,是社会的捍卫者,是针对当权者孜孜不倦的揭露者,是无处不在的耳目,是热情维护自己的人民精神的千呼万应的喉舌。"②马克思和恩格斯曾为60余种报刊撰稿,撰写的2 000余篇文章和著作,有80%发表在世界120多家报刊上。马克思与恩格斯以早期的《莱茵报》(1842年)、《前进报》(1844年)、《德意志-布鲁塞尔报》(1847年)、《新莱茵报》(1848—1849年)、《纽约每日论坛报》(1852—1862年)等多个报刊为理论宣传的重要阵地,正面地深入工人群众,宣传党的理论及无产阶级革命理论,同时与质疑马克思主义的观点展开交锋、批判或对抗。

马克思和恩格斯不仅要求工人教育要依靠报刊进行理论教育,更强调将这种力量掌握在自己手中,创办工人阶级自己的期刊。恩格斯将出版自由权视为一种重要鼓动手段,认为借助普选权与出版自由等其他权利的结合,可以争得其余的一切。然而,资产阶级政府的严格书报检查、查封制度,彻底限制了工人阶级新闻出版自由与言论自由。《莱比锡总报》《莱茵报》等先进报刊先后被封建普鲁士当局查封。马克思和恩格斯意识到,创办和指导民主报刊、工人报刊、无产阶级政党报刊刻不容缓。恩格斯曾指出,工人阶级定期报刊的数量增加,证明了工人阶级觉悟的提升与组织的发展。马克思和恩格斯对工人组织创办的报刊给予高度评价以及积极支持与指导。二人将工人党办的日报称为"在报刊方面能够以同等的武器同自己的敌人作斗争的第一个阵地"③。马克思曾兴奋地称英国工人报纸《人民报》为"真正的人民的报纸"(eigentlichen Volkspresse),并于1852年6月开始参与报纸的编辑与出版工作。为了加深《人民报》在英国工人运动中的作用,马克思分四次在该报上连载了论文《卡尔斯的陷落》,在英国引起了轰动。此外,马克思与恩格斯也着手创办了自己的

---

① 《马克思恩格斯全集(第10卷)》,人民出版社1998年版,第115页。
② 《马克思恩格斯全集(第6卷)》,人民出版社1961年版,第275页。
③ 《马克思恩格斯全集(第22卷)》,人民出版社1965年版,第590页。

报刊,以推行工人教育。1845年5月,二人在德国创办了《新莱茵报》,由马克思担任主编,用以宣传革命思想,并计划出版另一个月刊,用来刊载社会文明发展,宣传改造资本主义社会的必要性。恩格斯曾高度评价了《新莱茵报》的宣传成果:"没有一家德国报纸——无论在以前或以后——像《新莱茵报》这样有威力和有影响,这样善于鼓舞无产阶级群众。"[①]1849年5月19日,《新莱茵报》被迫停刊,却始终将"工人阶级的解放"作为最后的一句话。此外,马克思和恩格斯还组织为工人印发画报、小册子等,以工人更易接受的方式开展理论教育。

(二) 结合革命活动开展实践教育

实践性是工人教育的本质属性。恩格斯反复强调,马克思主义学说不是教条,需要实践的检验与充实。马克思和恩格斯反对脱离实际的纯粹空洞说教,希望通过教育,使共产主义意识在工人头脑中普遍产生,教会工人拿起先进的理论武器,自觉参与革命实践,实现革命事业目标。

恩格斯在1871年召开的第一国际伦敦代表会议上的《关于工人阶级的政治行动》发言中,明确提出了政治行动是"准备革命和教育工人进行革命的手段"。[②] 因此,思想教育必须与实践教育相统一,工人教育必须与具体革命活动相渗透,结合工人阶级组织的鼓动活动与革命运动,在实践中提高工人教育水平、鼓舞工人的革命热情。

马克思和恩格斯强调依托工人组织与工人集会,开展工人的教育引导工作。除理论宣传外,共产党人必须广泛争取欧洲无产阶级的拥护,着手组织工作,以团体的形式鼓动各地工人为参与革命做好准备。依托工人组织与集会开展的鼓动教育具有长效性与稳定性。恩格斯经常参加法国当地工人和社会主义者集会,向当地工人开展宣传鼓动,并高度评价此类活动。如恩格斯多次参与了同圣安东郊区的木工代表会面,并对其进行了详细描述,称这种200余工人参加的特殊形式聚会,通常会邀请社会主义者前去报告,会后工人们还会利用周日的公开群众集合,进一步宣传讨论,起到了很好的动员教育作用。[③]

---

① 《马克思恩格斯选集(第4卷)》,人民出版社2012年版,第10页。
② 《马克思恩格斯文集(第3卷)》,人民出版社2009年版,第224页。
③ 《马克思恩格斯全集(第27卷)》,人民出版社1972年版,第44页。

1847年8月底,马克思和恩格斯在布鲁塞尔创办了"德意志工人教育协会",组织侨居比利时的德国工人开展集会活动,开展鼓动教育。同时,在马克思和恩格斯的指导下,德国共产党通过"教育协会""体育协会""妇女协会""选举协会"等组织,积极启发和引导工人群众参加政治斗争。1850年至1851年,马克思还曾参与了伦敦"工人共产主义教育协会"举办的政治经济学讲习班,通俗地向英国工人讲授《资本论》的理论知识。

恩格斯提到,英国工人在反对新的济贫法及争取十小时法案运动时,鼓动与起义便十分活跃。1844年,工人们通过大会与请愿书,发动了轰轰烈烈的宣传工作,积极参加抵制调整主仆关系的法案的活动,并最终导致了法案的破产,马克思和恩格斯认为,其中宣传鼓动功不可没。在1868年给全德工人联合会主席和理事会的信中,马克思高度肯定了德国工人代表大会展开的争取完全政治自由的鼓动工作。在《为共和国捐躯》一文中,马克思也赞扬了德国工人活动家约瑟夫·莫尔根据不同情况、在不同地区进行宣传鼓动工作。[①]

四、当代启示

当代中国工人阶级在内涵与构成上发生新变化,为马克思和恩格斯工人教育思想的发展与实践带来了挑战。在新的时代条件下,马克思和恩格斯工人教育思想,是否还具有继续研究与坚持的时代价值,是否能够为解决当代中国工人教育问题提供思路,值得讨论与深思。

工人阶级是与资产阶级相对立的无产阶级,作为被资产阶级剥削、压迫的对象,工人只能靠出卖劳动力获得收入来维持生存,而其创造的剩余价值全部被资本家据为己有。因此,工人阶级带有极强的革命性,是共产主义运动的主体。

随着经济全球化和世界经济一体化的趋势不断增强,许多西方学者提出了"工人阶级消亡论"。但实际上,在当代中国工人阶级并未消失,只是其概念与范畴已发生了重大变化。2001年第一次修订后的《中华人民共和国工会

[①]《马克思恩格斯全集(第7卷)》,人民出版社1959年版,第218页。

法》第三条明确规定:"在中国境内的企业、事业单位、机关中以工资收入为主要生活来源的体力劳动者和脑力劳动者,不分民族、种族、性别、职业、宗教信仰、教育程度,都有依法参加和组织工会的权利。"[①]这标志着当代中国工人已转变为一个广泛的社会主体范畴,即所有的"工资收入者"均为工人。工人阶级不再单纯通过出卖劳动力获取生活资料,而是能够通过参加劳动分红、持有企业股份等方式,自主参与分配。在当代中国,工人阶级已经成为社会的主人,但已发生变化。

当代中国工人阶级的新变化,对工人教育提出了更加迫切的需求,主要原因是工人阶级内部开始出现层级分化。改革开放以来,市场经济的竞争机制催生了大量的就业机会及多元的职业方向。社会发展的复杂需求与激烈竞争,导致工人阶级中出现了收入水平、产权拥有等差异。无论从成分、分布还是结构上来看,我国当代工人已出现复杂化的趋势。这种变化带来了阶级意识的层级化与碎片化。再加之信息技术社会中复杂的信息来源,不同层级、职业群体的利益需求、价值认同、知识层次、思维意识等表现出差别,主观上整体认同感弱化。因此,部分党员干部贪污腐败,某些政府部门不作为,以及层级的固定化发展等不良现象时有发生。因此,工人阶级的教育问题依然存在,且面临着更为复杂的形势与要求。

如何应对新的挑战、维护社会团结、统一价值认同、增强追求共同利益的动力,是当代中国工人阶级教育亟待解决的问题,教育者应始终坚持从马克思主义相关理论中寻找力量依托。马克思和恩格斯工人教育思想诞生于对自由资本主义时代的批判语境,是对社会问题的有力回答,具有明显的革命性,虽存在与当代中国工人阶级教育时代内涵不完全吻合的情况,但马克思和恩格斯工人教育思想依然具有不可否认的科学性与生命力。实践是检验真理的唯一标准,研究马克思和恩格斯的工人教育思想,最终要落回实践,反对教条式研究。要始终坚持辩证唯物主义的基本立场,发现思想中的科学性与历史性、适应性与局限性,高举马克思主义的旗帜,回答时代问题,探索新的时代条件下中国工人教育内涵与路径。

---

① 参见:《中华人民共和国工会法》,http://www.npc.gov.cn/wxzl/gongbao/2001-10/29/content_5277078.htm。

新时代教育的使命担当

——习近平总书记关于教育的重要论述探析

夏 霖*

[摘要] 习近平总书记关于教育的重要论述,指明了新时代教育的使命,是对马克思主义教育思想的继承和发展,为我国教育的发展指明了正确的方向。新时代的教育使命主要有"服务中华民族的伟大复兴""坚定受教育者的马克思主义信仰""使受教育者坚决拥护中国共产党的领导""坚定受教育者对中国特色社会主义的自信""凝聚人心,办人民满意的教育""面向人人,完善人格,促进人的全面发展""促进国与国民心相通,构建人类命运共同体"等。各级各类教育主体要勇于担当教育新使命,坚持中国共产党对教育的全面领导,坚持社会主义办学方向,牢固树立以人民为中心的教育发展观,扎根中国与融通中外办教育,构建高水平的人才培养体系,使师生发挥教学主体作用,凝心聚力,协同推进教育发展。

[关键词] 习近平;教育重要论述;马克思主义教育;教育使命

习近平总书记关于教育的重要论述,是习近平新时代中国特色社会主义思想的组成部分,是对马克思主义教育思想的继承和发展,阐明了新时代教育的使命担当,指导着我国新时代教育事业沿着正确的方向前行。

---

* 夏霖,黄淮学院高等教育研究所副教授,教育学博士。

一、继承发展马克思主义教育
使命及现实意义

马克思主义教育是中国特色社会主义教育的最大特色,也是中国特色社会主义教育的一条红线,这条红线贯穿于中华民族民族独立、民族富强和民族复兴的全过程。

(一)马克思主义教育使命思想的传承与发展

教育使命决定着"为谁培养人,培养什么样的人"的教育宗旨。历史唯物主义认为,教育属于上层建筑,受经济基础决定。教育在阶级社会里具有阶级性,马克思指出:"占统治地位的思想不过是占统治地位的物质关系在观念上的表现",[①]资产阶级有资产阶级的教育思想,无产阶级有无产阶级的教育思想。教育的使命是培养自由全面发展的人,马克思认为:"代替那存在着阶级和阶级对立的资产阶级旧社会的,将是这样一个联合体,在那里,每个人的自由发展是一切人的自由发展的条件。"[②]在马克思看来,资本主义社会的教育只是把人培养成"机器",只有到了无产阶级掌握政权以后,每个人接受教育才与实现个人的自由全面发展相关联。教育的实践途径则是理论与实践相结合,马克思在《资本论》中指出:"在工人阶级成为社会的统治阶层时,就会把理论和实践的工艺教育摆在其本来的位置上。"[③]马克思主义鲜明的教育属性、教育使命和教育路径为社会主义教育指明了发展方向。

20世纪初,马克思主义教育思想随马克思主义传入中国。李大钊从马克思主义教育具有阶级性这一基本论断出发,提出:"我们主张以人道主义改造人类精神,同时以社会主义改造经济组织……我们主张物心两面的改造,灵肉一致的改造。"[④]由此可知,李大钊把马克思主义教育思想作为改造旧中国的

---

① 《马克思恩格斯文集(第1卷)》,人民出版社2009年版,第550页。
② 《马克思恩格斯文集(第2卷)》,人民出版社2009年版,第53页。
③ 《资本论(第1卷)》,人民出版社2004年版,第561—562页。
④ 《李大钊文集》(下卷),人民出版社1984年版,第68页。

理论武器。有学者认为:"不管教育最后的目的怎样,但就目前讲,只有革命的教育,才是中国需要的教育;只有革命的教育者,才是中国需要的教育者";①还有学者认为,在中国未摆脱半封建半殖民地的命运以前,中国的教育原理应以"反对帝国主义、反对封建势力"为两大基石。②

如果说李大钊等人只是从理论上探索社会主义教育属性、教育使命,那么毛泽东则是马克思主义教育思想中国化的实践者。毛泽东关于教育使命的认识有一个逐渐深入的过程。1934年,毛泽东在第二次苏维埃代表大会的报告中用"四个在于"来概括苏维埃文化教育的总方针,即"在于用共产主义的精神来教育广大劳苦民众,在于使文化教育为革命战争与阶级斗争服务,在于使教育与劳动联系起来,在于使广大中国民众成为享受文明幸福的人"③。关于教育使命,毛泽东在大革命时期就注意到社会主义教育的特质,即培养具有"共产主义道德"的人。中华人民共和国成立后,毛泽东结合中国社会主义伟大实践活动,不断丰富和发展了中国社会主义教育思想。1957年,毛泽东明确提出要加强马克思主义思想政治教育,强调"不论是知识分子,还是青年学生,都应该努力学习。除了学习专业之外,在思想上要有所进步,政治上也要有所进步,这就需要学习马克思主义,学习时事政治。没有正确的政治观点,就等于没有灵魂"④。同年,毛泽东在最高国务会议上提出:"我们的教育方针,应该使受教育者在德育、智育、体育几方面都得到发展,成为有社会主义觉悟的有文化的劳动者。"⑤1958年,毛泽东又提出:"培养一支数以千万计的又红又专的工人阶级知识分子队伍,是全党和全国人民的巨大的历史任务之一。"⑥由此可知,毛泽东的教育观点有一个逐步完善的过程,但有两点是始终不变的:一是培养社会主义建设者和接班人的教育使命没有变,二是坚持教育与生产劳动相结合的教育方法没有变。

邓小平也非常重视教育工作,他在中华人民共和国建设初期就提出:国

---

① 张人杰,王卫东:《20世纪教育学名家名著》,广东高等教育出版社2002年版,第948页。
② 彭干梓,卢璐,夏金星:《钱亦石教育与生产劳动相结合的思想》,《职教论坛》2008年第31期。
③ 《毛泽东同志论教育工作》,人民教育出版社1958年版,第15页。
④ 中共中央文献研究室编:《建国以来毛泽东文稿(第6册)》,中央文献出版社1992年版,第340页。
⑤ 《毛泽东选集(第5卷)》,人民出版社1977年版,第385页。
⑥ 《中共中央国务院关于教育工作的指示》,《人民日报》1958年9月20日。

家建设尽管千头万绪,"殊不知办好学校,培养干部,才是最基本的建设"。①邓小平关于教育的理论,主线是教育要为现代化建设总目标服务。他认为教育是我国现代化建设的基础,"我们要千方百计,在别的方面忍耐一些,甚至于牺牲一点速度,把教育问题解决好"。②邓小平还十分重视教育与生产劳动相结合,他强调指出:教育与生产相结合"在资本主义社会里这是改造社会的最强有力的手段之一;在无产阶级取得政权之后,这是培养理论与实际结合、学用一致、全面发展的新人的根本途径"。③在教育使命观上,邓小平明确提出,要培养为社会主义现代化建设的有理想、有道德、有文化、有纪律"四有新人"。在教育发展方向上,邓小平明确提出"三个面向",即教育要面向现代化,面向世界,面向未来。"面向现代化"就是教育首先为社会主义现代化建设服务。1989年,邓小平在接见李政道时指出:"我们最大的失误在教育,对年轻娃娃、青年学生教育不够。"④由此可见,对青年开展马克思主义人生观价值观教育,对于防止西方国家的和平演变、维护国家的长治久安具有极端的重要性。

江泽民继承邓小平关于教育的思想,进一步提出"科教兴国"发展战略,并指出:"科教兴国,是指全面落实科学技术是第一生产力的思想,坚持教育为本。"⑤胡锦涛提出教育要"以人为本",要办好人民满意的教育,大力发展职业教育,提高高等教育质量。⑥

(二) 我国当代马克思主义教育存在的突出问题

实事求是地讲,近年来,在我国的教育实践中,马克思主义教育边缘化问题普遍存在,突出表现在下列几点:一是价值观念的多元化导致马克思主义教育的边缘化。当今不少学者论及教育,言必称希腊、语必论孔子,"似乎马克思主义在新的时代不再有现实指导意义了"⑦。二是市场经济的专业化导致

---

① 《邓小平论教育》,人民教育出版社1995年版,第4页。
② 《邓小平文选(第3卷)》,人民出版社1993年版,第275页。
③ 《邓小平论教育》,人民教育出版社1995年版,第70页。
④ 《邓小平文选(第3卷)》,人民出版社1993年版,第327页。
⑤ 江泽民:《在全国科学技术大会上的讲话》,《人民日报》1995年6月5日。
⑥ 胡锦涛:《坚持把教育摆在优先发展战略地位努力办好让人民群众满意的教育》,《人民日报》2006年8月31日。
⑦ 杨兆山、姚俊:《马克思主义经典作家教育文论选讲》,辽宁人民出版社2017年版,序第2页。

马克思主义教育边缘化。市场经济追求的是利润,马克思主义理论教育在这样的时代氛围中似乎"落伍"了。三是文化市场的时尚化导致马克思主义教育边缘化。比如,近年来红极一时的"国学热"成为工商企业家和众多中产阶级的"心灵鸡汤",而马克思主义的普及教育却相对较少。四是高校学者的专业化导致马克思主义教育边缘化。当今高校,研究物理的学者关注的是爱因斯坦物理学革命,研究化学的学者关注的是拉瓦锡的化学革命,文学、史学、艺术学、经济学、新闻学等众多人文社会教育工作者也都关注各自领域的前沿新说,与马克思主义教育"鸡犬之声相闻,老死不相往来"。五是高校马克思主义学者过度专业化导致马克思主义教育边缘化。当今从事马克思主义教学与研究者,或从事唯物论研究,或从事认识论研究,过度的专业化导致马克思主义曲高和寡,脱离了现实,殊不知马克思主义最关注的是认识规律、探讨历史发展规律以及改造社会、关注现实的人文关怀;六是高校学科专业独立化导致马克思主义教育弱化。当今高校马克思主义教育主要由马克思主义学院承担的几门公共课来实施,而不是贯穿于各个学科专业教学的全过程,整体导致马克思主义教育在一些高校中"失落"、教学中"失言"、专业中"失位",在一些学科中"失语"、教材中"失踪"、论坛上"失声"等问题。[①] 马克思主义教育与专业教育的脱节,是造成当代大学生马克思主义素养较低的主因。

在马克思主义教育弱化、边缘化的同时,教育功利主义和教育工具主义泛起。20世纪五六十年代,人们教育子女"好好学习,长大当科学家",当今人们教育子女"好好学习,长大挣大钱",如此功利主义教育、工具主义教育怎能不出现金钱至上、唯利是图、道德滑坡等系列问题。当今不少"出问题"的官员第一时间总是说"我辜负了党对我的多年培养",实际上遮盖了背后深层次问题——"马克思主义人生观价值观教育"的弱化。"党的培养"主要集中在一个人的青年和壮年时期",帮助扣好人生第一粒扣子"[②]并打牢马克思主义人生观、价值观教育才是根本。

---

① 习近平:《在哲学社会科学工作座谈会上的讲话》,《人民日报》2016年5月19日。
② 习近平:《青年要自觉践行社会主义核心价值观——在北京大学师生座谈会上的讲话》,《人民日报》2014年5月5日。

(三) 新时代马克思主义教育使命的现实意义

正是基于我国当代马克思主义教育存在的突出问题,习近平总书记指出:"培养德智体美劳全面发展的社会主义建设者和接班人,加快推进教育现代化、建设教育强国、办好人民满意的教育。"①这一重要论述确定了新时代马克思主义教育使命。马克思主义教育是中国特色社会主义教育的本质特征和鲜亮底色,这一特色直接决定着社会主义教育的性质、使命和方向,也直接决定着中国特色社会主义教育的人才培养质量。加强马克思主义教育,就是要加强中国共产党领导、马克思主义指导、中国特色社会主义道路的教育。只有加强马克思主义教育,才能培养出数以亿万计坚持道德底线、不为金钱所迷、不为享乐所扰、不为利益所惑的社会主义建设者,只有加强马克思主义教育,才能培养一代又一代社会主义事业的合格建设者和可靠接班人。

习近平总书记强调,"坚持把服务中华民族伟大复兴作为教育的重要使命"。② 只有马克思主义才能指导中国人民努力实现中华民族伟大复兴中国梦。当今时代,只有中国化马克思主义才能指导中国人民遇事不乱、处事不惊,从容面对世界惊涛骇浪,最终实现中华民族伟大复兴。

二、新时代教育使命的具体内容

"教育兴则国家兴,教育强则国家强。"教育是国之大计,党之大计。新时代党和国家赋予了教育更大的使命,也赋予了更加具体的使命。

(一) 服务于中华民族伟大复兴

在 2018 年 9 月召开的全国教育大会上,习近平总书记明确指出了教育的"九个坚持",其中之一就是"坚持把服务中华民族伟大复兴作为教育的重要使

---

① 习近平:《坚持中国特色社会主义教育发展道路培养德智体美劳全面发展的社会主义建设者和接班人》,《人民日报》2018 年 9 月 11 日。
② 同上。

命",并指出:教育是民族振兴的重要基石,对实现中华民族伟大复兴具有决定性意义。① 教育要为社会主义现代化建设服务,通过培养一代又一代社会主义事业的合格建设者来推动实现"国家富强、民族振兴、人民幸福"的中国梦。教育的兴衰关系国家的兴衰。"二战"后,日本经济迅速崛起的最大法宝就是重视教育,美国的创新力一直保持世界领先的重要原因也是重视教育。习近平总书记多次指出:"办好中国的事情,关键在党,关键在人,关键在人才",②人和人才最主要的培养途径就是教育。国家实施的人才强国战略、创新驱动发展战略、科教兴国战略都需要教育给予强有力的人才支撑。习近平总书记把服务于中华民族伟大复兴作为教育的重要使命,是基于对国内外经济社会发展动力理论和实践经验的全面总结,是基于对新时代我国教育现状的深刻洞察,也是基于人民群众对教育期盼和需要的深切领悟。

(二)坚定受教育者的马克思主义信仰

古人讲"人无信不立",这个"信"在新时代可以理解为"信仰"。信仰是一个人的精神之钙,缺少信仰就等于精神缺钙,人就不可能真正实现自立自强。习近平总书记指出:"马克思主义是科学的、人民的、实践的、不断发展的开放的理论,它揭示了人类社会发展规律,为人民创立了实现自身解放的思想体系,会始终站在时代前沿,指引人民改造世界。"③"在人类思想史上,还没有一种理论像马克思主义那样对人类文明进步产生了如此广泛而巨大的影响。"④ 2018年5月2日,习近平总书记在北京大学师生座谈会上强调要抓好马克思主义理论教育。2019年4月17日,习近平总书记在重庆考察后指出:"要围绕中国共产党为什么'能'、马克思主义为什么'行'、中国特色社会主义为什么'好'等重大问题,广泛开展宣传教育。"⑤ 如何让学生深刻感悟马克思主义真理的力量,为学生成长成才打好科学思想基础,这是新时代教育的使命担当。

---

① 习近平:《坚持中国特色社会主义教育发展道路培养德智体美劳全面发展的社会主义建设者和接班人》,《人民日报》2018年9月11日。
② 《加大改革落实工作力度让人才创新创造活力充分迸发》,《人民日报》2016年5月7日。
③ 习近平:《在纪念马克思诞辰200周年大会上的讲话》,《人民日报》2018年5月5日。
④ 习近平:《在哲学社会科学工作座谈会上的讲话》,《人民日报》2016年5月19日。
⑤ 《统一思想一鼓作气顽强作战越战越勇着力解决"两不愁三保障"突出问题》,《人民日报》2019年4月18日。

(三) 使受教育者坚决拥护中国共产党的领导

教育要为中国共产党的治国理政服务,关键在于要培养一代又一代社会主义事业的可靠接班人。可靠接班人的最重要衡量标准为是否能够"听党话、跟党走",因为中国特色社会主义最本质特征就是中国共产党领导,社会主义事业的可靠接班人当然要坚决拥护中国共产党领导。教育要把中国共产党的党史讲好,把经济社会发展史讲好,同时结合共产党自身的理想信念、理论体系、组织机制、现实成就等开展教育,让学生深刻理解"中国共产党为什么'能'",厚植学生真心热爱和拥护中国共产党的情怀,也要引导学生把爱党之情融入报党之行的实践中,自觉践行热爱党和拥护党。

(四) 坚定受教育者对中国特色社会主义的自信

"历史和现实都告诉我们,只有社会主义才能救中国,只有中国特色社会主义才能发展中国,这是历史的结论、人民的选择。"[1]坚定中国特色社会主义自信就是要坚定中国特色社会主义的道路自信、理论自信、制度自信和文化自信。进入新时代,中国特色社会主义的大旗不能丢,要向广大学生宣传教育中国特色社会主义为什么"好",举好中国特色社会主义的旗帜,展示中国特色社会主义的形象,促进中国特色社会主义事业向前不断发展。当前很多学生有盲目的崇洋媚外思想,往往对自己身边的事物妄自菲薄,要克服这种错误的思想倾向,必须在教育领域广泛开展对中国特色社会主义自信的宣传教育,让"四个自信"进教材、进课堂、进学生的头脑,成为广大学生普遍的价值共识,促进学生在社会主义核心价值观上形成思想自觉、理论自觉、实践自觉。

(五) 凝聚人心,办人民满意的教育

"人心是最大的政治,共识是奋进的动力。"[2]教育是民生工程、民心工程、

---

[1] 习近平:《关于坚持和发展中国特色社会主义的几个问题》,《求是》2019年第7期。
[2] 习近平:《在全国政协新年茶话会上的讲话》,《人民日报》2018年12月30日。

德政工程。"凝聚人心"是教育的首要工作目标。① 教育能够统一思想、提高认识、鼓舞士气、提振精神,是凝聚人心的重要手段。因此,教育的使命是把学生的思想统一到党和国家的大会精神上来,统一到党和国家工作决策部署上来,统一到实现中华民族伟大复兴中国梦这一伟大目标上来。习近平总书记常说:人民对美好生活的向往,就是我们的奋斗目标。美好生活的向往很重要的表现就是人民期盼有更好的教育,期盼孩子们能成长得更好。② 党和国家通过教育契合人民群众的这些期盼,才能凝聚人心,办人民真正满意的教育,这正是教育的使命所在。

(六)面向人人,完善人格,促进人的全面发展

"发展不平衡是当今世界最大的不平衡",③我国教育的发展也很不平衡、不充分。当下,区域间教育发展不平衡,教育类型间发展不平衡,学生各方面素质发展不平衡,中西部地区教育发展不充分,职业教育发展不充分,学校立德树人不充分,是当前教育的突出矛盾。"完善人格"是教育的工作目标。④ 2019年2月,中共中央、国务院印发的《中国教育现代化2035》把"更加注重全面发展""更加注重面向人人""更加注重终身学习"等,作为推进教育现代化的基本理念。⑤ 面向人人,完善人格,促进人的全面发展要求关注每一个学生的成长、发展、差异、问题等,促进每一个学生自由全面健康成长,达到教育的个体与个体之间以及个体自身的和谐发展,要求重视和发展职业教育、终身教育,树立大职业教育观,把教育培养学生扩展到培养全社会人,这应是新时代教育的新使命,也是发展更加公平、更有质量教育的根本所在。

(七)促进国与国民心相通,构建人类命运共同体

习近平总书记强调:"今天的世界是各国共同组成的命运共同体。战胜人

---

① 习近平:《坚持中国特色社会主义教育发展道路培养德智体美劳全面发展的社会主义建设者和接班人》,《人民日报》2018年9月11日。
② 《习近平谈治国理政》,外文出版社2014年版,第4页。
③ 《齐心开创共建"一带一路"美好未来——在第二届"一带一路"国际合作高峰论坛开幕式上的主旨演讲》,《人民日报》2019年4月27日。
④ 习近平:《坚持中国特色社会主义教育发展道路培养德智体美劳全面发展的社会主义建设者和接班人》,《人民日报》2018年9月11日。
⑤ 《中共中央国务院印发〈中国教育现代化2035〉》,《人民日报》2019年2月24日。

类发展面临的各种挑战,需要各国人民同舟共济、携手努力。教育应该顺此大势,通过更加密切的互动交流,促进对人类各种知识和文化的认知,对各民族现实奋斗和未来愿景的体认,以促进各国学生增进相互了解、树立世界眼光、激发创新灵感,确立为人类和平与发展贡献智慧和力量的远大志向。"[1]习近平总书记在会见美国哈佛大学校长巴科时指出:"教育交流合作是中美关系的重要组成部分,有助于增进中美友好的民意基础。"[2]教育要顺应"和平、发展、合作、共赢"的世界发展大势,广泛开展国际交流合作,推动教育国际化进程,促进国与国民心相通,为构建人类命运共同体提供强大的民意和社会基础,这理应成为新时代教育的另一新使命。

三、新时代教育使命的担当

新时代赋予教育新使命,新使命需要各级党委政府、学校、社会、家庭等教育主体勇于担当。

(一)坚持党对教育工作的全面领导

"加强党对教育工作的全面领导,是办好教育的根本保证。"[3]中国共产党是中国工人阶级、中国人民和中华民族的先锋队,是中国特色社会主义事业的领导核心,其先锋队作用和领导核心地位要求其要担当新时代教育使命。党站位要高,格局要大,视野要宽,保持战略定力,提高工作能力,总揽教育全局,协调汇聚各方力量,把好教育方向,谋好教育大局,具体统筹好教育与国家富强、民族振兴、社会进步、人民幸福等外部关系大局,统筹好教育改革发展稳定大局,统筹好教育公平质量大局,统筹好各级各类学校协调发展大局,统筹好教育对外开放大局,统筹好德智体美劳全面发展大局,定好各级各类教育政

---

[1] 《清华大学苏世民学者项目启动仪式在京举行习近平和奥巴马致贺信》,《人民日报》2013年4月22日。
[2] 《习近平会见美国哈佛大学校长巴科》,《人民日报》2019年3月21日。
[3] 习近平:《坚持中国特色社会主义教育发展道路培养德智体美劳全面发展的社会主义建设者和接班人》,《人民日报》2018年9月11日。

策,促进教育改革和可持续发展。

(二) 坚持社会主义办学方向

"坚持社会主义办学方向"是教育新理念、新思想、新观点之一,教育朝着哪个方向发展,决定了教育所选择的道路,关系教育事业的兴衰成败。我们党是社会主义政党,我们国家是社会主义国家,这就决定着教育应该坚持社会主义办学方向,党和国家以及其他各级教育主体都要坚持社会主义办学方向,才能使办学道路不跑偏,保证培养的人才是真正的社会主义事业建设者。社会主义办学方向是正确的办学方向,是马克思主义中国化的办学方向,要始终坚持马克思主义在意识形态领域的指导地位,牢牢把握意识形态的主动权和话语权。要构建中国特色社会主义学术体系、学科体系、话语体系,传播中国教育声音,为人类的和平与发展贡献中国教育智慧、中国教育方案。

(三) 牢固树立以人民为中心的教育发展观

"坚持以人民为中心发展教育",[①]是教育新理念新思想新观点之一。各级党委政府、各级各类学校如何坚持以人民为中心发展教育,首先,要弄清楚教育是谁的教育。诚然,教育是党和国家的教育,但党和国家是代表人民办教育,因此,我国的教育是人民的教育。其次,解决教育为了谁的问题,"人民教育为人民",这不单单是一个口号,而是要体现在真正为民的实际行动中,要着力解决人民群众对教育的期待问题,着力解决人民群众教育利益的保障问题。再次,还要解决教育靠谁发展的问题,人民是历史的主人,也是历史的创造者,教育的发展要依靠人民,充分调动广大人民的积极性。最后,还要解决好教育由谁来评价的问题,人民教育当然由人民来评价,要以人民对教育的满意度来评判教育,因此,牢固树立以人民为中心的教育发展观,也是为了办好令人民满意的教育。

---

① 习近平:《坚持中国特色社会主义教育发展道路培养德智体美劳全面发展的社会主义建设者和接班人》,《人民日报》2018 年 9 月 11 日。

（四）扎根中国与融通中外办教育

习近平总书记指出："我们要认真吸收世界上先进的办学治学经验，更要遵循教育规律，扎根中国大地办大学。"①"我们要扎根中国、融通中外，立足时代、面向未来，坚定不移走自己的路。"②2017年9月，中共中央办公厅、国务院办公厅印发《关于深化教育体制机制改革的意见》，把"坚持扎根中国与融通中外相结合"作为深化教育体制机制改革首要基本原则。③ 我国的历史、文化、国情、学情，要求我们必须走自己的教育发展道路，扎根中国大地办教育，否则会"邯郸学步，失其故行"。事实上，扎根中国大地办教育同开展教育国际合作交流是统一的，只有扎根中国，才能办出具有中国特色、世界一流的教育，才能把有关中国教育的故事讲得更好，把中国教育声音传播得更远。另外，教育融通中外，可以从其所长，避其所短，更有利于办中国特色的教育。

（五）构建高水平的人才培养体系

习近平总书记指出："目前，我国大学硬件条件都有很大改善，有的学校的硬件同世界一流大学比没有太大差别了，关键是要形成更高水平的人才培养体系。"④人才培养体系对人才培养质量至关重要，但我国的人才培养体系是我国教育的短板，如何补齐短板，要努力构建德智体美劳全面培养的教育体系，形成更高水平的人才培养体系。⑤人才培养体系包括学科体系、专业体系、教学体系、教材体系、管理体系等，需要借鉴国外先进经验，但必须立足于我们自己的人才培养目标和人才培养模式，走出一条具有中国特色、世界水平的人才培养之路，落实以德为先的人才培养目标，切实把德育贯穿于人才培养的全过程。各级各类学校要结合自身学校、学生、专业、师资等特点，形成自己独特的人才培养体系，这是培养更高质量学生的使命担当。

---

① 习近平：《青年要自觉践行社会主义核心价值观——在北京大学师生座谈会上的讲话》，《人民日报》2014年5月5日。
② 《习近平首次点评"95后"大学生》，《人民日报》2017年1月3日。
③ 《中办国办印发〈关于深化教育体制机制改革的意见〉》，《人民日报》2017年9月25日。
④ 习近平：《在北京大学师生座谈会上的讲话》，《人民日报》2018年5月3日。
⑤ 习近平：《坚持中国特色社会主义教育发展道路培养德智体美劳全面发展的社会主义建设者和接班人》，《人民日报》2018年9月11日。

(六) 师生发挥教学主体作用

新时代教育的新使命最终需要广大教师和学生来担当,教师和学生都应是人才培养的主体。教师担当着培养实现民族复兴大任人才的重任,要坚持教育者先受教育,担当起学生健康成长指导者和引路人的责任,①帮助学生扣好人生的第一粒扣子。教师要明道、信道,才能理直气壮地传其道,努力做有理想信念、有道德情操、有扎实知识、有仁爱之心的好老师。② 教师要常问德、常明德、常思德、常行德,才能担当起塑造灵魂、塑造生命、塑造人的教育使命,塑造出品格高尚、品行端正、品味脱俗的学生。学生是国家的希望,民族的未来,承载着伟大的时代使命,要在勤学、修德、明辨、笃行上下功夫,③以远大的理想、坚定的信仰、高尚的品德、高强的本领勇于担当起党和人民赋予的历史重任。

(七) 凝心聚力,协同推进教育发展

办好教育事业,家庭、学校、政府、社会都有责任。④ 教育是一项长期复杂的系统工程,需要家庭、学校、政府、社会等同心同德、同向发力,统筹推进。家庭要创设良好的教育环境,给学生上好人生的第一课和终身课;学校要认真贯彻落实党和国家教育方针政策,承担好培养学生的主要主体责任;政府及其特定的职能部门是办学的重要主体,要制定好教育政策,优先给予财政支持,统筹协调好教育发展,以教育规律来指导教育;全社会要关心支持教育,营造良好的育人环境;多主体共同发力,协同推进教育又好又快发展。

---

① 习近平:《在北京大学师生座谈会上的讲话》,《人民日报》2018年5月3日。
② 习近平:《做党和人民满意的好老师——同北京师范大学师生代表座谈时的讲话》,《人民日报》2014年9月10日。
③ 习近平:《青年要自觉践行社会主义核心价值观——在北京大学师生座谈会上的讲话》,《人民日报》2014年5月5日。
④ 习近平:《坚持中国特色社会主义教育发展道路培养德智体美劳全面发展的社会主义建设者和接班人》,《人民日报》2018年9月11日。

体美劳协同推进新时代育人的实现路径

杨少雄　李静亚[*]

[摘要] 德、智、体、美、劳全面发展,根植于中华民族崇文重教的优良传统,体现了中国特色社会主义新时代育人的鲜明特征。促进德、智、体、美、劳全面发展,既是学校教育的目标所在,更是习近平总书记关于人的全面发展重要论述的集中体现。但是,在当前我国学校教育中,相对德、智在学校教育价值和实现人的全面发展现状而言,体、美、劳的发展存在明显不足,存在体育去身体化、美育边缘化、劳育扭曲化等问题。做好新时代育人工作应立足人的全面发展高度,弥补体、美、劳发展不足:树立正确的价值观念,增强体、美、劳发展的思想基础;构建体、美、劳协同的人才培养体系,形成德、智、体、美、劳全面培养的教育体系;建章立制、以章为行,为体、美、劳协同推进新时代育人提供制度保障。

[关键词] 新时代育人;体美劳;人的全面发展;协同推进;路径

德、智、体、美、劳全面发展,根植于中华民族崇文重教的优良传统,体现了中国特色社会主义新时代育人的鲜明特征,是习近平新时代中国特色社会主义思想的有机组成部分,也是实现人的全面发展在当代中国的现实目标。以习近平新时代中国特色社会主义思想引领教育发展,应紧紧围绕人的全面发

---

[*] 杨少雄,福建师范大学体育科学学院教授,硕士研究生导师,博士;李静亚,福建师范大学体育科学学院博士研究生。

展这一主线,抓住德、智、体、美、劳全面发展的重点。促进德、智、体、美、劳全面发展,既是学校教育的目标所在,也是习近平总书记关于人的全面发展重要论述的集中体现。对此,我们有必要探析新时代育人的内在要求及体、美、劳协同发展的必要性,进而分析新时代育人背景下体、美、劳协同发展在当前学校、家庭乃至社会发展中的现实问题,并提出体、美、劳协同育人的实现路径。

一、新时代育人的内在要求及体美劳协同发展的必要性

进入新时代,意味着中国特色社会主义站在更高层级的历史方位上,这是对我国发展新的历史方位的科学判断。新的历史方位标志着新起点、新内涵、新征程与新使命。人的全面发展是社会主义的终极价值和根本指向,但人是社会中的人,人的全面发展程度不可避免地会受到社会发展状况和时代条件的制约,因此不同时代造就了人的全面发展的不同状态。① 中国特色社会主义进入新时代,意味着在新的历史方位上人的全面发展达到了一个新阶段。

新时代要实现人的全面发展,必须对我国所处的新的历史方位形成全面的认识,只有这样,才能深刻把握新时代人的全面发展的内涵和核心要义。中国特色社会主义进入新时代的政治判断根据是,"我国改革开放和社会主义现代化建设取得了重大历史性成就,党和国家事业发生了历史性变革和我国社会主要矛盾发生了转化"。② 从理论逻辑上看,历史性成就与历史性变革必然带来历史性转变,最根本、最鲜明的体现就是社会主要矛盾的转化。新时代社会主要矛盾的变化是关乎全局的历史性变化。尽管社会主要矛盾转化为人民日益增长的美好生活需要和不平衡不充分发展之间的矛盾,但我国仍处于并将长期处于社会主义初级阶段的基本国情并没有变,这决定了现阶段我国社会主要矛盾转化不是根本性质变化,而是我国社会主义发展的阶段性变化,社会性质变化不是完全变化,而是部分质变,是从物质文化需要升级为美好生活

---

① 刘西山:《中国特色社会主义进入新时代与人的全面发展》,《理论界》2018年第12期。
② 韩庆祥,陈曙光:《中国特色社会主义新时代的理论阐释》,《中国社会科学》2018年第1期。

需要,并朝人的全面发展和社会全面进步的方向发展。可见,社会发展的重要价值旨归必然是人的生存状态改善、生活质量的全面提升和生活方式向人的本质的逐步复归,归根到底是人与人、个人与群体、群体与群体之间的利益协调和满足问题。① 因此,人的全面发展应该以一种全面的方式发展,包括"人的活动的全面发展、人的社会关系的全面发展、人的素质的全面提高、个人价值的实现和人的个性的自由发展"②等。

综上可知,中国特色社会主义进入新时代,不仅是中国特色社会主义发展站在新的历史方位上,更是进入人的全面发展的新阶段。在实现人的全面发展上,教育既是人类改造自身社会实践的重要途径,也是"造就全面发展的人的唯一方法"③。中国特色社会主义教育思想的内在要求,是如何通过教育促进人的全面发展。因此,促进人的全面发展,既是教育学研究的一个基本理论问题,又是贯穿于教育实践工作中的一项根本任务。④

新时代到底"新"在何处?从理论层面上看,中国特色社会主义是一个正在发展中的社会主义,在不同历史时期呈现发展的阶段性特征,中国特色社会主义进入新时代标志着中国特色社会主义发展的阶段性新飞跃,其中很重要的一方面是中国特色社会主义的发展内涵有了新拓展。社会主义的出发点和价值取向是实现人的发展,中国共产党在探索建设中国特色社会主义的过程中坚持了这一出发点和价值取向,继承和发展了马克思主义最高命题"人的全面发展学说",也就是说,新时代中国特色社会主义内涵的拓展实际上就是人的全面发展的内涵拓展。习近平总书记在2018年全国教育大会上提出,"培养德、智、体、美、劳全面发展的社会主义建设者和接班人",⑤这既回答了新时代教育的首要问题——培养什么人,也回答了新时代人的全面发展的重要内容——德、智、体、美、劳全面发展。这是中国特色社会主义进入新时代人的全

---

① 金建萍:《人的全面发展:新时代中国特色社会主义的核心要义》,《郑州轻工业学院学报(社会科学版)》2018年第6期。
② 田海舰:《论人的自由全面发展的社会主义价值向度》,《河北大学学报(哲学社会科学版)》2009年第6期。
③ 《马克思恩格斯全集(第44卷)》,人民出版社2001年版,第556页。
④ 张国霖:《全面发展教育的新时代》,《基础教育》2019年第3期。
⑤ 参见《坚持中国特色社会主义教育发展道路 培养德智体美劳全面发展的社会主义建设者和接班人》,《人民日报》2019年9月11日。

面发展内涵的新要求,是马克思主义关于人的全面发展理论中国化的最新发展。人的全面发展是系统、全面、整体、协同的发展,从德、智、体(1995年)到德、智、体、美(2015年)再到德、智、体、美、劳(2018年),内容的增加并不是简单做"加法",而是各自的内涵都获得丰富发展。从这个层面讲,德、智、体、美、劳应是"统一在一个人的身上,他们是一个整体的人的各个方面,存在于一个统一的结构当中,且互为基础、前提,相互联系、彼此渗透,密切协调,共同育人"[①]。

从德、智、体、美、劳全面发展角度审视,现实中,我们对人的全面发展的内涵认识却是片面的。当实用性、功利性主导人们的价值观念时,人们对德、智的追求就会远超体、美、劳,这种现象对新时代人的全面发展带来了严峻的挑战。新时代,人的发展应该是全面的,不单是德、智的发展,也应包含体、美、劳的发展。从担当民族复兴大任角度着眼,要着力加强体、美、劳发展,在进一步巩固德、智的基础上,着力解决体、美、劳短板,通过提高人的健康、审美和劳动素养,促进体、美、劳内在统一,这才是社会主义新时代新人的培育要义。

二、体美劳协同育人存在的问题及成因透析

审视当前我国学校教育中的体、美、劳实践,可以发现发展中的价值畸变和实现人的全面发展方面的落后,这折射了出体、美、劳在实践场域中存在去身体化、边缘化、扭曲化等价值问题。

(一) 体育——去身体化

体育的本质是身体教育,传统意义上是作为解决人体贫弱的手段。从这个角度看,体育的核心应该是身体。但是,身体又非纯粹的肉体,它的结构和功能决定了其作为身心之合体是人认知和实践的主体。因此,基于体育与身体的关系,可以认为对身体的教化是体育的本质内容。有学者认为,体育作为一种教育手段是实现教育的载体,在运动过程中展现出竞争、协作、拼搏等精

[①] 张红艳,卢克建:《德智体美劳全面培养的教育体系蕴含的理念探析》,《南华大学学报(社会科学版)》2019年第4期。

神,在发展人身体的同时,也对人的精神内在起着教育作用。① 可见,体育能通过对身体的教化,进而达到对身心有机整体的教化。但在教育中,体育教育存在比较明显的去身体化倾向。人们对体育的认知局限于增强体质,忽略或者遗忘了体育在锻炼和增强人的体质的同时,也培养了人的激情、磨炼了人的意志、健全了人的心理,使人具备吃苦耐劳、坚韧不拔、忍辱负重、无私无畏和勇往直前的人格,②这是其他教育所不能替代的。

深究之下可以发现,体育去身体化的根源颇为繁杂。例如,升学率、升学排名意味着生源、财政拨款、晋升等,许多校长尤其是有些重点学校校长,明知体育对促进中小学生身心发展具有重要作用,但仍然只注重升学,致使学校体育课变成一门"说起来重要、做起来次要、忙起来不要"③的学科。例如,在"高考定终身"的教育体制下,望子女成龙、成凤心切的家长,片面用分数衡量孩子的成长,错误地把"不得病"与"不需要锻炼身体"画等号,盲目追求文化课成绩,挤占课余时间,利用一切可利用的时间给孩子报补习班,大量侵占孩子原本该有的户外锻炼和游戏的时间。又如,无论小学、中学还是大学,都面临一个难题,那就是如何平衡体育课运动量和强度与体育课安全。这个难题犹如"紧箍咒",令学校领导和体育教师诚惶诚恐、战战兢兢,不惜摒弃需操练的复杂运动技术,变相取消运动量和运动强度,一时间体育课变得"斯文"了。

以上所述仅是部分现象,但通过列举可知,体育的现实境况面临去身体化的危机,已经有违体育身体教育的本质,逐步偏离培养全面、健康的人的方向。

(二)美育——边缘化

美育又被称作审美教育、美感教育或情感教育,目的在于培养人的美感,提升人的审美认知、审美情感和审美实践能力等。审美是一种以情感为媒介实现主体对客体内在关联的建构的感性活动,是人的精神和心理的外化。在教育中,审美被赋予了实现"完人"的培养人的价值取向,在这个层面,审美逐

---

① 宋强:《体育审视:身体运动与人的全面发展》,《山东体育学院学报》2015年第2期。
② 张尚,张之沧:《身体认知论》,《体育与科学》2016年第5期。
③ 王献英:《学生体质健康增强的难题与协同促进策略》,《体育学刊》2016年第3期。

渐内隐为一种有意图的教育活动。从教育价值取向角度看,美育肩负教育的实践目标:对学生进行感性启蒙,培养学生的审美意识和审美世界观;完善学生人格、解放学生的感性,培养学生的审美鉴赏力、审美批判力和审美创造力,促进学生自由而全面的发展。① 因而,美育区别于其他教育的关键在于,它是通过形象的感知实现对"人性"的内在感化,这种感化不是被规劝或者被说服,而是一种对客观世界自觉的关照体验。

近年来,社会发展突飞猛进,人们的竞争压力更是与日俱增,在整个教育环境中,与德育、智育相比,美育并不那么受重视,尤其是受功利主义影响,美育更是逐渐被边缘化,绝大部分学校对美育的态度并不那么积极。一个普遍现象是,很多学校形式上斥巨资采购大量美术用品、美术艺术品、乐器等创建美术馆、新型美术绘画室和音乐厅等,但实际上美育课程往往被"主科"取代,沦为亮丽摆设。整体上看,当前的学校美育教育实质上没有突出其应有的教育性,相反的是学校的功利化以及偏重德、智等,对家庭和社会形成了错误引导。在许多家长的教育观念中,美育被认为是"学习之外的一种娱乐",属于可有可无的范畴。② 另一种现象是,有些学校和家长为了给学生升学时创造一些有利条件,片面强化音乐和美术等技能训练,知识与技能的掌握成了美育的主要目标,学生人文和审美素养几乎被枯燥的知识学习与技能训练取代。③ 审美活动本质上应是主动、自由的,不同于一般意义上施教者和受教者的关系,作为主体的人在审美情境中应处于绝对主导地位,既没有来自外部利害关系和社会统一目的的强迫,也没有来自内部的理智强迫。④ 然而,学校和家长怀揣功利目的施加美育,这种被动的美育过程,难以达到美育的教育目的,甚至可能会激发孩子的逆反心理。

(三) 劳育——扭曲化

从自然界分化出来以后,人类与动物的根本区别在于生产劳动,因为动物

---

① 王建国,杨兆山,陈仁:《论美育的超越价值》,《辽宁师范大学学报(社会科学版)》2014年第6期。
② 龙海霞,陈理宣:《家庭美育功利化困境的反思》,《成都师范学院学报》2013年第5期。
③ 孙勇,范国睿:《我国学校美育工作的现状、问题与对策》,《教育科学研究》2018年第10期。
④ 聂振斌:《论美育的精神本质与人文价值》,《美育学刊》2011年第1期。

靠本能方式生存,人则通过劳动积极创造,人不仅在劳动中获得了基本生活所需,而且在劳动过程中逐渐创造出文明。从这个角度说,劳动是人的本质活动,是社会发展的基本前提。随着人类文明的进步与发展,人类劳动的价值形态也有了新发展,除了表现为工具性的外在价值,还表现出存在性的内在价值。也就是说,劳动之于个体具有重要的工具价值,但在使个人自我价值实现、获得存在的价值感和意义感等层面,劳动的存在性功能将变得越来越重要。[1] 在物质财富极大丰富的社会中,工业、科技、智能等深刻改变了人的劳动观念和劳动意识,劳动本义遭到扭曲,进而出现"轻视劳动、误用劳动、有劳无教"[2]等现象。在现今社会观念中,存在体力与脑力工作之分,有的观点认为脑力工作是比较高级的工作,而体力工作是比较低级的工作。从观念上看,一部分人轻视劳动、鄙视劳动。现实中,脑力工作者无论是社会地位、经济收入、生活质量,还是社会资源、社会关系,都远高于体力劳动者。因此,在这样的社会环境中,学校教育也不能免俗,很多学校不仅没有认识到劳动的教化价值,而且把劳动当作惩戒的手段、规训的方式。许多人印象中的劳动就是,当学习不好或者犯错时,老师就会用劳动的方式来施以惩戒,把一些脏、累、苦的活儿交给这些学生来做,如打扫卫生区、清理下水沟等。因而,劳动作为惩戒手段,成为教育者手中无形的棍棒,用以敦促学生学习,并成为压制学生"最好"的规训方式。这种强加于学生,使之被迫服从的劳动,可以说类似一种"劳役"。对于学生而言,他们只想尽快从"劳役"中服完役。由此,这样的劳动是缺乏教育性的,过度沉迷于劳动的工具价值,从而忽略了学生内在精神涵养的需要。此外,家长对劳动教育也不重视或者说持有偏见。现在的一些孩子在家里基本不做家务,如果学校让孩子参与一些劳动,不仅孩子会抱怨或不理解,而且会遭到部分家长的反对甚至抵制。学校和家长这种思想观念的传导,结果只会让学生机械、随意地对待劳动,不仅不能使学生体验到劳动的自由和快乐,而且会在他们心中留下厌恶和惧怕劳动的阴影。

---

[1] 班建武:《"新"劳动教育的内涵特征与实践路径》,《教育研究》2019年第1期。
[2] 赵荣辉:《异化与回归:反思劳动教育的存在状况》,《教育学术月刊》2012年第11期。

三、促进人的全面发展：新时代体美劳协同推进的实现路径

(一) 树立正确的价值观念

我国发展的阶段性特征，决定了体、美、劳在不同时期的发展存在差异。关于人的发展，我们虽取得了一定成效，但离实现人的全面发展的预设目标还有较大差距。新时代，人的发展是以德、智、体、美、劳全面发展为主旨，而在当前的学校、家庭和社会中，体、美、劳越来越被忽视，呈现出全面落后的态势。从这个角度来讲，造成体育去身体化、美育边缘化、劳育扭曲化并非行为能力不足，而是行为动力不够。传统观念、功利主义等错误价值观念的引导和现代教育理念的模糊，导致不少人对体、美、劳价值认识和判断存在严重偏差。事实上，观念是人在一定社会实践中形成的认识或看法，带有认识主体的主观色彩，人们完全可以通过自身主观性转变来改变乃至消除一些不正确的观念，可以通过树立正确的价值观念，增强体、美、劳协同发展的思想基础，使之从价值层面产生根本性转变。

在新的时代背景下，我们需要深入学习和贯彻习近平总书记关于教育问题的重要论述，准确把握德、智、体、美、劳全面发展的时代内涵。党的十八大以来，习近平总书记高度重视教育发展，先后通过讲话、演讲、谈话、答问、批示、回信等方式就教育问题发表重要论述，提出了一系列新理念、新思想、新观点。习近平总书记从国家战略发展的实践逻辑和马克思主义人学的理论逻辑出发，系统提出了当前中国教育发展的理论基础和发展方向，是中国特色社会主义教育的重要思想体系，是中国特色社会主义教育学理论和实践发展的新境界。[1] 因此，要超越传统教育价值取向，克服实用主义和功利主义，就必须用习近平新时代中国特色社会主义思想武装自己，深刻领会习近平总书记关于教育问题重要论述的科学内涵和精神实质，在新时代全面发展的人才培养

---

[1] 杨志成：《中国特色社会主义教育学理论体系发展的新境界——习近平教育思想研究》，《中国教育学刊》2017年第5期。

目标和适应新时代需要问题上，保持清醒头脑和思想定力，增强贯彻和实施德、智、体、美、劳全面发展的教育方针的自觉性和坚定性。

（二）构建人才培养体系

在当代中国，坚持中国特色社会主义理论体系，就是坚持马克思主义。德、智、体、美、劳全面发展思想的提出，是实现马克思主义关于人的全面发展理论与中国具体实践相结合的崭新的中国特色社会主义人的全面发展理论的必由之路。从马克思主义对最高社会理想的要求中去思考，习近平总书记从培养人的角度提出培养德、智、体、美、劳全面发展的社会主义建设者和接班人，指明了新时代中国特色社会主义教育的发展道路。因此，构建体、美、劳协同的人才培养体系，形成德、智、体、美、劳全面培养的教育体系，对实现人的全面发展将发挥重要作用。

构建体美劳协同的人才培养体系，是一项非常繁杂的系统工程。从人才培养体系角度出发，包括"课程体系、教学体系、教材体系、管理体系"①等，是学校教育教学的有机融合。一是要明确体、美、劳协同发展目标，深化体、美、劳在学校教育中的发展方向。把习近平总书记关于教育问题的重要论述，作为新时期指导我国学校教育的理论思想，是我们确定体、美、劳协同发展目标的最根本依据。习近平总书记提出培养德、智、体、美、劳全面发展的社会主义建设者和接班人，明确了学校育人目标要以德、智、体、美、劳为根本出发点的价值取向，为明确体、美、劳在学校教育中的作用功能等奠定了重要思想基础。二是要健全体、美、劳协同发展的课程体系建设，以德、智、体、美、劳全面发展为核心，在体、美、劳课程体系建设基础上，搭建课程融合平台，打通德、智、体、美、劳与其他课程的融合渠道，推动学科交叉融合，将德、智、体、美、劳全面融入学校教育，为体、美、劳在学校教育中的发展营造良好的制度环境。三是要加强学校体、美、劳教材体系的建构，提高学校体、美、劳教学质量。作为承载知识的载体，教材不仅体现教学内容，更体现教学思想，保证学校教学活动的正常运行。一方面要加强对教材的统筹规划，确保教材建设与学校育人目标

---

① 石中英：《努力培养德智体美劳全面发展的社会主义建设者和接班人》，《中国高校社会科学》2018年第6期。

和课程体系相统一;另一方面要强化教材研究,积极探索适合校情、学情的教材内容、评价。四是要改进学校体、美、劳协同发展的教学体系建设,提升体、美、劳在学校教育中的教学实效。针对当前体、美、劳在学校教育中的教育情况,重点应该是改进,需要改善"配方",即改进原来教学过程的知识结构、教学内容设计、教学方法设计、教学过程设施和教学结果评价等。五是要构建学校体、美、劳协同发展的管理体系,建立全员、全过程、全方位的"三全"育人机制。习近平总书记在全国教育大会上指出,办好教育事业,家庭、学校、政府、社会都有责任[①],这为构建体、美、劳协同发展的管理体系提供了系统思维,即通过家庭、学校、政府、社会的教育合力,形成德、智、体、美、劳系统化的"三全"育人机制。在"三全"育人机制中,体、美、劳协同发展的管理体系尤为重要,因为学校作为教育的实体,在联结家庭、社会和政府的过程中发挥了关键的桥梁作用;而学校管理体系作为协调和组织实施教学、后勤等工作的重要手段,是形成德、智、体、美、劳全面培养的教育体系的重要保证。

(三) 提供制度保障

在当前大多数学校教育中,贯彻落实德、智、体、美、劳全面发展的总体情况普遍有待改善,尤其是体、美、劳的教育地位甚至出现了被消解的现象,其根源在于,学校教育制度建设滞后和制度体系残缺等。学校教育制度建设的原意是为促进学校教育管理的规范化、标准化,并非为了限制或者约束,但是如果教育制度滞后或者制度体系残缺,就会导致学校实际教育工作滞后,产生诸多执行层面的灰色地带。当下,我们应贯彻和落实习近平总书记关于教育问题的重要论述,把德、智、体、美、劳全面发展融入学校教育制度体系,牢牢把握新时代以人为本、促进人的全面发展的根本遵循。

一是在学校章程中有机融入德、智、体、美、劳要素。学校章程被称为学校的"母法",是学校正常运行的基本依据。做好德、智、体、美、劳在学校教育中的顶层设计,从源头上化解积弊,是保证体、美、劳学校教育地位的关键。二是在教育制度中切实融入德、智、体、美、劳要素。制度的纵向结构可以分为管的

---

① 参见《坚持中国特色社会主义教育发展道路 培养德智体美劳全面发展的社会主义建设者和接班人》,《人民日报》2019年9月11日。

制度、教的制度、学的制度。管的制度主要是学校领导层面，这是提高学校体、美、劳教育质量的根本保障；教的制度主要指教师层面，这是强化教师体、美、劳教学活动和教师专业发展的根本保障；学的制度主要指学生层面，这是促进学生的全面发展的根本保障。当然，建章立制仅是第一步，还需要以章为行，建立有效的制度运行和监督机制。制度执行是至关重要的，是目前许多学校面临的最为严峻的问题。对于学校教育而言，以人为本是学校教育的根本，但迫于现实生存与发展的压力，学校制度在执行过程中频频受阻。从宏观层面而言，确立良好的执行制度和监督机制，是保证德、智、体、美、劳全面发展的关键。

对此，笔者建议从以下五个方面着手：一是以体、美、劳协同发展为突破口，将德、智、体、美、劳教育纳入学校综合考评体系；二是采用质化和量化相结合的方法，提高德、智、体、美、劳融入学校制度的可操作化和体系化；三是提高学校制度执行者的执行水平，强化德、智、体、美、劳在教育过程中的监督和激励；四是提升学校相关制度对德、智、体、美、劳融入学校制度的支持力度，构建德、智、体、美、劳全面育人的综合保障体系；五是构建德、智、体、美、劳融入学校制度的执行效果评估体系，保证学校制度执行效果的科学评估。

习近平新时代中国特色社会主义思想，继承和发展了马克思主义关于人的全面发展思想，强化了人在社会主义发展进程中的核心地位，形成了人的全面发展的思想内核，明确了新时代教育工作促进人的全面发展的方向和思路。习近平总书记在全国教育大会上提出"培养德、智、体、美、劳全面发展的社会主义建设者和接班人"，是新时代党的教育方针在"培养什么样的人"问题上的最新概括，[①]是新时代中国特色社会主义人的全面发展内涵的最新创新成果，也是新的历史方位下人的全面发展的出发点和归宿点。现实中，相较于德、智在实现人的发展方面的作用发挥，体、美、劳表现明显不足，尤其是在学校教育中，处于全面落后的态势，其所表现的去身体化、边缘化、扭曲化等价值危机问题，显然与习近平提出的培养德、智、体、美、劳全面发展的社会主义建设者和接班人的要求不相符。因此，我们应着重从价值观念上增强体、美、劳发展的

---

① 吴潜涛，郭灏：《新时代党的教育方针的创新发展及其实现路径》，《中国高校社会科学》2019年第2期。

思想基础,从人才培养体系上形成德、智、体、美、劳全面培养的教育体系,从学校章程和教育制度上提供体、美、劳协同发展的制度保障。总之,新时代育人工作应立足人的全面发展,只有提高体、美、劳在人的发展中的地位,促进人的德、智、体、美、劳全面发展,才能实现人的全面发展,实现中华民族伟大复兴的中国梦。

图书在版编目(CIP)数据

新时代文化视点 / 姚涵主编 .— 上海 : 上海社会科学院出版社,2024
ISBN 978 - 7 - 5520 - 3239 - 0

Ⅰ.①新… Ⅱ.①姚… Ⅲ.①中国特色社会主义—文化事业—文集 Ⅳ.①G12 - 53

中国版本图书馆 CIP 数据核字(2022)第 201704 号

新时代文化视点

主　　编：姚　涵
责任编辑：董汉玲　范冰玥
封面设计：裘幼华
出版发行：上海社会科学院出版社
　　　　　上海顺昌路 622 号　邮编 200025
　　　　　电话总机 021 - 63315947　销售热线 021 - 53063735
　　　　　https://cbs.sass.org.cn　E-mail: sassp@sassp.cn
排　　版：南京展望文化发展有限公司
印　　刷：上海光扬印务有限公司
开　　本：710 毫米×1010 毫米　1/16
印　　张：24.25
字　　数：382 千
版　　次：2024 年 7 月第 1 版　2024 年 7 月第 1 次印刷

ISBN 978 - 7 - 5520 - 3239 - 0/G · 1214　　　定价：115.00 元

版权所有　翻印必究